法治类型与中国法治

柳正权　著

图书在版编目(CIP)数据

法治类型与中国法治/柳正权著. —武汉: 武汉大学出版社,2015.11
ISBN 978-7-307-17212-8

Ⅰ.法…　Ⅱ.柳…　Ⅲ.法治—研究—中国　Ⅳ.D920.4

中国版本图书馆 CIP 数据核字(2015)第 281227 号

责任编辑:胡程立　　责任校对:李孟潇　　版式设计:马　佳

出版发行: **武汉大学出版社**　(430072　武昌　珞珈山)
(电子邮件: cbs22@ whu. edu. cn　网址: www. wdp. com. cn)
印刷: 武汉中远印务有限公司
开本: 720×1000　1/16　印张:22.25　字数:318 千字　插页:1
版次: 2015 年 11 月第 1 版　2015 年 11 月第 1 次印刷
ISBN 978-7-307-17212-8　定价:68.00 元

序　言

中共中央十八届四中全会通过了《中共中央关于全面推进依法治国若干重大问题的决定》，确定了全面推进依法治国，建设中国特色社会主义法治体系，建设社会主义法治国家的总目标。同时，十八届四中全会公报对于我国建设社会主义法治国家的若干重大问题作出了决定，系统阐述了中国特色社会主义法治体系和法治国家的构成要素和特点，厘清了长期争讼不已的法治理论与实践问题，是我国建设社会主义法治国家的总纲领和总章程。

自中国沦为半殖民地半封建社会之后，为与世界法律接轨，以期收回司法主权，从制度上完全抛弃传统法律制度，全盘引进和借鉴西方的法律制度；在法律话语体系上，废弃传统的法律话语体系，全面引入西方的法律话语体系；在法律价值上，以西方的法律价值为主导。中国法律近代化从法律意识层面到制度层面，均进行了彻底变革，解体了中华法系，初步构建了以西方法律式样为蓝本的法律制度体系。但近代法律制度的建立也未能挽救垂亡的清政府，在确立君主立宪的《宪法重大信条十九条》颁布不久，清政府即告覆灭。清朝虽亡，但法律近代化风潮仍在延续。在中华民国的幌子下，北洋军阀上演了一幕幕用宪法粉饰门面的闹剧，你方唱罢我登场。他们虽无一例外地用封建专制手段取得政权，却都以立宪装饰。虽均无宪政之实，却都以法统自居，以宪政、法治之名，行专制独裁之实。北洋军阀虽机关算尽，但无一例外地被历史所抛弃。

孙中山是中国法治文明和西方法治文明的融合者，其五权宪法思想即是两种法治思想汇聚的集中体现。孙中山之本意是通过五权宪法的设定，使中国走向民主共和，但南北议和并没有使中国实现民主共和，却使其天下大乱。痛定思痛之余，革命先行者孙中山先生的思想回归到中国传统，法律思想也逐渐从民主过渡到专制，为嗣后的国民党的训政，到一党专制进行了理论准备。

在新中国成立之前，中国共产党在工农民主政权时期、抗日战争时期及解放战争时期，对中国的法治建设进行了多方位的探索，由于战争频仍，大多数法律制度并未实施，却为新中国的法治留下了宝贵财富。新中国成立以后，在前期法治建设的基础上，进行了系统的法制建设，在成效初显之时，却受到“文化大革命”的冲击，将前期法治建设成果毁于一旦，使中国法治受到严重顿挫。

党召开十一届三中全会以后，系统纠正了“文革”错误，中国的法治建设进入了一个全新的发展阶段。经过长期的思想和理论准备，结合中国的法治实践，党的十八届四中全会明确了中国法治的建设方向，系统、全面地提出了中国法治建设理论，回答了长期以来困扰学界的一些重大理论和实践问题。全会指出：只有在中国共产党领导下，坚持中国特色社会主义制度，吸收和借鉴世界上优秀的法治文明，贯彻中国特色社会主义法治理论，坚持依法治国和以德治国相结合，才是符合中国国情的法治之路。法律是治国之重器，良法是善治之前提。坚持依法治国首先要坚持依宪治国。决议回答了中国法治的几个重大问题。一是中国的法治建设必须在中国共产党的领导下进行，也只有坚持党的领导，才是实现中国法治的根本保障。二是法律是治国的重器，这一命题回答的是法律价值问题。三是良法是善治的前提，回答了良法与善治的关系，良法是善治的必要条件而非充分条件。四是依法治国的核心是依宪治国，正确回答了依法治国和依宪治国的关系问题。五是依法治国必须与以德治国相结合，扬弃与继承中国古代德治传统，二者相辅相成、相得益彰。这五大命题的解决，全面奠定了中国法治的理论基础，系统提出了中国法治建设理论，使中国法治既吸收了西方法治的精华，又区别于西方法治，极具中国特色。中国走符合中国国情的法治之路，就是要建成完备的中国法治体系，包括法律规范体系、法治实施体系、法治监督体系、法治保障体系。其既继承了传统中国法律文化，又借鉴了全世界的优秀法律文化的成果。

中国法治首先是传承了中国法治文化。从先秦始，中国法家思想即得到了广泛传播并进行了彻底的社会实践，法律的重要性及作用已形成了社会共识，它迅速凝结和调动了社会资源，使得法家思想实践较为彻底地使秦国一统天下，建立了历史上第一个封建王朝。但由于过分倚重法律，忽略了德礼教化，未能使民众心行合一，国民价值观与行为背离，终使宏大的帝国轰然崩溃。后世的统治者从秦帝国的兴衰清醒地认识到：单纯依赖法律不能使国家长治久安，而是要在重视法律的同时，还要倡行德礼教化。汉以后，封建正统统治思想确立，儒、法合一，法家思想的主要精粹融入儒家思想体系之中，先秦初见雏形的中国法治文化渐成体系，正如《唐律》所说："德礼为政教之本，刑罚为政教之用。"后世各代相沿，从而形成了中国法治的特点：其在皇权之下充分重视法律的作用；以"法自君出"论证法律的权威来源；重视法律在德礼教化的保障作用；重视法律在实施过程中的平等适用。此种法治文化构成了中国古代社会的治理架构，是古代中国社会稳定的基石。

自中国社会发展停滞、被动打开国门以后，变法图强成为理所当然的选择。由于求功心切，不惜中断中国法治传统，整个法律制度体系和话语体系均全盘西化，中国社会进入了一个激进的变革时代。但变革者的愿望不管多么美好，变法却客观地加速了清王朝的覆亡。此后无论是民国时代，抑或是北洋军阀时期，还是国民党专制时期，中国法治建设的制度层面，仍然是以西法为参照及范式，此现状一直持续到国民党政府败局已定，寄希望于中共和谈时。毛泽东针对国民党和谈所提的八项条件，第一条就是"废除伪法统"，后以《中共中央关于废除国民党六法全书和确定解放区司法原则的指示》颁行。至此，历时半个世纪的中国法律现代化运动，以六法全书的废除为标志，从法理上正式宣告失败。新中国成立后，党在法治建设上进行了探索。从全盘学习苏联，到因政治形态的原因，中断法治，纯粹运动治国。改革开放以后，当中国重新融入国际社会，又不得不面临另外一种被动选择：当今的国际秩序和国际规则，都是在西方法治的基础上构建的，所以说，我们在法治建设上，必然以西方法治为参照。在这种背景之下，在中国共产党的正确领导之下，结合中国的国情，中国法治建设取得了很大的成绩，形成了自己的特色。但在中国法治建设的过程中，也出现了不同的声音。特别是在法治的话语、价值、式样、标准等方面，某些人以西方法治为标准，主张全盘西化，质疑中国特色的中国法治道路。这些质疑声音的理论假设是：法治是西方文明的产物，是西方文明所特有的；法治的标准是三权分立、权力制衡、司法独立。对此，唯有对人类的文明史进行回顾，对不同文明类型的法治发展进行梳理，才能客观、准确地回答如何在中国建设法治，以及建设什么样的法治的问题。

在人类发展史上，由于地理环境、生产方式、国家构建方式以及思想元典的差异，人类社会呈现出不同的文明式样，这些文明类型以其独特性都曾大放异彩，成为了当时社会进步的主要推动力，这些文明类型在发展过程中，都不约而同地认识到规则的重要性，利用其调控社会。后又通过提升规则的调控范围和规则的国家强制性，成为了系统的规则体系，当规则体系具备法律要素之后，即成为法律的组成部分。当法律得到普遍实施，即成为“法治”状态，在这一状态之下，法律是法治的核心要素。从这个意义上讲，不同文明类型就有不同的法治文明。尽管其在话语、价值、式样、范式等方面各具特点，但都是人类的共同法治遗产。虽然在历史的长河中，不同类型的法治表现出不同的生命力，有的文明类型的法治已经消亡，有的文明类型的法治被发扬光大，但无论结局如何不同，都不能否认不同的文明类型萌育了不同的法治文明。基于此，我们可以说，不同文明类型的特点演变了不同类型的法治。不同类型文明的法治既有共同特点，也有诸多的特色；既有共通之处，也有排斥之点，其都为不同类型的文明服务，为不同文明的发展起了积极的作用。所以说，法治并不是某个文明类型特有的，而是不同文明类型所衍生的，虽然各具特点，但不容否认的是，其都是人类优秀的法治文化遗产。不同类型的法治文明的特点可能不同，在文明的发展中所起的作用不一，不同类型的法治文明演变的结果也不一样，其对当代社会的价值也有所不同，但可以肯定的是：法治文明是不同文明类型发展的结果。不同文明类型的法治只有特点的不同，没有好坏优劣之分；只有其与文明类型的适用程度问题，没有普适性问题。当然不同的法治文明由于发展程度的区别，其对当代社会的实用意义也不一样；学界对历史上各种类型法治文明史臧否不一，对于中国法治建设式样和进程有不同的观点，但都应当立足中国国情，立足中国文明根基，注重中国特色，充分借鉴和吸收中国优秀的法治文化遗产，在中华文明的文化根基上，建设有中国特色的法治理论。只有这样，中国法治建设才不是无源之水，也只有在中国传统法律文化的支撑之下，中国法治建设才能大成。正是此初衷，促成了本书的写作，是为序。

本书亦是司法文明协同创新项目的阶段性成果，在此致谢。

目　　录

第一章 “法治”释义

严复曾言：“盖在中文，物有是非谓之理，国有禁令谓之法，而西人则通谓之法。西文法字，于中文有理、礼、法、制四者之异译。学者审之。”①自战国以降，华夏子孙开始了追寻法律之治的道路。理论层面上，清末修律是否承继古代法治文化的礼法之争开始，就呈现了明显的现代法治导向；实践层面上，行至辛亥革命后，现代法治更成为实在的制度上的追求。在这历史的沧桑中，法治的命运始终与政治变革的进程息息相关。当前，“依法治国”早已入宪，中国共产党从1997年的十五大提出“依法治国，建设社会主义法治国家”基本方略，到2014年的十八届四中全会提出“全面推进依法治国”，将“依法治国”提到了前所未有的高度。目前，虽然我国社会主义法律体系业已建成，然而在社会实践中，对法律的遵守和信仰仍未成为人们的生活方式，“依法治国”的中国梦还需要一代代人的努力。而“法律必须被信仰，否则形同虚设”②这一法律至理名言或许可以解释为何当前我国法治建设部分还停留在纸面，诸多方面不尽如人意。究其深层原因，如钱穆先生曾言到“一切问题，由文化问题产生”③，法律信仰的缺失应当被视为是法治文化缺失所导致的。而对中国法治文化缺乏研究及正视，致法律制度少有文化的支撑，使得法治建设举步维艰。因此，为了法治建设攻坚克难，培育公民的法律信仰，有必要溯本求源，探索“法治”

---

① 孟德斯鸠著，严复译：《法意》卷一按语，商务印书馆1981年版。

② 伯尔曼著，梁治平译：《法律与宗教》，中国政法大学出版社2003年版，第19页。

③ 钱穆：《文化学大义》，台湾中正书局1981年版，第3页。

的词源、词义变迁。通过对词源的探求，窥探中国的法治文化渊源。

追寻法治渊源，夏勇在其《法治源流——东方与西方》中有较详尽的论述。他认为“追寻法治的源头，应该从亚里士多德说起”①，同时援引亚里士多德在其《政治学》中的一段话来阐述何为法治：“法治应包含两重意义：已成立的法律获得普遍的服从，而大家所服从的法律又应该本身是制定得良好的法律。”②这一段话只从“逻辑上粗略地勾画出法治的形式要件”，至于法治的内涵是什么，至今仍无一权威定义。对于法治的定义，即使是在当代西方，“法治”二字亦被《牛津法律大词典》解释为“一个无比重要，但未被定义，也不能随便就定义的概念”。究其原因，“法治”本身便是一个组合词汇，其建立在“法”与“治”的双重基础上，糅合了理论规范与实际操作，而且在中西方两种不同的法律文化语境下有着不同的表现形态。因此，结合“法治”所处的不同文化背景以及本身内容架构来剖析，方能准确把握其内涵。

第一节 中国语境下的法与法治

一个民族的法治亦是该民族历史的产物，文化的积淀。而作为一个民族历史文化的活化石——文字，与其历史文化的产物——法治，是相统一的，故结合“法”与“治”二字来解读中国语境下的法治更契合文化角度的解读要求。正如陈寅恪先生在20世纪30年代所言“依照今日训诂学之标准，凡解一字，即是作一部文化史”③所启迪，概又因钱穆先生“一切问题，由文化问题产生”，“一切问题，由文化问题解决”所指引。

① 夏勇：《法治的源流——东方与西方》，社会科学文献出版社2004年版，第3页。

② 亚里士多德著，吴寿彭译：《政治学》，商务印书馆1965年版，第199页。

③ 黄巽斋：《汉字文化丛谈》，岳麓书社1998年版，第3页。

一、从“法”字说起

谈到“法”字，一般可以从两个角度来解释，首先从语言文字学来看，它只是其中的一个字词；其次它又承载了“法”这个字的历史文化底蕴，因此这两个方面是载体与内容的关系。正如梁治平所谓的“历史决定着观念，观念又左右着历史”①。因此，作为文字的“法”是与中国历史的发展变迁互为表里的。

关于“法”字之界定，学界通说多采许慎《说文解字》之说法。《说文·廌部》对灋的解释为：“灋，刑也。平之如水，从水。廌，所以触不直者，去之，从去。法，今文省。佱，古文。”②《玉篇·人部》亦云：“佱，古文法。”关于“法”之古老写法，“灋”这一写法已得到公认，甚至许多学者对这一写法作了深入研究论证。③ 至于“佱”是否为“法”之古老写法，学界还存疑问。但本书认为无论是鉴于《说文解字》的抄录“佱，古文法”，所谓古文，“乃战国时东、西二土文字之异名，其源皆出于殷周金文”④，还是鉴于近代出土文物中出现的“佱”的类似文字。目前已知最早的出土文书中的“佱”字，在上海博物馆藏战国楚竹书（简称“上博简”）中出现，其在引用《吕刑》一语的过程中将“惟作五虐之刑曰法”之“法”字写作“佱”⑤。今“法”字应有“佱”“灋”两种古老写法。至于“佱”与“灋”何种写法更为古老，还有待学界研究。但“灋”一字在出土的殷周时期的大盂鼎和师酉敦中就已出现，在此以目前出土文物年代为参考，本书姑且认为“灋”较“佱”字更为古老，且从“灋”出土最早的殷周时期说起。

（一）殷周时期

“中国有文字以来的信使，一般都从殷代讲起，据现时所有河

---

① 梁治平：《“法”辨》，中国政法大学出版社2002年版，第62页。

② 许慎撰，徐铉校订：《说文解字》，中华书局2014年版，第201页。

③ 参见张永和主编：《“灋”问》，清华大学出版社2010年版。

④ 参见王国维：《战国时秦用籀文六国用古文说》，载《观堂集林》（卷七）。后引此书均同此版本。

⑤ 张伯元：《“法”古文拾零》，载《政法论坛》2012年第1期，第58页。

南省安阳县出现的龟甲骨板上刻着的贞卜文字看来，那时的文字产生还没有多久，文字还在形成的途中……”①然而至今在甲骨文献中未见“法”字。迄今最古的“法(灋)”字，见于西周早期的《大盂鼎》铭文：“文王受天有大命，在武王嗣文王乍邦……故天翼临子，灋保先王，敷有四方。……王曰：盂，若苟乃正，勿灋朕令。”“灋”的形体为[illegible]。从现存的考古文物看，下列一批属于周代的青铜器铭文里，也都有“灋”字出现，如《恒簋盖》中“夙夕勿灋朕命”，《克鼎》中“勿灋朕命”，《师酉簋器》中“敬夙夜勿灋朕令”等，其中《大盂鼎》：“灋保先王。”唐兰注：“灋通废。”《尔雅・释诂》：“废，大也。”②但是，除了在《尔雅》中“灋”用作形容词，在其他的文献中均用作动词，通“废”，意为“荒废”、“废弃”。吴大徵作为著名的清代古文学学家，就曾在《说文古籀补》写道：“古文灋(法)、废为一字也。”且他的这一看法，也为现代古文字学学者们一致认可。另一佐证在读音上，“废”，发声，古亦作“发”，而“发”有“伐”义，“伐”“罚”一音，“罚”，伐也(以上见《经籍纂诂》去声十一队“废”，入声六月“发”“罚”下)。这表明，至少在西周(前11世纪—前841年)时，“灋”字还无“法”的现代意义，更多的应当是“废”之通假。此阶段的“灋”无国家强制力保障实施的行为规范之意，这并非偶然。

首先从殷周之前的夏朝说起。马克思主义关于国家与法的理论认为“法律作为国家重要统治工具，往往与国家同时产生”，法律的国家属性理论也得到了大多数中国学者的肯定，他们认为早在夏朝时期中国就产生了法律，并且找到文献资料支撑这一观点，其中最为重要的文献资料源于《左传》中这样的记载：“夏有乱政，而作禹刑；商有乱政，而作汤刑；周有乱政，而作九刑。三辟之兴，皆

① 杨鸿烈：《中国法律思想史》，中国政法大学出版社2004年版，第5页。

② 唐兰：《西周青铜器铭文分代史征》，中华书局1986年版，第174页。

叔世也。"①他们将此文中的禹刑理解为夏朝的律法，但是结合史实与史料分析《左传》，可以明显确认此处的"刑"往往是指残害人的肢体乃至剥夺人生命的刑罚。例如，莫敖命人在楚军中传令曰："谏者有刑！"②此处的"刑"就是楚军统帅发布的军令。而在中国古代文明的形成时期战事繁多，因有乱政而作某刑，若华夏子孙文化基因未变，"刑"一字在此显然是军令刑罚之义，类似史料在《左传》中还有很多。同样，《尚书·甘誓》虽成书于西周但却能够反映出夏代史实，它记载了我国迄今发现的最早的带有军法性质的规范："弗用命，戮于社，予则孥戮汝。"这里可以明显看出夏人首领在讨伐有扈氏之前发布的军事动员令。《夏书》中亦出现"'昏、墨、贼，杀'，皋陶之刑也"的说法，但这只表现出皋陶对昏、墨、贼这三种罪行实施死刑这一具体做法，这一刑罚是否对普通老百姓也适用不得而知。另从迄今出土的甲骨文中我们亦未发现成系统的法律文书，既然殷商时期尚未发现成系统的法律文书，而只是发现了一些零散的法律用词，如"刑"、"劓"、"刖"、"杀"以及"宫"诸字③，若依据马克思主义的观念确定"法"早在夏朝就已产生，难免有"以论代史"之嫌疑，至于夏朝是否已经产生了法律，还需更多的史料来加以论证。但依法的普遍性原则来看，夏朝或许更多的是军令施行和一些法律原则孕育的时代。

至于殷商是否产生了法律，首先看文献资料。《尚书·汤誓》与《尚书·甘誓》相同，虽然不能认定它是汤本人所记，但是史官们将原始材料记录下来，不乏其真实性，故也可以用作探讨该问题的根据。《汤誓》中的"尔不从誓言，予则孥戮汝，罔有攸赦"，这也是汤为了征伐夏而发布的军令。关于汤，春秋时期楚国声子言："《商颂》有之曰：'不僭不滥，不敢怠皇。命于下国，封建厥福。'

① 杨伯峻：《春秋左传注》，中华书局1981年版，第1275页。

② 杨伯峻：《春秋左传注》，中华书局1981年版，第137页。

③ 参见韩国磐：《中国古代法制史研究》，人民出版社1993年版，第25~30页。

此汤所以获天福也。”①声子此言的目的在于借商汤的例子劝诫楚国的君王要注意刑赏得当。即使声子引用的是商代的史实，但也只能从中看出商汤“获天福”是因为刑赏得当，以及“不僭不滥”的施刑原则，并没有明确的证据证实殷商时期已产生法律。

随着甲骨文的问世，现代学者们也越来越多地了解到商王朝各方面的资料。据已有史料，“刑”、“劓”、“刖”、“杀”以及“宫”诸字在甲骨文中已经出现了，韩国磐先生持该种观点。李力先生则根据《尚书·多士》中“惟殷先人有册有典”与甲骨文“册”、“典”进行推测，认为商代曾可能制定过成文的法律或法典。② 但是以上说法均是依据出土文物及传世文献进行的推测，并无确切的证据予以佐证。日本学者竹内康浩另辟蹊径，从文字的形式上进行研究，他认为文字的形状上虽可以遗留某种行为曾经存在的痕迹，但是该行为背后是否有权力、权威的控制，而使其作为一种制度性确立的刑罚被执行过，这样的事实单从字形上是无法得知的。③

行至周朝，《尚书·康诰》这一文献相对可靠。④ 此书中的相关记载通常被用以作为讨论周初的法制的材料依据，在该文中，周公提出了总的施刑原则，即“明德慎罚”、“义刑义杀”等；也提出了对于民的施刑方法，“人有小罪，非眚，乃惟终。自作不典，式尔，有厥罪小，乃不可不杀。乃有大罪，非终，乃惟眚灾，适尔，既道极厥辜，时乃不可杀”⑤。在周公看来，刑罚是不得已而用之，对民过度施以刑罚会激起他们的反抗，因此“明德慎罚”是十分必要的，为此周公提出了“若保赤子，惟民其康乂。非汝封刑人杀

① 杨伯峻：《春秋左传注》，中华书局1981年版，第1120页。

② 参见李力：《寻找商代法律的遗迹——从传世文献到殷墟甲骨文》，载《兰州大学学报》(社会科学版)2010年第4期。

③ 竹内康浩：《商周时期法制史研究的若干问题》，见佐竹靖彦主编：《殷周秦汉史学的基本问题》，中华书局2008年版，第94页。

④ 参见宁全红：《先秦“法”义之变迁》，载《厦门大学法律评论》2013年4月版，第45~75页。

⑤ 孙星衍：《尚书今古文注疏》，中华书局2004年版，第363页。

人，无或刑人杀人；非汝封又曰劓刵人，无或劓刵人”①，即“保护臣民”为目的的施刑策略。并且，在施刑的对象上，周公非常重视对于官吏的处罚：“不率大戛，矧惟外庶子、训人，惟厥正人，越小臣诸节，乃别播敷。造民大誉，弗念弗庸，瘝厥君，时乃引恶，惟朕憝。已！汝乃其速由，兹义率杀。”②对于不遵守国家法令的官员，应当迅速予以捕杀。结合整个《康诰》的内容以及上述几段话的语气来看，周公的本意在于教导姬封治理封地的经验。他担忧姬封过于年轻而缺乏治理经验，不懂得治理封地的方法，滥于施刑而激起民变和天罚，为了周王室的延续和封地的安危，周公对姬封谆谆教导，悉心传授治理经验，并非是在向民众发布政令。

加之，《康诰》中所述的诸如“小罪……惟终……不可不杀，大罪……非终……不可杀”，“寇攘奸宄，杀越人于货……罔弗憝”，“不孝不友……刑兹无赦”，“不率大戛……率杀”这一类的施刑原则并未明确具体的罪名和刑罚方式，也就是说，这些原则的规定极为模糊和抽象，负责审理的官吏们有着极大的自由裁量空间。此时也并未将罪名和刑罚加以明确，以法律形式加以固定。而至今在甲骨文献中未见“法”字，迄今最古的“法（灋）”字，见于西周早期的《大盂鼎》铭文：“文王受天有大命，在武王嗣文王乍邦……故天翼临子，灋保先王，敷有四方。……王曰：盂，若苟乃正，勿灋朕令。”至于此处“灋”之意义，前文已述，此处不累赘重释之。

故至此，夏商周三代尚未出现现代意义上的“法”，“灋”出现最早也只是在西周早期，至于其确切时间无从考证。经历朝历代学者研究发现，“灋”于殷周时期应当更多地视为“废”之通假字，作为军令刑中的一功能动词，而无现代意义上的“法”义。一源于此时社会生产力低下以及宗法制盛行，人们对图腾和祖先的崇拜至上，无“法”之意会；二源于此时战事频繁，有军令刑而无“法”产生之土壤。

---

① 孙星衍：《尚书今古文注疏》，中华书局2004年版，第364页。

② 孙星衍：《尚书今古文注疏》，中华书局2004年版，第368页。

(二)春秋战国时期

战国时期的《诅楚文》中“蔑灋皇天上帝”的“灋”的形体为灋，较西周早期的《大盂鼎》铭文中“灋”的形体灋有所不同。直观地看，两者不同点在于战国时期的灋比西周早期的灋多出了“去”部，而“去”部在字形上又与许慎在《说文解字》中的“㳒，古法也”中的“㳒”有类似之处，本书推断“㳒”或许正是灋中的“去”部，无论从两者出土文物年限还是字形来看，两者都相仿。退而言之，无论“㳒”是否真的是法的古体，起码可以得知的是春秋战国时期“法”之写法出现了异化，至少有“灋”和“㳒”两种。而“灋”与“㳒”字又分别作何解呢?

“灋”为何义，本书认为许慎的《说文解字》中的解释虽受到部分学者质疑，但仍不失其说服力。且“去”部亦只在这一时期出土文物中的“灋”字可见，本书认为许慎对“灋”的解释，至少符合当时人们对法的认识。《廌部》:“灋，刑也。平之如水，从水；廌，所以触不直者去之，从去。”“灋”字的字形和含义包含“水”、“廌”和“去”三部分。

“灋”的“水”部，一种观点认为“水”或许是指河神，在古代是人们祭祀的对象之一，亦是古代人进行神判的方式之一。借助“水”来进行神判，是古代中西方刑罚的共同点之一，目前中国的甲骨文中就有记载祭祀“河神”的祭名为“沉”，古巴比伦王朝的《汉穆拉比法典》以及中世纪的日耳曼法中也都曾记载以“水”施以刑罚的神判。另一种观点则从训诂学的角度对“水”部予以考察。《说文·水部》:“水，准也。北方之行。象众水并流，中有微阳之气也。凡水之属皆从水。”①由此看出，许慎对水的解释一为“平”，二为“准”。那么，何为“平”、“准”?《说文·水部》:“准，平也。从水，隼声。”《段注》:“谓水之平也。天下莫平于水。水平谓之准，因之制平物之器亦谓之准。”②正是因为水的蕴意均平、准则，

① 许慎撰，徐铉校订:《说文解字》，中华书局2014年版，第224页。

② 许慎撰，段玉裁注:《说文解字注》，上海古籍出版社1988年版，第516页。

可以作为衡量事物的平准之器，因而“灋”字从水，是取其平准之义。《尚书·酒诰》中：“古人有言曰：‘人无于水监，当于民监。’”虽然该句并非强调水的作用，但是可以明显看出古人在日常生活中会用水当作镜子来观察自身。《荀子·宥坐》：“主量必平，似法。”把“水”注入量器时必然平准的状态比作君子的法度，即公正不偏的法律。因而从这两种较为主流的说法中，我们可以得知“法”字构形中的“水”传达出的就是古代的刑罚方式以及“水”之平、正之意。

许慎对于“灋”的释义，最大的价值在于他揭示了隐藏于“灋”的字形和含义背后所特有的宗教背景。《说文》：“廌，解廌兽也，似山牛，一角，古者决讼，令触不直，象形。”①武树臣先生曾考证过“廌”，认为它是蚩尤部落的图腾，具有宗教性意义，后成为权威机构的象征。“许慎释灋或许来自于汉唐时期尚在流传的有关獬豸兽的传说。廌兽执法现象是初民时代依靠神力判案的遗俗，之所以有此习俗，源于古人对是非的判断尚存极大的不确定性，更欠缺认定客观事实的认识能力，因此，以某一种具有符号意义的动物来辅助认定，应当是当时的必然之选。久而久之，这一习俗成为了人们普遍认可的社会习惯，被确切地固定在“灋”字的构形中，流传至今。”②初民时代所遗存下来的原始宗教信仰让人们信任獬豸判案的公正，但事实上，正如杨树达先生所述：“獬豸所触之人未必都是有罪的人，这在今时今日是人人皆知的道理，但是在古时却并无人知晓。”杨先生认为原因可能有两种：一是由于当时的人们智识未开，容易受到蒙蔽；二是没有现代人证物证技术可供利用，因此只能借助神明判案，以期公正。传说中的廌是一种独角神兽，据《论衡》所述，獬豸（即廌）为独角的羊。据说，皋陶治狱正是利用獬豸触“不直者”这一天性，触之则有罪，不触则无罪，正是所谓

① 许慎撰，徐铉校订：《说文解字》，中华书局 2014 年版，第 201 页。

② 黄德宽、常森：《汉字阐释与文化传统》，中国科学技术大学出版社 1995 年版，第 87 页。

的“天生一角圣兽，助狱为验”①。“廌”正是因为其辨别是非的天性，才能参与到古人的诉讼活动当中。古代先人造字讲究会意，“灋”字当中的“廌”正是融入了该神兽的公平公正之义。

廌在古代又被称作“任法兽”，在有重大疑难案件难以断决之时，廌往往会担此重任。更有甚者，此后司法官员所戴的冠帽做成廌角状，称作“法冠”、“獬豸冠”。如《后汉书·舆服志下》就有此描述：“法冠，一曰柱后。高五寸，以纚为展筒，铁柱卷，执法者服之，侍御史、廷尉正监平也。或谓之獬豸冠。獬豸，神羊，能别曲直，楚王尝获之，故以为冠。”后世皇帝的坟墓前面常常摆放一对石头獬豸，以示忠诚正直，取其刚正不阿之意。獬豸这一形象也持续出现在古代官员的形象当中。汉唐时期皇帝外派办案的御吏往往就戴上有角的帽子，象征獬豸兽，明清时期御史的官服胸前绣的就是獬豸，且历朝历代行政、司法合一的地方官也常常被比喻成獬豸。因此，现在的獬豸、独角兽均成为了法律威严与公正的象征。獬豸这一形象反映出了古人借助神明判决以追求公正的心态，同时也是“灋”字公平含义的体现。当然，公平正义应多为后从的附会及联想，是社会发展到一定阶段之后，出现了公正意思而附会上去的思想。从当时此字的造字的会意分析，此字出现之时，当时的古人还没有公正观，只是此字以象形为主，取了廌的形，从原始之义讲，仅表现为神判思想。

“去”字是“灋”字另一个构成形体，《说文·去部》：“去，人相违也，从大，凵声。”且段玉裁完全认同许慎对该字的解释，注曰：“此说从廌去之意。法之正人，如廌之去恶也。”又注“违”曰：“违，离也。人离故从大，大者，人也。”②“大”字是人体的正面，象形。甲骨文“去”字从大、口，大在上、口在下，会意字，其本意即来去之“去”，离开。“去”字，在卜辞中均为动词，与祈雨活

① 瞿同祖：《中国法律与中国社会》，中华书局 1981 年版，第 253 页。

② 许慎撰，段玉裁注：《说文解字注》，上海古籍出版社 1988 年版，第 213 页。

动有关，当为祓除之义。① 裘锡圭先生认为，“去”字上为“大”下为“口”，该字形所要表达的意义应该是张开口。“张开”可以表示为人张口，即唇相离，与“离开”意相同，因此，“去”字的“离去”之义，可能就是由“张开”义引申出来的。② “去”在“灋”字的构成当中意为去除不直，正是表达出了古人希冀正义，去除人世间不平之事的美好愿景。对于“去”的解读，若从字的六书分析，显系会意，就是除去之意。若说是去除人间不平之事，这也不过是人们有了公平、正义的意识之后，产生的美好愿望。从“灋”字的出现时间研读，“灋”字造字时，人们可能仅是以目光可见的事物为会意的。若以蔡枢衡先生的研究，认为“灋”的三点水部首只是功能性的，那么，“去”应当就是对于把将刑之人放置水上，将其流出本区域。

“佱”(法)，本字为“亼”(jí)字，下加“正”，清代语言学家王筠《说文句读》对“佱”的疏义是：“从人、正会意，上者，集也。”许慎说：“亼，三合也。从人一，象三合之形。凡亼之属皆从亼。”亼读集音，象三画集合的形状，意为聚集、集合、合作。“正”则视为中，表示公平、不偏倚。“亼”与“正”相加，“佱”字在语源上涵摄着社会合作，即众人集合、合作或联合，应当秉持中正或公平之义。另，当代学者认为“佱”之本意指“常行的范型或标准，最初可能也曾被借作刑罚标准的意义”③。这亦是“佱”义的一种释义。古文中也有类似的说法，如在《尔雅·释诂》曰：“典、彝、法、则、刑、范、矩、庸、恒、律、戛、职、秩，常也。”疏云：“法，则者，《天官·冢宰》‘以八灋治官府，以八则治都鄙。’郑注云：‘邦国官府谓之礼法，常所守以为法式也。’则亦法也。典、法、则，所用异，异其名也。”④要考究该定义是否可靠，则要分析《尔

① 姚孝遂、肖丁：《小屯南地甲骨考释》，中华书局1985年版，第20页。

② 参见裘锡圭：《说字小记》，中华书局1992年版，第646~647页。

③ 张晋藩：《中国法制史》，群众出版社1982年版，第16~17页。

④ 邢昺疏，郭璞注：《尔雅注疏》，见《十三经注疏》，中华书局2007年版，第9页。

雅》的释义是否更加符合词的原始之义。因《尔雅》一书是由汉初的学者在补集先秦以来的旧文典籍的基础上增补而成的。虽说该书的释义并不如东汉许慎《说文解字》的体系规范和细密，但是其成书时间不但早于《说文》，而且多依据的是更原始的资料，这些原始资料至许慎时期已多有佚亡。所以，按照常理推断，《尔雅》释义更接近于原意。

在同一时期，“法”字的出现和使用频率越来越高，首先，体现在以法或法律为义的法字大量出现在法学论著中；其次，在令史、书佐们所撰写、抄写的公文书及副本中，法字成为常用字；最后，在同时期的律文中，法字则出现更多，且这些法字大多以法或法律为义，而作为“废”表示“废除、不履行”之义的灋字使用频率在下降。如《管子·明法》：“法者，天下之程式也，万事之仪表也。”①其中的法是指行为准则；再如《吕氏春秋·处方》：“法也者，众之所同也。”②其中的法是指社会所共同遵守的规则；再如《史记·商君列传》的记载，商鞅在主持变法时：“令民为什伍，而相牧司连坐。不告奸者腰斩，告奸者与斩敌首同赏，匿奸者与降敌者同罚。民有二男以上不分异者，倍其赋。有军功者，各以率受上爵；为私斗者，各以轻重被刑大小。谬力本业，耕织致粟帛多者复其身。事末利及怠而贫者，举以为收孥。宗室非有军功论，不得为属籍。明尊卑爵秩等级，各以差次各田宅，臣妾衣服以家次。”③其中商鞅变法中法的作用也有刑赏之义，诸如此类的文献还有很多。

这一时期的“法”，形体上出现异化，从“灋”字演变出“灋”和“佱”至少两种写法；意义上呈现多元化，殷周时期的“灋”字更多地作为“废”之通假字，而这一时期的“灋”字作为“废”表示“废除、不履行”之义的使用频率在下降，同时出现视“法”为行为准则、社会共同遵守的规则、行赏等意义。这主要与当时的文字本身演变规

① 黎翔凤：《管子校注》，中华书局2004年版，第1213页。

② 吕不韦：《吕氏春秋》，岳麓书社1989年版，第236页。

③ 司马迁：《史记·商君列传》，中华书局1982年版，第2230页。后引此书均同此版本。

律和社会环境的变化相关。

在文字演变规律上，裘锡圭先生的看法是汉字逐步线条化。“汉字的象形程度在不断降低，古文字所使用的字符本来大都很像图形。古人为了书写的方便，把它们逐渐改变成用比较平直的线条构成的、象形程度较低的符号……这可以称为‘线条化’。”①金文“灋”向篆体“灋”的演变主要体现为形体的“线条化”，这一点从出土的战国时期的《诅楚文》中“荿灋皇天上帝”“灋”的形体较出土的西周早期的《大盂鼎》铭文中“灋”的形体中可以清晰得知。同样在目前已知的出土文献当中，“⿱亼正”字首现于上博简，其在引用《吕刑》一语时将“惟作五虐之刑曰法”中的“法”字写作“⿱亼止”②，“⿱亼止”(⿱亼正)字的象形程度较金文要低，且趋于线条化。

从社会环境上看，春秋时期礼崩乐坏，以宗法等级制为基础的国家基本制度崩解了。此时新的社会秩序尚未建立，而旧的社会秩序已然瓦解，社会陷入混乱当中，没有完善的制度和统一的标准去解决争端、维持秩序。在风云突变的时代，以何种方式维系社会，诸子百家就礼与法展开了激烈的争论，管仲主张对旧礼进行改革，并且创立新的法令(“修旧法，择其善者而业用之”)，子产主张对传统周礼进行新的解释，同时设置新法；邓析主张废弃传统的周礼，完全用新的法律治理国家。此种争端持续至战国时期，“王者之迹息而《诗》亡”，儒、墨、道、法诸家虽各执己说，但在社会剧烈变革的形势下，法家的思想得以扩张。各国开始依据本国实际情况进行改革。首先是制度上的变革，以寻求法安全。德国法学家古斯塔夫·拉德布鲁赫说过：“法安全(Die Sicherheitdes Rechts)是所有文化的前提。”③法安全是对权威的确定，毫无疑问也是对法律的确认，从这个意义上说，缔造了古代中国的明君和贤相皆视法安全

① 裘锡圭：《文字学概要》，商务印书馆 1990 年版，第 63~67 页。

② 冯胜君：《郭店简与上博简对比研究》，线装书局 2007 年版，第 146~147 页。

③ 拉德布鲁赫：《英国法的精神》，哥廷根大学出版社 1956 年版，第 48 页。

为圭臬并试图将这种法安全变成现实。① 至公元前 536 年，郑国“铸刑书于鼎”，而后晋国也“作刑书”。郑国与晋国先后采取了把刑法铸在鼎上、制定刑法、公布刑法、推行法治的做法，开辟了公布法之先河。统治者向民众公布法律使得自身统治地位得以确认，同时民众也可以按照这一种明示的法律来解决争端。公布成文法既是一场社会变革运动，更是法观念的改变。人们从“刑不可知，则威不可测”，转变为通过公布成文法，使人们对自己的行为有确定性认识，知所规避。而在这一过程中，“法”不再单单作为行军的军令刑，其适用范围得以扩张至社会各阶层，“法”慢慢具有普遍适应性，“刑不上大夫”的时代一去不返。与之相适应，法的内涵也在悄然发生变化，将“灋”视为“废”的功能性减弱，追求社会公平的意识显现，人们赋予“灋”从水从去之义，同时期出现的“佱”字则透露出人们对法之正义的重视。随着时间的推进，“法”字也逐渐产生国家制定的以刑赏为主要内容的规范这一含义，并且得到了战国晚期的思想家们的普遍认可。

（三）秦汉时期

秦汉时期“法”字在含义上未发生重大变化，仍视“法”为行为准则、社会共同遵守的规则、行赏等意义。然而该字的形体出现重大变化。“法”字形体按照出土文物年限来看依次如下：秦昭王五十一年（前 256 年）至秦始皇三十年（前 217 年），期间的睡虎地秦简《效律》“与盗同灋”中“灋”的形体为；秦始皇二十六年（前 221 年）前后的《秦权量》“灋度量”“灋”的形体为；战国末期至西汉早期的《马王堆帛书》“地法天”中“法”的形体为；东汉时期的《衡方碑》“法言稽古”中“法”的形体为。为何“法”字的形体在这一时期历经→→→这一过程呢？而为何这一时期“法”字另一写法“佱”逐渐销声匿迹了呢？

首先说明第一个问题，→→→的演变过程的原因。本书认为其原因有三：

① 转引自何意志著，李中华译：《法治的东方经验》，北京大学出版社 2010 年版，第 61 页。

第一，书同文。在东周之后，如同《说文・叙》所言："诸侯力政，分为七国，律令异法，衣冠异制，言语异声，文字异形。"故在战事频仍的春秋战国时期除了在局部范围内原同一的文字各自走着极不平衡的演变道路之外，各国新造的文字更是异形异声，致使同一个字有几种，乃至几十种写法。① 而"由于地理和历史的原因，秦文字比东方各国文字更多地继承了西周晚期铭文的遗风……秦文字则比较稳定"②，至秦王嬴政统一中国为始皇帝，害其"言语异声，文字异形"，"承相李斯乃奏同之，罢其不与秦文合者"③，为了国家的统一，以及政令相通的需要，于是，一场轰轰烈烈的"书同文"运动在秦一统六国后也随之展开。在"书同文"的同时，秦国还对本国的篆体文字进行一次整理，经过这次整理产生了规定的标准字体——小篆。正如《说文・叙》所云："李斯作《仓颉篇》，皆取《史籀》大篆，或颇省改，所谓小篆也。"从秦始皇二十六年(前221年)前后的《秦权量》中"灋度量""灋"的形体较战国时期的《诅楚文》中"蔑灋皇天上帝""灋"的形体对比中可以得知小篆比战国时期的文字更加规整匀称。与此同时，秦始皇统一六国后，除了以小篆为标准字体来统一六国文字以外，还命程邈"作隶书"。《汉书・艺文志》中记载隶书"起于秦时官狱多事，苟趣省易，施之于徒隶也"意为隶书原始是徒隶之书；后来在《说文解字・序》中进一步发展，把隶书指为程邈所作："秦始皇帝初兼天下……大发吏卒、兴戍役，官狱职务繁，初有隶书，以趣约易……秦始皇帝使下杜人程邈所作也。"这一阶段文字由正体篆体到俗体隶书的变化过程，被称之为"隶变"④。也可以说，秦始皇实际上是以隶书统一了全国文字。⑤

---

① 王世荣：《秦篆在汉字演变中的作用》，载《北京联合大学学报》1988年第1期，第24页。

② 何琳仪：《战国文字通论》(订补)，江苏教育出版社2003年版，第194页。

③ 《史记・秦始皇本纪》。

④ 张晓明：《春秋战国金文字体演变研究》，齐鲁书社2006年版，第2页。

⑤ 裘锡圭：《从马王堆一号汉墓"遣册"谈关于古隶的一些问题》，载《考古》1974年第1期，第50页。

这一时期“在从古文字演变为隶书的过程里，字符的写法发生了更大的变化。它们绝大多数变成了完全丧失象形意味的，用点、画、撇、捺等笔画组成的符号。这可以称为‘笔画化’。”①“篆体‘灋’中产生出早期隶体‘灋’的演变(灋→灋)主要体现为形体‘笔画化’的‘隶变’，从早期隶体‘灋’中演变出隶体‘法’的演变(灋→法)并成为常用字(法→法)主要表现为形体的简化。”②这一切源于“书同文”的开展。

第二，成文法的颁布。蔡枢衡先生说：古时“只有裁判，无成文法”③，“灋”中的“廌”，是传说中能区分是非曲直的神兽。对于“不直者”，它会将其“触而去之”。因而，“廌”和“去”表示着审判、惩罚的含义，这种神判法的裁决方式就成了今后同类案件的处理依据。秦国认为这种法律“假威鬼神，故不久长”④，秦国统治者实践了法家的思想：法要“布之于众”，深以为只有明白易知的法律条文，才能得到普遍的实施，所以“明法”的概念在法家著作中随处可见。当时秦国制定和公布了成文法，并且要求民众平等守法。“故圣人立天下……行法令明白易知……知万民皆知所避就，避祸就福而皆以自治也。”⑤秦国法律的调整范围事无巨细，并且随着被征服土地的扩大，在每一寸领土上都强制推行秦国的法律及度量衡和文字等，在一部部成文法颁布后，为提高百姓对法律的认识，培养其法律意识，就不得不对文字进行改革。即法律的颁布倒逼文字的改革。知法已经成为百姓生活的必要条件之一，而统一、简便、易读的文字是推行统一法律制度的前提，文字的统一有利于文化的交流，也有利于政令的传达与执行，从而避免因文意不明而造成在理解与使用法律时产生误差。秦国法律知识的普及，以及法

① 裘锡圭：《文字学概要》，商务印书馆 1990 年版，第 69 页。

② 李任：《从灋到法——战国至西汉中期法字的形体演变及其原因》，载《河北法学》2010 年 10 月，第 33 页。

③ 蔡枢衡：《刑法名称的由来》，载《北京政法学院学报》1981 年第 3 期，第 7 页。

④ 《史记·秦始皇本纪》。

⑤ 《商君书·定分》。

律意识的提高是以文字的统一和普及为基础的，这是“灋”字发生变革的时代背景与思想前提。

第三，主法令之吏。“书同文”的推行和成文法的颁布推动出现了一个专门的掌握书写技能的法律职业群体——主法令之吏。《定分》中载：“公孙鞅曰：为法令，置官吏，朴足以知法令之谓者，以为天下正，则奏天子。天子则各主法令之，皆降，受命，发官。”“为置法官，置主法之吏，以为天下师，令万民无陷于险危。”①推行法治使百姓“明法”，这就要求有大量进行普法的人，而法律事务之繁重更需要处理实际工作的基层法律工作者。所以商鞅要求设置朴实厚重以使百姓知道法令具体内容的人，使他们作为主管法令的官吏。这促使了法吏这一群体的数量迅速增长，并且成为实施法律的重要条件。张家山汉简《二年律令・史律》规定了“史”的任职要求：“试史学童以十五篇，能风书五千字以上，乃得为史。有以八体试之，郡移其八体课太史，太史诵课，取最一人为其县令史。殿者勿以为史。”由此可见，在吏的技能与考试中，关于各种字体的掌握是必备技能，只有掌握了书写技能才能从事法律工作，成为主法令之吏。而这些主法令之吏在日常的法律文书抄写中接触最多的应该就是“灋”(法)这个字，而古“灋”字形体复杂，即使在出土于秦昭王五十一年(前 256 年)至秦始皇三十年(前 217 年)期间的睡虎地秦简《效律》中将“与盗同灋”中“灋”的形体简化为依旧难写，笔画多且书写起来费时，大概彼时的先人们已经意识到“时间就是金钱，效率就是生命”，于是用代替“灋”的古老写法。而这个“法”字由于书写方便快捷，先在书佐、令史这些底层抄写官抄写副本的过程中用来代替复杂的“灋”字，随着原本少用的这种简体“法”字使用越来越频繁和普遍，它逐渐成为法字的常用体，久而久之，简易笔画的“法”也代替了“灋”字。另从西汉时期的马王堆汉墓、银雀山汉墓中所抄写的书籍中来看，出现的都是“法”字，而找不到“灋”字。相信正是秦汉时期的主法令之吏这

① 《商君书・定分》。

一官员群体，促使了从“灋”到“法”字形上的最后转变。①

再来说明第二个问题，为何这一时期“法”字另一写法“佱”逐渐销声匿迹了呢？前文已经讲到，无论是鉴于《说文解字》的抄录(“佱，古文法”，所谓古文，“乃战国时东、西二土文字之异名，其源皆出于殷周金文”②)，还是鉴于近代出土文物中出现的“佱”的类似文字(在迄今为止发现的出土文献中，“佱”字首出现于上博简，其在引用《吕刑》一语的过程中将“惟作五虐之刑曰法”之“法”字写作“[illegible]”③)来看，今“法”字应有“佱”“灋”两种古老写法。但从出土的秦汉时期文物中我们未觅到“佱”这一写法，其成为了“法”字的异体字，本书认为这是“书同文”的结果。

“法”最初见于西周早期的《大盂鼎》铭文“文王受天有大命，在武王嗣文王乍邦……故天翼临子，灋保先王，囗有四方。……王曰：盂，若苟乃正，勿灋朕令。”“灋”的形体为[illegible]，从“水”从“廌”；而后战国时期的《诅楚文》中“蔑灋皇天上帝”“灋”的形体为[illegible]，从“水”从“廌”从“去”。水不仅仅表达一种象征意义，且在背后隐藏着一种神灵观念——水神(自然原始阶段崇拜的东西)，水是裁判的一个取向，是动态和裁判意义上的，而不是平而去之；廌，是一个有鲜明形象的符号，是人类处在图腾崇拜阶段的一个标志；去，根据甲骨文，可以推测出“去”是一个弓矢的形象，也是一种法相，是器物崇拜阶段的一种现象。法是在原始宗教阶段就已经形成的一种法相的综合体，三个阶段从自然崇拜到图腾崇拜到器物崇拜，随着历史的发展，人们将其融合到一起，将各种法相综合起来形成法字。这三个阶段权威形象的代表，与原始宗教、巫术有着深刻的内在联系。而“佱”从“人”从“正”，相比于“灋”这一写法的内涵相对薄弱。在殷周“迷信鬼神，不重人事”时代到秦汉“既信鬼神，注重人事”时代的转变过程中，先人考虑到法的原生形态是

① 李任：《从“灋”到“法”——战国至西汉中期法字的形体演变及其原因》，载《河北法学》第28卷第10期，第42页。

② 参见王国维：《战国秦用籀文六国用古文说》。

③ 张伯元：《“法”古文拾零》，载《政法论坛》2012年第1期，第58页。

神判，法与原始宗教和巫术相混合行使着超人的神威①，从而在“书同文”文化中选择“灋”而抛弃“佱”也是历史的选择。

（四）秦汉以后

秦汉时期，“法”这一字从含义上未发生重大变化，仍视“法”为行为准则、社会共同遵守的规则、行赏等意义，形体上，形成了固定的“法”这一形体，沿用至今。然而，也是在这一时期，政府官方的法律文书中关于法的名称发生了显著变化。

公元前536年，郑国子产铸刑书；公元前513年，晋国赵鞅和荀寅颁布《刑鼎》；公元前501年，郑国邓析著《竹刑》，正式称之为国法……当时各国所颁行的成文法典，一概称之为“刑书”，并不以“某法”、“某律”为名。公元前407年李悝颁布的《法经》是春秋战国时期各诸侯国法律之集大成者，《法经》第一次正式使用了“法”这一名称作为成文法典的称谓。从商鞅改用“某律”为具体的法律条款命名开始，渐渐有了以“律”取代“法”的趋向。

从1975年湖北云梦睡虎地出土的大量秦国的法律文书中可以看出这一点。在睡虎地秦简中包括《秦律十八种》、《秦律杂抄》、《秦简·法律答问》和《封诊式》，其中秦律十八种包括《田律》、《厩苑律》、《仓律》、《金布律》等，涉及政治、经济、军事、文化、思想、生活等各个方面的内容，使各行各业各个领域“皆有法式”。随后出土的张家山汉律亦是大批以“某律”为名的具体法律文书。可以说，秦汉法律为以“律”为中心的中国法律奠定了基础，经过魏晋南北朝的不断发展，至唐而出现集大成的《唐律疏议》。我们从中似可看到中国古代法律名称演变有某种规律，即从“刑”到“法”再演变为“律”。正如梁治平所说：“从时间顺序上看，我们今天称之为古代法的，在三代是刑，在春秋战国是法，秦汉以后则主要是律。”②而为何“法”演化成了律，对此邱濬在《大学衍义补》

① 白琬琳：《〈说文解字〉中的法律词语研究》，辽宁师范大学硕士学位论文，2008年。

② 梁治平：《法辨——中国法的过去、现在与未来》，贵州人民出版社1992年版，第56页。

中曾这样说道：“律之言，昉于虞书，盖度量衡，受法于律。积黍以盈，无锱铢爽。凡度之长短，衡之轻重，量之多寡，莫不于此取止。律以著法，所以裁判群情，断定诸罪，亦犹六律正度量衡，故制刑之书，以律名焉。”故此，有必要对“律”这一字进行阐释。

“律”，在先秦汉语中是一个可以独立运用的词，它在先秦典籍中出现的次数不多，在《论语》、《墨子》、《孙子兵法》中均未发现“律”字。在先秦典籍中，“律”字主要有两种用法，其一多指音律及由此引申而出的与历法、度量衡相关。《孔安国传》：“律，法制。”《孔颖达疏》：“诸国协其四时气节、月之大小，正其日之甲乙，使之齐一。均同其国之法制，度之丈尺，量之斛斗，衡之斤两，皆使齐同，无轻重大小。”将“律”释为“法制”，此法制的含义与今天不同，它指的是统一历法和度、量、衡的规则。《尚书·舜典》载：“声依永，律和声。”《尚书·益稷》：“予欲闻六律、五声、八音。”此处将“律”解释为“音律”。《左传·宣公十二年》引《周易》“师出以律”。《左传·桓公二年》：“百官于是乎戒懼而不敢易纪律。”《左传·哀公十六年》：“夏，四月己丑，孔丘卒。公誄之曰：‘旻天不吊，不慭遺一老，俾屏餘一人以在位，煢煢餘在疚。嗚呼哀哉尼父！無自律。’”这几处用法与乐律不相干。但这种用法自有其渊源。其均有“规则”的含义，这个含义与律字成为法律用语有密切关系。

“律”很早就有与法律相关的“规则”这一意义，后世用为法律术语的“律”字有两个渊源，而它们正是在“规则”这一意义上联系起来的。许慎《说文·彳部》：“律，均布也。从彳，聿声。”“律”的本字是“聿”。就字形来看，聿在古文字中像手持笔之形，即“筆”之本字。罗振玉认为：“此象手持笔形。乃象形也，非形声也。”①聿、筆实为一字，只不过筆字加了形旁“竹”，筆从竹者，以竹为管也。

故，律，一说为“均布也”。清段玉裁注：“均律双声。均古音

---

① 李圃主编：《古文字诂林》第三册，上海教育出版社 2001 年版，第 500 页。

同匀也。”《尔雅》：“坎、律，铨也。律者，所以范天下不一而归于一，故曰均布也。”蔡邕的《月令章句》：“律者，声之管也。上古圣人始铸以为钟，以应正月至十二月之声，乃截竹为管，谓之律。声之清浊，以律管长短可制也。”

律，用于音律，本义是古代用来定音的竹管，旧说古人用十二个长度不同的律管，吹出十二个高度不同的标准音，以确定乐音的高低，这十二个标准音就是十二律，十二律又分阴阳，阳六称为律，阴六称为吕，故音律又称为“吕律”或“律吕”。① 古人也用钟弦定音，故有所谓管律、钟律和弦律。② 聿、筆实为一字，只不过筆字加了形旁“竹”，筆从竹者，以竹为管也。《说文・聿部》：“聿，所以书也。”筆字加竹为形旁是因为古之书写工具多以竹管制成，古代定音的工具“律”也以竹管制成，筆与律意义、用法相近，杨树达认为：“甲文之聿，中直画即象竹管之形，非秦时始用竹为管而谓之筆也。若然，以竹管束毫书事谓之聿，以竹管候气定声谓之律，律从聿声，实兼受聿字之义也。”③筆，用以书规则，后世法律文书称为“律”，当由此来。

“律”字原意是指用来定音的竹笛，而音律要求十分严格、精准，故其主要的引申含义是稳定。《史记》说：“王者制事立法，物度轨则，壹禀于六律，六律为万事根本也。”可见，“律”是一切事物的总标准，也是一种“模器”。这是以“律”定音的竹管义演化成同样要求十分精准之法律义的一个重要因素。人们选择“改法为律”，是希望以一种“均布和谐”的规则来解决法律上的纠纷和事件。用“律”字代替了“法”字，目的主要是为了阐明法律的稳定性和普遍适用性，把法律解释为一种稳定的必须普遍遵守执行的条文，具有“范天下之不一而归于一”的功能。

① 古人对乐律的统称。参见商务印书馆编辑部：《辞源》，商务印书馆1989年版，第579页。

② 参见王力主编：《古代汉语》第三册，中华书局1999年版，第862~863页。

③ 李圃主编：《古文字诂林》第二册，上海教育出版社2001年版，第513页。

另一方面，《说文解字》提到“律”字从“彳”，从“律”的字形来看，确实与“行”有渊源。甲骨文中已有律字，作[illegible]或[illegible]。孙海波认为：“[illegible]，京都二〇三三，地名。”①考古所：“[illegible]，即律。”②甲骨文中有“自叀律用”的记载。甲骨文中之“律”与“行”相关，有学者将之与“建”联系起来，但王国维先生对此觉得不妥：“建鼎文作[illegible]，诸家皆释建。然《说文解字》建字与廷字俱在廴部，而古金文廷字与石鼓文字所从之建字均从乚不从廴，则此从廴者，非建字。疑律之或作也。”③《周易》中出现的“律”字体现了与“行”相关的意义，《周易·师》：“师出以律，否臧凶。《象》曰：‘师出以律’，失律凶也。”孔疏直释“律”为军法。师在此为率众之意，率众出行当依规矩、法度行事。“师出以律”，即用兵当有法度的意思。释臧为壯，即讲如果用兵无法度，就算兵强马壮亦凶，即不免于败。

故此，律无论是与“音律”还是与“行”有渊源，两者都透露出这样的信息：法不单单是宏观政策之产物，还应当视为“立规矩”之规则。而关于为什么会改法为律的解答，祝总斌提到了两点原因：一是战国时期音乐的社会作用逐渐增强，律的地位的提高，对它的引申义用于法律之上具有巨大的促进作用；二是在战国的统一进程中度量衡逐步统一，反映在语言上，与“法”、“律”二字内涵外延的转换和使用，是促进“律”字用于法律上的另一极重要因素。④ 本书认为祝总斌的观点有其合理性，律本有行列、标准、规矩、约束之义，在战国音乐理论不断发展的时代，更进一步发展出“精确”之义，与统一度量衡关系密切，切合正日趋完备的成文法的详实、繁杂、有序的需要。另一方面，刑字局限于刑罚之义，而

① 于省吾主编：《甲骨文字诂林》第三册，中华书局 1996 年版，第 2298 页。

② 于省吾主编：《甲骨文字诂林》第三册，中华书局 1996 年版，第 2298 页。

③ 李圃主编：《古文字诂林》第二册，上海教育出版社 2001 年版，第 513 页。

④ 祝总斌：《关于我国古代的“改法为律”问题》，载《北京大学学报》1992 年第 2 期，第 23 页。

法字倾向于指称大范围的法令、制度，体现整体性、全局性的规范，律字正好填补了指称成文法的具体规则、条文这一空白。即“法”为法之大者，“律”为法之细则，国家为求更好地行政运作，“改法为律”也便应运而生了。

我们从上文中可以看到，法的形体历经了“灋→灋→法→法”的变化，这个过程反映了人们从宏观到微观，从表层到深层不断加深对“法”的认识，伴随着这一认识过程，也开始从内容和形式层面逐渐地“改法为律”，“法治”这一词汇也随之出现。

二、从“法治”说起

自中国进入近现代以来，中国学界对于中国古代是否有“法治”思想，或者中国古代的法治思想是否等同于中国当代的法治思想，以及它们之间有什么异同点，有着长达几十甚至上百年的争论。在中国的当代法学界有两种完全截然不同的观点：第一种观点认为，中国古代尤其是先秦时期具有丰富的法治思想，例如《商君书》中的“缘法而治”、“据法而治”、“垂法而治”、“任法而治”、“以法相治”，以及《管子》的“以法治国”(这应该是世界历史上最早的依法治国的思想)，这些言论都毫无疑问地证明先秦具有丰富的“法治”思想，而且这种法治思想还发展到了一定的程度；第二种观点认为，中国古代不存在所谓的“法治”思想，因为“法治”这个词是西方传到中国的“舶来品”，是在中国近代史上西学渐进时期，当时先进的知识分子引进的概念。

第一种观点的代表人物是武树臣教授。他明确指出，“法治”这一概念是先秦法家提出的一种治国方略。这在法家代表人物的著作中均有过很明确的表述，如法家商鞅的《商君书》，韩非子的《韩非子·饰邪》以及反映管子思想的《管子》里面都有大量的关于“法治”思想的记载。“法治”作为一种治国方略，其主要精神就是“依法治国”或者“法的统治”。这种精神在《商君书》的“事断于法”，“以法为本”；《管子》的“不为君欲变其令，令尊于君”，“夫生法者君也，守法者臣也，法于法者民也。君臣上下贵贱皆从法，此之谓大治”；《商君书》中的“法者，国之权衡也”，“言不中法者不听也，行不中法者不高也，事不中法者不为也”；《韩非子》的“明主之国，令者言最贵者也，法者事最适者也。言不一贵，法不两适。故言行不轨于法令者必禁”都有体现。这些先秦法家典籍中的言论都体现了最初的“依法治国”思想，可以说是当今法治思想的最早的萌芽。但是学术界试图较为清晰地定义先秦思想家所说的“法治”思想时，却又出现了巨大的争论。在学术界，大多数人仍认为将“法治”作为法家政治法律思想的核心，是从近代学者开始的，至今仍为当代学者所使用。并提到在梁启超、陈烈、吴经熊、陈启天等人的著述中，把法家学说称之为“法治主义”。①

第二种观点的代表人物是梁治平，他认为：“法家固然主张‘依法而治’，但法家的学说根本没有‘法治’的色彩，中国现代法律学和法律制度大多源于西方，‘法治’这个概念也是由西方传入的。”②这一派直接否定或怀疑古代有清晰明确的“法治”思想。他们认为春秋战国时期的各家经典著作中的关于“法治”的言论，只在字面上是法治二字，从严格意义上理解，无论是从价值观念，还是制度设计或者是权力运用各方面看，均与现代意义上的法治思想相去甚远，法家虽然有“以法治国”、“垂法而治”等说法，但是跟当今时代的法治是有根本意义上的区别的。并且他们认为只有人治才是中国法律史上的固有概念，例如儒家的“为政在人，人存政举”“其人存则其政举，其人亡则其政息”思想。

以上相左的两种观点，莫衷一是，即使他们都认同西方法治的概念及其思想，但是西方的法治概念与思想也是多种多样的，只能在宽泛的意义上达成一致。虽然任何一方都不能说服对方，但是这个学术争论却引出了中国法律思想史上的一个基础性问题——中国古代的“法治”概念是否等同于中国当代的法治概念，甚至更进一步探寻中国古代的“法治”思维。先秦“法治”是否就是当代中国法

① 武树臣：《法家法治思想的再评判——兼与杨师群同志商榷》，载《华东政法学院学报》1998年第10期。

② 梁治平：《法辨——中国法的过去、现在与未来》，贵州人民出版社1992年版。

治的最初萌芽，为探寻中国“法治”的源流，我们必须从术语和概念这些基础性的问题入手，这是因为表达学术观点的基本工具就是名词或者术语概念。民国时的著名历史学家傅斯年就曾经说过：“大凡用新名词称旧物事，物质的东西是可以的，因为相同；人文上的物事是每每不可以的，因为多是似同而异。”①“法治”是涉及文化、制度等人文类事物的名词、术语，我们当然不能直接以新名词称旧物事。试想一下，如果中国古代没有“法治”这一名词或者概念，而用现代西方的“法治”来直接描述中国古代的法家思想与学说，那无疑会在理解上造成巨大的困惑，因而是“不可以的”。但如果在中国先秦时期就已经有了“法治”这个名词，那么当然可以直接引用。

鉴于以上情况，我们有必要从名词、术语和概念的角度，对法治作一梳理及分析。

首先，分清名词与概念的异同。按照现代逻辑学的观点，概念就是解释名词的基本词义，名词则是概念的外在形式。由此可知，解释概念就是解释名词的含义。然而每个时代的逻辑学都有其时代的局限性，中国当代的逻辑学也能够分析古代概念和词组吗？在中国古代的逻辑学中，是如何区分名词与概念这对词组的呢？中国古代逻辑学中，是以“名”和“实”来界定和讨论相关逻辑问题的。“名”与“实”的问题是一个涉及哲学概念的问题。对于“名”的问题，例如公孙龙的“白马非马”理论就是探讨此类问题的。荀子在其《正名》中曾经说过：“名也者，所以期累实也。”荀子所说的这句话经过当代一些学者的解说，如著名逻辑学及逻辑史学家温公颐先生认为，荀子的“概念论”，讲的就是名词的“名”的意思，因此中国古代逻辑中所讲的“名”就相当于现代西方逻辑学中关于“名”的概念。他分析道：“荀子所讲的‘期累实’就是对‘客观存在’进行思维上的联系与概括。‘期’有‘会’意。’‘累’，把事物各方面的特性按照规律有条理地联系起来。我们依据《说文》对‘期’、‘累’二字

① 傅斯年编：《与顾颉刚论古史书》，见《傅斯年全集》，湖南教育出版社2003年版，第459页。

的解释就可以得出‘期累实’的含义就是指对客观存在的实，进行联系概括成有条理的活动。① 客观存在的名，即对该事物的实质在思维上进行联系和概括。这样，荀子所下的‘名’的定义，就具有普遍逻辑中概念的含义。”②由此可知，如果将中国古代典籍中使用的“法治”视为名词，那当然也可以将其视作概念加以界定和释义。

其次，厘清术语的概念。任何一个专业术语，都有其明确限定的含义。一个术语诞生的标志，就是对这个术语有一个明确的概念或者论述。例如先秦时期出现的“法治”、“礼治”、“德治”等，在古代儒法两家的经典典籍中都有明确的论述，所以都是术语。虽然在中国古代，有时虽不太注重对所使用的术语下定义，但是他们往往采取展开论述的方法来揭示术语的含义，这种解释方法很适合抽象的名词的解释。例如《韩非子・有度》云：“故明主使其群臣不游意于法之外，不为惠于法之内，动无非法。……巧匠目意中绳，然必先以规矩为度；上智捷举中事，必以先王之法为比。故绳直而枉木斲，准夷而高科削，权衡悬而重益轻，斗石设而多益少。故以法治国，举措而已矣。法不阿贵，绳不挠曲。法之所加，智者弗能辞，勇者弗敢争。刑过不避大臣，赏善不遗匹夫。”③在韩非子的这段话中，就是运用了描述的方法大致阐述了法治的含义。

因此，对中国古代有无“法治”的追问，我们可以从中国古代有无“法治”这一名词、有无“法治”这一术语、有无“法治”这一概念三部分予以考察。

(一) 中国古代有无“法治”这一名词

“法治”一词近些年随着我国“依法治国”方略的提出，受到了

① 武汉大学古籍整理研究所所长骆瑞鹤教授对荀子所说的：“名也者，所以期累实也。”注解云：“杨倞注：‘期，会也。’郝懿行、王先谦亦从杨说而解为会、期会。实，事物之实，亦名之实。此言名也者，所以期会事物之实而积其名数也。前文：‘此事之所以稽定数也，此制名之枢要也。’是名有稽实定数之用。”另参见《荀子补正・正名篇》，武汉大学出版社 1997 年版，第 151 页。

② 温公颐：《先秦逻辑史》，上海人民出版社 1983 年版，第 275 页。

③ 《韩非子》。

社会的广泛关注，出现的频率越来越高，但很多人误认为“法治”是个新的名词。其实，早在我国春秋战国时期，就有思想家提出了“以法治国”、“唯法而治”的政治主张。但是鉴于当时的时代背景，一切的生杀予夺大权都掌握在君主手中，这种“法治”当然也是建立在“法自君出”的基础之上的，即法只是“帝王术”的诸多工具之一，君主个人意志是高于法律规定的。

“法治”这一名词，最早始于《晏子春秋·谏上九》上面的记载：“昔者先君桓公之地狭于今，修法治，广政教，以霸诸侯。”①东汉荀悦《汉纪·孝宣皇帝纪四卷第二十》“赞曰：《本纪》称‘孝宣之治，信赏必罚，综核名实，政事、文学、法治之士咸精其能，至于伎巧器械之资，后世鲜能及之，亦足以知吏称其职，民安其业’。”②《淮南子·泛论训》云：“夫殷变夏，周变殷，春秋变周，三代之礼不同，何古之从！大人作而弟子循。知法治所由生，则应时而变；不知法治之源，虽循古终乱。”③东晋袁宏在《后汉纪·光武皇帝纪卷第六》中曰：“自古在昔有治之始，圣人顺人心以济乱，因去乱而立法。故济乱所以为安，而兆众仰其德；立法所以成治，而民氓悦其理。是以有法有理，以通乎乐治之心，而顺人物之情者。岂法逆人心而可使众兆仰德，治与法违而可使民氓悦服哉？……陵迟至于战国，商鞅设连坐之令以治秦，韩非论捐灰之禁以教国，而修之者不足以济一时，持之者不能以经易世。何则？彼诚任一切之权利，而不通分理之至数也。故论法治之大体，必以圣人为准格；圣人之所务，必以大道通其法。……斯所谓势利苟合之末事，焉可论之以治哉！先王则不然。匡其变夺则去其所争，救其巧伪则塞其淫情。人心安乐乃济其难以悦之，又何不从之有焉？人情恶侵则正其分以齐之，又何讦逆之有焉？推此以治，则虽愚悖凶

① 浙江古籍出版社编：《百子全书》，浙江古籍出版社1998年影印版，第437页。

② 荀悦撰，张烈点校：《两汉纪（上）·汉纪》，中华书局2002年版，第931页。

③ 何宁：《淮南子集释》，中华书局1998年版，第931页。

戾者，其于身也，犹知法治，所以使之得所而安其性者也。”①

《晏子春秋》所记载的齐桓公“修法治”，概括的是齐国如何通过法治而实现国富兵强并最终成为春秋五霸之首的事实。《淮南子》作为“杂家”的代表作，汇聚融合了道、儒、法、阴阳诸家的特色，太史公司马迁曾经说过：“依据阴阳家关于四时运行顺序之说，吸收儒墨两家之长，撮取名、法两家之精要。”虽然有学者认为《淮南子》偏重于黄老学说，但是近代学者多认为其思想更加偏重于法家。新儒家的代表人物熊十力就认为，《淮南子》保存了法家的原始精神。东晋史学家袁宏也在《后汉纪》中说：“主张诸子百家的学说其都可以以各自的名义存在，不必要求整齐划一。”②他认为《淮南子》所表达的主导思想是主张“名”、“礼”之治，但法家学说也占有重要的地位。而诸子百家“斯乃随时之迹，总而为治者也”③。袁宏所称的“法治”是针对商鞅变法的刻薄酷刑的。因而其主张将古代的先贤礼仪作为“法治”的主体，以此来顺应人心开创太平盛世。这显示出袁氏对法家思想中加入道家及儒家的思想进行的改造。从名词的角度看，在中国古代，“法治”是一个“实名”词，并且这个词成为一个专业术语词。故此，可以得知，中国古代有“法治”这一名词。

(二)中国古代有无“法治”这一术语

何为“法治”？“法治”从字面意义上理解是通过法来达到治的目的，从深层次上理解是指“以法治国”或者“依法治民”。“法”是“治(民、国等)”所使用的工具。④ 这种宽泛意义上的先秦时代的法治的含义跟当代的“法治”有一些相似性。《史记·蒙恬列传》中

---

① 袁宏撰，张烈点校：《两汉纪(下)·后汉纪》，中华书局2002年版，第114~115页。

② 周天游：《后汉纪校注》，天津古籍出版社1987年版，第8页。

③ 袁宏撰，张烈点校：《两汉纪(下)·后汉纪》，中华书局2002年版，第231~232页。

④ 在《四库全书》所收入的秦汉至清代的典籍中，不乏“以法治之”、“依法治之”、“用法治之”、“按法治之”、“奉法治之”、“据法治之”、“照法治之”、“倚法治之”、“执法治民”、“行法治民”等话语。

有记载："高有大罪，秦王令蒙毅法治之。毅不敢阿法当高罪死，除其宦籍。"在这句话中，"法治"并不是一个名词，而是一个动词，意义为"用法律处罚他"。在现有材料中可将法治视为名词的有"修法治"、"论法治之大体"、"犹知法治"等，这些语句中的"法治"不是名词，是动词性的词组，即为"以法治"动词化后的"法治"术语。

在中国古代，当时的学者一般不用下定义的方式来解释术语，而是采用其他比喻或者描述的方法，来说明术语的含义。例如管子曾经说过："明主者，一度量，立表仪，而坚守之，故令下而民从。法者，天下之程式也，万事之仪表也。吏者，民之所悬命也。故明主之治也，当于法者赏之，违于法者诛之。故以法诛罪，则民就死而不怨；以法量劝，则民受赏而无德也。此以法举错之功也。"管子的这一段话就是通过对"法"的不断描述来说明"法"的含义①，有点类似于以外延的方式来揭示术语的含义。

然而，在中国古代，为何"法治"会成为一种术语形式并且能够反复出现在法家的代表著作中呢？

中国自夏朝开始，就有关于治理国家的理论和学说，总的来讲，治理国家的方法无外乎十种："一为元气治，二为自然治，三为道治，四为德治，五为仁治，六为义治，七为礼治，八为文治，九为法治，十为武治。"②在先秦时期，特别是西周时期都崇尚的是德治，"法治"仅仅是治国思想中的一种，但是在春秋战国时期，正逢"德治"衰弱，"法治"思想随着代表新兴地主利益的法家兴盛起来。因此我们可以确定，"法治"作为一种术语，最早出现在春秋战国时期。

到了战国时期，新兴的地主阶级通过土地私有制的确立，不但逐步在各主要诸侯国取得了支配地位，甚至有的新兴地主经过几代人的努力正在夺取或者已经取得了原来君主的政权，他们夺取政权

---

① 参见阎步克：《士大夫政治演生史稿》，北京大学出版社 1999 年版，第 166 页。

② 《太平经》。

以后做的第一件事就是致力于国家制度、治国方式的变革。在当时上层的统治阶级内部，一部分由奴隶主贵族转化而来的贵族希望能够在新的社会制度下继续享受过去奴隶主贵族的世袭权力，他们力主“礼治”，希望能够按照周礼统治国家，因此他们仍然维护贵族统治，严格区分社会等级。而另一部分新兴的非贵族出身的统治者（主要由军功获得贵族身份的官僚和工商巨富组成的新兴地主），不但敌视垄断或世袭特权的旧贵族，而且也反对过去的“礼治”，反对旧贵族通过对周礼进行改良进而使其继续维护统治。他们主张建立一个全新的高度集权的君主专制的帝国，为了达到这个目的不惜用强权手段和兼并战争的方式来统一全国。由于他们是新的社会制度的基础，并且他们的主张有利于打击旧的割据势力以加强君权，因此得到各国国君的支持。他们这个阶层刚刚正式登上历史舞台，怀有远大的政治理想，主张将本阶层的政治诉求和相应举措制定为统一的法令予以公布，并且以严刑峻法来保证其举措的贯彻实行。疲软且无强制力的“礼”显然不能满足他们的需求，而法家的“以法治国”、“一断于法”正是他们追求的，于是法家跟新兴地主阶层迅速结合，这就导致了“法治”思想的进一步扩张。由此可知，法家的“法治”不单单是指“以法治国”，而是中国封建制初期地主阶级提出的统一天下和治理国家的主要方法。

首先，与儒家的“礼治”——靠宗族等级制度维护国家统治相对应，“法治”主张“国是国、家是家”，国与家应该分裂开来，君主直接制定并公布法律，并且直接依靠法律治理国家、管理人民，在具体操作上有功必赏，有过必罚，赏罚分明，努力做到“不别亲疏，不殊贵贱”，“刑无等级”①。与法治的思想相对应，礼治强调“国家的命运在于礼仪”，君臣是父子关系，整个国其实就是一个家，家国同构。所以应当相亲相爱，贵族特权应当世袭罔替，刑不上大夫，礼不下庶人，充分发挥礼的灵活调节作用。

从上述对比可以看出，儒家的价值观是以“礼”为核心形成的宗族等级制度，而法家的价值观则是以“法”为核心形成的君主专

① 《史记·商君列传》。

制集权制度。二者的相同点是都维护等级制度，不同点是对宗法等级制度的态度，其实质是代表旧贵族利益的“礼”与代表新贵族利益的“法”的对立。这种对立的外在表现形式是分封制与集权制的对立。从这个方面来说，“法治”的提出，其实是新兴地主阶层旨在用“法治”取代日渐没落的旧贵族的“礼治”，体现的是新旧制度的对立。

其次，除了针对“礼治”以外，“法治”也针对儒家的“德治”所主张的治国理念而提出的。“德治”主张“以德服人，以德配天”，“宽惠爱民，明刑弼教”，“省刑薄税，罪刑相称”，“德治”重视政治与教化相贯通，注重道德对个人的感化作用。而“法治”注重代表“公意”的法令的强制作用，“法治”主张“严刑制民，以刑去刑”“不务德而务法”①；其主张政治与刑罚相结合；要以刑立威，轻罪重刑等等。总之，二者均承认强制与道德教化是治国的重要手段。但是二者的侧重点不同，儒家重视道德感化和宽惠政策的作用，相对来说轻视刑法的强制作用；法家则认为法律的强制作用具有第一性，道德教育则只能处于第二性，“法治”是最有效的、唯一可行的统治方法，道德教育作用只能起到辅助性的作用。在这个意义上，可以说“法治”的提出表明了新兴地主阶级决心用武力推翻旧的制度，然后依靠严刑峻法来巩固自己的统治，体现的不仅仅是统治原则的争论，而是江山谁主沉浮的争论。

最后，跟当代对应的术语一样，“法治”是和“人治”相对应的，而“人治”最早也是儒家提出来的。人治从“礼治”“德治”发展而来，要了解人治就必须从“礼治”“德治”入手，“礼治”主要讲的是宗法等级，大宗率小宗，小宗率群弟，其个人作用大，这就是所谓的“为政在人”②的理论。我们再来看看“德治”的理论，“德治”重视的是道德教化的以德服人，认为国家大事都取决于君王个人的品德及表率作用，君王以下，臣子的品德也同样重要，这就是所谓的“贤人政治”，只要选用有品德的人来治理国家，那么国家必然大

---

① 《韩非子·显学》。

② 《礼记·中庸》。

治。"礼治"和"德治"都必然导致"人治"，因为"礼治"是从制度构架说的，此种宗法制的构架，强调的是人的血缘等级。人的身份及在国家中的地位，是由人的出身所决定的，它是"人治"。而"德治"则是从人的"德性"为基点的。它有两个基本含义：一是身居高位的统治者，要注重自己的品行及修养。反向推理，一个人如果身在高位，其必然是德行出众之人，天下人应当相信他。因为他德行很好，因此，对他也不必进行制度的约束，所以说，从这个意见上说，它是"人治"。二是统治者在治理天下时，应该对臣下以德礼教化为主，反对不教而诛。制度以净化人的思想为最高的境界，而不是法家一味强调的以法调整人的行为。因此，"人治"是"礼治"与"德治"进化的结果。法家从根本上是反对"人治"的，当然也会否定"礼治"、批判"德治"。例如，"人治"强调决定国家命运的是"人"，而"法治"则认为是"法"①。"人治"对君主个人品德修养有极高的要求，希望君主能够"言行合一，内圣外王"，"法治"则要求君主"一断于法，任法而治"，认为儒家的仁义礼乐虚伪至极。"人治"要求在君王培养了良好品德以后就要发挥君主个人的榜样作用。针对这种思想，"法治"则斥之为"心治"，认为其不符合实际。

中国古代的"法""礼"之争，其实是"法治"与"人治"之争，当然这种"法治"与"人治"的争论，与当代的法治与人治的争论有很大的区别，当代的"法治"是统治者本身都必须在法律规定的范围内活动，而古代的法治是在坚持君主专制的前提下，其他所有的臣民都必须遵守法律规定，君主凌驾于法律之上，君主的意志可以直接成为法律。

综上所述，中国古代有"法治"这一术语，它被视为"'救世、富强、致治、尊君'之义；'生法者君也'之义；'以法为治'之义；'法之必行'之义"。"法治"术语兴起源于为求"救世、富强、致治、尊君"的思想变革，然而中国超稳定的一元性的权力结构②和

① 《荀子·君道》。

② 参见金观涛、刘青峰：《兴盛与危机——论中国社会的超稳定结构》，香港中文大学出版社 1992 年版，第 9~11 页。

“天人合一”的宇宙观不得不让“法治”必须“生法者君也”，在“生法者君也”的倡导下进行改革，推行“以法为治”，若“以法为治”的策略一经采纳或推行，“救世、富强、致治、尊君”的目标必然就可以达到，法家的这些“富国强兵”的目的实现以后则“法之必行”。

(三)中国古代有无“法治”这一概念

前文已经谈到中国古代有“法治”这一名词和术语，以下将探讨“法治”这一概念是否存在于同一历史时代。

首先，何为“法治”?《辞源》将“法治”定义为“谓根据法律治理国家。相对于‘人治’而言。”《晏子春秋·谏上》：“昔者先君桓公之地狭于今，修法治，广政教，以霸诸侯。”①英国著名的《牛津法律大辞典》，将“法治”定义为“法治(Rule of Law)，一个无比重要的、但未被定义，也不是随便就能定义的概念。它意指所有的权威机构，立法、行政、司法及其他机构都要服从于某些规则。”②

以上两部词典，一部由中国人自己编纂，一部由中国人翻译，然两者对“法治”概念的界定均是语焉不详，此中缘由并非是编纂者功力不深，实在是“法治”这一概念难以界定。关于“法治”的概念，部分学者进行了深入、充分的研究。目前，尽管各方认识还不统一，但从基础层面看来，本书认为，“法治”这一概念或应包括以下四个方面：

首先，“法治”代表一种与“人治”相对立的治国方略或基本方法。“法治”的这一层含义已为学者们所普遍接受，达成共识。此为“法治”最为基础性的含义。在这里必须阐明的是，“人治”与“法治”，其区分的实质并不在于是否需要人的因素以及发挥人为因素的作用，而是在于二者所依赖的、用以实现国家治理的权威来源不同，前者靠的是少数人的意志、能力以及智慧的权威，而后者所依仗的是体现多数人意志、能力以及智慧的法律的权威。

① 商务印书馆编辑部：《辞源》(修订版)第三册，商务印书馆 1981 年版，第 1749 页。

② 戴维·M. 沃克编，北京社会与科技发展研究所组织编译：《牛津法律大辞典》(中译本)，光明日报出版社 1988 年版，第 790 页。

其次，“法治”体现并且贯彻着有利于维护法律的无上权威并能保证法律能够得到普遍、有效遵守的法律原则。就原则本身而论，从层次上看，有总体层面与具体层面之分；从不同方面看，有实体(实质)方面与程序(形式)方面之分。法律原则是法律理念和精神的集中体现，却非法律理念和精神本身；法律原则是法律和制度的指导并贯彻其中，却并不等同于法律和制度。

再次，“法治”蕴含并象征了一整套紧要的法律理念及精神。这些法律理念及精神是“法治”更深层面所蕴藏的内涵，其亘古不变、影响深远，具有决定性的意义。法律的理想目标和价值追求融入其中，成为人类不断探究和思索的永恒主题，以求丰富并深化法律理想和价值追求的内容，最终达到新的境界。

最后，“法治”要求代表和体现出一种与上述要点要求相合的结果、秩序或者状态。毕竟理念也好、精神(或价值目标)也好、方略或者原则也好，都并非现实化的东西。人类选择某种精神、某种价值理念、某种方略或者某些原则，其出发点是期望能够达成某种目的或者结果。而就“法治”本身而言，这种目的或者结果，应当表现为一种与理想价值相合的、良好的、有序的状态与秩序。

基于对上述各要点的分析，对“法治”，特别是现代法治概念，作出如下概括：“法治”是以与人类理性相合的价值精神为指导，贯彻由此而形成的成体系的有利于维护法律的无上权威，并且保证法律得到普遍有效遵守的法律原则，进一步使人们权利得到有效保障、社会维持良好有序状态的一种与“人治”相对立的国家治理基本方法或方略。

而在传统中国法律文化的语境当中，“法治”与“道治”、“德治”以及“礼治”等概念同属于“治道”的范畴。先秦诸子在君王究竟应当采取怎样的策略来治理社会和统治人民的问题上，其看法莫衷一是。儒家的“礼治”与“德治”以及法家的“法治”均对中国传统政治实践有着重大影响。所谓“夏有乱政，而作禹刑；商有乱政，而作汤刑；周有乱政，而作九刑”①，儒家观念中将法律作为道德堕

① 《左传·昭公六年》。

落的象征，认为依仗强制性的法律使百姓臣服于表面，却达不到心服。同时，一个仅能使百姓在表面上臣服的社会，必然是一个缺乏公平正义且随时可能被颠覆的不稳定的社会。故而，孔子强调“道之以政，齐之以刑，民免而无耻；道之以德，齐之以礼，有耻且格”①。受到这样一种思想的影响，中国传统政治家大多认为治国者、为政者当以德礼为本，刑罚为末。《唐律疏议》中明确指出“德礼为政教之本，刑罚为政教之用”便是这样一种观念的集中表现。

与儒家不同，法家观点以人性本恶为出发点，认为人的本性只知计较利害，而缺乏所谓的善恶意识。② 基于这样的判断，儒家所主张的“道德”、“仁义”治君子而不治小人；此外，由于各人贤、能有别，君主之“智”未必如天下人之智，以“智”可以治愚民，却难以治智者。故此，法家认为治国之道，当“远仁义，去智能，服之以法”③，方能达到“民治国安”，这是“道德”也好，“仁义”也罢，甚至“智慧”都无法做到的。

法家所推崇的“法”，是不以道德与人格为转移的客观性之法，即使一国之君也不得恣意破坏。《黄帝四经》有云：“执道者，生法而弗敢犯也，法立而弗敢废也。”④汉代的著名廷尉张释之认为，法律，乃“天子所与天下公共也”。中国的司法官吏奉行“罪刑法定”的原则，对依法判案的重视程度，相比其他任何国家的法官都可谓是有过之而无不及⑤，遑论韦伯所谓的“魅力型”统治。现代“罪刑

① 《论语·为政第二》

② 《韩非子·六反》：“且父母之放子也，产男则相贺，产女则杀之。此俱出父母之怀衽，然男子受贺，女子杀之者，虑其后便！计之长利也。故父母之龄子也，犹用计算之心以相待也，而况无父子之泽乎！”

③ 《韩非子·说疑》。

④ 参见国家文物局古文献研究室编：《马王堆汉墓帛书》(壹)，文物出版社 1980 年版，第 43 页。

⑤ 德克·布迪克、拉伦斯·莫里斯著，朱勇译：《中华帝国的法律》，江苏人民出版社 2008 年版，第 43 页。

法定主义”的主张可以一直追溯到晋代①，尽管如此，法家对法律的态度却在很大程度上与儒家没有实质差别，主要也是将法律作为一种工具。萧公权先生指出：“盖先秦诸子之重法，皆认为法为尊君之治具，而未尝认其本身具有制裁元首百官之权威。……于是法与术显然悉降为专制之治具，君主之权位遂超越臣民法度之上而绝无丝毫之限制。”②从西方近代政体理论的视角看来，君主政体时代的中国古代“法治”思想，因其立法权无法“正本清源”，实际上也成为“人治”思想的一种。

古代中国法律沦为君王统治的工具，从而形成一方面为刑法，另一方面“由官僚制统治机构的组织法、行政的执行规则以及针对违反规则行为的罚则所构成”③的法律传统。在这样的背景之下，中国古代传统的律典也不过是君主用以指示官吏如何准确使用刑罚的标准④。宋代杨万里在论述法与刑的关系时认为：“法不用则为法，法用之则为刑，民不犯则为法，民犯之则为刑。”⑤

古代法律作为刑罚性的工具，决定了古代法律在中国传统文化语境中不足以具备其独立的内在价值，诚如张中秋教授所言，在中国传统文化中，王道政治理念迫于现实沿着“道—德—礼—法—刑”向下依次展开，通过这种展开，使得王道政治最终能够沿“刑—法—礼—德—道”的上行路线而实现，以礼、刑互为表里，“出礼而入于刑，施刑而返于德，禁暴而归于道”⑥。

---

① 有关中国古代是否有“罪刑法定主义”也是一个常被学者讨论的问题。戴炎辉先生曾系统梳理了传统法中“罪刑法定主义”的原则及其在适用范围方面的限制。参见戴炎辉：《中国法制史》，三民书局 1966 年版，第 20~24 页。

② 萧公权：《中国政治思想史》，新星出版社 2005 年版，第 167 页。

③ 滋贺秀三著，王亚新译：《明清时期的民事审判与民间契约》，法律出版社 1998 年版，第 2 页。

④ 钟威廉著，苏亦工译：《美国学者论中国法律传统》，清华大学出版社 2004 年版，第 409 页。

⑤ 《诚斋集 · 刑法论》。

⑥ 张中秋：《原理及其意义——探索中国法律文化之道》，中国政法大学出版社 2010 年版，第 168 页。

由此可见，中国传统文化语境中所谓的“法治”，是实现“王道”或“德礼”的工具，由此，“法治”这一名词逐渐演化成为一种术语也就不难解释了。“法治”被视为“‘救世、富强、致治、尊君’之义；‘生法者君也’之义；‘以法为治’之义；‘法之必行’之义”。“法治”术语兴起源于为求“救世、富强、致治、尊君”的思想变革，然而中国超稳定的一元性的权力结构①和“天人合一”宇宙观不得不让“法治”必须“生法者君也”，在“生法者君也”的倡导下进行改革，推行“以法为治”，若“以法为治”的策略一经采纳或推行，“救世、富强、致治、尊君”则“法之必行”。这就决定了传统文化中的法律无法形成自身价值的源泉，相较于西方将法律看作信仰的精髓所在，并相信“上帝即法律本身，故他珍爱法律”②的观念可谓泾渭分明。

故此，中国古代尽管很早便出现了“法治”这一名词和术语，甚至在两千年的帝制时代也进行了丰富的“法治”实践，却由于法律在传统文化中“刑罚性工具”的定位，导致传统社会从未形成法律至上的信仰，遑论现代意义上的“法治”。在传统中国法律文化语境中，“法治”从实质上看依然是人治模式的选择结果。

由此可见，中国古代不管从语词还是术语的角度，都已广泛使用了“法治”这一词语或术语，之所以学界还普遍存在着中国古代无“法治”的质疑，核心在于此讨论立场是西法立场，完全割裂了文化的传承及联系。殊不知，语言、文字是文化的活化石，其中蕴涵了一个民族的文化。当“法治”作为一个西方法律论概念传入我国之时，我们用古代中国的词语“法治”去对译时，自然进行了充分的文化整合。整合的结果是：传统话语“法治”吸收了西方概念“法治”的新质，摒弃了传统的一些与新质不符的成分，但中国古代词语中的绝大部分语素仍然顽强地保留下来，语素本身又承载着

① 参见金观涛、刘青峰：《兴盛与危机——论中国社会的超稳定结构》，香港中文大学出版社 1992 年版，第 9~11 页。

② 哈罗德·J. 伯尔曼著，贺卫方等译：《法律与革命——西方法律传统的形成》（第一卷），法律出版社 2008 年版，第 506 页。

传统文化的基因，使“法治”成为中西杂糅的概念。可以说，正是“法治”概念为载体所进行的中西法律文化整合，导致了中国古代有无“法治”的莫衷一是、聚讼不已。

也正是基于此原因，学界试图将本是缠绕一团的文化传承现象泾渭分明，本是极难之事。同时，自中国法律文化近代化以后，因求变心切，过激地对传统文化全面否定，我国的法律话语体系已全盘西化，当今学界只能以现代法理去观察中国古代的法律现象。亦正是由于对两个话语体系的对接少有研究，很多话语的联结机理还不清楚，直接导致了另外一个研究思路就是：虽然中国古代有“法治”词语，但因与现代“法治”概念有诸多的不同，多有学者否定中国有“法治”，并将中国古代“法治”归结于“法制”的范畴。

三、从“法制”走向“法治”

虽中国古代有无“法治”争讼不已，但都承认中国古代有“法制”。因此，学界形成了近似于通说的说法：法制是法律制度。即使是中国古代的“法治”，其不仅包括法律制度，也包括了法的实行、法的实施等，但由于古代“法治”毕竟不同于现代“法治”，从而以“法制”进行定义，将中国古代的“法治”说成是“法制”。按此理论假设，中国早在公元前 21 世纪，夏朝以国家的形态出现后，相应的法制应运而生。经过夏、商、周三朝的奴隶制法制时期，中国封建法制经过两千多年的发展，形成了博大精深的中华法系。直至鸦片战争后中国沦为半殖民地半封建社会，在内在社会改革需求和外在强势文化入侵的双重因素的推动下，中国封建法制与西方现代法治不断碰撞，最终形成以中体西用为特征的半殖民地半封建法制。1911 年，辛亥革命推翻了封建专制统治，建立了以民主共和国为目标、五权宪法为核心的中华民国。但由于我国资产阶级先天不足，民国所追求的民主法治最终沦为一党专政的“党治”。中华人民共和国成立后，经过初期的法律虚无主义和 20 世纪 80 年代有关法治的大讨论，依法治国已成为国家建设的主旋律。时至今日，中国特色社会主义法律体系如期建成，法治建设不断取得新进展，中国特色的社会主义法治在中国得以确立。

不难看出，中国封建法制传统历时久远，完成传统“法治”向现代“法治”转变需要一个漫长的过程。若将中国传统的“法治”归于“法制”的话，或是将其定义为古代“法治”的话，那么，完成从法制到法治、古代“法治”到现代“法治”的蜕变需克服巨大的阻力。这种阻力从文化的角度分析，主要来自于自身封闭、保守的法制文化和权力一元化的政治传统，以及以儒家思想为代表的民族文化。厘清中国从法制走向法治的脉络，可以帮助我们更好地理解中国法制和法治的发展轨迹，以及为中国现代法治事业提供科学的指导。

(一)中国法制的介绍

“夏有乱政，而作禹刑；商有乱政，而作汤刑；周有乱政，而作九刑”①，这是中国法制的开端。但是在中国法制史的理论研究方面，关于法制的界定却是多维度的。从字面来看，法制一词早在春秋战国时期就已普遍存在于当时的官方文件中。有法制史学者对现存典籍中有关“法制”的适用情况进行归纳，将其分为两种类型：一种是静态意义上的法制，指代法律制度；另一种是动态意义上的法制，指的是法律的制定和实施。中国社会从制度到文化上，自汉武帝“独尊儒术”之后，其无论是法律制度还是思想，都一以贯之，绵延中国社会数千年。值得一提的是中国古代法家提出的“法治”一词与现代法治(Rule of Law)的内涵有很大的区别，实质上仍然属于法制的范畴。法家提出的“法治”理念崇尚重刑主义，将严刑峻法作为治理国家和臣民的手段，法律工具主义色彩浓厚，与限制权力、保障人权的法治精神不相符合。

新中国成立后，法律虚无主义盛行，人们认为法治是西方资产阶级思想，而资产阶级思想又都是腐朽落后的，学界对法治一词避而不谈。同时，新政权废除了国民党“党治”时期的“六法全书”。因此，中国的社会主义法制建设成为重中之重。董必武对法制的定义代表了这段时期人们对法制的认识，其在 1957 年对该术语如此

① 《左传·昭公六年》。

定义：“国家的法律和制度，就是法制。”①1979年出版的《辞海》持相同观点，认为法制就是“统治阶级按照自己的意志，通过国家政权建立起来的法律制度和根据这种法律制度建立的社会秩序”②。改革开放后，我国大力建设社会主义市场经济，对法律制度提出更高的要求。由于法治仍未被“拨乱反正”等原因，诸如守法和司法等本属于法治的内容被法制所吸收，法制的外延有进一步扩大的趋势。

（二）从法制到法治的过渡：关于法治的大讨论

根据前文所述，法治是以合乎人类理性的价值精神为指导，贯彻由此形成的一整套有利于维护法律至上权威，并保证法律被普遍有效遵守的法律原则，进而达到人们权利的有效保障和社会良好的有序状态的一种与人治相对立的治国方略。在中国古代，只有“法治”这一词语和术语，而由于“法治”只是作为一种统治工具，因而，并未形成“法治”这一概念。所以，也就无从讨论是否实行“法治”的问题了。到了近代，孕育“法治”的土壤逐渐展开，关于“法治”的讨论也渐渐进入学堂，成为学术的研究对象，也渐渐成为统治者的治国方略。但是在确定“法治”这一局面之前，普通民众和统治阶级对于“法治”的认识都经历了相当长的过程。并且，这个过程也不是一帆风顺的，甚至是反复曲折的。总的说来，自新中国成立以来，关于“法治”的大讨论经历了两个不同的阶段：从“人治”到“法治”和从“法制”到“法治”。

1. 从“人治”到“法治”（1949—1980年）

在新中国成立之初，在人治和法治的讨论中就有了对于“法治”概念的探讨，但是这种探讨在1958年提出的一种权威意见“我们要人治，不要法治，不靠民法、刑法来维持秩序，还要靠我的那一套，开会、群众运动”之中被彻底地从思想上和实践中否决了。因此在新中国成立的前三十年中，由于这种论调占领了思想界，导

① 董必武：《论社会主义民主与法制》，人民出版社1976年版，第153页。

② 参见辞海编辑委员会编：《辞海》，上海辞书出版社1979年版，第2073页。

致了“法治”的真正的含义和价值在这段时空中泯灭，对于“法治”的探讨，学术界也尽量避免作出正面的阐释，而仅仅把它当作类似“鬼怪”或者舶来品一样的批判的概念确定下来。这段时间也是中国法治建设停步不前甚至倒退的时期。

这种局面一直持续到了20世纪70年代末期，国内局面逐渐稳定，关于人治和法治的讨论才又被提及。在这段时间，最早开始讨论“法治”概念的是陈守一先生，“在1978年10月中国社会科学院法学研究所在北京市高级人民法院大法庭召开过一次学术研讨会中，陈守一同志在发言中曾提出：文革前，主导思想是要人治不要法治，这样看究竟对不对，值得研究(大意如此)。然而，他只是提出问题，并未表明与阐述自己的观点。”①紧随其后，王礼明先生在1979年1月26日的《人民日报》发表了题为《人治和法治》的文章，第一次公开讨论“法治”。同时在彼时出版的《法治与认知问题讨论集》中，一篇是沈宗灵先生的《既不宜作为后好提出，也不宜简单地否定》，一篇是王礼明先生的《论实现社会主义法治》，均提到了“Rule of law”这个概念。② 随后对于“法治”的讨论从各个方面展开，包括“法治”是否属于“非阶级的或超阶级的观点”，是否因为其是历史上剥削阶级提出的而在当下不能适用；也包括在接受这一概念的情况下，应当如何继承这一概念，是否应当批判地接受的问题。但是总的说来，这些问题都得到了合理的讨论和解决，其结果是在这一次的“人治”和“法治”的概念讨论之中，“法治”的概念被确定，不再像是对“鬼神”或者舶来品一样被作出批判的解释。

但是，在这一时期，思想大解放并没有在全社会全面展开，学术界对“法治”的讨论仍然有所保留，学者们有种种顾虑，“不敢高声语，恐惊天上人”的思想依然没有清除。有学者提出，在这个阶

① 李步云、黎青：《从“法制”到“法治”二十年改一字》，载《法学》1999年第7期，第2页。

② 参见《法治与人治问题讨论集》编辑组：《法治与人治问题讨论集》，群众出版社1980年版，第91、338页。

段法治解释普遍存在两种倾向：一是以价值中立的态度客观描述何为法治，不对其进行价值判断，也不表明赞成或反对；二是将法治当作一个纯粹的学术名词和历史概念，在不涉及中国现实的领域对法治的内涵与外延进行确定。① 具体说来这种价值中立或者价值毫不相关的态度主要有两种表现方式。一是“法治”是纯粹的舶来品，只是西方概念中的一个，将法治定位为：法治是资产阶级革命的成果，资产阶级革命运动过程中为了实现自身的政治目的而提出的一个概念。他们引用卢梭和洛克关于法治的论述，将法治定义为：“资产阶级法治原则的含义是政府实行‘法治’而非‘人治’，一切政府部门和官员的活动以法律为依据；法律在政治生活中至高无上，法律保障公民的民主权利，不准官员或政府非法侵犯。”②显然地，这一表现方式将“法治”完全从横向上抽象为一个西化的概念。另一种表现方式是中西结合的方式，将法治定义为中国古代“法治”和西方近代“法治”双重概念的结合。以我国的《新编法学词典》为例，在该词典里，法治有两层含义：“一方面法治是先秦法家提出的治理国家应当专用法治的主张。法家认为，一个国家只要有明确而稳定的法律制度，一切行动都依法而行，国家就可治理好，另一方面，法治是资产阶级在其革命时期为反对君主专制和封建特权而提出的依据法律治理国家的政治主张，法治的要素被认为：‘法律至上、颁布宪法、三权分立’，实行法治制度，从法律上保障公民的自由权利。”③另外，在《辞海》中，法治也被分为中国古代社会和西方近代资产阶级革命两方面来加以定义，对法治做了横向和纵向上的双重界定。

总的来说，在法治大讨论的这一时期，虽然各家观点百家争鸣，但是对于法治的认识有了巨大的进步。对于法治的判断从价值

① 参见吴丹梅：《法治的文化解析》，黑龙江大学博士学位论文，2003年。

② 中国大百科全书出版社编辑部编：《中国大百科全书·法学》法治条，中国大百科全书出版社1984年版，第822~823页。

③ 乔伟主编：《新编法学词典》，山东人民出版社1985年版，第636~637页。

否定走向了价值中立，学术界和政界都愿意去探讨法治的真正内涵，关于“法治”和“人治”的关系也被充分地揭示出来，两者之间是对立的关系，“法治与人治是两种治国方式，法治论者主张以法治国，人治论者主张以人治国。划分人治与法治的根本标志，应该是在法律与个人意志(或少数执政者的意志)发生冲突的时候，是法律的权威高于个人意志，还是个人意志凌驾于法律之上？凡是法律权威高于任何个人意志的治国方式都是法治，凡是法律权威屈从于个人意志的治国方式都是人治。由此可以得出如下结论：法治与人治是相互对立的，它们在任何时候都不存在相互结合的问题。实行法治就要摒弃人治，实行人治就会废弃法治。”①说明这个时期，全社会已经充分地认识到，应当摒弃“人治”，而要实行法治。但是我们依然看到，这个时期的法治大讨论的重大弊端。一方面就将法治从横向上，从空间维度加以定义而言，其弊端是显而易见的，这种定义将法治彻底地脱离中国社会的大环境，法治只是一种理论和主张，碍于当时环境的现实状况，这种定义将法治的价值判断中立化，并不能将法治转化为国家或政府组织和活动的原则。另一方面就将法治从横向上和纵向上，在空间和时间维度上结合起来理解法治概念来定义而言，它的弊端在于，无论是从中国古代定义，还是从西方近代定义，这两者之间毫无瓜葛，不能将法治的精髓表达在法治的探讨之中，对法治的解释只进行历史分析，总是回避现代涵义的揭示。在解释中，法治似乎只是一个历史性的概念，与现代，特别是与中国现代毫无联系，在这些定义中，由于还存在中国古代法治的影响，因此很难从根本上摆脱“人治”的影子。

2. 从“法制”到“法治”(1980年以后)

上一阶段对“法治”的讨论，使得对“法治”的认识彻底摆脱了“人治”，成为了“人治”的对立面，并在20世纪80年代，对“法治”予以了充分的肯定。在这样的基础上，“法治”的界定和解释已经渐渐拨开迷雾，逐渐接近其真正的本质。到了20世纪80年代中

① 何华辉、马克昌等：《实行法治就要摈弃人治》，载《法学研究》1980年第4期。

期，对于法治的解释更是摆脱了时间维度和空间维度上中国古代和近代资产阶级的限制，把"法治"界定为"用法律来治理国家的原则"。与此同时，在揭示本质的同时，也增加了"法治"的外延，将法治从中国古代，从近代资产阶级引入了中国当下的社会主义建设之中。在这一时期编纂的《法学大辞典》也对上一阶段的定义作了很大的改变，将法治界定为：

"法治是主张严格依照法律来治理国家的原则和思想。最早产生于奴隶制时期。在中国最早由先秦法家提出'法治'主张，法家针对当时的'礼治'、'任人而治'提出'法治'。韩非等人都是主张法治的代表人物。……古希腊时期，亚里士多德也论述了法治优于人治的问题，并提出法治应是有'良好的法律'和'获得普遍的服从'。古代思想家主张法治，一般都把法治看作君主治国的方法，视法为君主服务的工具。但这种主张对于防止治国中的主观随意性，具有历史的进步意义。资产阶级在其革命时期，为反对封建专制和封建特权，提出依法治国的政治主张，并把法治和民主联系起来，提出主权在民，宣扬法律至高无上，主张国家要依据法律行使职权，法律面前人人平等……资产阶级的法治主张，较之古代的法治思想，在历史上又进了一步……只有在社会主义条件下，人民成了社会的主人，法治才是一项保护人民民主权利的重要原则，实行法治也成为一项真实的制度。"①

到了20世纪90年代中期以后，"法治"的讨论更是向前迈了一大步，"法治"不再仅仅是学术界争论的对象，而是随着"依法治国"方针的确立，"法治"成为治理国家的重要内容。这一时期对于"法治"和"人治"是根本对立的观点，已经在社会各界达成了共识，得到大家的一致认可。"法治与人治相对立。法治是严格依照法律管理国家的一种治国方式。"②但是这一时期也衍生了新的关于"法

① 邹瑜、顾明主编：《法学大辞典》，中国政法大学出版社1991年版，第1022页。

② 曾庆敏主编：《法学大辞典》，上海辞书出版社1998年版，第1090页。

治"的问题，也就是"法制"和"法治"之间的关系。部分学者认为"法治"就是"法制"，甚至主张用"法制"概念取代"法治"概念。事实上，虽然法治并不排斥法制(法律制度)，但是这两者之间有着巨大的差别。

首先，从词源上来讲，现代意义的"法治"源于西方，其意义是法的统治(Rule of Law)，而与用法来统治(Rule by Law)，两者之间有着根本的差异，它们的差异是"理念价值的差异"①。法的统治是法本位的再现，而用法来统治有着强烈的工具主义的色彩，在这里法律被当作一种使用工具，而不是价值实现的本身。而法制(Legal System)是法律制度或"法律和制度"的简称，与法治有着根本不同的内涵。

其次，"法治"与"法制"的区别强烈地反映在它们与"人治"的关系上。前面已经论述了法治和人治是完全对立的理念，这种对立是法治概念具有的鲜明的本质特征，而法制并不存在这样的强烈对立，或者说法制本身就蕴含了需要"人"来主导的含义，"人治底下的法制"是完全可能出现的，而与人治完全对立的法治是没有这样的形式的。

最后，在与市场经济、民主政治的关系上，"法治以市场经济和民主政治为基础，是市场经济基础之上、民主政治体制之中的治国方略"。②

从根本上区分"法治"和"法制"的概念对学术研究和社会发展都有重大的意义。一方面，对于学术研究而言，区分两组不同的概念是对它们更加深入研究的基础，概念界定更明确清晰，才能促进学术的进步。另一方面更重要的是"法治"和"法制"的区分并不是概念上的故作区分，不只是具有语义学和学术上的意义，更是反映着深刻的学术和社会背景，对社会发展有重大的指导意义，表明社会的发展并不满足于制度的设计，而是需要更加符合市场经济和民

① 参见郭道晖:《治国方略的根本转变》，见刘海年等主编:《依法治国，建设社会主义法治国家》，中国法制出版社 1996 年版，第 113 页。

② 程燎原:《从法制到法治》，法律出版社 1999 年版，第 266~267 页。

主政治发展需要的，更加合理的社会体系，需要法律的发展完全摆脱“人治”的禁锢。学者郭道晖也讲到：(“法制”〔Legal System〕与“法治”〔Rule of law〕两个概念之争)“表面看来这只是名词之争，实际上有观念上的差别，表现在主张还是否定‘法律至上’的争论上；也体现在‘工具论’的法律观和‘价值论’的法律观的分歧上。”①现在，已经有越来越多的学者主张和认同用“法治”概念来表达“依法治国”的全部精神与内涵。

(三)法治的确立

对于“法治”的讨论由来已久，并在“法制”与“法治”的大讨论中，对“法治”的研究更加接近其本质，但是在很长的一段时间里，我们始终是没有对“法治”和“法制”进行区分的，都是将“法治”和“法制”未加区分地使用。这种现象不仅存在于学术界，更是具有全社会的普遍性。要彻底地完成“法制”到“法治”的转变需要一个漫长的过程，在当前“法治”已经被普遍认同接受的情况下，实现法治社会，将“法制”与“法治”的区分扩展到包括学术界在内的全社会必然会慢慢实现。一方面，在学术界，对于“法治”的讨论更加深入，学者们不再有所顾虑，不再模棱两可，而是对其直接给出具体的定义，并侧重揭示其要义。“现代‘法治’与民主政治密切相关，它不局限于在形式上或逻辑意义上考虑问题，不单纯以‘有法’、法律完备为满足，还要求在价值层面上考虑法律是不是良好、是不是尊重和保护人权、体现社会正义？不仅如此，作为现代法治’的一个鲜明特征，它还强调宪法和法律应该具有至高无上的权威，任何组织和个人都不得凌驾于宪法和法律之上。因此，现代‘法治’要求在法律制定和实施的各个环节上贯彻民主原则，实行立法权、司法权和行政权的分离和相互制约，实行司法独立，严格做到法律面前人人平等，体现法律的正当程序原则。”②有学者指

① 郭道晖：《治国方略的根本转变》，见刘海年等主编：《依法治国，建设社会主义法治国家》，中国法制出版社1996年版，第112页。

② 李步云、张志铭：《跨世纪的目标：依法治国，建设社会主义法治国家》，载《中国法学》1997年第6期。

出，法治的要义在于"法律支配公共权力和保护公民的自由权利"，"以宪法和法律支配权力是法治的根本"和"现代法治以保护公民权利为宗旨"①。

不只如此，目前我国已经有了相关的实践。党的十五大政治报告明确地改用了"依法治国，建设社会主义法治国家"的提法，并将其作为重大的治国方略和奋斗目标而载入这一跨世纪的纲领性文献。依法治国的含义依照体现人民意志和社会发展规律的法律治理国家，而不是依照个人意志、主张治理国家；要求国家的政治、经济运作、社会各方面的活动统统依照法律进行，而不受任何个人意志的干预、阻碍或破坏，这与法治有着不谋而合的统一，因此依法治国，实现法治社会，是社会主义建设的重要内容。在 2014 年召开的十八届四中全会中更是以"依法治国"为主题进行了大讨论，此次会议在社会各界都引起了强烈的反响，如今全社会正在稳步地推行"依法治国"，实现社会主义法治建设，至此，我国的"法治"又完成了一次质的转变和飞跃。

第二节　西方语境下的"法"与"法治"语义变迁

语言是特定历史时期与特定文化的产物。因此，我们可以通过某些字、词的产生，字形、字义的演变、确定来把握特定的社会现象，再由表现于这些社会现象之中的历史、文化特质来反观这些字、词的内涵，提供新的解释。② 因此，要对西方法的起源作一个完整的研究，探究西方"法"的词源是十分必要的。

一、西方语境下的"法"

(一)欧洲大陆主要民族语言中"法"词源与词义

正如表 1-1 所展示的，在西方语言中(除英语外)，"法"和"法

① 《中国法学会法理学研究会 1996 年年会综述》，载《中国法学》1996 年第 6 期。

② 梁治平：《法辨——中国法的过去、现在与未来》，中国政法大学出版社 2002 年版，第 61 页。

律”二字的形与义是不同的，目前中国法学界就这一点基本达成了共识。在表 1-1 中，第一栏表示的“法”，同时又有公平、衡平、道德的含义，内容较为抽象和丰富；第二栏则通常表示的是具体的规则，即“法律”，其含义明确、具体。

表 1-1 **西方语种中的“法”**①

	希腊语	拉丁语	法语	德语	意大利语	西班牙语	俄语
“法”	δίκαιον	Jus	Droit	Recht	Diritto	Derecho	право
“法律”	νόμος	Lex	Loi	Gesetz	Legge	Ley	закон

事实上，关于西方语言中“法”与“法律”二者含义的区分，在中国法学界的研究历程中是逐步演进的。本书上一节笔者谈到，中国传统语境中虽有“法”与“法治”，但与现代之中国所用之法含义相距甚远，更多的是作为一种刑罚的工具和人治模式所选择之结果。而时至中国近代，西学东渐之风盛行，中国学者逐步接触西方的“法”进而研究“法”与“法律”更深一层的含义，这样的一种研究，笔者认为大致可以分为三个阶段。

第一阶段是中国学者的初步接纳时期，最早可以追溯至 1902 年，国学大师王国维翻译了日本学者矶谷幸次郎的《法学通论》一书，首次提出了西方语言中“法”的广义狭义之分，涉及“法”“法律”“权利”“正理”等概念，在观念与实质层面对“法”作出了初步的界定。② 但是，囿于译著与时代专业，这仅仅是粗浅层面的阐述。1909 年严复翻译孟德斯鸠之《法意》，在案语中写道：“西文‘法’字，于中文有理、礼、法、制四者之异译，学者审之。”虽未涉及西文中“法”的词源问题，但是却明确提出中西方“法”之实质

① 参见梁治平：《法辨——中国法的过去、现在与未来》，中国政法大学出版社 2002 年版，第 63 页脚注 1；何勤华：《法律名词的起源(上)》，北京大学出版社 2009 年版，第 1 页。

② 参见矶谷幸次郎著，王国维译，何桂馨点校：《法学通论》，中国政法大学出版社 2006 年版，第 53~54 页。

内容的对译困局。而后，1933 年，张映男先生谈论并明确了欧洲法律文字的广狭义之分：“就今日所用法律之语意，又有广狭之差。所谓广义法律者，一切条例规则及其他习惯法等，皆包含之者。若就狭义而为言时，则非经制定法律手续而成者，不得谓之为法律。”①从张先生的话语中我们可以看出，他已然注意到了“法律”的广狭义之分，但是，在实质意义、哲学范畴上，却并未深入延展。与之类似的还有丁元普先生，他谈道：“欧洲罗马法关于法律之意义，依拉丁语成为 Jus，而在罗马，当王政及共和时代，其制定法律皆曰 Lex。至德语称 Recht，法语称 Droit，意语称 Diritto，皆法律之定名也。英语则成为 Law，虽有时用规则，则曰 Order，用条例，则曰 Statute or Rules，其他称条款，曰 Bill，称律，例曰 Code，而普通之称法律名词，则皆曰 Law。”②丁先生对西方法的名称在历史和地区上作出了区分，但并未从形而上的层面延展。

第二阶段的研究更为深入。随着社会环境的变化以及对西方哲学思想研究的加深，我国法学的研究范式开始转变，法学界对于“法”和“法律”的构词方式所体现在哲学层面上的含义，开始有了比较全面的认识。③ 庞德的著作——《法律道德与正义》及《法的任务》分别于 1959 年和 1960 年在台湾地区翻译出版，其中都有明确指出西方语言中的“法”和“法律”的不同构词方式在哲学层面的区分。④

第三阶段是梳理辨明阶段。1980 年台湾地区学者袁坤祥在其《法学绪论》中指出：“就西方语言来说，法律一语，在英文中为 law，且有 a law 和 the law 的区别。Law 者，是指定律、定则或原理、原则而言，a law 是指法律的单体，亦即所谓狭义的法律，the

① 张映南：《法学通论》，大东书局 1933 年版，第 8~9 页。

② 丁元普：《中国法律思想史》，上海法学编译社 1937 年版，第 1~2 页。

③ 何勤华：《法律名词的起源(上)》，北京大学出版社 2009 年版，第 3 页。

④ 参见王勇飞主编：《法学基础理论参考资料(上)》，北京大学出版社 1985 年版，第 94~95 页。

law 是指法律全体，亦即所谓广义的法律。通常称法的实质意义拉丁文用 Jus、德文用 Recht、法文用 Droit 表示，兼有公平正直之义，而制定法则拉丁文为 Lex、德文为 Gesetz、法文为 Loi，颇与中文的‘法律’相当。”①随后，1986 年，梁治平在《“法”辨》中就讲到世界上其他语系、语族诸如希腊、日耳曼等语言中使用“法”和“法律”的不同情形，上文的表 1-1 正是在梁治平的分析基础上制作的。在这篇文章中，梁治平指出，在拉丁语中能够译作“法”的词语有许多，但是 Jus 和 Lex 却是其中最有意义的两个。Jus 有两层基本的含义：一为法，二为权利，此外，它还有公平、正义等富有道德意味的引申含义在内，古代西方的许多著名格言中都体现出了该词的含义，例如拉丁格言“错误不得产生权利(Jus ex injuria non oritur)”中 Jus 就取第二层含义。而 Lex 相对于 Jus 而言，含义较为简单。它的原意是指罗马王政时期国王制定的法律和共和国时期各立法机构通过的法律。② 可以看出，Jus 的含义具有抽象的性质，而 Lex 则指的是具体的法律。这两个词所代表的语言现象在印欧语系中十分普遍，因此了解它们也就具有了十分重要的意义。

正如同希腊语中 Jus 与 Lex 的区别，希腊语 δίκαιον 与 νόμος，德语 Recht 与 Gesetz，法语 Droit 与 Loi，俄语 право 与 закон，意大利语 Diritto 与 Legge，西班牙语 Derecho 与 Ley 具有类似的含义。此后，大多数学者的表述相距不大，1993 年卢云主编的《法理学》以及同年张文显的《法学基本范畴研究》中也有对该问题的类似阐述。由此，我国法学界对西方语言中关于“法”和“法律”二者词源的认识已然成熟。

(二)英语中的“法”词源及词义

通常情况下，中文所使用的“法”，在英语中主要用“law”一词来表示。中文的“法”一字经过漫长的历史演变和复杂的概念转化，才成为今天呈现在我们面前的形态。英文之“law”是否也有类似的演变过程；而且，由于历史文化的差异，在将一种文字译为另外一

---

① 袁坤祥：《法学绪论》，三民书局 1980 年版，第 2 页。

② 参见梁治平：《“法”辨》，载《中国社会科学》1986 年第 4 期。

种文字时，往往并不能够实现精准的衔接，我们所使用和理解的法的词汇和法的概念，在英语中是否只有“law”来表示；其思维模式和使用习惯又是怎样的；这些问题十分值得深究。

欲准确地把握一个词汇形态和内涵的演变，就必须直视这个词汇所属的民族语言。一个民族的语言是这个民族精神文化的产物，具有鲜明的民族特性。因此，要探究并解决上述问题，有必要先了解英语的起源和发展。

1. 英语的起源和发展

在英语形成之前，凯尔特语是在不列颠岛上有史料记载的最早的语言。凯尔特人原居住在欧洲西部(现德国南部)，约在公元前700年左右越过海峡，迁徙至不列颠岛。布列吞人(Britons)是迁徙到不列颠的凯尔特人中的一支，后逐渐成为了不列颠岛上的主体民族。因此在罗马人征服不列颠之后将该岛称为“Britannia”，意为不列颠人之地，英语中的Britain(不列颠)即由此而来。

公元43年，罗马人征服英国，罗马的文化随着其军事入侵扩散到整个不列颠群岛。在被征服地区，被征服者总是低人一等的，在罗马人眼中，凯尔特人所使用的凯尔特语亦是低人一等的存在。因此，此时不列颠的官方语言是罗马人带来的拉丁语，凯尔特语遭到侵蚀，至今保留的极少。在今天看来，只剩一些地名和河流名称方面仍保留着某些凯尔特语的成分。在公元5世纪，日耳曼人(主要是三个部落：盎格鲁人、撒克逊人和朱特人)趁罗马帝国衰落之际，为抢占地盘，大举进攻不列颠诸岛。由于凯尔特人的顽强抵抗，战争持续到公元6世纪，日耳曼人才征服了不列颠。这就是历史上著名的“日耳曼人征服”，这一事件对英语的形成有着十分关键的作用。

这三支日耳曼部落在罗马帝国时期被称为“蛮族部落”，分布在北欧日德兰半岛、丹麦诸岛、德国西北沿海一带。征服不列颠之后，这三支部族分散到不列颠的各个地区。公元7世纪初，这些部落经过长期磨合形成了七个王国，这七个王国之间纷争不断，长达两个世纪，成为英国史上的“七国时代”。在语言上，三个部落均有各自的方言，但都属于低地西日耳曼语，总体上来说有许多的相通之处。随着盎格鲁人、撒克逊人和朱特人逐渐融合形成统一的英吉利民族，他们各自使用的方言也逐渐融合，出现了一种新的语言，即盎格鲁-撒克逊语(Anglo-Saxon)，即古英语，它是在特定的历史地理环境中，经过民族不断融合形成的。

约公元8世纪起，居住在北海、挪威海与波罗的海沿岸港口周围的北欧日耳曼人开始壮大。这一部族在海上活动，以渔猎为生，因此也被称为维京人(Vikings)，意为“港口人”。因他们来自欧洲北部，法国人也将其称为诺曼人(Norman)意为“北方人”。维京人精于航海且骁勇善战，他们充分利用这一优势不断南下进行劫掠和殖民。8世纪到11世纪之间，英国统治者被迫割让了1/3的领土给这些入侵者居住和管理；法兰克王国也于公元911年将其王国北部的一片领土割让给诺曼人居住，这一地区被命名为诺曼底(Normandie)，该地区的统治者还被封为诺曼底公爵。数个世纪之后，定居于此的诺曼人融入了当地的法兰克王国，并且接受了法国语言与文化。公元1066年，诺曼底公爵威廉成功征服英格兰，诺曼王朝在英国的统治由此开启。

随着诺曼底人的到来，法语与法国文化也日渐被使用到了英国社会，但此时法语被认为是高雅的语言，只在英格兰宫廷及社会上层人之间使用，而农村和底层的工人们使用的是英语。诺曼人统治了英国整整三个世纪，他们的统治给古英语带来了巨大的变化，使古英语融入了许多全新的元素，这一时期的英语被现代人称为中古英语，相对于古英语有了非常大的变化，在发音、语法等方面逐渐形成了自身的特点。诺曼底公爵成为了英国君主之后，为了摆脱与法国的封建依附关系，同时欲争夺法国王位继承权，于1377年爆发了英法百年战争。百年战争使得英格兰的民族主义兴起，英国逐渐摆脱法国人和法国文化的统治，英语也逐渐恢复成为官方通用语言。此时是中古英语末期，英语在英国国语的地位上重新焕发出活力。

现代英语的形成正值文艺复兴时期。这一时期英国涌现出一大批人文主义思想家和文学家，他们坚持用英语创作。为了表达新事物、新思想，他们大量借用了艺术、哲学、天文领域中的拉丁语、希腊语、西班牙语、法语，还大量创造出新的词汇，英语词汇得到了极大地丰富。

综上，英语词汇的来源是极其开放而庞杂的。在英语产生发展过程中融合了日耳曼方言、诺曼人的北欧词汇、法语词汇，在文艺复兴阶段英语又吸收了拉丁语和希腊语词汇。对于这些语言词汇的吸收和借用，英语兼收并用，将它们变成自己语言词汇库的一部分。

2. “法”的英文表达及其词义

公元 43 年罗马人来到不列颠岛时，不仅以武力征服了英格兰，也用先进文化征服了凯尔特文化。至今，凯尔特人具体用什么词汇来表示他们的部族法已无确切文献可考。当时上层社会以使用拉丁语为风尚，法律作为上层建筑也不可避免地吸收了许多罗马法的术语。彼时以拉丁语 jurisprudentia 一词来表示法或者法学，现在所见到的 jurisprudence 即是从此处演变而来。用 jurisprudence 来表示法的做法延续了很长时间，直到 1861 年梅因著《古代法》时，仍大量使用 jurisprudence 来表示法。关于该词的释义，此在拉丁语一节已有阐明。

今日比较频繁地用来表示法、法律的 law，根据美国学者威廉·莫里斯所编纂的《美国英语大辞典》的解释，该词在英国中世纪即已存在。而普拉克内特则考证出 law 一词原为挪威语，中世纪时由挪威人带入英国。① 这正是 8 世纪时北欧人入侵留下的痕迹。最早该词的书写形式为“laʒe”，有“按一定顺序的躺着，措施，打击，把东西放下和固定”等几个释义。到了中古英语时，书写形式变化为 lawe，其含义发展为“同一区域由同一法律管辖，规章，措施”等意思，初步具备了现代英语 law 所具有的涵义。从古义中我们可以看出，这一词汇内涵重在表明事物相处有序，追求秩序和稳定。其后将其发展为法律的代名词，很有可能是由法律维护社会稳定之功能而联想至此的。

我国学者刘星从“law”的另一现代词义“规律”中产生联想，认

① 何勤华著：《西方法学史》，中国政法大学出版社 1996 年版，第 5 页。

为母语为英语的人在讲到“law”时，总会下意识地将规律与法律联系到一起，因而在这些人的思想观念中，法律来源于规律，一旦前者违背了后者，就不能有效地在社会中运行。这是法律在西方人眼中具有权威性的一个原因。① 这不失为一种见地。然而同样可以看出，“law”的这一词义是从其古义中引申出来的，因为“按照一定顺序摆放”和“固定”等含义，本身就与规律的秩序性和稳定性相契合。

由此可见，law 并未含有权利的意味。在英文中，对应权利一词的是 right。该词发源于原始印欧语“h3reǵtós”，意为拉直，直接，直线移动。到了原始日耳曼语中演化成为“rehtaz”，意思延伸为直接、正确。古日耳曼人将其带入古英语中，除了字形稍有变化（“reht”），意思并无发展。到了中古英语时，其字形已经确定为“right”。由此可知，right 最初仅代表正确或者公正，与权利无关。直到 13 世纪，英国法学家布拉克顿将 right 与罗马法中的 ius 相对应。《英格兰的法律和习惯》作为其代表作，其中就说道：“right 可以指公正、法庭（给予正义的场所）、诉权、各种法（市民法、自然法或裁判官法）。”②

布拉克顿之所以选择 right 来对译权利，与英国实行的令状制度（writ of right）不无关联。对此时的英国来说，令状是当事人到法院进行诉讼的首要前提，获得令状等同于获得了诉权，在实体上往往就意味着对土地的所有权和占有。

在这一基础上，right 一旦得到法庭的认可，那么当事人就能够得到法庭授予的土地所有权的资格。到了 17 世纪，为了对抗英王的专制，国会提出了民权（civil right），将人民享有的一切自由归结为自然的正义。这就使得 right 的含义进一步扩展，从传统的地产权观念到包括言论、刑事审判在内的非物质领域。这就是现代权利意识的开始。由于权利（right）与土地紧紧联系在一起，故而在英

① 参见刘星著：《西窗法雨》，法律出版社 2008 年版，第 83~84 页。

② 转引自李中原：《ius 和 right 的词义变迁——谈两大法系权利概念的历史演进》，载《中外法学》2008 年第 4 期。

国人眼中，凡是被推定为权利(right)者，皆是不可动摇的。

(三)法的本质问题

自然法学派、分析实证主义法学派和社会法学派是现代西方社会居于主导地位的三大流派。① 各学派各有自己不同的研究内容和方法，对法的本质的认识也有所不同，从三大法学流派的基本思想入手，详细探究其对于法的本质的观点，有利于我们更好地理解西方语境下的“法”。

1. 自然法学派的法的本质说

自然法观念是西方历史上最古老的法律观念，它是对于法律终极价值目标的追求，是理想中的法律状态；它不是实在法，是对于实在法的指导和规范；它是无形的法律，是一套价值体系、一种正义的界定标准。② 它自古希腊形成以来一直延续至今，已有几千年的历史，其发展基本上可以分成古代自然法、中世纪自然法、近代自然法与现代自然法这几个阶段，而不同阶段的自然法观念对法的本质的观点也存在不同。

古代自然法观念早期可见于亚里士多德有关自然正义的思想，但人们普遍认为，最早对自然法综合性阐述的应归功于古希腊斯多葛学派和罗马的思想家西塞罗，他们认为最高的立法者应该是自然本身，而自然法构建的自然秩序是最美好的。③ 当然他们所指的自然秩序并非我们现代科学所探究的那种物质秩序，而是指关于正义的道德层面的秩序。人类拥有上帝所赐予的理性能力，从而得以和诸神一起参与这种秩序。因此，从这个层面上而言，自然、理性与人性实际上是一致的。基于此，西塞罗认为法是界定正义与非正义的标准和原则，即正当的理性就是法。从西塞罗的观点我们可以看出，他们认为法的本质归根到底就是正义，这种正义是神所赐予人

① 参见吕世伦主编：《当代西方法理学》，中国人民大学出版社 1997 年版，第 56~57 页。

② 参见梁治平：《法辨》，中国政法大学出版社 2002 年版，第 255~256 页。

③ 谢鹏程：《法律本质的历史发展》，载《烟台大学学报》(哲学社会科学版)1995 年第 2 期。

类的理性和普遍的人性所能认知的。

13 世纪的托马斯提出的框架结构融合了奥古斯丁的神学法律思想和亚里士多德的自然主义思想，是中世纪自然法观念中最为系统的。托马斯的自然法学说主张法可以分为永恒法、神法(《圣经》)、自然法和人定法四种。托马斯认为永恒法就是上帝的理性，它是支配宇宙的根本大法，是一切法律的最终渊源，是至高无上的法律，是统治宇宙万事万物的法则。这一法则超越人的本性，人的理性并不能完全理解它。神法属于神，它是高于自然法的高级法，它是神通过启示为人的理性所理解的永恒法的一部分，在神法中体现着最高的圆满和最终的正义。自然法可以说是永恒法在宇宙万事万物中的表现和反映，在阿奎那看来，人是有理性的动物，能在一定程度上理解神的智慧，理解永恒法表现在自然世界中的自然法则，由此产生热爱自然的倾向，并利用自然法则来为人类谋取福利。自然法也就是上帝用来统治人类的法。人定法是托马斯所论述的主要内容，他认定之所以人定法能表现出正义与真理，成为四种类型的法之一，是因为它是源于神的法律。虽然称之为“人定法”，但实质也是人依据神的法律制定出来的。从这里我们可以看出托马斯认为法的本质就是神的理性与意志。

近代自然法观念又被称为古典自然法观念，是启蒙思想的重要内容，也是新兴资产阶级用来反封建的重要思想武器。一方面，它吸取了古代、中世纪自然法思想中的理性主义因素；另一方面，它排除了自然主义与蒙昧的神学主义中关于精神的观点。因此，在他们看来，法现象根植于人本身，即我们通常所说的人的理性认识。人类正是因为具有理性，所以能够认识与运用自然法为人类服务，而非理性的人也就能做出违反自然法的事。为了论证这种自然法观念，像霍布斯、洛克与卢梭这样的思想家提出了自然状态论来说明自然法的历史起源，提出了社会契约论来说明国家的起源及其与自然法的关系。最终，他们基于自然法观念提出了天赋人权论与法治主义观念，即认为生命、自由、财产、平等、博爱、自我保存与追求幸福的权利是人生来就拥有的自然权利，是国家依赖法治主义应该予以实现的目的。可见，近代自然法观念将法的本质最终归结于人类的共同理性。

综上所述，古代、中世纪与近代的自然法观念对法的本质的认识是存在差异的，但它们有一个共同点，就是都认为在不断变化的人定法背后存在着不变的自然法，它是人的理性能够认识的正义的道德秩序，而人定法如果与它相悖，就会失去效力而不再成为法了。因此，自然法观念对法的本质的看法是一种形而上学意义上的认识，认为在作为表象的人定法背后存在着客观不变的稳定本质，那就是自然法，就是理性或者神意。一般认为，近代自然法和自然权利概念的发展阐明了人民应该如何对待专制政府的行为，它是社会契约论的基础，是现代西方国家民主政治的基础，也是英国《权利法案》、法国《人权宣言》以及联合国《世界人权宣言》的基础，它也是许多非暴力抵抗行为的基础。可见，它对人类形成合理的政治生活产生过巨大影响，自然法观念在 19 世纪之前一直占据着统治地位。

2. 实证主义法学派的法的本质说

实证主义法学派通常泛指以 19 世纪实证主义哲学为思想基础的各派资产阶级法学，也称分析实证法学或法律实证主义。实证主义学派认为在法的本质这个问题上的观点必须以实证材料为根据，防止“形而上学”的偏向，而其他一些法学流派并未能摒弃“形而上学”的糟粕。分析实证主义法学派的创始人是 19 世纪英国的奥斯丁。奥斯丁认为：“‘法律’一词或所谓严格意义上的法律，是命令。法律如果不是命令，则不称其为法律，或不能算作严格意义上的法律。”①实证主义法学派的基本观点是：法学研究的对象和范围应该限定为实然法，应然法和道德属于伦理学研究的范畴，法是国家主权者的命令，应该处于一个“封闭的逻辑体系”②之中。

分析实证法学派对于法的本质的看法主要有“权力观”与“规范

① 奥斯丁著，李达译：《法理学大纲》，北京大学出版社 1983 年版，第 500 页。

② 博登海默著，邓正来译：《法理学——法律哲学与法律方法》，中国政法大学出版社 1999 年版，第 125 页。

论”两种不同的观点。权力观认为法的本质是国家或主权者的命令。规范论的观点则认为法的本质就是国家规范。

现代西方法学新分析法学的创始人哈特和纯粹法学的创始人凯尔森对奥斯丁的思想进行了进一步的继承和发展。在保留原有思想根基的基础上，他们更强调法是一种规则或规范。哈特则认为法理学的关键在于将设定义务的规则和授予权利的规则结合起来；凯尔森则认为构成法律的是强制性的规范，法律就是以法律规范效力为标准的体系。

我们可以发现，实证主义法学派早期的权力观和后来的规范说，都承认法律是一种意志，并且这种意志是当权者的意志，不同的只是权力观和规范说的基础有所区别。

3. 社会法学派的法的本质说

社会法学派是 19 世纪末以来资产阶级法学中一个派别，又译为社会学法学派。它产生于 19 世纪末 20 世纪初，在当时的时代，社会进入到一个快速发展的时期，因此重视逻辑与形式的分析实证主义就显得太“机械”，在这样的背景下，社会法学派提出了重视作为事实法律的观点，认为应该通过人们在社会行动中的规则来理解法律。这一观点本质上认为法律是一种用来控制人们社会行为的工具，其目的和作用是构建一种符合社会价值的社会秩序。

社会法学派支派和代表人物众多，其中比较有代表性的是德国法学家耶林和美国法学家罗科斯·庞德，但两人在法的本质上的看法也存在一定的差异。德国法学家耶林认为：“法律是国家通过外部强制手段而加以保护的社会生活条件的总和。”他强调，在理解法的本质时必须考量形式要素和实质要素两个方面，而形式化的法律规则存在的价值正是保护特定的社会生活条件。耶林又称其为“目的法学”，原因在于他认为“目的是全部法律的创造者”，法律的产生都是有特定目的的，即通常所说的“事实上的动机”。而这种目的与利益相关，对特定的社会生活条件进行保护可以说是法律目的的最好写照了。

美国法学家罗科斯·庞德是美国社会法学派的创始人与代表人。他认为社会学法学派的关注点应该在法律的作用而不应该是抽象的法律内容；社会学法学派强调法律的社会目的不在于制裁而在于促进和保障社会利益；社会学法学派强调法律是一种可以通过有理智的人类努力加以改善的社会制度，而不仅仅是人们发现的自然律令或者是人类意识的产物。基于此，庞德认为法律是一种高效的社会控制手段，它能使社会以最小的代价满足社会最大的需求，即产生于文明社会的要求、需要与期望。为此，庞德将法律对社会的控制类比为一项社会工程。从这两种法学家的论述中我们能够了解社会法学的大概精神，即法律是一种可描述与可改造的社会事实。

4. 不同流派关于法概念和本质的描述的共同特征

第一，几种流派都没有将法的本质局限在单个的部门法领域，相对比较宽泛。自然法学派一方面坚持实在法必须符合正义和理性，另一方面也肯定了实在法存在的价值和作用，只是认为实在法应该受到自然法的限制和约束。和自然法学派类似的，实证主义法学派也没有完全排除自然法的影响力，只是更加注重法的现实价值与意义，哈特对最低限度自然法的肯定以及奥斯丁对象征性法的归类都可以印证这一点。而对于哲理法来说，其概念本身就是对自然法学派思想的批判性继承。黑格尔和康德都使用过自然法的概念，均承认法和理性之间存在着某种关系，不同的只是他们将其理解为“哲学上的法”，或者称之为法的原理。这些都说明了一个问题，就是在西方法学主流思想对法的概念的阐释中，都没有将其完全对立或者孤立，而是各有侧重，这就使得我们可以在一个更加广阔的空间来理解法的概念。

第二，几种学派对于法的内容的认识并不是一成不变的，而是处于一个不断发展的过程中，这也就使得西方对于法的概念的阐释在整体上具有动态的特征。以自然法学派的思想为例，不同的历史时期对于自然法的概念阐述都有所不同。在古希腊早期，自然法的概念被阐述为自然正义；斯多葛学派则将之理解为遍及整个宇宙的理性；中世纪的神学家们又用神性对其进行了限制。这种内容上的不确定性和中国古代法学中相对稳定的状态形成了鲜明的对比。这种动态的过程一方面在一定程度上阻碍了人们对法概念的统一认识，另一方面又为人们充分认识法的内容以及法概念的性质、功能、结构、形式等创造了必要条件。

第三，几种流派在对于法的特征上的认识，相比外部特征的分析和描述，都更加注重其内在联系。以自然法学派为例，自然法学派关于自然法概念的认识就是不断变化的，对于其内在联系不断深化认识的过程。在古希腊早期，自然法学派通过对于水、火这样一些具体的物质进行抽象分析得出结论，但其本身还深受物质特殊性的影响；斯多葛学派在前者的基础上进行提升，将其深化阐释为整个宇宙的理性；到后来，神学家为了适应基督教的发展，又将其与神性相结合；再后来就是随着主权运动的兴起，为了打破神学的枷锁，又将其理解为诸如和平相处、反对侵略这样的一些自然法则。这样一个将普遍性因素逐步具体成为规则、原则的过程，从而将规则和原则附加上抽象的因素，使之成为一个逻辑体系，这些正是对其内在联系不断深入的过程。之所以西方法概念更加注重法的内在联系，这与西方法学思想深受西方哲学思想长期熏陶密切相关。在西方哲学中，本质与现象的探究贯穿始终，对于法的认识毋庸置疑也受到这种影响的渗透，使得西方法概念的探究普遍重内在联系而轻外部特征。

第四，几种流派都承认法是在一种普遍性抽象的基础上不同程度地对法的手段性质进行了限定，其理论假设具有一致性。以哲理法为例，因为哲学本身就是对一般规律地总结和抽象，因此哲理法概念从哲学的高度入手，这种对法的统一认识本质上也是在寻找法的普遍因素。当然，也有一部分实证主义法学家希望将法和普遍性因素分离开来，从而证伪法的普遍性因素。此种学说后来成为法西斯的法理论基础，并随着法西斯政权的崩溃而受到越来越强烈的批判。同时，分离运动的失败也从另一角度证明了法的普遍因素的存在。也正是因为这种普遍性因素的存在，西方法学的发展也经历了法律的手段与目的从冲突对立到相互结合包含的过程。这与中国古代法学在发展过程中呈现的特征显著不同。

综上，西方三大法学流派从逻辑、事实与价值三个不同的层次揭示了法的本质。但值得我们注意的是，对于法的本质的讨论必须结合特定的时代认知水平，必须结合特定的社会存在来综合分析。我们应该将对法的本质的讨论放在一个持续发展的历史变化过程中。不同的时代，不同的社会存在，人们对法的本质的看法也会显著不同。在主体的认知中，多重因素影响了人们对法的本质的认识，而这些多重因素又极大地受到了时代特征的制约和影响，多重因素的变换导致了不同认知主体、不同时期对于法的本质的看法，形成了不同的法的本质观。“法的本质是多方面的综合的发展……其合理性在于时代是发展的，法的本质也是发展的，法的功能在不同时代是会不同的，人们在不同时期对法的本质是可以有不同看法的。”①

虽然法的本质观随着时代不断变化发展，但我们从其发展过程中可以总结出发展的趋势、变化的规律。人们不再认为法的本质是一成不变的。不同的时代，不同的语境对本质的阐述也会不同。在对法的本质认识中，只有结合具体的语境去回答法律是什么，才可能接近于法的真实本质。

二、西方语境中的“法学”

西语“法学”一词，拉丁语为 Jurisprudentia。该词是由 ius 和 Providere 合成，前者解释为法律、正义、权利，后者表示先见、知晓、聪明、知识等，两者合成一词，就表示有系统有组织的法律知识、法律学问。② 此后，Jurisprudentia 随着罗马法的传播而走向世界，并且在词源上逐步演变，西方各国将 Jurisprudentia 作为词根融入本民族的语言之中。并且，随着法学这一学科的逐渐发展壮大，能够表示“法学”的词汇也日渐丰富。如表 1-2 所示：

---

① 波普尔著，纪树立译：《科学知识进化论》，三联书店 1987 年版，第 41 页。

② 何勤华：《西语“法学”以此的起源及其流变》，载《法学》1996 年第 3 期。

表 1-2 欧洲主要语种中的“法学”

拉丁语	法语	德语	西班牙	意大利	英语
Jurisprudentia	Droit; Jurisprudence; Science du droit; Science juridique	Jurisprudenz; Recht; Rechtswissen-schaft	Jurisprudencia	Giurisprudenza	Jurisprudence; Law; legal science; the science of law

(一)拉丁语“法学”

拉丁语属于印欧语系意大利语族，其最早的使用范围在拉提姆地区(今意大利的拉齐奥区)和罗马帝国。但是现在只有极少的基督宗教神职人员及学者使用这一语言，因此拉丁语通常被认为是一种死语言。由于拉丁语的宗教特殊性，即罗马天主教传统上用拉丁语作为正式会议的语言和礼拜仪式用的语言，随着该宗教在西方世界的广泛传播，拉丁语在其他西方语言创造新词的过程中，成为了众多语言的词根和词源。

“法学”(Jurisprudentia)，即法律之科学，是一门系统的知识和学问。古希腊虽法学思想繁荣，但是并未形成相应的法学家阶层和法律的研究活动，这一时期法学并未形成。时至古罗马，它遗留给世界的是一笔无价的财富——罗马法。

西方学者普遍认为，《圣经》和罗马法是古代罗马社会遗留给当今世人的最著名的有形精神文化遗产。罗马法是西方法最主要的渊源，法学作为一门学科，正诞生于此。

法学(Jurisprudentia)成形的具体时间目前已经无法考证，但是从目前已知的留传文献看来，至少在公元前 3 世纪末罗马共和国时代该词就已经出现。罗马于公元前 451 年至公元前 450 年颁布了著名的《十二表法》(Lex Duodecim Tabularum)。这是一部具有里程碑意义的法律，是平民与奴隶主斗争的产物，并且，习惯法的成文冲破了贵族对法律知识和司法权的垄断。同时，为了将这部法典贯彻下去，统治阶级很重视法典的讲授工作。早期，由于宗教对国家的控制较强，只有极少数的神职人员才享有讲授法律的权利，因此，这种讲授活动并未在社会广泛传播，也不可能形成一门系统的学问和固定的职业。但随着法律与宗教的逐步分离，法律世俗化的发展，平民也逐渐有机会讲授法律。公元前254年，平民出身的科伦·卡纽士(T. Coruncanius)担任了大神官，他开始在公开场合向民众解说法律，传播法学知识。公元前198年，阿埃利乌斯(Aelius)则进一步以执政官的身份讲授法律、著书立说。他们的活动使法律知识日益面向社会，走入市民生活，最终成为一门世俗的学问。这门学问，就被称为Jurisprudentia，而讲授的人，则被称为Juriseonsultus(法学家，是ius和consultus的合成词。consultus意为智慧、精通、考虑者、训练者)。① 此时的法学家阶层也已然形成，法学教育也逐步兴起。到公元2世纪，Jurisprudentia一词已经流传开来，被广泛使用。乌尔比安(Ulpianus，约160—225年)作为当时著名的五大法学家之一就曾对Jurisprudentia下定义：“法学是神事和人事的知识，正与不正的学科(Jurisprudentia est divinorum atquehumanorum rerum notitia，justi atque injusti scientia)。”此后，查士丁尼大帝在组织编纂《学说汇纂》和《法学阶梯》时，将Jurisprudentia这一定义收入其中，法学这一定义也得以流传后世。

公元476年，西罗马帝国灭亡，西欧进入封建时期，这一时期持续了1200多年。西欧中世纪法学的发展可以分为两个阶段：前期(5—11世纪)为轻视法学时期，后期(11—17世纪)为法学复兴时期。在欧洲中世纪，罗马法学成果在日耳曼人的入侵下几乎丧失殆尽，而基督教神学势力剧增，政治和法律都掌握在僧侣手中，也和其他一切科学一样，成了神学的分支，一切按照神学中通行的原则来处理。教会教条同时就是政治信条，圣经词句在各法庭中都有法律的效力。甚至在法学家已经形成一种阶级的时候，法学还久久处于神学的控制之下。而这一时期盛行的日耳曼法简单粗陋，远不及罗马法的体系完善和结构规范，因此这一时期的“法学”并无发展。

① 何勤华：《西语“法学”以此的起源及其流变》，载《法学》1996年第3期。

公元11世纪始，西欧出现了复兴罗马法的运动。这场运动发端于意大利波伦那(Bologna)大学，由以伊纳琉斯(Irnerius，约1055—1150年)为首的注释法学派发起。他们采用对法典进行文献学的批判和文法学、逻辑学的说明，系统地注解、讲授查士丁尼大帝的《国法大全》，尤其是《学说汇纂》，从而重现古代罗马法律经典的原貌。后期的评论法学派以巴尔鲁多为中心，更注重法律的现实适用性，他们积极投身政府与法院的法律实践，努力将罗马法律文献运用到实际生活中。到13世纪，这场注释活动传播到了法国、德国以及其他欧洲国家，从而使拉丁语“法学”(Jurisprudentia)这一用语在欧洲各国得到了广泛传播。

注释法学派和评论法学派的活动，使得罗马法复兴的趋势成为主流，波伦那大学成为这一运动的中心。慕名而来的学子除了意大利本国人之外，西欧大陆众多青年也聚集于此。据史料记载，1200年各国赴波伦那大学学习罗马法的学生达一万多人。① 众多学子学业有成，回国之后，对本国的罗马法复兴起到了积极的作用。就这样，罗马法的复兴遍及除英国外的西欧大陆。

(二)法语“法学”

拉丁语和日耳曼语构成了法语中的多数词汇。公元4世纪到5世纪初，法国被罗马帝国统治，拉丁语开始在法国流行，且逐渐取代法国本土的语言。罗马人大量移民到高卢，也由此糅合出一种新的语言，即大众拉丁语。公元5世纪，随着民族迁徙的进行，说拉丁语的高卢居民与讲日耳曼语的法兰克人之间相互影响，语言开始融合，法语开始失去非重音音节。到6至7世纪，大众拉丁语进一步混合。公元8世纪，查理曼帝国建立，法国的语言逐步规范化。终于，在公元9世纪，拉丁语与日耳曼语融合成罗曼语，从公元939年的卡佩王朝开始，法语确立为法国唯一的官方语言。

公元9世纪到14世纪，法兰西民族形成，封建国家确立，这

---

① Nigel G. Foster. *German Law and Legal System*. Blackstone Limited, 1993, p. 13。转引自何勤华：《西方法学史》，中国政法大学出版社1996年版，第83页。

一时期古代法语日渐形成和发展。法国人在创立法语这一民族语言时，吸收了大量拉丁语词汇。其中，Jurisprudentia 这一用语，也以 Jurisprudence 的构成，融入到法语之中，用来表示“法学”、“法律解释”、“判例”等含义。同时，随着中世纪末期资产阶级人文主义思潮的勃兴，以权利为核心的近代法观念的出现，既表示法律，又表示权利，表示法学的 Droit 一词也开始形成(作为古代法语，Droit 一词本身的出现，当然要更早一些)。在 Droit 和 Jurisprudenee 两个词的基础上，结合拉丁语词根 Scientia(表示“知识”、“学问”、“科学”)，又形成了 Seieneedudroit(法学、法律科学)、Sciene ejuridique (法学、法律科学)等词。① 据何勤华的调查，目前法国人对于“法学”一词，用的最多的还是 Droit。

(三)德语“法学”

德语，是印欧语系日耳曼语族西日耳曼语支下的一门语言，包括高地德语与低地德语两大系列的数十种方言，从日耳曼语中分化而来。德语的统一标准大约可以追溯到马丁·路德的圣经翻译。各类德语方言是三亿多人共同使用的母语，被誉为世界最严谨的语言之一。

中世纪的德国人以自己是罗马帝国的正统继承人(“神圣罗马帝国”的居民)自居，因此罗马法学的复兴在德国进行得最为彻底，而且较之英法等国家，罗马的法学观念对德国的影响也更为深刻。此外，由于当时本土的日耳曼习惯法落后于时代，为了适应社会经济的发展，德国需要更为系统完善的规则来对社会进行调整，因此 12 世纪德国就开始接受罗马法。从中世纪末期开始，以拉丁语 Jurisprudentia 为词根的德语 Jurisprudenz(法学)和既表示权利、又表示法律、还表示权利与法律之学的 Recht 就已经出现。② 13 世纪，复兴中的罗马法迎合了德国城市兴起这一需要，得以广泛传播。但

① 参见何勤华：《西语“法学”以此的起源及其流变》，载《法学》1996 年第 3 期。

② 参见何勤华：《西语“法学”以此的起源及其流变》，载《法学》1996 年第 3 期。

是，罗马法在德国的大规模采用却始于15世纪，这一时期，罗马法课程在各个大学相继开讲，罗马法也被司法部门运用于处理具体案件。1495年，德国设立帝国法院(reicheskammergericht)，法学家们开始深入研究查士丁尼大帝组织编纂的《学说汇纂》。到了19世纪，Jurisprudenz和Recht这两个词又成为“潘德克顿法学”(Pandektenwissensehaft)的基础概念。德国历史法学派的代表人物萨维尼(F. c. von savigny，1779—1561年)，正是在研究Jurisprudenz和Recht的基础上，进一步引入历史学的研究方法，实际上就是罗马法学之复兴。经过几代人的努力，近代德国法将罗马法纳入本国的法律体系，为1900年《德国民法典》的制定颁布奠定了坚实的基础。

《德国民法典》以及此后一系列法律的制定，使得德国法以其高度的学理性和独创性成为大陆法系的一个典型。德国“法治”的思想引领着这一趋势的发展，其依法治国的理念也值得借鉴。

(四)西班牙语“法学”

西班牙语的“法学”一词为Jurisprudencia，由于早期的西班牙对罗马法采取的是欣然接受的态度，因此“法学”这一词在历史上并无变动。查士丁尼大帝的《国法大全》早在11世纪就得到了西班牙法学界的认可，他们将罗马法称为“共同的法”，而将本土的法称为“地方的法”。在费迪南三世(C. Ferdinand Ⅲ，1217—1252年在位)以及他的儿子阿尔芬索十世(Alphonso Ⅹ，1252—1284年在位)统治西班牙期间，统治者对罗马法给予了与教会法同等的优待。比如在萨拉曼卡(Salamanca)大学开设了罗马法的课程，在1401年，这所大学共有25名教师，其中有4人教授罗马法，但却没有一个教授西班牙法。

在这一时期，罗马法学家的地位也是崇高的，他们受聘担任了国王的法律顾问和王室法院的法官。罗马法甚至还影响着西班牙的地方立法，例如，在巴伦西亚(Valencia)地区，詹姆士二世(James Ⅱ)统治期间罗马法被明确为一种辅助性的权威。①

① 参见何勤华：《西方法学史》，中国政法大学出版社1996年版，第84页。

此外，意大利 Jurisprudentia 也成为表示“法学” Giurisprudenza 的词根而融入了其法律用语之中。

三、西方语境下的“法治”

(一) 法治基因的孕育——古希腊罗马时期

追寻法治的历史渊源，夏勇在其《法治源流——东方与西方》中有较详尽的论述。他认为：“追寻法治的源头，应该从亚里士多德说起。”①然而我们知道，许多关于法治的阐述都确定它起源于古典希腊罗马思想，并从柏拉图和亚里士多德著作中引经据典。在被称为“黑暗时代”的五百年里，古希腊罗马思想整体处于一个迷失状态，直到被宗教神学家赋予了新的生命。② 可以这样认为，法治作为西方一种延绵不断的传统，是在雅典全盛时期以后的 1000 多年才开始生根，因此，古希腊罗马的法治思想最好被理解成其后各时期的典型模式、激励和权威③，可以说，古希腊罗马时期则是法治基因孕育的时期。

在西方历史上，较早集中系统地讨论法治问题的当推柏拉图和亚里士多德师徒，想必这也是夏勇所说“追寻法治的源头，应该从亚里士多德说起”之缘故，然而他们二位绝不是最早讨论法治问题的。在他们之前，甚至更为久远，远在克里特和迈锡尼时代，就已经孕育了法治“基因”。

从概念上说古希腊的外延，要比现在宽泛得多；在地域上，它以希腊半岛和爱琴海诸岛为中心，西至西班牙，东抵小亚细亚，北达黑海，南及北非；在时间上，上起公元前 30 世纪，下迄公元前 2 世纪，延绵两千年以上。这段历史就其法治语境上

---

① 夏勇：《法治的源流——东方与西方》，社会科学文献出版社 2004 年版，第 3 页。

② See Richard E. Rubenstein. *Aristotle's Children: How Christians, Muslims and Jews Rediscovered Ancient Wisdom and Illuminated the Dark Ages*. Harcourt, 2003.

③ 布雷恩·Z. 塔玛纳哈著，李桂林译：《论法治——历史、政治和理论》，武汉大学出版社 2010 年版，第 8 页。

看，大体可划分为神的时代（前2600—前700年），城邦时代（前700—前338年）和希腊化及古罗马共和时代（前338—前146年）三个时期。①

1. 神的时代

同东方早期人类社会一样，宗教对古希腊而言也是一支重要的社会力量，其作用不容忽视。我们可以结合荷马（Homer）和赫希俄德（Hesiod）等人作品中的“神谱”来体会当时法律和正义的关系。

希腊人设想，女神狄刻代表着正义，其父宙斯乃众神之神，统帅奥林匹斯诸神（Olympians），其母泰米斯原系天神乌兰努（Uranus）和地神该亚（Gaia）之女，后入侍，兼顾问，负责传达谕旨。狄刻（Dike）即为力量和善谏之女，赫希俄德说她：“尊显神列，侍坐父侧。但有欺罔，辄具奏闻。于是乎，人主失政，殃及子民。”②

正义女神狄刻有父母、同胞，有盟友也有对头。她的父母即为宙斯和泰米斯，父为众神之神，母为传达谕旨者；她的同胞包括伊勒内（Eirene）、艾乌诺米亚（Eunomia）、提刻（Tyche），分掌和平、善政、机缘；她的盟友包括斯梯克斯（Styx）、奈米西斯（Nemisis）、厄里尼厄斯（Erinyes）和布拉克斯蒂格（Praxidikai），涉及执行法律与惩治犯罪；其对头包括叙布里斯（Hybris）、艾利斯（Eris）及艾利斯三女，涉及过渡和扭曲、冲突、紊乱、健忘、欺瞒、谬误和含混等。

这是一幅诸神速写，从中可以看到较为完整的神法运作机制。正义并不是自足的，它有着自身的渊源，其实现又有赖于其他条件，而且其本身又是宗教的，渗透在其他宗教观念之中。诸神内部的关系，是问题的一个方面，人神之间的关系，则是另一个方面。前面所言，“人主失政，殃及子民”，实际情况也差不多。部落领

---

① 参见周一良、吴于廑主编：《世界通史》（上古部分），人民出版社1973年版，第106~114页。

② 赫西俄德著，张竹明、蒋平译：《工作与时日神谱》，商务印书馆1991年版，第7~8页。

导层同时是灵俗两界的代言人，他们接受天启，传达神谕，同时，一旦有旱涝、灾荒、凶岁时，便是上天降祸，他们就得主动自我反省、检查，承担责任。传说，米诺斯国王觐见宙斯，频率为每九年一次，始末来由，可以想见。①

由此我们可以进一步探究：宙斯统治诸神，神统治人，首领统治部落，其基本依据是什么，是法律，还是类似古老中国的“德命天授”②，是理性，还是意志？统治者本身是否受到法律的约束？无疑，部落首领不是任意行事的，他们是要受到制约的，这种制约来自上天诸神以及习俗，但宙斯自己呢？他是否也受到某种约束？约束是否具有法律性质？

本书认为，正是灵俗两界的“互相制约”之神的时代，孕育了西方法治的基因。有了结构意识，神、人都是分级管理的。有了规则意识，神及人都要遵守一定的规则。有了行为模式，还有违反规则以后的后果。诚然，上述问题在当时或许不曾考虑，然而却是后来这些意识不断放大及显现的萌芽和基因。

2. 城邦时代

从公元前8世纪至公元前6世纪，随着生产力的发展，城邦得以形成，社会发生急剧变动。雅典城邦，据说始于提修斯(Thesus)改革(前13世纪)；经梭伦(Solon)改革(前596—前594年)和克里斯提尼(Cleisthenes)改革(前509—前508年)正式确立；到伯利克里斯(Pericles)改革(前443—前429年)民主政治达到巅峰，斯巴达城邦也在这个时期内出现；到莱库古(Lycurgus)立法(前880—前723年)，建立了与克里特岛相近的政体。

这些变化深深地影响了人们的观念，早在公元前7世纪，被称之为古代希腊七贤之一的毕达库斯就提出“人治不如法治”③。虽

① Ross, Alf. *On Law and Justice*. University of California Press, 1959, pp. 229-231.

② 陈晓枫、柳正权：《中国法制史》(上册)，武汉大学出版社2013年版，第38页。

③ 亚里士多德著，吴寿彭译：《政治学》，商务印书馆1983年版，第142页。

然毕达库斯所提出的法治就是严刑峻法，以及乱世用重典之类，但可以看出成文法观念加强了。① 这一时期，数梭伦立法最为出名。据载，

> “于是他创立了一个新的宪法，制定一些新的法律，德拉科的法令，除了有关杀人犯的以外，已不复为人所遵守了。法律写在牌子上，牌子立在巴西勒斯柱廊里，所有的人都发誓遵守法律；九执政官通常对那块石头宣誓，说他们如果违反任何一条法律，就得奉献一个黄金人像；因此之故，他们甚至现在还用这样的誓言来宣誓。梭伦决定，这些法律要实行百年不变。”②

从中我们可以看出，彼时的梭伦立法：其一，既有宪法，也有法律；其二，都是公之于众的；其三，全体执政官宣誓遵循；其四，百年不变。随后的亚里士多德称赞道，梭伦立法具有“民主性质”，他分析说，立法禁止附带人身担保的借贷行为，允许自愿替代赔偿，允许向陪审团申诉等等这些，不都是法治所要求的么？③纵观古希腊历史，我们可以看到，在雅典，法治不单单是一套观念，而是曾落实为制度的，而关于制度方面，顾准先生在《希腊城邦制度》一书中作出了较为详尽的描述，在此不赘述。而关于判定“王治还是法治”(aut rex aut lex)这一问题的标准上，在公元前5世纪左右出现的智者学派(Sophists)通过界定法(ius)与法律(lex)的范围对此进行了阐述④，而关于何为“法治”，则涉及的较少。

---

① 参见亚里士多德著，日知、力野译：《雅典政制》，商务印书馆1959年版，第7~9页。

② 亚里士多德著，日知、力野译：《雅典政制》，商务印书馆1959年版，第9~10页。

③ 亚里士多德著，日知、力野译：《雅典政制》，商务印书馆1959年版，第12页。

④ 文德尔班著，罗达仁译：《哲学史教程》(上)，商务印书馆1987年版，第238页。

与之相比，古希腊思想家柏拉图比较充分地阐述了法治问题的理论意义。起初，他对法律乃至法治问题相当轻视，因为他坚信理想的国家不需要法律。柏拉图认为，在理想的国家中“盖优秀之国民，正不必多为之法而束缚维系”；在理想的国家中“余意真政治家，无论其在完善之国家与不良之国家，必不以修订法律为要务”。① 后来，通过参与实际政治斗争，柏拉图发现，法律在社会生活中并非没有作用，它可以成为维系社会生活的“金色的纽带”。在此基础之上，柏拉图在《政治家篇》中第一次提到了“法律的统治”，认为“法律统治与否是划分政府好坏的重要标准之一”。虽然柏拉图先是轻视后是重视法治问题，但是我们不能夸大这种重视的意义，特别不能认为他对法治的重视是他思想的根本转变。因为，一方面，柏拉图终其一生始终坚持“哲学王”之统治才是最好的统治，他们的统治“是绝对正确而又唯一真正有效的统治”②，相比之下，他认为“法律并不包括所有最崇高和最公正的东西，故不能谋求至善”③；另一方面，即使在其晚年，柏拉图也仍然认为法律和秩序只是第二种最佳的选择。④

与柏拉图相比，他的学生亚里士多德相对更加强调法治的作用，认为“法治是优于一人之治的”⑤。在详尽地比较了法治与一人之治的利弊之后，他指出，所谓法治就是：“已成立的法律获得

① 法学教材编辑部：《西方法律思想史资料选编》，北京大学出版社1983年版，第7~8页。

② 萨拜因著，盛葵阳等译：《政治学说史》(上册)，商务印书馆1986年版，第101页。

③ 高道蕴、贺卫方、高鸿钧主编：《美国学者论中国法律传统》，中国政法大学出版社1994年版，第231页。

④ 法学教材编辑部：《西方法律思想史资料选编》，北京大学出版社1983年版，第27页。

⑤ 亚里士多德并没有泛泛而谈法治与人治的问题。他所分析的问题是法治与一人之治的优劣。在古代希腊，人治与一人之治有重要的区别，前者不仅包括一人之治，而且包括数人之治与多人之治。甚至柏拉图所主张的哲学王也是一个复数名词。很明显，后两种人治形式不在亚里士多德的比较之中。

普遍的服从，而大家所服从的法律又应该本身是制定得良好的法律。”①亚氏所谓的法治，就是指一种状态或者说是人与法律之间的一种良好关系，其特点在于人人都遵守良好的法律。亚里士多德所说的“良好的法律”包含了两层不同的含义，一般而言，良好的法律需要能够体现正义的原则；特殊而言，良好的法律需要和具体的政体和谐统一。

事实上，在亚里士多德的时代，重视法律，主张法治已经成为社会较为普遍的共识。亚里士多德在自己的《政治学》中也承认：“在我们今日，谁都承认法律是最优良的统治者。”②正是在这个意义上，罗素认为亚里士多德的思想是时代背景下有阅历、有教养的人们的共识。③

因此，在城邦时代，人们对于法治的理解和认识有这样几个共同的特点：

第一，法治观念自始至终只是一个理想。柏拉图认为法治只是次佳政治，这仍然只是一个理想而不是现实；而就亚里士多德而言，法治更多的是一种状态。事实上，绝大多数的城邦都未能出现“人人遵守良好法律”的理想状态。与此相反的是，法律不够良好，法律得不到遵守是常态。根据柏拉图的记述，已经被判刑的人还在大街上自由地来来往往是当时雅典社会的一景。

第二，法律并不是作为一种独立的概念被提出，而是依托于正义观念。从这个层面上来讲，法治是隶属于正义的，两者相比，正义才是真正意义上的价值追求。在观念的等级秩序中，法治只是一个二级观念或价值。

第三，城邦时代的城邦国家并没有独立的法律制度。在城邦时代，政治制度逐渐被建立，宪法也开始出现，但在当时的人们看

---

① 亚里士多德著，吴寿彭译：《政治学》，商务印书馆 1983 年版，第 199 页。

② 亚里士多德著，吴寿彭译：《政治学》，商务印书馆 1983 年版，第 171 页。

③ 罗素著，马元德译：《西方哲学史》(上册)，商务印书馆 1982 年版，第 225 页。

来，独立的法律制度并不是必要的，法治制度实际上属于政治问题，即使公民履行自己的司法职能也不例外。

3. 希腊化及古罗马共和时代

在历史的发展过程中，随着时代的变化，城邦国家逐渐消失在人们的视野中，城邦国家被辽阔帝国取代，在这一过渡时期，则为希腊化(Hellenistic Age)及古罗马共和时代。①这一时期的法治理论贡献的源泉在于西塞罗。

首先，正义是法律至上性的前提。在《论共和国》这部写于公元前1世纪的著作中，西塞罗谴责不遵守法律的国王是暴政，是“能够想象得到的最可恶，最可憎恨的动物”，在这一时期，法律被认为是一个中心要素，因为法律体现的是最高理想。人们对于法律的坚定信赖来源于法律在阐释权力、国家及正义与法律的关系方面所发挥的重要作用。

无论是柏拉图、亚里士多德，还是西塞罗，都深入探讨过正义与法律的关系。西塞罗认为法律必须符合正义，这是法律具有至上性的前提条件。法律的作用就是维持平等，保证平等。也正是因为这个原因，法律能够保证正义，成为正义与非正义的界限和判断标准。当然，西塞罗这里所说的法律指的是符合自然理性能够给人幸福与安全的法律，即我们通常认为的“良法”。

其次，权利生于法律。与古希腊时期认为权利先于法律不同，罗马共和时期权利被认为是生于法律的。西塞罗主张从法律观点出发，才能确定和阐述权利，“他们把私人权利看成国家权力的最高准则”②。罗马法最为闪耀的地方在于其权利法(私法、民法)部分。在罗马法的观念中，个人是独立自由的个体，是承载权利与义务的法律实体。国家和个人是两个不同的维度，国家必须承认个人的自由领域，尊重个人的权利。甚至，西塞罗还说“为了得到自

① 本书将此阶段界定为公元前5世纪至公元5世纪。

② 梅因：《古代法》，商务印书馆1959年版，第102页。

由，我们才是法律的臣仆”，① 换句话说，人们服从法律，相信法律的权威，不是为了别的，而是为了维护自己的自由。

虽然西塞罗的思想中已经蕴含了丰富的法治思想，但这些思想在西塞罗的政治思想体系中并不能起关键的作用。并且，西塞罗的法治思想并没有得到主流社会的肯定和实践，而仅仅停留在思想的层面。当时的罗马社会精英更加关注的问题是如何运用法律去解决实际问题。

或许是历史的偶然，正是这种境遇下的希腊化及古罗马共和时代，让私权得以发展，从此与东方分野。这也使得已然灭亡的城邦时代中的法治基因能够生根发芽，古希腊罗马人所开辟的道路，一直向近代延伸、拓展。

（二）法治式样的形成——中世纪封建社会时期

随着生产力的发展，物质生产方式随之发生相应的改变，而经济基础的转型势必带来上层建筑的系列变革，古代希腊罗马文明开始向近代资本主义社会过渡。早在公元3世纪时，西罗马帝国的奴隶制成为阻碍当时生产力发展的重要因素，奴隶社会内部开始出现封建生产关系的萌芽。连绵不断的、大规模的奴隶起义，沉重地打击了奴隶主的统治，动摇了奴隶制经济基础。奴隶起义和当时日耳曼各部落入侵的综合作用，最终导致公元5世纪末西罗马帝国的覆灭。从此，西欧社会进入封建社会，在此时期的各个历史阶段出现了不同的法治思想。

1. 主张神法与世俗法结合以保障神定秩序的神权法治思想

随着社会形态的变化和基督教的兴起，一切科学都陷于停滞的状态。在罗马帝国奴隶社会废墟之上，基督教教会成为日耳曼民族诸国封建社会得以建立的社会支柱。原始基督教本来的目的是宣传解放思想，摆脱奴役和贫困。所以，基督教最初被罗马统治者视为仇敌而横遭虐杀。但是经过三个世纪以后，基督教被重新认识，成为罗马帝国的国教，而基督教运动也渐渐地脱离原来的面目，带上

① 王哲：《西方政治法律学说史》，北京大学出版社1988年版，第56页。

浓厚的宗教色彩，来维护和神化现实的政权。随着封建制的产生和发展，基督教本身也相应地发展起来。基督教教会依靠封建统治阶级的支持，扩张到整个欧洲大陆，影响和支配了整个中世纪。这样，基督教就成为封建主义意识形态的中心，神学成了代表封建主的占统治地位的思想体系。在神学法学思想家中，以奥古斯丁最为著名。

奥古斯丁法律思想的基础是对神的绝对信仰，他吸收了柏拉图的唯心主义哲学，建立了以神权政治论为核心的法律思想体系。奥古斯丁的神学法律思想体系的主题，是论述“天国”和“地国”的对立。他认为，“天国”是爱神者的精神团体，“地国”是恶魔的帝国。这两种国起源于两种不同的价值观：前者起源于爱上帝而憎自己，而后者则起源于爱一己而憎上帝；前者是求得上帝的无上光荣，后者是只求得人的光荣；前者是君民相助，君主爱护人民，人民服从君主，后者则是君主崇尚极权，野心勃勃，等等。总之，“天国”是永久和平的，天上社会的公民都是享受着永久的和平的。这是奥古斯丁最理想的上帝之国。

他实际上将“天国”喻指教会，将“地国”喻指国家。他用这种神学世界观看待政治法律，而得出了“君权神授”论。他认为，世俗国家是人们为了交往而联合起来的人群，它只管理人性的低等活动，比如人类的冲动欲望和财产关系等活动，但是它没有真理。只有天国，即教会，才有真理，才能使人类的精神得到拯救。他进而宣扬，一切权力都来自上帝，教会是上帝在地上的代表，教权高于王权，王权神授。教会可以管理所有的基督徒，包括皇帝本人。这种理论，完全是为维护教会的最高地位效劳的。

奥古斯丁认为法律有两种：一种是神法，即上帝的永恒法，是由上帝命令人类维护其所创造的宇宙秩序的合理意志的产物。和平、协调和秩序都来源于上帝永久的正义和永恒的法律。另一种是世俗法，它包括国家的成文法和习惯。神法和世俗法共同作用保证了社会秩序的稳定。奥古斯丁认为世俗法具有两个特征：第一，世俗法是基于理性的，是公正的；第二，世俗法随着时间和情势的变化而变化，是不稳定的。因此称之为“虽是公正却能随时间而加以适当修改的法律”。虽然世俗法在稳定秩序方面发挥了重要的作用，但也存在着非常明显的缺陷。一方面，正义的概念处于一个不断变化的过程中，但是人的生命有限，经验更是有限，很难全面、历史地了解正义；另一方面，世俗法关注的是外在的行为而忽略了内在的意志，这是其作为有形的法不可避免的缺陷，也决定了其提出的解决方案只可能“治标不治本”。

基于以上原因，在世俗法的基础上，永恒法被提出。所谓永恒法，就是天主的法。奥古斯丁认为，法律来源于上帝，体现的是上帝的意志，上帝通过法律来统治人的内心，相对于统治外部行为的世俗法是无形的，是真正体现正义的，一切世俗法都受到永恒法的支配。

国家的任务是保障神所乐意的秩序。这样，国家就要为此而恪尽职守并为此来行使它的权力，以便神明的要求和意志在世俗人间得到普遍地尊重、重视与落实。国家及其任务的这种基本观念也深刻地决定了刑法和犯罪行为的观念：刑法的任务就是，用刑罚的手段使得神明的要求和意志得到尊重和实现——即便这个或许不是它的唯一任务。而犯罪行为是对于神明的要求和意志的蔑视严重到应该以国家刑罚予以惩处的行为。上面对于亵渎神明所说的，同样也适用于其他一系列犯罪行为——诸如否定上帝的存在，传播异教或者巫术，因为这些犯罪行为，都使得神权国家制度(神权国体)的基础遭到了危害。①

2. 理性主义的法治思想

追求和信奉理性主义是西方思想发展史中最重要的一个传统。我们甚至可以认为，理性是构成西方文明传统一以贯之的因素。从14世纪到16世纪末叶，是欧洲封建社会关系瓦解、资本主义生产关系形成时期。在这一时期，古代希腊、罗马的文化得到了奇迹般的“复兴”，史称“文艺复兴”时期。其实，这一时期绝不只是简单

① 沃尔夫冈·福利许著，樊文译：《欧洲国家刑法的哲学基础——从神权刑法到世俗刑法——从神权刑法到世俗刑法》，来源：中国法学网 http://www.iodaw.org.cn/showartide.asp? id=2071。

回复到古希腊、罗马文化中去，“这是一次人类从来没有经历过的最伟大的、进步的变革”①。在新的历史条件下，人们将古希腊、罗马的文化作为思想武器重新理解并加以运用，以作为反对封建和反对神权的思想武器。因此从古希腊到今天，西方文明一直被照耀在理性的灯塔之下。此外，在理性主义思潮中，还产生了直接从政治法律上为资产阶级的要求进行论证的学说。由于当时资产阶级的力量还比较弱小，不能直接提出由自己掌握全部政权的要求，因而企图利用王权来压制，以至摧毁封建贵族的势力，改变封建割据的分散局面，促进国家的统一，形成统一的国内市场，从而更有利于资本主义的发展。因此，这种早期的资产阶级政治法律理论都强调君主集权或君主专制。这方面思想家的主要代表是马基雅弗利，他的法学观开创了近代资产阶级法律思想的先河，成为近代资产阶级法学世界观的奠基人。②

在宗教神学一统天下的中世纪社会里，法律的起源问题被虚幻的教义所取代。神学法学家们极力宣扬法律是上帝意志的体现。马基雅弗利通过对现实社会的关注，而提出世间一切政治现象都同人的本性有关。这个时代意大利就因为商业的发展而出现了大量不择手段追求财富的行为，宗教作用的丧失也促使个人主义迅速蔓延，因此，在这一时代条件下，马基雅弗利提出了“人性恶”的思想。马基雅弗利认为人是虚伪狡诈的，为了利益可以做出任何损人利己的事情。“这就造成人类心中经常的不满意，以及对他们已经占有的财物感到厌倦；这种情况使人们咒骂现在，颂扬过去，期望未来，而这一切并无什么有理的动机。”③从这种性恶论出发，马基雅弗利认为，由于人们的自私心理，相互之间就会尔虞我诈，互相争斗，为了获得一个安全的生存环境，他们便选出了君主，建立了国

① 中共中央马克思恩格斯列宁斯大林著作编译局：《马克思恩格斯选集》第 3 卷，人民出版社 2002 年版，第 445 页。

② 倪建民、公丕祥：《西方法律思想历程》，中国法制出版社 2013 年版，第 63 页。

③ 中国西方法律思想史编写组编：《西方法律思想史资料选编》，北京大学出版社 1983 年版，第 121 页。

家，制定了法律。这样，他就把法律的发生同人的本性、人的活动直接联系起来。另一方面，不仅法律的制定与人性有联系，而且君主政体的建立也是人性恶之所致，只有建立君主政体，才能约束人的恶的欲望，使人民过着有秩序的社会生活。此外，按照马氏的看法，统治者的权力只是政治斗争中优势力量的产物。

从上述分析可以看出，马基雅弗利的关于法律产生的理论，和中国的法家思想类似，是建立在抽象的人性论基础之上的，这脱离了具体的社会经济条件，是片面的，不科学的。但从另一方面而言，马基雅弗利脱离了虚幻的上帝意志，着力从人的本身来揭示法律、权力和政体的产生。这种观点是对中世纪神学法学观的否定，因而具有积极的反封建意义。诚如马克思指出的，马基雅弗利等人“都已经用人的眼光来观察国家了，他们是从理性和经验中而不是神学中引申出国家的自然规律”①。

马基雅弗利认为，政治和法律的最高目的是确保社会的公共效用和安全稳定。在政治活动中，衡量行为的准则在于其是否有利于国家的整体利益。一个人性本恶的社会中，用抽象的正义、道德的手段，不能有效确保国家的安全稳定。统治者不能过于心慈手软，否则带来的只是动乱和杀伐，国家也会因此而衰落并最终走向毁灭。因此，国君只有以威严来进行统治，才能巩固自己的地位，而实行威严统治的基本手段是“刑罚的恐惧”，法律不过是国君手中的工具而已。基于这种利益观，他提出了著名的“马基雅弗利”命题，即君主为了达到自己的统治目的可以不择手段，甚至认为君主只要能够使老百姓奉公守法，即使被人责骂为残暴也可不必介意。这种功利性的法律价值论，没有正视道德和正义在规范人们行为方面的巨大作用，反映的是资产阶级的狭隘性。但是马基雅弗利之所以如此不遗余力地宣扬权术，也与当时的政治情势有关。当欧洲大部分国家走上统一道路之时，意大利却依旧四分五裂，所以马基雅弗利深感国家统一的迫切性，要完成这一历史使命就必须拥有强有

① 中共中央马克思恩格斯列宁斯大林著作编译局：《马克思恩格斯全集》第一卷，人民出版社 1956 年版，第 128 页。

力的君主，因此他的政治主张体现了当时意大利政治的需要。

3. 自然法法治思想

“自然法”指的是以一种普遍而神圣的法则为依据论证或批判国家制定的实在法。理论界通常认为，17 世纪荷兰自然法学家格劳秀斯是近代自然法的奠基人。

格劳秀斯在广泛引证古希腊风俗、罗马法、中世纪经院理论以及圣经的基础上，首次系统地阐述了近代自然法理论。他认为：“自然法是正当理性的命令，它指示任何与合乎本性的理性相一致的行为就是道义上正义的行为，反之，就是道义上罪恶的行为。”① 格劳秀斯基本摆脱了中世纪宗教神学观的束缚，强调研究法律现象要以经验事实为依据，指出“用纯理论的探讨方法不如用事实说明的方法较为适当”。② 在这种“世俗”的经验方法论的指导下，他阐发了自然法理论。他反对对人性作出非理性的解释，认为人类独特的象征之一就是要求社会交往的愿望，要求过一种与理智特性相一致的生活。自然法来源于人类友好相处的本能，“自然法之母就是人性”，“有人性然后有自然法”。在西方法律思想史上，格劳秀斯的自然法理论第一次否定了法律来源于神的意志的神学自然法论，创立了以人类理性为基础的理性自然法观。尽管他的自然法理论具有“自然神论”的色彩，但他的理性自然法观始终处于主导地位，进而成为近代古典理性自然法学派的创始人之一。③

从上述观点出发，格劳秀斯强调了权利的平等性，他主张，人类首先拥有一种原始共有财产权的自然权利。他在其《战争与和平法》中这样描述到：“从宇宙形成以来，上帝就赐予了全体人类以主宰地球上万物的权利；……正如查士丁所说，所有万物构成了全体人类共有的原始财产，就好像整个人类是这一无比巨大的遗产的

① 格劳秀斯著，何勤华等译：《战争与和平法》，上海人民出版社 2005 年版，第 32 页。

② 汉默顿编，何宁译：《西方名著提要》（哲学社会科学部分），商务印书馆 1963 年版，第 110 页。

③ 倪建民、公丕祥：《西方法律思想历程》，中国法制出版社 2013 年版，第 101 页。

继承人一样。”①格劳秀斯从人类维护自身生存的本能出发，认为人类对共有的原始财产享有原始的普遍的使用权，并通过每个人对自己生命、肢体、自由的“所属”，说明不仅原始共有财产权是每个人的自然权利，从中发展出的私有财产权也是每个人的自然权利。② 格劳秀斯顺应资本主义发展的趋势，论证了资产阶级财产所有权的合理性，从而成为反映资产阶级利益的思想代表。

从上述不同类型法律思想的划分可以看出西方法治在实质法治和形式法治上逐渐分离的趋势。实质法治强调法律的公平性、正义性，形式法治则强调法律的工具性和普遍适用性；实质法治认为公平是第一价值选择，而形式法治更注重效率；实质法治强调实质的平等结果，而形式法治追求形式上的平等。按照这样的划分标准，在神权法思想统治时期，法律看似维护上帝的权威，实质上维护的是教廷和神职人员的权威，以及这种权威背后的错综复杂的利益，这体现了形式法治的工具性。神权法不仅对普通教民适用，并且国王本身也受法律约束。如果国王的命令是错误的，臣民在某些情况下有权拒绝服从他的命令，这就体现了形式法治的统一性和普遍适用性。理性主义思想以高扬人的理性为核心，宣扬理性主义的法学家们冲破了中世纪神学的先验方法，用经验主义的态度去分析现实，这体现了实质法治强调不同问题区别对待的态度。另一方面，马基雅弗利功利性的法律价值论认为法律是君主统治社会所必需的工具，却又体现了形式法律的工具性。在自然法思想中，自然法旨在指示道义上公正的行为，人类的理性则是自然法的本质。自然法代表人物格劳秀斯在民法领域对权利的阐释中强调了权利的平等性，并从法律上论证了资产阶级财产所有权的合理性。这体现了实质法治关于公平、平等的价值要求。因此可以看出西欧封建法治中形式法治和实质法治的分野，通过之后不同历史条件的相互作用，

① 格劳秀斯著，何勤华等译：《战争与和平法》，上海人民出版社 2005 年版，第 122 页。

② 王铁雄：《格劳秀斯的自然财产权理论》，载《海大法律评论》2009 年版。

西方法治最终形成了以英国(形式法治)和德国(实质法治)为代表的两种不同的法治类型。

(三)法治的形式与实质分野——近代西欧时期

纵观法治发展历史，形式法治与实质法治是两种主要的模式。而英国的法治传统和德国的法治国传统恰恰很好地代表了这两种模式。① 因此，通过对英德两国法治理论的比较分析，我们可以进一步了解近代西方法治的发展以及形式法治与实质法治的区分。

1. 英国的法治——形式法治观

事实上，英国人所谓的“法治”(Rule of law)一词直至19世纪末才开始出现。其系由英国公法学者戴雪(A. V. Dicey)所倡用，他在1885年出版的《英宪精义》一书中，谓法治含有三个观念：“第一，人人非经法院依正当程序确定为违法者，不得加以处分；第二，无论何人，包括统治者与被统治者在内，皆应受制于同一通常之法律与法院；第三，个人所享有之权利，乃系宪法之源泉，而非宪法所赋予。”②

戴雪的法治理论对英国法治的研究固然具有开创性的意义，但是也存在一定的局限性，他虽然强调法律至上但却没有考虑到恶法之治的可能性。因此，他的观点受到了詹宁斯的批评。戴雪主张由法院独立依法审判就可以称为法治，詹宁斯则认为既然法院的职责只是就现行有效的法律公正执行，那么国家就可能被法治制度利用，成为戕害人民的工具。针对这种情况，詹宁斯提出要引入其他的辅助机制，而这种辅助机制的根本在于民主的政体。所以，在詹宁斯看来与其认为法治是法律和秩序的同义词，不如说是区分民主宪政体制和专制的代名词。③ 艾德(John Alder)教授及牛津大学的古德哈特(Arthur. L. Goodhart)教授同样认同詹宁斯的观点。他们认

① 冷雪：《法治初探——中西法治概念之比较》，载《北京青年政治学院学报》2013年第2期。

② 转引自韩德培：《我们所需要的法治》，载《观察》1946年第1卷第10期，第10页。

③ 陈新民：《德国公法学基础理论》(上册)，法律出版社2010年版，第67页。

为法治只是一个不含任何价值色彩的中立机制，仅有法治概念，无法避免法治成为暴政的工具。① 依据这些理论，英国的学者就形式主义法治观初步达成共识，法治只是一个价值中立的机制，要避免沦为暴政的工具还必须依靠限制公权力等辅助机制。

在这些思想的影响下，形式法治的观点在英国占据了主流，其中又以拉兹的观点为代表。拉兹认为法治的字面含义是“法的统治”，他提出了法治的八项原则：(1)法不应溯及既往，应公开和明确；(2)法律应相对稳定；(3)特别法的制定应受公开、稳定、明确的一般规则指导；(4)保障司法独立；(5)遵守自然正义原则：公开审理、不得以偏见司法；(6)法院应对其他原则的执行握有审查权，即指审查议会和行政立法等；(7)法院应易于接近：省时节费；(8)预防犯罪的机构在行使裁量权中不得滥用法律。② 虽然拉兹在其所提出的法治八原则中强调特别法的制定要受一般规则的指导，但其仍维护了一般法的绝对权威。同时，拉兹所提出的自然正义原则也不具有实质意义上的自然正义内涵，而是指司法程序的公正。因此，可以说拉兹所主张的法治仍然是一种典型的形式法治观。

2. 德国的法治——实质法治国

形成于19世纪的德国“法治国”理论与英国的形式法治观有较大差异。“法治国”一词在德国最早出现于1813年。1829年前后，被德国学者莫尔最早赋予了学术范畴的性质，被引入学术研究。③ 所谓“法治国”即“通过法律的治理”，它包含形式意义法治国和实质意义法治国两种。前者是基于形式主义法治理念建立的国家，主要强调法作为国家统治的手段和方式；后者是在形式主义法治国的

---

① 参见冷雪：《法治初探——中西法治概念之比较》，载《北京青年政治学院学报》2013年第2期。

② 拉兹著，朱峰译：《法律的权威——关于法律与道德论文集》，牛津大学出版社1979年版，第212页。

③ 刘争志、林恩伟：《德国法治国概念源流考略及新探》，载《上海政法学院学报》(法治论丛)2010年第6期。

基础上再加以价值判断。①

德国的"法治国"理论经历了由形式意义到实质意义转变的过程。康德在其1797年所撰写的《法律学》中认为，"国家是一群人在法律下的结合体"，法律应该成为界定人民权利的工具。康德的观点可以认为是形式意义法治国的代表。此外，德国行政法的鼻祖奥托·麦耶也认为法治国就是"国家将其与居于其下的人们之关系以法的方式来界定，国家确认法规范及人们之权利，并维持之，即使在行政领域中亦然"②。正是早期德国"法治国"理论对形式意义的强调导致了法律工具主义的盛行。

直至第二次世界大战，在经历了纳粹的暴虐统治之后，德国人开始认识到形式意义法治国的弊端。以拉德布鲁赫为代表，其在纳粹政权崩溃之次年发表了一篇极为著名的论文《法律上的不法与超法律的法》，对纳粹时代法律实证主义的滥用提出了严厉的批评，提出以追求正义作为重建德国法治国的标准，从此德国学术界开始对流行了一百余年的形式主义法治观加以改造，将形式的法治和实质的法治结合起来。正如著名公法权威萧勒教授所感："德国追求一百余年的形式意义法治国，只使法治国剩下一个合法性的空壳；法治国必须承认欧洲某些传统文化的价值，如承认人性尊严、法律保留、权力分立、独立审判等。"③萧勒教授的观点也被称为"包容的"法治国概念，代表了当代德国法治前进的方向和趋势。相比于形式意义法治国而言，实质法治国不仅要求国家权力受法律约束，而且还要求法律本身具有正当性，更加符合德国法治的发展。

3. 形式与实质的分离与契合

形式法治与实质法治的分离表现在形式法治注重法律的工具意

---

① 冷雪：《法治初探——中西法治概念之比较》，载《北京青年政治学院学报》2013年第2期。

② O. Mayer. Deutsches Verwaltungsrecht. Bd I, 1895, S. 65.

③ U. Scheuer. Die neuere Entwicklung des Rechtsstaates in Deutschland. in: Staatstheorie und Staatsrecht (Hrsg.). Listl und Rüfner, 1978, S. 207.

义，表现为法律对社会的统治，是一种规则之治。当这种法治观发展到极致即表现为“恶法亦法”的思想。而实质法治则注重法的价值追求，强调只有“良法之治”才是真正的法治。这种法治观念主张“恶法非法”的思想。正是这种分离导致了20世纪哈特和富勒那场著名的论战。在法律与道德的关系上，哈特认为法律与道德之间是分离的，两者之间没有必然关系；富勒则认为法律必须包含内在道德。① 法律的内在道德作为法制的形式原则，是否包含邪恶的道德内容正是形式法治与实质法治相分离的体现。

形式法治与实质法治的契合突出表现在两个方面：一方面，实质法治决定了形式法治的内容与运行，在法律规则的制定、实施过程中都必须以法律的价值追求为出发点。另一方面，形式法治制约实质法治的实现，没有形式法治的逐步完善，实质法治的存在就缺乏基础。②

形式法治与实质法治是法治理论中的两极思维模式，将两者绝对区分或者混同都是不正确的。事实上，西方法治的发展过程也正是经历了由无法治到形式法治再到实质法治最后实现形式与实质相结合的法治时代。

（四）法治内涵的新发展——20世纪之后

20世纪初西方社会进入帝国主义阶段，各种社会矛盾加剧，旧的利益结构被打破，新的利益结构开始形成，有关劳资、福利、教育、经济等社会立法相继出现，法的社会化成为时代潮流。③ 在此背景下，法学流派的发展呈现出两种局面，其一是既有流派研究的方向和领域有较大的变化，如实证主义法学派、自然法学派均结合新世纪背景而有所折中；其二是新的法学流派不断涌现。如以社会学观点和方法来研究法律，强调法的社会作用以及社会因素对法

① 谌洪果：《天人交战的审判：哈特与富勒之争的再解读》，载《法律方法与法律思维》2007年第4辑。

② 武林：《形式法治与实质法治及其关系研究》，辽宁师范大学硕士学位论文，2012年。

③ 于熙：《论20世纪的西方法治观念》，首都师范大学硕士学位论文，2003年。

律影响的社会法学派；以存在主义哲学为理论基础，并带有新康德主义法学、自然法学和实证法学观点来研究法学的存在主义法学；以经济学理论和方法来分析、评价法律制度，旨在实现最大经济效益的目标和法律制度改革的经济分析法学派等法学流派接连出现。

鉴于法学家在西方法治社会中的重要地位，其主导的法学流派观点的变革势必引领整个社会法治观念的变化。20世纪之后，法治的发展更加注重法的价值冲突的协调与整合，即如何处理法治与民主、宪政、公平正义以及自由等的关系。

1. 法治与民主

在20世纪的西方法学家眼中，法治与民主是不可分的，民主政治的核心便是法治，民主需要法治的保障，法治需要民主的前提。《布莱克维尔政治学百科全书》在对民主进行定义时认为："民主是古老的政治用词，意指民治的政府，源于古希腊语demos（民众的统治）。在现代用语中，它可以指人民政府或人民主权，代议制政府及直接参与政府，甚至可以指共和制或立宪制政府，即法治政府。"①基于此，法治和民主甚至被认为具有相同的内涵。

英国法学家约瑟夫·拉兹认为法治并非为民主制度所特有，它不应与民主、正义、人权等相混淆，这是法治与民主的关系基点。他认为："法治是一个政治理想，一个法律制度或者缺乏、或者多多少少地拥有这一理想。此乃共识。同时，法治并非为民主制度所特有。可以这样认为，法治只是一个法律制度可能拥有以及据以评判该制度的优点之一。它不应与民主、正义、平等（法律或其他事物面前的）、种种人权，或者对人或人格的尊重相混淆。"②但法治与民主之间究竟是何种关系，拉兹在《法律的权威》一书中并未作出具体阐述。直至1990年，拉兹在其发表的《法治的政治学》一文中才承认，法治之实行必须以民主政治为前提。

① 张贤明、张喜红：《试论法治与民主的基本关系》，载《吉林大学社会科学学报》2002年第5期。

② 拉兹著，朱峰译：《法律的权威——法律与道德论文集》，法律出版社2005年版，第211页。

英国著名的经济学、政治哲学家哈耶克认为民主容易被少数利益集团所控制，因此它必须被法律限制在一定的范围内，即民主也必须是合法的民主。他历数了“20 世纪民主政体的四大罪状”：第一，民主机构拥有无限的权力；第二，民主政府除了拥有无限的权力以外，还会不正当地行使这种权力，而且这也是一种必然的结果；第三，如果民主政府不受制于法律，那么它就必定是一个会受制于特殊利益支配的弱政府；第四，20 世纪民主政体的政策是由各种少数利益集团支配的，所以它一点都不民主。① 因此，在哈耶克看来，民主虽然象征着绝大部分权利主体行使其合法权利，但它依然离不开法治的保障。

我们不难发现，20 世纪的西方法学家对法治与民主的关系已经有了较为清醒的认识。民主是法治的基础，法治是民主的保障。这一观点在今天依然对我国的法治建设具有十分积极的意义。

2. 法治与宪政

民主需要法治的限制，关键在于如何界定公权力的范围，而这又引申出另一问题，即有限政府及其制度保障——法治与宪政。

哈耶克指出：“毋庸置疑，那些主张代议政府和自由宪政的伟大理论家在要求权力分立的时候所说的法律，实际上就是我们称之为的那种内部规则。但是，他们却通过把制定另一种意义上的法律的任务(亦即制定那些决定着政府结构和运作的组织规则的任务)也委托给了同一个代议机构的方式而糟蹋了他们自己设定的那项目标。”②换言之，他认为民主政府的权力本身也必须受到限制，实施宪政的民主政府虽然代表多数人意志，但也可能形成多数人的扭曲暴力，从而对宪政的初衷进行冲击。宪政建立在承认并确保个人基本权利的前提下，若因民主政府假借多数人意愿的名义而使得个体合法权利得不到有效保障，那么此种宪政势必名存实亡。此外，凯

① 参见霍伊编，刘锋译：《自由主义政治哲学》，三联书店 1992 年版，第 157~175 页。

② 哈耶克著，邓正来译：《自由秩序原理》(上)，三联书店 1997 年版，第 352~353 页。

尔森也认为如果不对立法者的权力加以限制，也就不可能存在“所谓的基本自由”。

可见，民主、法治、宪政自近代资产阶级革命后就开始互为基础，互相依靠，三者有着共同的价值追求和共同的哲学基础，甚至发展到你中有我，我中有你的局面。① 法治随着时代的发展，以及社会的民主进步，成为一个内涵极其丰富的概念，它既是一种价值取向和意识形态，也是一个集民主、自由、平等、人权、理性、文明、秩序、效益之大成的综合体，它们互为条件，相辅相成。在一定程度上，可以认为法治是实现宪政的重要条件和基础。

3. 法治与正义

在法哲学发展的历史上，关于正义的理解与看法经历了一个观点多元的发展历程。正义具有一张变幻不定的“普洛透斯之脸”，在不同的历史时期具有不同的表象。早在古希腊时期，亚里士多德认为正义是一种基于平等的中庸，即对于应该平等的方面给人们平等的待遇，在不应该平等的方面则对人们予以区别对待。② 中世纪时期，托马斯·阿奎那认为正义是“一种习惯，依据这种习惯，一个人根据一种永恒不变的意志使每个人获得其应得的东西”③。至20世纪，各法学流派不断涌现，而缘于其政治主张的不同又存在不同的正义观。

罗尔斯的正义论是一种社会正义论。在他的《正义论》中，他认为有制度正义和个人正义。而正义有四个准则：(1)法律的可行性；(2)类似案件，类似处理；(3)法无明文规定不为罪；(4)规定自然正义观的律令，即用以保护司法秩序完整性的方针。在法治与正义之间的关系方面，罗尔斯把法治看作是实施社会正义的前

① 于熙：《论20世纪的西方法治观念》，首都师范大学硕士学位论文，2003年。

② 李龙：《法理学》，武汉大学出版社2011年版，第454页。

③ 博登海默著，邓正来译：《法理学：法律哲学与法律方法》，中国政法大学出版社1999年版，第31页。

提，这些正义律，也就是通常所说的法治的基本原则。① 在此之外，罗尔斯还提出了形式正义的概念。他在《正义论》中指出：“形式正义的概念，也即公共规则的正规和公正的执行，在适用于法律制度时就成为法治。”在他看来，实质正义是指制度本身的正义，而形式正义即是对法律和制度的公正和一贯的执行，而不管它们的实质原则是什么。

哈耶克的正义观是一种与社会正义观相对立的观念。他认为社会正义是人们不成熟的思想发展和原始情感复归的结果。在他看来，社会是一个过程，在自发秩序中谈论社会正义是无意义的。因为这种正义观包含有害的平等思想，尤其是物质平等。人为促进平等反而会造成更大的不平等，因为须以不同方式对待每个人。②

规范法学派的代表人物凯尔森则认为有必要对正义和法律进行概念上的区分，但这两对概念又常常被混淆在一起。一方面，正义可被理解为“合法性”，在此基础上可纳入法律科学的范围；另一方面，正义又可被不同的人定义为不同趋向的概念，且每个人都认为自己的正义观念说是唯一正确的。但毋庸置疑的是，法治是确保正义的有效手段，它既为正义提供了一个客观判断的标准，也为正义的实现提供了相对客观的平台。“‘正义’的意思是指认真地适用以维护实在法律秩序。它是‘在法律下’的正义。”③

总的来看，凯尔森的观点较好地界定了法治与正义之间的关系，法治与正义之间存在着天然的内在联系，法治是确保正义的有效手段。而这里所指的正义不仅包括罗尔斯笔下的形式正义，也包括实质正义。

4. 法治与自由

20 世纪后的主流观念一致认为法律的目的不是限制或否决自

① 于熙：《论 20 世纪的西方法治观念》，首都师范大学硕士学位论文，2003 年。

② 张晓永、李晓锋：《西方法治传统初探——试论西方近现代的法治理论及其思想渊源》，载《河北法学》2001 年第 3 期。

③ 凯尔森著，沈宗灵译：《法与国家的一般理论》，中国大百科全书出版社 1996 年版，第 14 页。

由，而是扩充和保障自由，法律所营造的法治环境将最大限度地赋予自由充分行使的空间，同时也将试图破坏自由的行为及时控制。

新自由主义的代表人物哈耶克认为一个自由人是不受他人的专断或肆意的意志所支配的人。只有在存在着确定性的法律社会中，人们才可以避免遭受别人肆意意志的操控。① 在他看来，法治不仅是自由的保障，而且也是自由在法律上的体现。法治的含义不仅包括各项事务依照法律的规定开展，也包含将保护个人自由作为法治的目标。正如马克思所说：“在自由王国的社会里，每个人自由而全面的发展是一切人自由发展的条件。”②只有个人自由得到保障，才能真正实现法治下自由。

早在18世纪，启蒙运动的代表人物卢梭就曾指出：“人生而自由，但却无往不在枷锁之中。”所以我们需要一个社会契约，在契约中每个人都放弃天然自由，而获取契约自由。至20世纪罗尔斯在其著名的《正义论》中，详尽阐述了自由优先、偏爱平等、照顾社会最小受惠者的原则。国家设置的初衷便是公民希望能有一个相对稳定可靠的公共机构来保障他们的自由，因此他们在牺牲一部分权益的前提下达成了一个公共契约。作为国家管理制度的法律，自然应秉承这一特性，将保护公民自由作为奋斗目标之一。自由、人权、平等均只有在法律的保障下才能有效实现，而享受自由的公民遵照既定制度所营造的秩序按部就班便是法治。

在20世纪，西方法学家们对法治与自由的认识已经相当清晰。自由是法治的核心价值。自由与法治的关系包含两个方面的内容，自由基础上的法治与法治保障下的自由。

第三节 中西“法治”的相融

《牛津法律大词典》是如此对“法治”进行定义的，称其为“未被

① 孙曙生：《法律下的自由——哈耶克的“法治与自由”思想研究》，重庆大学硕士学位论文，2004年。

② 中共中央马克思恩格斯列宁斯大林著作编译局编译：《马克思恩格斯选集》（第一卷），人民出版社1995年版，第273页。

定义也不能随便就定义的概念”。这一解释无疑是对“法治”最好的解释，因为其作为一个文化术语，在不同的文化背景和语境下具有截然不同的内涵，如“在立宪主义语境中，‘法治’是指依照法律治理国家，而在中国文化中的‘法治’，则是指国家依照法律统治人民”①，无论从哪一层面进行单独解读都难免有失偏颇，故无法对其进行精准定义也不能随便定义。

诚然，中西方文化的差异决定其语境中的“法治”存在本质区别，但随着近现代以来中西方文化的摩擦与融合，“法治”本身也迎来了突破文化背景限制的契机，愈发趋向于形成一种全球共识，即中西方对“法治”的理解呈现出越来越趋同的态势。一方面，中国的学者从学术角度不断引入西方学者的法治要义，如亚里士多德关于“法治国”的论断、戴雪的法治三原则、拉兹的法治八原则以及洛克、哈林顿、卢梭、孟德斯鸠等时代巨擘的法治理论；另一方面，中国的政治人士从政治角度对西方的政治体制及其管理模式不断探讨，试图从西方模式中寻找到适合解决中国问题的最佳途径，如宪政等。由此，无论是思想层面抑或政治体制层面，西方的“法治”已然逐步进入中国，成为近现代以来最为流行的“舶来品”之一。

但值得一提的是，无论中西方“法治”在文化上产生多大化学反应的相融，中西方法治始终是同名不同质的。西方法治要求“确立那种看似人定的法律却高于我们人本身的意志、情感与需要的思想观念”②，中国法治却强调“国之所以治者三：一曰法，二曰信，三曰权。法者，君臣之所共操也；信者，君臣之所共立也；权者，君之所独制也，人主失守则危”③，即人治工具论，二者在价值定位上有着根本性的区别。一言以蔽之，就法治文化的主要基础而言，中国人从认知模式、哲学思维开始，到法制定、法实施为止，

① 陈晓枫：《中国宪法文化研究》，武汉大学出版社 2014 年版，第 320 页。

② 林来梵：《文人法学》，清华大学出版社 2013 年版，第 36 页。

③ 《商君书 · 修权》。

都很难仿习到西方式的法治文化，也难以建成立宪主义所设计的法治。

一、中西“法治”相融的契机

中西方法律文化在过去数千年间分别在各自的文化圈里酝酿、产生、发展，从而呈现出全然不同的特点，且均未发生实质性的碰撞，但为何在近现代却突然开始了全面的接触呢？这其中有着特定的历史背景，为中西方“法治”的相融提供了契机，从此代表两种取向的法律文化展开了全面的碰撞与融合，一发而不可收拾。

第一，清代中国陷入前所未有的民族危机，被迫对外开放。从表面上来看，中国的茶叶、丝织品、瓷器等低级产品价廉物美，在西方社会占据了相当大的一部分市场，而西方的工业产品如机器、汽车等却由于清政府统治者的拒不接纳而始终无法获得中国市场的认可，因此中国在中西方贸易中尚占据着优势地位，西方对中国存在巨大的贸易逆差。但从深层次看，却暗含极大的政治风险，毕竟随着西方国家经济、军事实力的不断壮大，断然不会允许这种现象的存在，必然会在无法友好协商解决的情况下采取暴力手段来寻求局面突破。果不其然，英国率先通过鸦片战争打开了中国大门，广州、厦门、福州、宁波和上海五个口岸被迫开放通商。随后，美国、法国、德国、意大利等西方列强纷纷涌入中国市场，划分势力范围，要求中国进一步对外开放。在此背景下，中国被迫对外开放，这就势必给西方法律文化提供了进入的契机，如西方的审判模式、法律文本等均得以出现在中国境内。

第二，经济的全球化带动了文化的传播。随着科学技术的进步，全球联系愈发紧密，各国市场开始相互衔接而形成一个世界性的市场，国家与国家之间、地区与地区之间的经济交流渐趋频繁。经济交流可谓是一种极其复杂的综合体，它不仅促使新型产品或特有产品的交换，从而改变某一市场内的流通内容，更能带动不同主体间的规则、文化、思维、价值理念等多重领域的交流。不同文化背景下，人的思维方式、致思途径、价值理念、规则意识等均存在较大差异，比如西方法律文化中更倾向于搜集各项证据以确定最终的结论，中国则往往是先确定结论再进行论证，但这些差异通通随着经济交流而得以传播，进而在交易习惯上集中碰撞。尚且勿论交易结果的成与否，在碰撞的过程中势必导致一方对另一方的妥协，而妥协则意味着某种来自不同文化的价值得以沉淀，最终伴随着时间的迁移而对受众产生潜移默化的影响。因此，经济的全球化以及各国之间经济交流的加强为文化的传播提供了最为直接的载体。

第三，西方侵略势力的强大使得知识分子开始从外部寻找全新的发展道路。中西方“法治”的相融还得益于中国知识分子对西方法治文化的学习与借鉴。若说国门被打开之前，中国的知识分子还沉浸在“天朝上国”的美梦中，那么鸦片战争中西方国家的船坚炮利以及其背后所代表的强大国家机器则使得知识分子美梦破碎。他们开始将目光转向西方，寻求救亡图存之路，希望从中找出西方国家崛起的原因，进而将其用来拯救风雨飘摇中的中国。然而，其认知过程并非一帆风顺，其着眼点最开始落在了西方先进的科学技术而非政治经济体制，所谓的“师夷长技以制夷”，因此在改革的道路上遭遇了严重挫折。当他们最终意识到中国的问题在于中国本身政治体制时，他们开始研究西方的政治，这其中就包括法治模式。由此，大量的西方法治思想和法学著作被传入国内，与中国本土的法律文化产生激烈的碰撞，如一元权力观与多元权力观的对抗、绝对集权与分权制衡的对抗等。

总而言之，中西“法治”的相融绝非偶然事件，而是特定历史条件下的必然事件，有着特定的政治、经济、文化基础。

二、中西“法治”相融的过程

中西方“法治”既然迎来了相融的契机，双方自然不会轻易错过交流的机会，毕竟都想从中获得相应的利益，西方国家想借文化输出控制中国的意识形态，使其在中国的利益获得更高程度的保障，中国则试图借鉴西方的法制模式以改革自身的政治体制缺陷，从而“师夷以制夷”。在此基础上，中西方在法治问题上达成了某种程度上的默契，西方法治文化开始伴随着殖民侵略鱼跃而入。然而，中国本身便拥有着历史悠久的法律文化积淀，并形成了中国所固有的"法治"观，因此西方"法治"观不可能在短时间内打破中国原有的本土文化观的思想封锁，其需要一个过程来适应不同的社会文化基础，进而逐步渗入中国的法治文化。至于西方法治文化传入所面临的结果，无疑是两个，或是取得广泛认可而取代原有的本土法治观，或是被本土法治文化所吸收重构而成为其新的构成部分。很显然，结果是后者，西方法治文化在传入近代中国的过程中，被中国固有的"法治"观所整合，形成了具有中国特色的法治文化。比如说，"权利"观，何为宪政意义上的"权利"？它是"指法律规范所规定的法律关系主体可以为一定行为或不为一定行为，或者要求他人为一定行为或不为一定行为的权能"①。若用此定义去考察中国传统社会，发现也存在着类似的规定，只是并不是使用权利概念去表述的。古代社会的德、礼规范体系，通过确定名分，建立身份等级关系，并规定不同等级的人享有相应的政治及经济利益，那么，基于血缘亲疏、贵贱、尊卑而构建的行为体系就是权利义务的混同体，而且这种权利义务往往依附于相对人的身份，靠身份关系去判别。比如说服饰，下卿服上卿服是严重的僭越行为，下卿不得服上卿服，只能服与自己身份对应的服饰，这是义务，而对下卿的下卿，可以服自己的服饰就表现的仅是权利。比如说《周礼》，是以天、地、春、夏、秋、冬官的执掌为内容的，主要是其职责上的规定及要求，某个职责表现为权利，也是义务。诸如《仪礼》中，少牢馈食礼，对服饰、举止、言语等细密的规定，就是权利义务的混合体。对于政治性权利，局限在君、民关系上，是将民视为统治对象，是从其对君权影响的程度来考察的，讲的是君以仁德治天下，而君与民的关系，是水与舟的关系，水能载舟，亦能覆舟，权利依赖于君王的恩赐，民权依附于君权的行使，而君权的行使标准则是"覆舟"界限，也就是说，只要政权未覆灭，君王权力就是正当、合法的，因此，君主集权，民众无权，民众权利依靠君主根据权力行使界线的判断来调整。由此可见，古代所谓的权利表现为两大特征：一是德、礼行为规则体系形成的权利、义务混同特征；二

① 李龙：《宪法基本理论》，武汉大学出版社1999年版，第155页。

是权利的依附性，权利的识别及行使，需要以权力为判别标准和尺度，既没有形成宪政意义上的宪政概念，更未形成近代权力观。

“文化作为有机体，不仅表现在它自己内部各因素之间是和谐的，整合的；而且要求外来因素融进这个有机体，从属于自己的主导观念。或者说，它正是依据自己的主导观念选择外来文化因素，吸收某一些，排斥另一些，改造其他一些，以期维系自己的生存。”①权利概念正是经历了这样一个文化整合过程。在启蒙思想广泛传播，国民认同宪政之际，通过汲取西方宪政中的权利概念，加进了新质的成分而使传统的权利概念有了全新的意义，同时，因权利概念的语境及前见作用，它仍顽强地保留了传统文化的特质，从总体上仍保持了与传统文化的和谐性。其原因正如法国结构主义者列维·斯特劳斯所言，文化差异的原因在于，一个社会的历史条件和环境影响着该社会成员的精神结构，影响着他们观察、组织和理解现实的方式。

在政治哲学意义上，西方权利有三种含义：第一，描述一种制度安排，其中利益得到法律的保护，选择受到法律效力的保障，商品和机遇在有保障的基础上提供给个人。第二，表达一种正当合理要求，即上述制度安排应该建立并得到维护和尊重。第三，表现这个要求的一种特定的正当理由，即一种基本的道德原则，该原则赋予诸如平等、自由或道德力等某些基本的个人价值及重要意义。②第一种权利，是制度保障的重要内容；第二种、第三种权利是道德权利，也称天赋权利。学者们虽然对几种权利限定的内容和理论基础有较大的争议，但均认为权利突出地代表了个人主义价值，肯定了权利的基础地位，视其为道德思维和道德能动性的必要前提，或者认为权利源于上帝法和自然法，表明了公民在国家政治、经济领域的平等法律地位。可见西方宪政意义上的权利包含了政治权利和经济权利两个方面，这种权利不是依附世俗而生的，它是区分善恶

---

① 王人博：《宪政文化与近代中国》，法律出版社 1997 年版，第 44 页。

② 参见戴维·米勒、韦农·波格丹诺著，邓正来等译：《布莱克维尔政治百科全书》，中国政法大学出版社 1992 年版，第 661 页。

的永恒不变的自然法衍生的，是宪法的高级背景。① 宪政权利并不依附于其他世俗权威，是不可剥夺的。

至近代，美国传教士丁韪良翻译《万国公法》时，用中国传统"权利"概念，对译西方近代意义的"权利"，使中西方"权利"有了对话平台，同时，又促进了中国本土权利观念的整合及更新。随后，近代思想家在探求中国的宪政之路时，都不可避免地受到了"权利"的对译影响，逐渐整合了权利观念。

近代洋务运动理论和实践家薛福成没有囿于西方"船坚炮利"的技、器之见，认为"西国所以坐致富强者，全在养民、教民上用功"②，充分认识到民众的作用。对于民权，他说："中国唐虞以前，皆民主也，观于舜之所居，一年成聚，二年成邑，三年成都，故曰都君。是则匹夫有德者，民皆可戴之为君，则为诸侯；诸侯之有大德者，则诸侯咸尊之为天子，此皆今之民主规模也。"③又指出："民主之国，其用人行政，可以集思广益，曲承舆情。为君者不能以一人肆于民上而纵其无等之欲。即其将相诸大臣，亦皆今日之官，明日即可为民，不敢有恃势凌人之意。"此合于孟子民为贵之说："政之所以公而溥也。"④薛福成没有谈及权利概念，却谈到了具体宪政权利，但他理解的权利，正是传统君、民关系的权利观，只是希望扩大民权，改革官制而已。

郑观应将"民"理解为社会的一个控制要素，认为君主应当遵从民意。他说："民以为不便者不必行，民以为不可者不可强。"⑤

---

① 参见爱德华·S. 考文著，强世功译：《美国宪法的高级背景》，三联书店 1996 年版，第 14 页。

② 丁凤麟、王欣之编：《薛福成选集》，上海人民出版社 1987 年版，第 627 页。

③ 钟叔河主编：《出使英法义比四国日记》，岳麓书社 1985 年版，第 538 页。

④ 钟叔河主编：《出使英法义比四国日记》，岳麓书社 1985 年版，第 536 页。

⑤ 夏东元编：《郑观应集》上册，上海人民出版社 1982 年版，第 312 页。

早期维新思想的代表人物何启、胡礼恒指出，“苟无民，何有国？苟无国，何有君？苟无议院，何有朝庭？是故庶民者，国君之所先也”①，将君、民置于同一逻辑结构中进行评价。康有为深受天赋人权观的影响，将民权理解为人人皆有的自主之权，认为中国传统君主威权无限，大背几何公理，是不人道的。他说“天地生人，本来平等”，声称“今此法权归于人道矣”。② 认为君王权威违背几何定理，但仍然将君权与民权置于同一平台分析，从权威分配的合理性来认识权利。

梁启超更是将传统文化与西方宪政思想比较，来理解宪政意义上的权利，他说：“中国先哲言仁政，泰西近儒言自由，此两者其形质同而精神迥异。”因中国传统“仁政必言保民，必言牧民，牧之保之云者，其权无限也”，而宪政权利则是“贵自由定权限者”，“政府与人民立于平等之地位，相约而定界也，非谓政府予民以权也”。此话可谓一言中的，将中国传统的权利观与近代宪政意义上权利的最大差别表达出来了。他还说：“国者何？积民而成也。国政者何？民自治其事也。爱国者何？民自爱其身也。故民权兴则国权立，民权灭则国权亡。”③随着梁启超思想的转变，认为国家建立全依赖于领导集团和其权威，“与其共和，不如君主立宪，与其君主立宪，不如开明专制”④这种转变，与其对权利认识的深入有关，认识到传统权利意识的根深蒂固。他说“第一是牧民与保民思想在今日之不合时宜，第二是纳国家与人民为一体”，致使“治人者有权，而治于人者无权”⑤，因此，中国人只有部民而无国民资格，

① 《新政真诠·正权篇辩》。

② 转引自杨义银：《试论康有为的君主立宪思想及实施策略》，载《江西社会科学》1994 年第 8 期。

③ 转引自蒋广学、曾沂：《论梁启超的政治与罚哲学思想》，载《南京大学法律评论》1966 年秋季版。

④ 转引自王人博：《宪政文化与近代中国》，法律出版社 1997 年版，第 164 页。

⑤ 转引自吴春梅、方之光：《戊戌变法失败后梁启超政治思想的演变》，载《江苏社会科学》1994 年第 2 期。

在这种情况下，只有开明专制才能逐渐发展人民的权利。这说明梁启超认识到那种认为权利是君主所赐的传统权利意识存在缺失，与宪政权利有巨大差异。

孙中山认为政权就是人民管理政治，治权就是集合管理众人大事。而且鉴于历史现状，中国必须经过军政、训政以后，才能实施宪政。究其背景，也是基于传统中国缺乏权利意识，民众不能正确行使权利的结果。孙中山先生肯定了人民有权，但对权利的合法性，受传统权利依附的惯性影响，也只能借助于人的分类来说明，所谓人分圣贤、才智、平庸、愚劣，有先知先觉、后知后觉、不知不觉之人，这样，政治精英就是先知先觉的人，而其他类别人的权利显然有赖于此，这反映出传统权利中，君、民对应的权利认识模式。

近代思想家们使用权利概念的共同特征，都是在承接传统概念的基础上，逐渐吸收了西方权利概念的相关要素，形成了近代权利观念。其整合结果是：视权利为正当的诉求，并认识到民权是国家政治生活中的重要内容，遗弃了传统权利的贬义成分，吸收了西方权利观的正当性因素，视权利为一个褒义或中性的词；传统权利中威势、权势的含义被自由、平等所代替，利益和便宜从原始含义的物质财富转变成现实可能性；然而，基于中国传统的权利观认为权利是君、民的对应物，是依附于君权仁政的，并没有离开君、民的权利模式。这种对应关系，蕴涵的是民权源于君王，权力归诸于一元。权利意识中仍然保留了传统权利概念的特质，与中国政治文化中的一元化权利传统，保持了整体上的和谐。

从以上的分析可知，中国近代的宪政思潮中，对宪政权利的认识，并未摆脱中国传统“权利”的语境，没有形成宪政意义的权利观，表现为：其一，公民权利没有理论支撑，权利是世俗化的，是与君权伴生的，依附于君权，源生于君权。君王控制社会又是恩威并施，刑、德二柄，致使社会成员权利不平等，没有近代宪政意义上的权利神圣性，与以天赋人权学说为理论支撑的权利有很大差异。其二，认为权利的来源是君、民关系的合理协调，是仁政的结果，而且权利限度是模糊的，其依赖于君权行仁政的尺度判断。其三，权利观未能摆脱传统语境。因传统权利义务的混同性特点，权利的明确需由权力来判别，将宪法或法律作为判别工具，继承了法律工具主义的文化特征，权利仍保持了与原文化体系的和谐性，并没有形成宪政意义上的权利观念。

源于此，中国近代宪政思潮中，一是将宪法权利的行使机构——议会，理解为通君、民之情的场所，作用是下情上达，而非民众行使权利的机关。二是由于对权利的依附性认识，近代当权者的宪政设计中，在“个人无自由，唯团体才自由”的社会本位思想指导下，对权利采取法律限制主义，即使规定了民众权利，也附加前置条件，认为权利是依法授予的。三是由于认为权利本身含有权威之义，与权力是对立的，权利的扩大，就意味着对权力的侵夺，因此，权力享有者往往通过宪法来设立和限定权利，视法律为工具。四是权利义务混同的传统特征，在制度设计上将权利虚置，从制度文本上规定了诸多权利，但缺乏刚性保障及救济手段的规定，或者规定权利由一定机关代为行使，呈现出一元化权力的文化特点。

从权利观的文化整合可见，当我们认识到中国传统文化需要新质来振兴的时候，中国文化以它的开放性，对外来的文化采取了欣然接受的态度。同时，中国文化又以它的同化性，在不同文化质的方面进行了文化整合。在文化整合的过程中，顽强保留了自己文化的核心元素，对外来文化进行了较充分的重构，即保持了原有文化的主要式样，又吸收了外来文化的一些新质，使中国文化保持了既有的活力和张力。在西方法治文明舶来之时，中国在自有的法治文明的基础上，对西方法治文明进行了审视，结果是将中国近代积弱积贫的原因，统归于传统法治文化。

（一）开端：西方法治文化的东渐

清中叶以后，随着东西方交流的日益频繁，极少数封建知识分子开始将目光投向西方，这批知识分子以林则徐为代表，最早将西方法学观引入国内。自此，包括法律面前人人平等、民主集中制、共和政体、选举制度、三权分立等法治观念开始涌入中国文化圈，影响了中国人传统的法律思维。

1839年，林则徐奉旨前往广东禁烟，为确保禁烟活动的顺利进行以及避免国际纠纷，他特地派人翻译了瑞士著名国际法学家瓦特尔的《国际法》部分章节，其中内容便包括西方法治观念与主权观念。随后，受林则徐所托，魏源于1842年完成了《海国图志》的编著工作，其中心思想是“师夷长技以制夷”，在介绍了世界各国的地理位置和风土人情的同时，从经济扩展到政治，对资本主义民主政体进行了详细的描述，如英国“国中有大事，王及官、民俱至巴厘满衙门，公议乃行”、“凡新改条例，新设职官，增减税饷，及行相币皆王颁巴厘满，转行甘文好司，而分布之”。① 此外，梁廷的《合省国说》与徐继畬的《瀛寰志略》也对西方的民主制度和法治观念进行了介绍。

随着民族危机的加深，洋务运动开始兴起，以郑观应、王韬等人为首的“口岸学派”在前人的基础上进一步介绍了西方的法治。作为一名商人，郑观应凭借长期与西方经济往来的优势，深入了解了西方国家的各项制度，其著作《救时揭要》、《易言》、《盛世危言》均对西方政治法律制度及思想进行了详尽介绍，并建议当局者实施政治体制的改革，实行君主立宪制，认为“欲攘外，亟自强，欲自强，必先致富；欲振工商，必先讲求学校，速立宪法，尊重道德，改良政治”②。王韬因常年居住于香港，并于1867年到1870年游历英国和法国，其多有接触西方社会各个方面，对西方的法治文化也有较深入的了解。1874年，王韬创办《循环日报》，并在该报上累计发表了八百余篇政论，主张变法并兴办实业，这其中就包括著名的《变法自强上》、《变法自强中》、《变法自强下》三篇政论，进一步宣传了西方的法治文化。此外，冯桂芬、黄遵宪等人也在其著作中对西方法治进行了介绍，并积极主张引进西方先进的制度。

洋务运动失败以后，日益严峻的局势与清政府的毫无作为使得国内知识分子深刻认识到国家落后挨打的最根本原因不在于技术，

① 魏源：《海国图志》“英吉利国总记”。

② 郑观应：《盛世危言》。

而在于体制，因此纷纷主张学习西方制度，对政治体制进行改革。以康有为、梁启超为首的资产阶级改良派主张变法以建立君主立宪政体，在这个过程中不断引入西方的法治观念。如康有为在《请定立宪开国会折》强调：“盖自三权鼎立之说出，以国会立法，以法官司法，以政府行政，而人主总之，立定宪法，同受治焉。”①梁启超认为法律至上，其在《论立法权》中陈述道：“荀卿有治人无治法一言，误尽天下，遂使吾中华数千年，国为无法之国，民为无法之民。”且在《中国法理学发达史论》中进一步申明：“法治主义，为今日救时唯一之主义。”②而以孙中山、陈天华、邹容等人为代表的资产阶级革命派，虽在保留帝制的问题上与改良派不一致，但同样也对西方的法治推崇备至。如孙中山早已酝酿五权宪法，其在《五权宪法》中阐述：“何谓民权？即近来瑞士国所行之制：民有选举官吏之权，民有罢免官吏之权，民有创制法案之权，民有复决法案之权。此之谓四大民权也。必具此四大民权，方得谓纯粹之民国也。”邹容则在《革命军》中大力宣传了西方资产阶级革命时期所提出的“天赋人权”、“自由”、“平等”等思想，强调“吾幸夫吾同胞之得闻文明之政体、文明之革命也；吾幸夫吾同胞之得卢梭《民约论》、孟德斯鸠《万法精理》、弥勒约翰《自由之理》、《法国革命史》、美国《独立檄文》等书译而读之也。”

西方法治文化的东渐成为中西方“法治”相融的开端，大量西方的法治理念开始在中国传播，成为知识分子救国途径的重要理论渊源之一。然而，这一阶段仅仅是西方法治的输入，且局限在知识分子等少数人的范围内，尚未对国民意识产生根本性的冲击。

（二）碰撞：清末法律改革和仿行立宪

西方法治文化通过知识分子传入国内后，其与中国传统法律文化截然不同的价值理念给国人焕然一新的感觉，诸多闻所未闻的制度、原则一次又一次地刷新了国人的价值观。随着西方法治文化在

① 汤志钧：《康有为政论集》上册，中华书局 1981 年版，第 338 页。

② 范忠信：《梁启超法学文集》，中国政法大学出版社 2000 年版，第 11 页。

中国的深入传播，越来越多的中国人开始接触并认识西方法治，原有的价值系统渐趋崩塌，他们试图改变现有的状态，向政府主张更多的个人权利与自由，并深信这是与生俱来且可以实现的。而作为既得利益者的统治阶级或深受传统法律文化影响的国人，他们并不接受这种不同文化背景下的价值理念，但又不得不顾及民意而作出一定的改变。因此，中西方“法治”开始摩擦碰撞，清政府实施法律改革并仿行立宪。

1901 年 1 月，清政府宣布实行“新政”，并于第二年颁布了修律变法的上谕，声明“现在通商交涉事宜繁多，著派沈家本、伍廷芳将一切现行律例按照交涉情形，参酌各国法律，悉心考订，妥为拟议，务期中外通行，有裨治理”，清末法律改革正式拉开了序幕。随后，以法律修订馆大臣沈家本和伍廷芳为首的改革派采取抄袭立法的方式，照搬外国诸多法律条文而创制了大量近代法律，如《大清新刑律》、《大清民律》、《大清商律草案》、《刑事诉讼律草案》、《民事诉讼律草案》等法典文本，还翻译了诸多西方法学著作。这些法律中融入了大量西方的且与中国传统相背离的法治观念，如西方主张三权分立，中国则推崇权力集中，以至于兼行政与司法权力于一身的地方官往往采取“类推比附援引”的方式判案。沈家本在制定新刑律时则试图改变这种情况，强调：“立宪之国，立法、司法、行政之权鼎峙，若许司法者以类似之文致人于罚，是司法而兼立法矣。”①此外，清政府还聘请了一批日本的法律专家，包括冈田朝太郎、小河滋次郎、志田钾太郎、松冈义正等人对法律改革以及西方法治观念的传播提供了诸多建议。

诚然，西方法治观念似乎在中国的法律制度体系上赢得了胜利，毕竟带有浓重西方色彩的法律条文已然存在，为了迅速改变中国落后挨打的局面，特别希望通过引进西方法治，一朝改变中国面貌。但是，文化是很难割裂的，引入了西方的法律文本，这并不代表西方法治的真谛已为中国人所知悉，相反，终光绪、宣统之世，

① 沈家本撰，邓经元、骈宇骞点校：《历代刑法考·明律目笺一》，中华书局 1985 年版，第 1820 页。

中国虽经轰轰烈烈的变法运动，但国人对“法治”的理解依然未能摆脱中国传统法治观的约束。首先，沈家本等人创制的法律由于缺乏社会基础，基本上成为一纸空文，其缺乏相应的社会土壤赋予其执行上的生命力。中国本身就不是一个单一规范体系的国家，除国家成文法律之外，尚有皇帝诏令、家族宗法规则、民间习惯法等多重规范体系的存在，沈家本试图通过单纯的法律条文来打破原有的体系平衡，无疑存在巨大的困难，其强调的基本原则和价值根本就不被最广泛的人群所认可。其次，虽然诸多知识分子对西方法治思想进行了大量介绍并出版了大量著作，但这并不代表其放下了意识深处的中国传统法律文化观，甚至于其对西方法治的解读本身就是从中国法治观所出发的。以戊戌变法中表现积极的梁启超为例，其解释了大量的西方法律术语和法学理论，但仍然无法剔除本土文化的影响。他在《新民说》中强调：“吾所谓新民者，必非如心醉西风者流，蔑弃吾数千年之道德、学术、风俗，以求伍于他人，亦非如墨守故纸者流，谓仅抱此数千年之道德、学术、风俗，遂足以立于天地也。”显然，中国传统法律文化也依旧占据着他深层次的意识，因此，他才会坚持保留皇帝这一一元权力核心，他才会在民权思想中认为权利受赐于皇帝且社会存在等级划分。而 1911 年宣统皇帝颁布的《宪法重大信条十九条》也说明了这一点。确切来说，“十九信条”是近代西方法治理念在中国法律文本上的第一次表达，它开始利用法律来限制皇权，明确“皇帝之权以宪法所规定者为限”、“皇帝继承顺序于宪法规定之”、“不得以命令代法律”。表面上，皇权受限于宪法且皇帝的命令不得任意干涉法律的适用，似乎法律至上的原则得以根本性确立，但实际上，所有的规定均是建立在“皇统万世不易，皇帝神圣不可侵犯”的基础上的，这才是最为根本的原则。换言之，“十九信条”只不过是皇权基于国内外形势而暂时妥协的产物，西方法治理念仍然处于装饰品的位置。

（三）重构与融合：民国时期形式化的法治文本

1912 年清帝退位，中华民国建立，中西方“法治”进入重构与融合阶段。一方面，西方法治文化越接近国人，就越需要改变自身的某些内容以与中国传统法治文化相契合，接受被重构的命运；另一方面，中国法治文化要吸收西方法治文化也必须对其加以整合，如此才能与国际走向保持一致。在这个过程中，法治不再仅仅是知识分子口中的救国利器，而渐渐成为社会生活中不可或缺的思维习惯，法治秩序悄然建立。而中西“法治”的重构与融合，集中体现在民国时期形式化的法治文本上。

1912 年 3 月 11 日，中华民国南京临时政府颁布的《中华民国临时约法》，是具有宪法性质的国家根本大法。从内容来看，作为中国第一部资产阶级宪法性文件，其体现出浓重的西方法治色彩，借鉴了三权分立、司法独立审判、保障人民权利等原则，也采用了选举制度、议会制度等制度模式。正如陈旭麓先生所言：“南京临时政府的成立以及《中华民国临时约法》的颁布，是‘揖美追欧’的结果。”中华民国南京临时政府依据该法进行组织，并适用于中华民国的统辖范围，这不同于清末仿效西方的法律仅仅停留在文字层面，而是切实予以实行。这也与孙中山本人对法治的推崇密切相关，他强调法治关乎国本，厉行法治方能切实推行民主政治①，基于此认识，在其就任临时大总统的短暂时间里颁布了一系列重要法令，试图利用法律制度来重新规范社会秩序，打破传统的习惯与风俗。然而，《中华民国临时约法》的制定本身主要是针对袁世凯的，因此参议会与国务院被赋予广泛的权力与责任，以此对总统进行多重限制。在此背景下，西方法治所主张的权力制衡并未良好贯彻，新政府的政权组织形式也介于总统制与责任内阁制之间。可见，新建立的资产阶级政府依旧未能跳出因人设法的工具主义，并没有以法治的方法解决可能面临的政治矛盾，而是寄希望于通过法律来限制即将就任临时大总统袁世凯的手脚。岂不知，首先这种设计是中国传统化的惯用手法，仍然体现出浓厚的法律工具主义色彩；其次，因人立法、废法，本是人治传统下的中国古代法治的主要表现，此次立法就是典型的因人进行法的废立；再次，本是秉承现代法治理念的革命者们，却以中国传统的法治方式，维护现代法治的

① 孙中山：《复蔡元培函》，见《孙中山全集》第 4 卷，中华书局 1985 年版，第 520 页。后引此书均同此版本。

设计，为后来的军阀们玩弄法律开了个恶劣的先例。究其原因，这是中国人在面对舶来的西方法治时，并未能充分理解和吸收现代法治观念，以及自觉不自觉地受传统法治文化的影响有关。当然，《中华民国临时约法》客观上起到了宣传西方法治、宪政的重要作用，使现代法治、宪政观念深入人心，成为最具社会号召力的口号。

袁世凯就任大总统后，因《临时约法》对总统的诸多限制而强烈不满，主张扩大总统权力，减少国会对行政的干涉。“盖约法上行政首长之职任不完，则事实上总揽政务之统一无望，故本大总统之愚，以为《临时约法》第四章关于大总统职权各规定，适用于临时大总统已觉有种种困难，若再适用于正式大总统，则其困难将益甚……本大总统一人一身之受束缚于约法，直不啻胥吾四万万同胞之身命财产之重，同受束缚于约法！”①因此，袁世凯迅速改立政治会议，制定了《袁记约法》，对总统权力进行扩张，但即便如此，也依然保留了人民的自由权利以及基本的法治体系。且之后袁氏的称帝遭到了全国人民的反对，这说明皇帝不再是国民心中不可或缺的存在，民主共和的观念开始为广大民众所接受，至少不再认可地位卑贱而绝对服从于皇统的传统。

袁氏倒台后，中国陷入军阀割据的局面，政局动荡且更迭频繁，这期间各方割据势力还是保持着法治文本上的表象，虽内心排斥法治，但又试图通过宪法来证明自身政权的合法性。如贿选总统曹锟也制定颁布了《中华民国宪法》，以此来确认自身的总统地位，即使该部宪法脱离社会实际，充满华丽辞藻和浪漫色彩。1928 年，东北易帜后，蒋介石在形式上统一了中国并于同年 9 月的国民党二届五中全会上宣称全国进入训政时期，随后颁布了《中华民国国民政府组织法》和训政时期约法。由此，南京国民政府开始了对全国的管辖，并着手建构法律体系，试图通过法律来规范整个社会，最终于 1936 年完成了“六法全书”。在这一过程中，“董康、王宠惠、

① 白蕉：《袁世凯和中华民国》，见荣孟源、章伯锋主编：《近代稗海》(三)，四川人民出版社 1985 年版，第 58 页。

戴修骏、王世杰等著名法学家，在构建‘六法全书’的实践中，将公开民主、罪刑法定、无罪推定、保障私权等确立为立法原则，为推进中国法治进程做出了重要贡献。顾维钧、王宠惠等人还以实际行动收回治外法权，捍卫中国司法主权的独立统一法律管辖，践行法治追求”①。可见，这一阶段，中西“法治”逐渐开始融合，国家权力开始受基本法的约束，社会关系开始由法律进行调整和规范，西方法治正式开始在中国生根发展并取得了突破性的进展。当然，由于国民党对政权的控制，在相当大的程度上形成了党政不分，以党干政的局面，国民党的政策、政令甚至凌驾于法律，成为与法律并行的社会规范体系，这实际上与中国传统社会中皇帝诏令相类似。

1947 年 1 月 1 日，南京国民政府颁布《中华民国宪法》，中国进入宪政时期。此时距西方法治文化进入中国已经近一个世纪，经过近一个世纪的社会实践，国人对法治的认识有了全新的变化，中西“法治”已经悄然实现了融合。从政权组织形式来看，传统的君主制已不再具有绝对优势，象征权力核心的皇帝被拉下神坛，任何试图复辟帝制的行为都受到全社会的强烈抵制，民主共和制成为国人的倾向选择。从人民权利与自由来看，国人的权利观巨变，从之前认为权利与自由来源于皇帝的赐予到天赋人权，积极主张在公法领域与私法领域的权利，如选举、言论自由、出版、私有财产不可侵犯等，也开始利用法律的武器来对抗其他人对自身的权利侵犯。从权力模式来看，一元集中权力模式有所改观，三权分立的影响初现，孙中山在兼顾中国传统模式与西方三权分立模式的基础上创立了五权分立，即立法权、行政权、司法权、考试权、监察权，分别由立法院、行政院、司法院、考试院、监察院负责。从社会规范体系来看，中国传统社会多重规范体系并行的局面有了较大改观，法律开始成为最主要的社会规范体系，这与西方法律至上的原则相契合。由此可见，中国法治观念的改变已是不争的事实，其吸收了诸多西方法治的内容并对其进行重构，从而实现价值理念与内容上的整合。

---

① 陈晓枫：《中国宪法文化研究》，武汉大学出版社 2014 年版，第 359~360 页。

但无论如何，中国法治的内核始终未曾改变，这是沉淀数千年的文化积累，不可能因受西方法治短时间的冲击而改弦更张，且中国所处的环境毕竟与西方不同，其法治必须从符合本国国情出发，保持自身的特色。“近代以来，虽然西方的立宪思潮和法治主义传入了中国，并且引起了法律文本和制度体系的变更，但中国社会只是在文本、词义意义上表现了所谓的依从法律的生活，实际上传统法律文化的惯性并未消解，中国传统法中的‘权制断于君’、‘令行禁止’这两个法治观中的核心内容，始终支配着中国人学习西学法治思想、仿袭西方法律制度的取向。由于文化的抵牾，中国还没有真正地移植进法治原则。所以，虽然建立了浪漫化的法律文本体系，法治的原则仍然还是个空中楼阁，还需等待新的法治文化的聚集与创新。”①

① 陈晓枫：《中国宪法文化研究》，武汉大学出版社 2014 年版，第 372 页。

第二章　法治类型

著名人类学家爱德华·泰勒认为："所谓文化或文明，乃是包括知识、信仰、艺术、道德、法律、习俗以及包括作为社会成员的个人而获得的其他任何能力、习惯在内的一种综合体。"①不同民族由于所处地域和环境等因素的不同，也会形成相互区别的文明式样，其文化也呈现出不同的特征趋向。而文化又涉及政治、经济、法律等多个方面，其中法律是文明的重要组成部分，它隐含在民族的宗教、政治、歌舞、文学等多种文化系统中，象征着该民族对法律现象的认识、对法律体系的接受以及对法律问题的思考及处理等。因此，文明式样衍生出法治式样，不同的文明式样总会有其相适应的法治类型。

第一节　历史上的文明式样

人们由于生存环境的差异造就了不同环境下人们生活、生产方式的各自特点。根据地缘性的特征，可以将历史上的文明式样划分为以农业生存为主要生产方式的农耕文明、以渔业和海洋贸易为主的海洋文明，以及以草原狩猎为主的游牧文明。

一、农耕型文明

以农业生产作为获取物质财富的农耕文明是人类所特有的生存方式。中国历代都将农业作为关乎国家生存的根本，农耕文明在中

① 爱德华·泰勒著，连树声译：《原始文化》，广西师范大学出版社2005年版，第1页。

华文明史上也一直处于主体地位。在世界范围内，中国传统的农耕文明发展也是最成熟和完善的。由于农业在中国传统生产方式中占主导地位，因此，中国古代一直重视农业的发展。在“重农抑商”的思想影响下，古代中国社会以农业生产为主要生存方式，商业、手工业作为财富积累的辅助形式，主要的生产工具为牛、马以及简单的机械工具。生产方式也主要以家庭为主，每个家庭作为独立的生产单位进行个体生产，家庭内部存在最基本的分工，最典型的为男耕女织。家庭生产所获得的财富除向国家缴纳各项税费以外，基本能够维持家庭生活所必需的物质资料，自给自足。农耕文明的居住形态以血缘为纽带聚族而居，通常一个村落居住一到两个同姓家族，村落内部形成最基础的管理机构，族长是村落的首领，由年长有威望的老人担任，负责召集宗族会议来处理村落内部有关生产、生活的重要事宜。自给自足的生活方式导致村落的生活相对闭塞，人们的联结纽带主要是血缘，在血缘纽带之上又附加了国家的部分管理职能，平日的调控领域以宗族事务为主，只在部分领域与国家机构发生关系，例如缴纳国家规定的税赋、青年服兵役、发生重大的刑事案件或者村落内部成员参加科举出仕等。而村落之间的联系主要是基于婚姻关系。由于每个村落的人口有限，在适婚年龄的青年不足的情况下，为了保证村落的发展壮大，通常会与临近的村落通婚，从而与外村成员发生联系。除此之外，农耕文明与其他文明之间的沟通则更为稀少，处于自给自足的封闭状态。通常仅在需要换取在自我生产过程中不能获得的生活必需品如盐、铁等时，才会尝试与其他文明形态主动沟通发生联系。农耕文明社会形态下的农民一般不关心国家政治，也不积极参与国家的公共事务管理活动，国家的公共事务管理活动例如维护社会秩序以及抵御外敌入侵等，主要由君主及其领导下的官吏及军队负责。君主及各级王亲贵族生活在远离农村的城市，其影响及调控一般仅及于族长，不与个体发生任何关系。农民通过缴纳苛捐杂税供养各级国家机构，同时国家机构负责维护社会秩序和抵御外敌入侵，为农民提供庇护。由于职能分工不同君主率领王侯贵族控制着国家的管理机构，对国土实行管理。社会中的大多数农民一方面由于缺乏进入上流社会的途径，一方面由于从事繁重的体力劳动维持生计无暇也无力接受教育从事思考活动，因此世代被固定在土地之上，日出而作，日落而息。

农耕文明简单机械、亘古循环的劳动方式形成了较为保守的思想意识特点。在农耕文明中，人们相信"天不变，道亦不变"的定律。极为重视纲常伦理的秩序维护，破坏伦理秩序的个体要接受残酷的惩罚，个体的创新意识往往被集体所鄙视和否定，以维护长久不变的生活秩序。

保守的思想意识造就了农耕文明中庸的性格特点。冯天瑜先生指出："华夏汉人崇尚中庸，少走极端，是安居一处，企求稳定平和的农业经济造成的人群心态趋势。"①由于农业生产具备天然的季节性特征，无法跳跃式发展，但也容不得懒惰，特殊的生产方式造就了农民踏实、勤奋、隐忍、温和的性格，而这其中，中庸之道又是最为重要的。农耕文明为中庸之道提供了生根发芽的土壤，而中庸之道也只能在农耕文明中存活。无论是海洋文明还是游牧文明，由于其天生具有的开放性和多元性，都不可能孕育出中庸的性格特点。中庸在农耕文明社会中的具体表现如："喜怒哀乐之未发，谓之中；发而皆中节，谓之和。"②意指喜怒哀乐未显露生发出来时的那种平和状态，即为"中"；喜怒哀乐表现出来了，但是未过度，还算平和，没有很夸张过分，就是"和"的状态了。又如中庸之道讲求"中立而不倚"，即一个具有较高道德修养的人为人是和顺的，善于协调与他人的人际关系，善于在公众场合维护自己的良好形象，但又不会无条件附和盲从潮流，始终坚守自己的主张和原则，永远和丑恶的现象划清界限，拥有自己坚定的品格和操守，在人格上保持独立。

同时，农业生产的特性创造了农耕文明热爱和平的性格特点。

---

① 冯天瑜、何晓明、周积明：《中华文化史》，上海人民出版社 2010 年版，第 8 页。.

② 《中庸》。

农耕文明自给自足，每个家庭作为独立单位进行个体生产的方式使得农耕文明与外界社会的接触十分有限，这种有限的接触导致农民往往安于现状，难以接受社会的重大变故。并且，每当社会发生重大变故时，所受伤害最大的也通常是处于社会底层的农民阶层。农耕文明安详恬静的生活需要稳定的社会秩序作为基础。农耕文明讲求与世无争、知足常乐的生活状态，不愿过多地与外界接触，并认为这样的生活方式是最安全的。在这一思想意识的影响下，必然会产生热爱和平的心理诉求。而这一心理诉求反映到现实生活中，便形成了随和、与人为善的行为模式。古代人对“世外桃源”的向往和追求正是反映了农耕文明对和平的热爱和期盼。

除上述意识特点外，农耕文明最为显著也最为重要的思想意识即为以家族为本位的道德伦理观念。在农耕文明中，由于最适合农耕的基层生产组织是家庭，因此，一夫一妻为单位的生产组织是最适应农耕发展的。而一夫一妻的小家庭又靠家族来维系，家族作为农业生产的基础单位，维护好家族内部的伦理秩序对社会稳定具有极大的促进作用，与农耕文明追求和平稳定的心理趋向相吻合。因此，自春秋时期，农耕文明就已意识到以家族为本位的伦理道德对社会秩序维护的积极作用。在夫妻关系方面，夫妻作为家庭组建的基础，则讲求依夫顺父的道德观念。由于男耕女织的社会分工不同，造成男女之间在家庭生活中的地位差异，传统的农耕文明社会“男尊女卑”的现象普遍存在。在父子关系方面，农耕文明将“父慈子孝”作为处理父子关系的基本要求。即讲求为人父母要爱护、养育子女，而作为子女又要尊敬父母。所谓爱护、养育子女，是指为人父母的职责义务不仅是在物质上为子女提供资助，更负有关心、教育子女的义务。其中，教育子女是父母最为重要的义务，养而不教，就是父母职责的缺失。在父母子女的关系中，相比于父母对子女的责任，更侧重于子女对父母的尊敬孝顺。“孝”是指要爱戴和赡养父母。即为人子女，要竭尽所能供养自己的父母，使父母得到良好的照顾。这种照顾，同样不仅局限于物质上的供养，更重要的在于对待父母的礼节。在日常生活中，要以适当的礼节对待父母，父母去世后，也要按规定的礼仪埋葬，为父母守丧。① 传统农耕文明注重孝道的原因在于农业生产中土地是最重要的生产工具，而土地的使用权掌握在家长手中，土地的耕种需要以家庭为单位的团体劳作。家长既占有着生产工具，又具有丰富的生产技术和经验，自然在生活中产生了对家长的尊敬和崇拜，并逐渐转化为道德责任和义务，最终就形成了以尊老为主的家庭本位伦理观念。

二、海洋型文明

欧洲史学家通常认为海洋文明主要存在于以希腊为代表的西方社会，而传统中国社会主要以农耕文明为主，加之自明代以后的闭关锁国政策，因此中国并没有形成真正的海洋文明。② 但实际上，中国既是农耕大国，同时也是海洋大国。在中华民族的发展历程中，从未中断过与海洋的联系，古代中国曾经出现了航海事业发展的鼎盛时期，也创造出了璀璨的海洋文化。中华民族的先民们依海而居，得“鱼盐之利”，享“舟楫之便”，享受着海洋给人类带来的便利，部分先民的生产生活方式深受海洋的影响，也流传下了河伯望洋而兴叹、夸父逐日而豪饮、精卫填海而泄愤、八仙过海而显才、徐福东渡而播文等诸多神话故事。但终究，在大的中华界域，以海洋为生活来源的毕竟是少数先民，海洋型生产生活方式并未对整个中华文化产生质的影响，特别是封建王朝闭关锁国、海禁之后。

(一) 中华海洋文明的发展

中华民族海洋文明的发展与人类海洋文明的趋势相一致，其演进可以分为兴起、繁荣、顿挫、复兴四个阶段。

1. 中华海洋文明的兴起

海洋文明的发展具有明显的地域性特征，中华海洋文明最早的

① 温召贤：《农耕文明与孔子孝道》，华中师范大学硕士学位论文，2009 年。

② 参见苏丹：《古希腊文明特质及其与中国文明的比较分析》，载《边疆经济与文化》2008 年第 10 期。

实践活动源于东夷以及百越族群在中国海区域所建造的海洋小国。在距今4200年的夏王朝建立之前，中华大地的北方沿海淮河流域的东夷族群与东南沿海地区的百越族群就具有鲜明的海洋文明色彩。《诗经·商颂》曰："相土烈烈，海外有截。"《拾遗记》谓："帝与娥皇泛舟于海上。"这些族群善使舟船，以鱼贝为食，他们积极地同大海发生关系，大海也毫不吝啬地回馈以丰富的物资。在海洋文明的启蒙阶段，沿海而居的人们创造出独木舟、印纹陶、干栏式建筑等生产生活工具，是中华海洋文明发展的最初证据。在漫长的发展历程中，伴随着群族的壮大、生产工具的不断更新、祭祀礼器的使用，聚居的部落开始成长为地域性的小国，标志着沿海人类正式步入文明社会。①

周朝初期，齐太公受封于东夷，因其重视海洋发展，充分利用海洋资源，"通工商之业，便渔盐之利"。至春秋时期，齐国被称为"海王之国"，称霸海洋。伍子胥曾称当时的中华大地南北方差异巨大，中原"陆人居陆之国，水人居水之国"。海洋国家创造出了以贝壳、舟楫为代表的海洋文明，而中原国家则创造了以牛马、服饰衣冠为代表的农耕文明。

2. 中华海洋文明的繁荣

中华传统海洋文明的繁荣时期自公元前111年始至1433年止，即到郑和下西洋这一事件的终结，历经1544年。在这一阶段中，以唐乾符六年(879年)黄巢洗劫广州事件为分界线，前990年是发展期，后554年是繁荣期。

春秋战国结束之后，秦朝统一六国建立了中央集权的封建王朝，东夷、百越地区先后纳入其版图，成为中央王朝扩张的海疆。以农业文明为主体的国家体系将沿海的王权国家纳入，在文明体系整合的过程当中，农耕文明处于显著的优势地位。但随着汉唐时期中央权力主要关注焦点集中在西北地区，逐渐忽视了对沿海地区的监管，使得海洋文明有了较为宽松的成长环境，得以迅速的传承和

① 参见杨国桢：《中国海洋文明的时代划分》，载《海洋史研究》2013年第5期。

积累。在此过程中，随着人口的流动以及商业交流，以海洋为生的群族慢慢与以农耕为生的群族相互融合，其中部分人继承了农耕文明保守的性格特点，而另一部分人则传承了海洋文明开放的思想特征。形成了汉化越人和越化汉人两种新生群体，在共同的王朝统治下开启了中华人民的海洋时代，促进了中华海洋文明的繁荣发展。

3. 中华海洋文明的顿挫

中华海洋文明的顿挫时期自 1433 年明朝停止下西洋到 1949 年新中国成立，是传统向现代转型的低潮期。在这一时期中，以 1662 年郑成功收复台湾为分界线，前 229 年中，在中西海洋文明的竞逐中，中华海洋文明遇到了向近代转型的发展机遇，产生了新的海洋文明因子和社会力量。但是海洋发展却因王朝国家力量的压制裹足不前，陷于停顿。明宣德八年(1433)，朝廷罢下西洋，历经三百年的海洋开放大国就此止步。由于明朝的创立者主要以中原农民为主体，因此重内陆轻海洋的保守观念占据着明朝的主流思想，在皇权的支持下，各地官僚严守明朝“片板不许下海”的训诫，关闭了海洋发展的道路。在之后的 287 年中，中华海洋文明遭遇前所未有的大危机、大挑战，内有闭关锁国、外遇强敌入侵，海洋文明遭受一次又一次的挫折，陷入低潮。纵有洋务派的实务救国，发展海军，仍止不住海洋文明的发展颓势。

4. 中华海洋文明的复兴

新中国成立后，中国的海洋事业迈入了一个新的阶段。为全面发展国家事业，增强国家实力，中华民族开始摒弃重陆地轻海洋的传统观念，逐渐意识到海洋发展的重要性，在继承传统海洋文化的同时，学习借鉴西方海洋发展的经验，在实践中加以完善创新，中华海洋文明开始复兴。

过去的 60 多年，新中国开启了海洋发展的新篇章。特别是 1978 年改革开放以来，海洋经济实现了由传统产业向现代化新型产业的转型，海洋军事力量由黄水向绿水、蓝水延伸，由单纯的海洋防御向发展海权转变，中华民族正一步步恢复海洋大国的实力。如今，党的十八大作出建设“海洋强国”的重大部署，最近中央政治局又就建设海洋强国问题进行集体学习，习近平总书记强调要进一步关心海洋、认识海洋、经略海洋，推动我国海洋强国建设不断取得新成就。

（二）西方海洋文明的发展

中华文明是农耕文明、游牧文明与海洋文明的综合体。中华海洋文明也曾有过辉煌发展、令人艳羡的黄金时期。但是，自明代以后，由于政府长期实施禁海政策，造成了中国近代海洋文明无法掩饰的颓势。而与此相反，西方作为以海洋文明为基础迅速发展壮大的社会，海洋文明对西方经济的发展、法治思想的形成都有举足轻重的作用。因此，阐释海洋文明，就不得不提及西方海洋文明。西方海洋文明的发展可大体分为四个时期，分别为：古希腊罗马时期、中世纪时期、侵略发展时期、回归理性时期。

1. 古希腊罗马时期

“西方”的海洋文化的源头在古希腊罗马时代，这是欧洲海洋文明早期的“辉煌”时期，学界将这一时期称为“古典时期”。在这一阶段中，主要以地处环地中海的欧洲部分的古希腊、罗马为典型代表。著名的爱琴海文明，缘起于公元前2000年左右的克里特岛，后来受贸易的发展和战争的影响，文明中心逐渐转移至希腊半岛地区。历经800年的发展，克里特岛文明与迈锡尼文明最终被合称为爱琴文明。由于古希腊拥有邻接地中海、爱琴海的特殊地域特征，因此，古希腊文明又被称是海洋文明。雅典分别于公元前490、前480联合古希腊各城邦两次赢得波希战争，成为古希腊各城邦的霸主。①

此后，希腊人因为战争充分接触吸收了非洲的埃及文明、亚洲的小亚细亚文明，并结合腓尼基字母创造出希腊文字；通过战争及海洋贸易积累了大量财富，奴隶制度发达的城邦林立，其中民主制度发达的典型代表就是雅典；同时雅典建立了希腊各城邦中最强大的海军，控制了巴尔干半岛的海上贸易。在伯克利执政时期，雅典的民主制度也迎来了鼎盛时期。在希波战争中，希腊其他城邦也自

① 曲金良：《西方海洋文明千年兴衰历史考察》，载《人民论坛·学术前沿》2012年7月刊。

愿建立了以雅典为领袖的提洛同盟。而在战后，却逐渐沦为雅典实现霸权的工具。在此期间，因对雅典的霸权主义心存不满，逐渐形成了以斯巴达为首的伯罗奔尼撒同盟来反抗雅典的霸权统治，双方也多次引发小规模战斗。最终在公元前 431 年，反抗军同盟底比斯进攻雅典的同盟普拉提，引发了著名的伯罗奔尼撒战争。强大的雅典海军封锁了海上通道，而斯巴达则径直从陆上攻向雅典，意在迫使雅典决战。在战争中，由于双方势均力敌，任何一方都无法获得决胜，最终于公元前 421 年，双方同意缔结和约。但是，由于此种和平并非出于双方本意，仅是在无法完胜情况下的一种临时妥协，和平也就只能是昙花一现。公元前 415 年，雅典远征西西里岛斯巴达的盟邦叙拉古，结果惨败收场。西西里远征大伤雅典元气，胜利天平开始向斯巴达一方倾斜。公元前 405 年，雅典海军在战斗中全灭。次年，斯巴达接受了雅典的投降，终于成为希腊的新霸主。

但是古希腊文化占据历史的“峰值”，也就仅是几十年的光阴罢了。

随后，公元前 146 年，希腊地区被罗马吞并。罗马兴起于亚平宁半岛，后通过战争统一了半岛，到了公元前 2 世纪中叶，罗马已征服了北非迦太基、伊比利亚半岛大部、马其顿和希腊等地区，开启了环地中海地区的“罗马时代”。这一时期，罗马以共和制度来维持其统治，奴隶制是其社会基础，但是社会矛盾不断加剧。为了转移内部矛盾，罗马的统治者不得不四处征战、扩大版图，罗马最大时占据着西到伊比利亚半岛、不列颠群岛，东达两河流域，南至非洲北部，北迄多瑙河与莱茵河的辽阔疆域。但是不同于其版图，罗马的文明依旧没有走出环地中海地区。

2. 西方海洋文明的中世纪时期

公元 5 世纪到 15 世纪是欧洲的中世纪时期，该时期的主色调是黑暗，战乱、劫掠、宗教的枷锁使得地中海地区的海洋文化发展缓慢，但是在北欧斯堪的纳维亚半岛及环北海区域，逐渐迎来了以“维京人”(Viking)主导的“北欧海盗”时代。欧洲的海洋文明重心，由南欧转向了北欧。北欧的海洋文明不同于南欧，它是属于维京人的一种地地道道的“海岛文明”。从公元 8 世纪到 11 世纪，维京人利用自己丰富的海洋知识和高超的航海技术，不断袭扰欧洲沿海和英国岛屿，足迹遍及从欧洲大陆到北极的疆域，因此，欧洲的这一时期也被有些人称为“维京时期”。这一时期维京人在北欧各岛屿设立殖民地，抢夺过往的船只，同时自己进行海上贸易，掌控了整个北欧的经济。直到维京时代的末期，北欧才出现具备国家形态的政权。而海上贸易、港口中转和城市发展的“传统”，实际上就是在“维京人”的经营基础上发展起来的。① 然而，在此后的 11 世纪至 15 世纪间，地中海地区的商业发展呈现出空前的繁荣盛景，对于欧洲的发展起到了重要的推动作用，西方史学家常将该时期成为“地中海商业革命时期”②。在这一时期，威尼斯充分利用其海洋资源丰富的便利条件，在海洋贸易发展中起到了推动作用。为保证海洋贸易得以发展壮大，威尼斯政府推行“重商主义”政策，例如实施对盐和粮食的专利销售制度；又如，凭借自身精湛的造船技术，建造庞大的船务租赁给海商使用，从中获利。对海洋贸易的重视，极大地推动了威尼斯海上商业帝国的建立乃至整个欧洲商业革命的成功。

3. 西方海洋文明的侵略发展时期

自 15 世纪起，伴随着海洋贸易的发展，国家之间对贸易市场以及海洋航线的争斗异常激烈，掌握了市场和航线就等于掌握了国家的经济命脉，最终导致各个国家内部政治斗争、国家之间的战争及国际航线变幻莫测。以哥伦布发现新大陆为契机，欧洲各国将目光转移到更为辽阔遥远的其他大陆，开始了充满血腥、罪恶的侵略时代。为了获取更多的廉价劳动力，欧洲各国从非洲大陆残忍地掳掠非洲奴隶。据粗略统计，在 15 世纪至 19 世纪的 400 多年间，有 2000 多万名非洲黑人被掠到欧洲及美洲做奴隶使用。这一数字尚

① 曲金良：《西方海洋文明千年兴衰历史考察》，载《人民论坛·学术前沿》2012 年 7 月刊。

② 张铠：《威尼斯与“海上商业帝国”的创立》，载《文明论坛》2015 年第 5 期。

未包含由于疾病、饥饿、虐待、反抗和逃亡而惨死的2亿人。① 众多的非洲本土黑人不得不背井离乡，被卖到欧洲、亚洲和美洲从事繁重的体力劳动，成为了西方国家通过殖民积累资本财富的最重要渠道之一。同时，欧洲殖民者在亚洲大陆开始大肆建立殖民地，夺取亚洲各国的珍贵资源，通过海洋贸易与殖民侵略积累大量财富，欧洲社会开始了大规模的工业革命，迎来了工业发展的新时代。

尽管中华传统海洋文明与西方海洋文明历经了迥然不同的发展阶段，但是，无论是中华传统海洋文明还是西方海洋文明，航海事业的发展、海洋贸易的繁荣都是海洋文明发展壮大的基础。海洋文明也因其产生的地域性，呈现出鲜明的特点。

首先，海洋文明十分重视创新。西方海洋文明的发源地古希腊地区主要以丘陵为主，土地比较贫瘠，农业发展举步维艰。面对较为恶劣的自然环境，希腊人唯一的选择就是通过海洋来发展，向海洋索取资源或者是凭借海洋为媒介来索取资源。但是，对于当时的人来说，海洋和陆地相比更为凶险与复杂。他们唯一能做的就是不断去创新，去改进他们用以与海洋“对抗”的工具与船只，才可能在竞争中占据主动。这种特征造就了对外扩张的残酷性及频繁性。

其次，海洋文明具有鲜明的开放性。以西欧地区的国家为例，西欧地区国家人口相对较少，国内人口所带来的国内市场与需求也相应较小，经济对外依存度高，所以，发展海外市场成为发展海洋文明最重要的经济要求。同时，由于生产产品的单一性，彼此需要利用物质交换来满足生产、生活需要，在不能迅速征服对方的情况下，只能靠双方妥协来化解矛盾。妥协化解矛盾的过程，即是不同规则之间相互开放和融合的过程。

再次，海洋文明也是一种具有多元化特点的文明。其不断向外发展的过程也正是其与其他文明不断碰撞的过程。“多种文化的共存使每一种文化都随时意识到竞争的存在，为了在竞争中取得优势，都要设法不断发展，以发展求生存。多样性促进了竞争，而竞

① 艾周昌、郑家馨主编：《非洲通史》(近代卷)，华东师范大学出版社1990年版。

争又促进了发展。”容忍个人对创新性和个性的追求是海洋文化多元性的重要特征。直到今天，西方国家在海洋文明的影响和发展下，将个性发展提到了更高的层次上。

最后，海洋型文明的地理环境决定了战争的长期性。在人类兵器还未发展到一定阶段之时，海岛地理环境本身易守难攻，是一个重要的战略屏障，彼此想迅速征服对方、结束战争，本是一件极难之事，因此，长期的战争僵持和消耗，双方自然地会选择谈判解决争端。谈判便意味着伸张各自的权利，并在此基础上形成规则。故而，海洋型文明的地理特点，塑造了其规则体系的权利本位。

三、游牧型文明

游牧文明虽主要存在于中国的边境地区，但并不影响它在中国历史上所占据的重要地位。数千年的中华文明，也是游牧文明不断与农耕文明冲突与融合的过程。但是当前，部分学界人士并不重视游牧文明，认为游牧文明是陈旧落后的文明，已经逐步被现代社会所淘汰，不具有研究的现实意义。但是，任何一种文明形式的产生都有着其必然性，生态环境的不同造就了每个民族不同的性格特征，而文明也只有适应当地的生态环境才可能长久地存续下来。在当今，游牧文明并没有销声匿迹，它仍广泛地存在于我国的内蒙古、新疆、西藏地区。而在此之中，尤以蒙古的游牧文明对中华文明影响最深刻，本节以蒙古族的游牧文明为典型代表，阐述中华游牧文明的兴衰。

（一）游牧文明的形成时期

蒙古游牧文明的形成时期在公元 8 世纪下半叶始至 13 世纪初止，即成吉思汗二十二代祖孛尔帖·赤那带领蒙兀室韦部落由蒙古高原东部额尔古纳河西迁开始一直到成吉思汗统一蒙古各部，建立大蒙古帝国为止。这一阶段蒙古民族的西迁，实现了其历史上一个极其重大的转变。在生存环境上，蒙古民族从东部山势险峻、森林密布的额尔古纳河地带迁徙至位于三河流域源头（斡难河、土拉河、克鲁伦河）的草原地带；在生存方式上，受环境变化的影响，蒙古民族由以狩猎为主游牧为辅的狩猎-游牧型生存方式逐渐开始向游牧为主狩猎为辅的游牧-狩猎型转化；社会组织上，蒙古民族由一个以血缘关系为基础的氏族部落逐步发展成为以地域关系为主、血缘关系为辅的部落联盟乃至是早期的国家形态。①

此次西迁对蒙古民族来说有着难以磨灭的开创性意义。首先，其孕育形成了蒙古民族的传统文明——游牧文明，并且形成了以三河流域为中心的游牧文明区域；其次，形成了黄金家族——以成吉思汗为典型代表的孛儿只斤氏——的汗权正统，这一权力体系的设立使得蒙古民族形成了对汗权的尊崇意识，也使得这一民族在之后的历史中充满了关于正统汗权的争夺。这一阶段形成的游牧文明式样使得其后蒙古民族的历史显现出巨大的开放性与变异性。在游牧文明发展的第一阶段里，成吉思汗将蒙古近百个部落统归为一，大蒙古帝国建立，蒙古民族的传统文明式样——游牧文明形成了，完成文化整合的蒙古民族结成了一个牢固的共同体。

(二)游牧文明的鼎盛时期

这一阶段从 13 世纪初大蒙古帝国的建立开始，终止于 1279 年忽必烈灭南宋统一中国，建立世界性的蒙元帝国。这一时期的文明式样主要表现为文化适应的特征。② 成吉思汗为建立和加强中央集权的国家体制，在统一蒙古各部以及建立蒙古汗国的过程中采取了一系列的政治军事改革措施：政治上，实行分封制，建立千户制(一种十进制的军事、行政组织)；军事上，颁布法律《大扎撒》(即《成吉思汗法典》)，扩建护卫军——“怯薛军”；于哈剌和林建立国都。这些举措最终使得各部之间的混战得以终结，部族之间的融合得以实现，为开放的蒙古帝国增添了活力，基本上实现了以蒙古族为核心的多元文明的整合。

随着长期经略漠南汉地的忽必烈在西征与南伐中取得胜利，尤其是在围绕正统汗权的争夺中胜出，使得蒙古民族的游牧文明式样进入新阶段。在一统中国后，忽必烈采取了一系列的汉化举措：在

① 陈巴特尔：《试论蒙古民族传统文化的形成、变迁及其特点》，载《内蒙古大学学报》(人文社会科学版)2004 年第 3 期。

② 陈巴特尔：《试论蒙古民族传统文化的形成、变迁及其特点》，载《内蒙古大学学报》(人文社会科学版)2004 年第 3 期。

地方上建立行省，中央设中书省，开创我国省制之端；民族政策上，“崇佛重儒”，采纳中原汉地儒士的建议，从《易经》中选择了“大元”作为国名，且迁都北京。蒙古族的政治、经济、文化中心的南移得以实现，世界性的蒙元帝国正式形成。此后，来自蒙古高原、以游牧为生的蒙古民族的传统文明——游牧文明再次经历重大的“文明大迁徙”。

(三)游牧文明的低落转型期

这一阶段自14世纪下半叶元朝统治瓦解、蒙元帝国四分五裂、蒙古人北迁出中原始，到19世纪末清朝摇摇欲坠为止。这一时期游牧文明进入低落期，主要表现为蒙古帝国陷入内部部族分裂、外部与明朝尖锐对立的“内外交困”的艰难处境，蒙古社会的多元文明因帝国的分裂和蒙元帝国的北迁失去了同生共长的坚实屏障，曾经繁荣景象不复存在，由此而转入低潮。在16世纪下半叶，在蒙古的民族文化史上发生了影响深远的一件大事：佛教新派由西藏传入蒙古，具体事件为蒙古土默特部阿拉坦汗(俺答汗)迎进了宗喀巴的藏传佛教格鲁派。“这个新派宗喀巴创立和组织的一种所谓黄帽派，他在蒙古的社会生活中起了重大的作用。”①1578年，阿拉坦汗和达赖三世索南嘉措在青海仰华寺会面，召开法会，举行了入教仪式。在法会上索南嘉措被阿拉坦汗封为“圣识一切瓦齐尔达喇达赖喇嘛”，达赖喇嘛称号由此产生。在此之后，在明、清两朝统治者的支持和提倡下，藏传佛教在蒙古地区逐渐兴盛起来。

藏传佛教在蒙古族的传播有其文化根源及政治需求。首先，同属于游牧文明式样的蒙古和西藏在宗教上有许多的相通之处，西藏喇嘛教的信仰与蒙古族的原始信仰萨满教均沿袭了游牧民族的远古习俗与生活方式，藏传佛教的传播的文明阻力较小；其次，西藏喇嘛教中的格鲁派正值初创，蒙古族的军事力量对其来说是强有力的支持，蒙古族贵族阶层也需要对喇嘛教为其汗权正统提供宗教理论

① 符拉基米尔佐夫著，瑞永译：《蒙古社会制度史》，中国社会科学出版社1980年版。

的论证。因此，在双向需求的推动下，藏传佛教在蒙古社会自上而下、自南向北而西盛行开来。伴随着藏传佛教的迅速传播，大量佛教寺院建立起来，信徒也日益增多。在社会结构上，一个全新的社会力量在蒙古社会出现并快速成长起来，其以佛教僧侣为代表，并与蒙古的王公贵族一起，以政教结合的形式构成蒙古封建社会的两根支柱；在思想文化上，佛教的转世、因果观，深刻影响着蒙古社会生活的方方面面。

总之，可以确定的是，藏传佛教的引入与兴盛给当时闭塞、失序的蒙古社会带来了一线生机与活力，为游牧文明的又一次变迁打下了基础。因此，也有人认为这一阶段游牧文明迎来了“复兴时期”。

(四)游牧文明的现代化时期

现如今的蒙古民族一分为二，内蒙古在中国共产党的领导下，结束了长期被分割统治的局面，实行了统一的民族区域自治，走上了有中国特色的社会主义道路；而外蒙古则因为苏联的帮助建国独立，走上了苏联模式的社会主义道路。随着国家经济的迅速发展，许多蒙古青年受到良好的教育，他们到内地深造或去国外留学，接触到不同文化的浸染和不同思想的启蒙。在多元文化的万花筒面前，新一代的游牧人民逐渐形成了自己的文化鉴别力和自我选择，各异的政治与文化分野也随之出现。在内外因的综合作用下，蒙古民族的游牧文明的发展格局显现出新时代的特点。这一时期游牧文明在世界多元化、全球化的冲击之下，蒙古民族为适应时代的需求，在中国传统文化、本民族传统文化以及西方资本主义文化的基础之上，统合自我的价值理念，改造和重建本民族的文化，游牧文明式样因此也随着时代发生变动。

游牧文明特殊的生活方式，造就了其与农耕文明具有显著区别的文明特性。首先，游牧文明具有天然的流动性特征。钱穆在其所著的《中国文化史导论》中对人类不同类型文化进行了比较，他认为游牧文化发源在高寒的草原地带，这种类型文化起于内不足，内不足则需向外寻求发展，因此，它是流动的、进取的。札奇斯钦在其所著《蒙古文化概说》中对游牧文化进行了论述，他认为：“游牧生活是把衣食住行都依赖在他们所放牧的家畜之上。在游牧社会里，人类的生活，是不能与家畜分开的。游牧民族的财富，是以家畜的头数为标准的。为了保持财富，增加财富，他们必须寻求更好更宽广的牧场。遇有天灾，游牧民族必须驱家畜而迁徙。因之极有可能导致部族与部族之间的摩擦，甚至战争。"①高寒、干燥的内陆高原的自然环境、逐水草畜牧而居的生活方式，季节变换、家畜不断增加导致对牧场的无限需求，使得游牧文明必然以流动性为其主要特点。

同时，游牧文明在其发展过程中，从未中断过与其他民族的融合，从而形成了游牧文明多元性的特性。游牧文明的多元性主要体现在以下两个方面：从纵向上看，在成吉思汗统一蒙古诸部之前，匈奴、鲜卑、突厥、契丹、女真等民族都曾建立强盛汗权，在千余年的时间跨度里，此起彼伏、兴衰交替。这些民族在维持汗权的过程当中，在政权、经济和文化等各个方面都给游牧文明打下了或深或浅的烙印。在某种程度上可以说，蒙古族的游牧文明是沿袭此前诸多游牧民族的文化传统逐渐发展完善起来的一种文明式样。难怪有人认为蒙古族的传统文化集游牧文明之大成。从横向来看，蒙古民族内部的不同部落，比如蒙古语系和突厥语系的部落曾经相互独立，互不隶属，但由于后来部族乃至国家间不断发生战争、联盟、贸易、和亲等多种形式的文化碰撞交流，最终融合成为一个多民族共同体——蒙古族。不同部落的文化也在这一过程中完成整合，一个完整独立的游牧文明式样得以形成。

第二节 文明式样与"法治"

一、文明与法治的关系

欲准确界定文明与法治的关系，有必要先明确文明与法治的定义，从而把握其内涵中的潜在联系。文明，是人类进入阶级社会后

① 札奇斯钦：《蒙古文化概说》，台湾"中央"文物供应社 1986 年版。

所沉淀下来的指令性观念系统，其载体既包括物质层面的成果，也包括精神层面的成果，反映着人类对客观世界的适应和认知，且能被绝大多数人认可和接受。法治则是人类政治文明的重要成果，包含了多层意义，从治国方略层面而言，它是与人治相对应的一种社会调控模式，严格依据法律治理国家；从思想层面而言，它则是一种法律价值理念、法律精神，指通过这种治国的方式、原则和制度的实现而建构的一种社会状态。从定义来看，法治必然是属于文明的内容之一，但并非文明下含的第一级文化类属，而是某一文化类属所包括的细微内容，该类属即法律文化。

如前所述，法律文化属于文明的重要组成部分，它包括法律价值理念、法律思维模式、法律致思途径、法律制度等多项内容。劳伦斯·费里德曼于1969年在《法律与社会评论》杂志发表了《法律文化与社会发展》一文，法律文化概念才得以正式地传播并作为一个独立的分支学科得以发展。国内诸多学者自20世纪末亦开始对“法律文化”进行了探讨，不乏成果，其中陈晓枫教授的“指令系统论”较具代表性，即法律文化是“一定民族从历史传习中获得的、要求个体按特定模式进行法律实践和法律思维的指令系统”。①

而无论是实质意义上的法治还是形式意义上的法治，均属于法律文化的内涵。作为治国方略解释的法治，其强调国家治理的模式，涉及国家制度体系、国家法治机构的设置等，属于法律文化的表层结构。而作为思想理念解释的法治则更强调法治这一价值理念，追求法治所能实现的社会状态，属于法律文化的深层结构。既然法治属于法律文化的内容，而法律文化又属于文明的子类属，故法治本身便是文明的构成部分，其在作为某一文明特征的同时，也深受该文明其他特征的影响。当然，并非所有文明中都包含法治或推行法治，不同文明式样中的法治发展水平也不同，有的文明在产

① 陈晓枫：《中国法律文化研究》，河南人民出版社1993年版，第13页。根据其观点，法律文化可分为表层结构、中层结构和深层结构。表层结构是法律文化的立法和社会层面的表现形式；中层结构是法律文化的公理和逻辑形式；深层结构是法律文化所要求的行为准则的始源与核心。

生法治前已然消亡，有的文明仅有小范围的法治，有的文明则以普遍法治为特征。

二、文明式样中影响法治的因素

文明式样本身即说明世界上存在诸多不同的文明，如单纯就国籍和地区来看，就包括中华文明、印度文明、俄罗斯文明、拉美文明等。不同的文明式样必然意味着其内部某些关键因素存在质的区别，如此才会形成绝然不同的文化趋向。法治作为所有文明中无可避免的元素，自然也呈现出与所属文明相契合的特征，形成各种类型。正如学者所说："按照类型学的基本理念，在不同的民族文化中往往存在着不同的法治类型，法治类型学理论从不认为世界上的法治类型是唯一的。"①

而法治之所以呈现出不同类型总有其背后的缘由，笔者认为主要是受其所属文明式样中的因素所影响，包括文明所处的地理环境、政治思想经济模式和宗教。

(一)文明所处的地理环境

"在地理环境与人类社会发展的关系问题上，长期以来存在着两种对立的观点：一种认为，地理环境对人类社会的发展具有决定性作用，这种观点可以叫做地理环境决定论，孟德斯鸠、普列汉诺夫等人持这种观点；另一种认为，地理环境对人类社会的发展不具有决定性作用，对于社会发展具有决定作用的不是地理环境而是其他东西，这种观点可以称之为非地理环境决定论，伏尔泰、斯大林等人持这种观点。"②但毋庸置疑的是，一方水土孕育一方文明，地理环境——地理位置及其气候、土地、河流、湖泊、山脉、矿藏以及动植物资源等自然条件的总和——早已被证明对文明有着极其重要的影响，如两河流域文明、爱琴海文明、尼罗河文明、黄河文

---

① 武建敏：《百年中国法治探寻的类型学思考》，载《河北法学》2011年第9期。

② 顾乃忠：《地理环境与文化——兼论地理环境决定论研究的方法论》，载《浙江社会科学》2000年第3期。

明等。

具体来讲，地理环境是如何对各自文明式样中的法治产生影响的呢？笔者认为主要是间接影响，即地理环境先构造某种文明里的主要内容，如生产力发展水平、居民心理等，再通过这些内容对法治产生影响。以自然资源和气候为例。地理环境中的自然资源可分为生活资料的资源与劳动资料的资源，前者包括有肥力的土壤、出产水产品的河湖等，后者则包括森林、矿藏等。在文明层次较低时，生活资料的资源对促进文明发展起决定性作用，它可以在技术相对缺乏的时代极大地提高生产力的数量和质量，由此更快地进入阶级社会。而文明层次较高时，劳动资料的资源则扮演更重要的角色，使所处社会发展更快并产生更多的新型生产关系。在社会性质变化的情况下，社会制度必然也会进行相应的变更，如原始社会时期的部落习惯则不再适合调整阶级社会中的社会关系，由国家确立的成文法开始取代部落长年形成的习惯规则。而未能利用自然资源发展的文明则只能继续沿用部落的原始习惯法系统。同理，当新的社会关系产生时，原有的制度体系无法对其进行调整，这就意味着新的制度必须制定，从而带动新的部门法体系发展，如 20 世纪以来出现的社会保障与劳动法、信托法等。

而气候则可能影响某一文明的民族性格，如孟德斯鸠所说：“炎热国家的人民，就像老头子一样怯懦；寒冷国家的人民，则像青年人一样勇敢。”①民族性格则会直接影响到社会管理方式，若民族性格相对柔和温顺，族民彼此之间的纠纷可能相对更少或更轻微，则其法治表现得更为柔性，不会采取过于高压的制度；若民族性格强势勇猛，对外战乱以及族群内部纠纷则可能更多或更暴力，其法治自然也会表现得更加刚性化，甚至由于无法实现有效法治而放任自由。如中国本身就分为北方民族与南方民族，北方民族明显更加勇武彪悍，而北方民族所建立的清朝所采取的管理方式就更加严厉，文字狱便是其中的体现。

---

① 孟德斯鸠著，张雁深译：《论法的精神》（上），商务印书馆 1961 年版，第 227 页。

（二）经济模式

经济基础决定上层建筑，法治作为上层建筑的构成部分必然受其所处的经济模式影响。其实，经济模式往往也与地理环境密切相关，但其对法治的影响更加直接，正如马克思所说："不是土壤的绝对肥力，而是它的差异性和它的自然产品的多样性，形成社会分工的自然基础，并且通过人所处的自然环境的变化，促使他们自己的需要、能力、劳动资料和劳动方式趋于多样化。社会地控制自然力以便经济地加以利用，用人工兴建大规模的工程以便占有或驯服自然力，——这种必要性在产业史上起着最有决定性的作用。"①

经济模式主要可分为两种，即农业经济与工商业经济。农业经济通常出现在大河灌溉的平原地域，如黄河流域的中国、印度河流域的印度、两河流域的巴比伦以及尼罗河流域的埃及，这些国家和地区由于优越的自然环境而拥有极度发达的农业经济。农业经济是以土地为基础的，每一块具备生产效能的土地被开发后则自动聚集一批固定生活人群，形成一个又一个相互独立封闭的生活单位，本单位内部自行获得自身生活所需的生活资料。这种经济模式更偏向于自给自足，居民几乎不需要通过商品交换的形式来获取其他生活资料，即使偶有所需，也控制在极小的范围内。由此产生的社会法律关系相对简单，国家更多地关注社会秩序的安定而非市场交易，统治者的个人权威高于法律，且民事规则意识不强而行政、刑事惩罚意识更为发达。"因为这里的居民生活所依靠的农业，获得了四季有序的帮助，农业也就按着四季进行；土地所有权和各种法律关系便跟着发生了——换句话说，国家的根据和基础，从这些法律关系开始有了成立的可能。"②

而工商业经济发达的海岸区域则全然不同，毕竟这里没有适合农作物四季生长的气候，也缺乏相应的土壤，有的只是茫茫大海。

① 中共中央马克思恩格斯列宁斯大林著作编译局：《马克思恩格斯全集》第二十三卷，人民出版社 1972 年版，第 562 页。

② 黑格尔著，王造时译：《历史哲学》，三联书店 1956 年版，第 133～134 页。

海洋给人的感觉是无限神秘的，当人们无法在岸上获得充足的生活资料时，便会试图进入这片未知的蓝色水域，试图在海的另一面寻找新的机会。敢于冒险的精神和机智、沉着的品格由此产生，而这些恰恰是发展工商业所需要的，故海岸区域的工商业经济开始蓬勃发展。“大海邀请人类从事征服，从事掠夺，但是同时也鼓励人类追求利润，从事商业。”①在这种经济模式下，人与人之间的商品交换行为极其普遍，并由此衍生了一系列市场服务机构，人群之间的联系更加紧密。而在工商业经济模式下，人民普遍更注重契约意识，主张构建全方位的规则体系，甚至国家也是社会契约的产物，因此法治自然在上层建筑中扮演着更为重要的角色，且民商事法体系更为突出。

（三）传统政治模式

法律与政治作为人类社会的历史现象，均属于上层建筑的范畴。而在上层建筑中，政治往往是经济基础的集中体现并占据主导地位，法律则服务于政治，实现一定的政治需求，甚至于完全从属于政治而沦为政治的工具，故政治模式及其变化都会或多或少地影响法律。

按某一政治文明中民主因素的多少进行区分，政治模式可分为民主政治模式和专制政治模式。民主政治推崇权力制衡，主张按照平等和少数服从多数的原则来共同管理国家事务，因此往往会形成多元多极权力中心，各方政治势力根据民主原则达成一致意见。这种情况下，依靠个人能力和魅力的“人治”模式缺乏生长的土壤，很难形成凌驾于所有人之上的绝对领导权威。因此，为追求利益平衡，各方往往选择用“法治”来保证现行的利益关系，将自身所代表的利益通过法律制度的形式予以确定，并建构一套保障系统，任何人试图打破这种平衡必须借助于新的制度体系。

相反，专制政治模式则推崇权力集中，坚持一元权力观，国家事务均由绝对的权力核心及其附属体系决定。在权力核心掌握国家

① 黑格尔著，王造时译：《历史哲学》，三联书店 1956 年版，第 134 页。

的绝对话语权之后，个人权威往往被无限地抬高，甚至被神化，从而更偏向于“人治”模式。以中国古代的封建社会为例，皇帝即为权力核心，“普天之下，莫非王土；率土之滨，莫非王臣”①。在农耕文明中，作为自给自足的农民来讲，希望有个稳定的权力中心，为自身的农耕生产提供一个安定的种植环境，从安定的愿望出发，认同权力一元，并将社会安定寄予一个英明君主。皇帝从家天下出发，自然愿意选择人治，将权力集中在自身，若实行法治反而是对皇帝增加了一种束缚手段。因此，专制政治模式实质上是与法治相排斥的，法治意味着权力核心无法根据自身的意识任意决定国家事务，甚至于自身都需要受到法律的限制。当然，专制并不意味着统治者不能采取相对的法治，即将自身抽离于法律管辖范围之外，而将法律作为专制统治的工具，专门针对除权力核心之外的其他人。中国历朝历代均颁布了不少法律，对臣民言行、主要社会公害行为等进行了规制，实现了一定程度上的法治，但其本质上依旧是专制政治。

（四）宗教

宗教作为文明的三大因素之一，其与法治也存在着密切的联系。宗教作为人类较早的信仰，其教义一度是维系族群生活的通用规则，即某种意义上的法律，只不过该规则的适用是建立在人类对宗教神灵的绝对崇拜的基础上的。宗教的教义、信徒对宗教神灵的崇拜程度以及宗教本身的覆盖面直接影响着法治的发展。如当前世界主要存在基督教、伊斯兰教和佛教，其中伊斯兰教地区的法治水平相对滞后，除了因为伊斯兰教早已深入到这些地区的政治、文化中，也与伊斯兰教的教义息息相关。伊斯兰教徒认为：世界是胡达（安拉）创造的。安拉是唯一的最高的实在，其拥有至高无上的神力，既能创造众生，也能主宰万物，相信安拉并虔诚遵守其定下的规则便可享受幸福生活，违背安拉的旨意则会面临灾祸。因此，国家制定的法律有时很难取代既有的宗教规则，且宗教领袖往往成为政治领袖，遵循神灵的旨意而管理国家事务。

① 《诗经·小雅·谷风之什·北山》。

而以基督教为主导的西方文明，其法治水平却相对较高，甚至于中世纪还一度出现了神学法律思想。西方中世纪是一个神治和人治相混合的时代，教会为限制日益膨胀的国王权力，将法律上升到神的意志，主张人世间的法律也属于神治系统的一部分。由此，法治与神治相结合，并获得了权威的合法性依据，虽然最终未能在神治体系下孕育成形，但法治的理念与思想却被确立和延续下来，最终形成了西方法治主义。可见，基督教在与世俗王权发生冲突时，并非单单以神的意志予以压制或利用信徒的信仰发起冲击，而是吸纳了法律这一工具，从而使诸多规则得以延续，法治意识也更为强烈。"它支持了和传播了一种关于规则、一种高于一切人类规律的思想。它为拯救人类，提出了这个基本信念，即在一切人类法则之上存在着一条法则，这条法则随着不同的时间和习俗而有不同的名称，它有时称为理性、有时称为上帝的法则，但是它在任何地方和任何时候，只是名称不同的同一法则而已。"①

由此可见，宗教对法治的影响可谓甚大，甚至能主导法治的发展方向。

第三节　主要的"法治"类型

世界的文明式样主要可分为农耕型文明和海洋型文明，农耕型文明长于稳定，而海洋型文明长于创新。两种文明形成过程及特点各有不同，但是不得不说，两种文明类型都孕育出了适合其文明本身的高度发达的法治类型。这些法治类型缘于不同的文明氛围，产生于某一文明在法律层面的特定需要，因而其内部架构、价值取向以及文化因子等均有着明显的区别，就农耕型文明而言，它"是一种只有在各方面条件处于相对稳定的状态才能生存发展的有根文明，具有重等级专制而少民主意识，重传承因循而轻改革变异，重

---

① 基佐著，程洪逵等译：《欧洲文明史》，商务印书馆1998年版，第35页。

伦理秩序而轻个体自由，重信仰凝聚而轻暴力镇压等文化特质”①。而就海洋型文明而言，它则是一种强烈依靠海洋开放环境才能生存发展的无根文化，“具有轻等级制度而重自由平权，轻平庸生活而重英雄业绩，轻土地占有而重财富积累，轻文化建设而重开拓冒险等文化特质”②。

既然不同文明环境下孕育出了差异明显的法治类型，那就有必要结合不同的语境来解读某套话语系统中的法治。从西方文化语境来看，海洋型文明的“法治是西方人透视这张普罗透斯之脸的密钥，西方文化语境中发展出一种理性智慧，它使得西方人能够以特定的概念范畴和逻辑结构理解现实生活中的各种关系，并在此基础上建构起一种以自由、主权、权利、法治等为核心范畴的知识——秩序图式”③。从东方文化语境来看，农耕型文明的法治则更像是统治者用来点缀国家长治久安的装饰品，法律规范之外存在着大量的其他高位阶规范，如德、礼、政策命令等，因此权威合法性原理和构筑政制体系的话语往往被表达为“王命天授”、“有德者居天下”、“怀保小民”等经典叙述。笔者将通过对两种主要文明式样下法治类型的研究，以加强对法治的理解。

一、海洋型文明的“法治”

西方文明发端于海洋型文明，是爱琴海文明和希腊文明孕育了西方文明，之后诞生的罗马文明又是西方文明需要时时回望的故乡；罗马文明的进一步发展产生了基督教，而基督教则成为凝聚西方世界的精神内核。从其整体特征来看，海洋型文明有其开放性，热衷向外拓展和商业贸易，文化多样，具体表现为征服、殖民、开拓、进取、冒险等。他们同汹涌的大海斗争，不会满足于现状，有

① 汪兵、汪国风：《古希腊民主制形成的人文地理环境原因》，载《天津师范大学学报》（社会科学版）2013 年第 2 期。

② 汪兵、汪国风：《古希腊民主制形成的人文地理环境原因》，载《天津师范大学学报》（社会科学版）2013 年第 2 期。

③ 陈晓枫：《中国宪法文化》，武汉大学出版社 2014 年版，第 208 页。

着拓展的眼光去接触、尝试和征服新发现的事物。

由于海洋型文明呈现出开放、创新、多元化等鲜明特点，其所衍生出的法治文明也独具特色。而理解海洋型文明的法治特色，有必要深入探究其诞生的条件、发展的动因以及其代表人物、代表著作。文化根基造就了海洋型法治文明的诞生；诸如罗马法复兴、资产阶级启蒙运动等事件又对海洋型法治文明的发展进程产生了深远影响；代表人物以及代表人物的著述则又是对海洋型法治文明所产生成就的高度概括和提炼。

发源于欧洲爱琴海诸岛的古希腊文明孕育了整个欧洲文明，也建构了海洋型文明法治文化的胚胎和雏形。本书就以古希腊为例来具体探究海洋型文明下的法治类型。

具体而言，海洋型文明的法治呈现以下特点。

首先，海洋型文明的法治以权利为本位。古希腊文明是西方社会向前发展演进的起点。由于地处于半岛，海洋环绕，古希腊的海运贸易较为发达。而商业的发展，血缘关系和氏族关系被弱化乃至被打破，这与实行放大的家族制的中国区别明显。欧洲岛屿众多，地理环境复杂，各国均有天险可守，所以各国适合以契约的方式维持各国的和平稳定；另一方面，因为各地域生产条件不同，因此物产有较大差异，不同国家之间必须通过物质交换才能满足基本生活。

随着商业经济的发展，文明运动不断兴起，人与人之间，城邦与城邦之间，人与城邦之间的关系，开始更多向理性化的契约关系转变。这种契约关系以理性为原则，主张个人自主平权；同时，这种契约关系也促进了个人主体意识的增强，使得自由、平等、权利等观念有了深入人心的土壤和环境，维护个人价值的制度及观念体系得以生成并发展。囿于古罗马法律文化存留着希腊文明的本体，它的建立基础是奴隶社会中最为发达的简单商品经济。随着罗马帝国的发展，其疆域逐步扩展到欧、亚、非三大洲，罗马法律文化也得以发展成为世界性的法律体系，并且成为近代法律文化的原始类型。商品经济的产生和发展依托于独立的商品所有者，独立的商品所有者才拥有所有权，从而有资格完成从商品所有者到商品交换者的转换，且在交换的过程中所有者双方必须达成合意，即我们通常所说的意思表示的一致，在这种情形下，它的法权必然会表现为是确认所有权和债券的以权利立法为中心的制度。而这些制度也正是罗马私法的核心与精要所在。基于这样的法权表现和经济事实，在商品经济中产生并发展的以权利观念为本位的法律文化体系得以凝结。

作为含有特定价值取向的一种权利关系，权利本位观源于社会经济生活，与商品经济文明体系是息息相关的。一旦权利关系形成后，“过去表现为实际过程的东西，在这里表现为法律关系，也就是说，被承认为生产的一般条件，因而也就在法律上被承认，成为一般意志的表现”①。在商品交换活动中，拥有所有权是进行交换的前提，而不是交换这一活动所产生的结果。“从法律上来看这种交换的唯一前提是任何人对自己产品的所有权和自由支配权”②。因此，在进行商品交换时必须具备一个基本的法权前提，即交换主体拥有对商品确切的所有权，且这种所有权在交换之前是合理存在的，而不是通过流通的方式占有商品所有权。商品流通实质上成为一种通过某种社会行为的媒介使得自己劳动所有权转变为对社会劳动的所有权这样的过程。因此，在商品交换的过程中，最重要的就是商品交换者拥有对商品的所有权。在这个大前提下，交换主体才得以自由充分地表达自己的意愿，并根据个人的需求作出选择，彼此互不隶属，处于平权关系之中。正因如此，马克思曾引用了一位学者的论断——“法律的精神就是所有权”③，并对此表示了赞同。

其次，海洋型文明采取契约原则来建构公共秩序生活，即将生活中的各项民事行为法律化，通过契约的形式来规范某一民事行为

① 中共中央马克思恩格斯列宁斯大林著作编译局：《马克思恩格斯全集》第四十六卷，人民出版社1979年版，第519页。

② 中共中央马克思恩格斯列宁斯大林著作编译局：《马克思恩格斯全集》第四十八卷，人民出版社1979年版，第454页。

③ 中共中央马克思恩格斯列宁斯大林著作编译局：《马克思恩格斯全集》第二十六卷，人民出版社1972年版，第368页。

中的主体，使其交易过程中的权利、义务具体化、成文化。这种原则需建立在所有权属极其明确的基础上，即上述的以权利为本位，毕竟只有在私人权属明确且足以对抗公权力时才能有效进行平等交易。契约原则与农耕民族的宗法原则不同，更注重客观、公平、平等等因素，交易主体间存在的宗法关系只是交易过程中可能会考虑的元素而已。“海商民族的生活经验，使得西方人较早地放弃了血缘性的宗法原则，在一般性的公平公正观念指导下，进入到以契约原则调整社会关系的公共秩序生活中去。海商文明中的血缘胞族在扩张成为城邦国家的过程中，海商贸易对商品处分权的确定，使部族生存法则产生对所有权制度的普遍依赖。”①

古希腊是一个典型的岛国，靠山向海的地理环境决定了其必须扬帆远航、向海求生，必须借助航海术和贸易获得必要的物质生活资料，来满足生存发展的需求。频繁的商事贸易逐步使得交易者之间的交换行为规范化，某一领域公认的交易习惯和规则以及公平的贸易理念开始出现，而因商业原因进行的大规模移民则进一步传播了契约原则。“跨海迁移的第一个显著特点是不同种族体系的大混合，因为必须抛弃的第一个社会组织是原始社会里的血族关系”，因为“如果有许多船同时出发到异乡去建立新的家乡，很可能包括许多不同地方的人——这一点同陆地上的迁移不一样，在陆地上可能是整个血族的男女老幼家居杂物全装在牛车上一块儿出发，在大地上以蜗牛的速度缓缓前进”。②

再次，海洋型文明的法治中公民意识凸显。古希腊文明中，个人的地位得到相当大程度的认可，公民意识凸显，这与古希腊的城邦制度密切相关。所谓城邦是指由一个单独的城镇为中心的国家，有独立自主和小国寡民的特点。城邦为公民提供了政治身份并加以保护，公民得以在此平等生存，脱离了本城邦就意味着可能沦为其他城邦的奴隶。而城邦公民有权制定自己的法律，选择自己倾向的

① 陈晓枫：《中国宪法文化》，武汉大学出版社 2014 年版，第 208 页。

② 汤因比著，曹末风译：《历史研究》，上海人民出版社 1997 年版，第 130 页。

政策，“以一种自由公民的身份选择独立的城邦体制，形成一种城邦崇拜和城邦本位主义”①。特别是在雅典的权力组织体系中，公民身份取代了血缘身份，成为一个既能超越氏族宗法又能对抗王权专制的法律概念。它是一种根据财产拥有数量确定的法定人格，意味着某种参与城邦政治的权利：“公民是自己的主人”，“轮流地统治与被统治”，而“城邦的一般含义，就是为了要维持自给生活而具有足够人数的一个公民集团”②。

由此可见，“希腊人的认识并不局限于对物理世界和宇宙的观察……希腊人的认识扩展到人类自身、人在事物秩序中所处的位置、人类社会的特质以及规制人类社会之最佳途径”③。他们的思维不仅仅停留在单独的自然人，而是将其拓展到整个社会秩序中，即个体在整体社会中处于什么位置、享有什么权利、负有什么义务，在找准定位后再选择恰当的法律或政策来予以确认。城邦内的公民之间、公民与外邦人之间、国际上的城邦之间的各种利益关系，都依制定法上的权利义务进行调整。

最后，海洋型文明的法治中富含民主、利益和正义等价值理念与思维模式。海洋型文明的法治类型充斥着大量当代法律词汇，包括但不限于民主、利益、正义等概念，这也就反映出其富含民主、利益、正义等法律思维模式，习惯于在概念深入的基础上采取相应的思维模式处理社会关系。古希腊文明中的民主思维的一个直接体现便是奥林匹斯神系的运作规则，“以宙斯为首的奥林匹斯神族组成了一个较有民主倾向的血亲氏族社会，在其间男女神具有平等的权利和义务。宙斯是希腊各神的父亲，但是各神都能根据自己的意志行事；宙斯尊重他们，他们也尊重他；虽然有时候他责骂他们，威胁他们，他们或者帖然服从，或者不平而退，口出怨言；但是决

① 参见丛日云：《西方政治文化传统》，吉林出版集团有限责任公司2007年版，第27~29页。

② 亚里士多德著，吴寿彭译：《政治学》，商务印书馆1982年版，第113页。

③ 约翰·莫里斯·凯利著，王笑红译：《西方法律思想史》，法律出版社2010年版，第1页。

不使事情走到极端，宙斯在大体上也把诸事处理得使众人满意——向这个让步一些，向那个又让步一些”①。从神族系统的运作方式来看，宙斯虽为神系首领且掌握着绝对的权力，但其他各神依旧有自身的意志，互相尊重对方的选择并有权指出对方的错误，即保证着相对的民主模式。

而关于正义的思考，早已存在于古希腊的哲学家著述中，包括毕达哥拉斯、巴门尼德、柏拉图、亚里士多德在内的诸多哲学家均对城邦政治的“正义”、“善”、人世秩序中的“美德”有所论述。亚里士多德在《伦理学》中写道：“政治的公正，或者是自然的、或者是传统的。自然的公正对全体公民都有同一的效力，不管人们承认还是不承认。而传统的公正在开始时，是既可以这样也可以那样，然而一旦制定下来，就只能这样了。”②他从自然正义与法律正义两个角度进行了区分，自然正义具有普遍性，属于宇宙中的自然秩序，而表现在具体权利义务中的法律正义，是自然正义在个别案件中的体现。

至于利益思维，这自然与前述的商品经济与契约原则密切相关，交易的过程往往是利益的交换，通过彼此的利益取舍来保证整体上的利益平衡。在人与人的关系中，利益扮演着相当重要的角色，它甚至会凌驾于亲情、友情等社交情感之上，形成一种利益至上的势利思维。

二、农耕型文明的“法治”

农耕型文明是与海洋型文明相对应的一个概念，它指的是以农业为支柱型生产方式的族群围绕农业生产，在长期的实践中摸索出的一种整套符合农业生产、生活需要的包含国家制度、文化教育、礼俗制度等的文化系统。中国是农耕型文明的典型代表，其受儒家

---

① 黑格尔著，王造时译：《历史哲学》，三联书店 1956 年版，第 275 页。

② 亚里士多德著，苗力田译：《尼各马科伦理学》，中国社会科学出版社 1999 年版，第 102 页。

文化影响颇深，并在儒家文化的基础上融合了多种宗教文化，形成了独树一帜的文化内容和特征。其主要内容包含了国家治理理念、人际交往理念以及语言、风俗、民歌、戏剧和各类祭祀活动等多个层面。一方面，中国广袤的国土面积结合适宜耕作的气候为农耕型生产方式奠定了地理环境根基；另一方面，该环境所孕育的人民在最初自然思维的导向下建构了契合于农耕型文明的国家制度体系。正如学者所言："农耕型文明在中华大地一旦生根发芽，便根深蒂固且影响深远，它构成了中华民族传统政治、经济、文化的内在基因。"①

法治作为人类文明中重要的组成部分，其往往带有浓厚的文明特色，因为法律制度由人来制定和实施，而制定和实施的人通常生存于某一相应的文明环境中，这就决定了其法律思维必然结合本体所生存的环境，从而构建一套文明指引的法律体系。如前述海洋型文明的法治则更偏向于自由与契约，这无疑决定了以海洋为中心的文明取向。中国式农耕型文明下的法治类型也是如此，它自产生便被打上了农耕型文明的印记，以一种符合农耕型文明潜在预期的方向而逐步发展。

具体而言，农耕型文明的法治呈现以下特点。

第一，农耕型文明的规则体系以义务为本位。一般而言，采取权利本位还是义务本位是区分法治还是人治的重要标准。法治注重个人权利的保护，强调法律是对于权利的认可和保障作用；人治与法治相反，更多的是强调义务而不是权利保护。其实，权利本位和义务本位二者的差异根源于其所赖以生存的社会经济条件不同。这也反映了不同社会经济条件中不同价值取向的统治要求。商品经济依赖于交换，但自然经济却可以自给自足，不需要交换的封闭式经济结构。在这种封闭式的经济结构中，个人失去了原有的独立性，反而产生了法权体系所注重的社会等级和人身依附，人的依赖关系成为普遍特征。这也就不难理解这种背景下为何法律的价值目标是

① 王海涛、崔荣军：《农耕文明的变迁与中国法治之路》，载《山东农业大学学报》(社会科学版)2003 年第 1 期。

确认依附关系。基于此中的法律调整基础和价值目标，以义务本位为特点的自然经济型的法律文化体系得以建构。

中国文明起源较早，农耕发展很早，是早熟的文明。在以农耕为主要生活来源的区域，自给自足的经济占有绝对主导地位。在自给自足的经济模式下，彼此之间无经济上的依赖关系，亦决定了你死我活的可能结局。在此基础上，不可能产生因谈判、彼此以声张权利为主而导致的以权利为本位的规则，而只会产生某一区域被征服后，统治者对被统治者的强迫命令。在以命令为核心的规则体系中，虽有一些权利保障性的规定，但这都是统治者的恩赐，整个规则体系呈现出以义务为本位的特点。换言之，在受自然经济所制约的法律调整体系中，权利与义务的分配成为一种强化宗法等级结构和巩固君主专制制度的重要手段。在这里，个人的权利来源也是特定的，主要有三个方面：一是主体特定的社会身份和社会地位；二是主体对于伦理纲常的认同与实践；三是主体对某些特定义务或职责的充分履行。因此，在中国传统法律文化中，个人权利意识十分淡薄，拥有的只能是随着社会环境的改变而随之变化的相对权利，而不存在类似西方的绝对权利。并且，在行使个人权利前还必须充分履行相应的义务。个人权利不是独立的，而是依附于义务的充分履行。义务是一种前提条件，是首要的、绝对的，神圣的，它时时刻刻都对人民的行为和思想起着约束作用。因此，中国传统法律文化与西方以权利为本位显著不同，是以义务为本位的。

第二，农耕型文明的规范体系以德、礼为主导。法在中国古代的社会规范体系中处于低位阶，其效力、地位远不及“德”、“礼”等高位阶规范。早在先秦时期，除法家对法推崇备至之外，儒家、墨家、道家等学派均更注重其他社会规范的作用，如儒家推崇德礼规范、墨家推崇“天志”规范、道家推崇“道”规范。汉代“罢黜百家，独尊儒术”后，儒家思想开始融合其他的思想成为封建正统。就“整体而言，儒家主张一个社会应该要有许多不同性质的规范协同运作来维持秩序，并将规范的基础从鬼神的意志移转到了人的心愿和理性。而这些规范主要包括道德、礼仪、法律和政令四类，其中层次划分道德最高，法令最低。因为儒家区分规范好坏的标准是一般人的情理标准，合乎情理的规范便是好的，违悖情理便是坏的。”①道德与人的理性、情感最接近，适用基础更为广泛且更易于被接受。礼作为传统思想的支柱，应“以礼为主导，以法为准绳；以礼为内涵，以法为外貌；以礼防范于先，以法惩治于后；以礼移民心于隐微，以法彰善行于明显；以礼夸张恤民的仁政，以法渲染治世的公平；以礼行法从而减少推行法律的阻力，以法行礼使礼具有凛人的权威”②。法令是代表统治阶级利益的权威人士制定的，必然糅合了个人主观色彩，而所谓的法令制定者的公正和明智尚有待考证，因此人为法难以证实自身的正当性，需要对其进行基本的道德判断。此外，法令不可能穷尽社会上可能发生的所有问题，必然存在法令所无法涉及的死角，这就需要道德等其他社会规范来弥补这些漏洞。正如荀子所说：“故赏庆、刑罚、势诈之为道者，佣徒鬻卖之道也，不足以合大众、美国家，故古之人羞而不道也。”法令由于其本身的各种缺点而屈居社会规范体系的底端。

道德作为一种价值体系同时也是一种内在的规范模式，它可以通过启迪人们的内心世界，支配人们的动机，从而唤醒个人社会责任感和自我意识，从而达到调节个人生活和社会生活的作用。这也是道德和法律的不同之处，法律只与外部行为相关，而道德要求人们在行为时必须根据伦理责任感。正是因为道德有这样的要求，在道德所规范的领域中，责任与义务是首要的，也是第一位的。但是，道德仅仅是一种内在的规范模式，只有当其转化为法律规则，道德义务随之转化为法律上的义务时，才具有更有效的约束力。在中国传统法律文化的发展过程中，虽然道德和法律两者相对独立，但道德对法律的发展起到了至关重要的作用，道德对法律普遍广泛的介入使得法律在某种程度上成为道德生活的外部表现和见证。历朝历代的立法者和执法者都不免受到社会中主流道德观念的熏陶和

---

① 张伟仁：《中国法文化的起源、发展和特点》（上），载《中外法学》2010年第6期。

② 张晋藩：《论礼——中国法文化的核心》，载《政法论坛》（中国政法大学学报）1995年第3期。

影响，从而在法律制度中加入了被主流社会认可的道德信条的内容。通过这种方式，道德观念得以转变成法律实践的根据。从这个维度来看，中国法律文化是伦理型的观点是很有道理的。并且，如果说中国传统法律文化具有义务本位论的特性，那么这种特性的产生根源正是来自于中国古代传统伦理文化之中。毫无疑问，儒家的伦理学说奠定了中国传统法律文化的基础，义务本位论奠定了中国伦理型法律文化的基础。

第三，农耕型文明的部门法体系呈现出“重刑轻民”的特征。“在中国，虽然拥有从古代就相当发达的文明的漫长历史，却始终没有从自己的传统中生长出私法的体系来。中国的所谓法，一方面就是刑法，另一方面则由官僚制统治机构的组织法，行政的执行规则以及针对违反规则行为的罚则所构成。”①毋庸置疑，中国古代法实质上即是由刑法与行政组织法所构建的特色体系。刑法通过规制犯罪行为并利用刑罚以实现社会秩序的相对稳定，行政组织法则凭借对古代官僚体系及社会管理机构的控制来达到权力金字塔的内部平衡，因而中国古代法的规范性集中体现为对挑战封建专制权威的行为的规范，且往往针对平民阶层设定诸多限制，正如严复所说：“彼之法令(指西方法律)，所以保民身家者也；我之刑律所以毁人身家者也。”②

可见，在中国古代社会，法被认为是皇帝驾驭臣民，维护专制社会秩序的工具，因而法的规范性集中表现为规范惩罚性而非指引作用。一方面，领袖核心主义自古有之，无论是原始社会的氏族首领，还是奴隶社会的国王君主，抑或是封建社会的皇帝，均处于社会核心的位置。而核心领袖所发布的诏、令、诰、谕、敕更是法律的基本形式，集中反映了皇帝及封建既得利益群体的利益追求，正

---

① 滋贺秀三：《中国法文化的考察——以诉讼的形态为素材》，载《比较法研究》1988 年第 3 辑。

② 孟德斯鸠著，严复译：《严译名著丛刊 · 孟德斯鸠法意》(上册)，商务印书馆 1981 年版，第 335 页。

如汉代杜周所言："三尺法安在哉？前主所是著为律，后主所是疏为令。"①另一方面，作为核心领袖专制工具的法律，更多地表现为规范惩罚性，注重苛以义务而非赋予权利。因此，中国古代刑法体系异常发达，以致于刑民不分而一统于刑，法的规范性实乃惩罚规制性。纵观中国古代法的规范性思想，包括孔子、董仲舒、魏征在内的诸多思想家，其阐述法的规范性作用的目的即为君主治理国家出谋划策，树立君主绝对权威的同时宣扬法的工具属性，为皇权至上的法制模式作了最好的诠释。

第四，农耕型文明法治更注重宗法秩序与社会等级。在中国早期文明的发展过程中，存在着大量的氏族纽结，带有非常鲜明的宗法伦理色彩。通过对自然血缘关系的区分，每一个社会成员都被固定在不同的宗法体制当中，拥有确定的地位，难以更改。宗法关系成为社会关系系统中最重要最基本的构成，这也导致宗法道德理念在中国早期的意识形态中表现得非常强烈。追溯到唐虞之世，德治观念就已经相当丰富。当时的统治者就十分重视"明德"，认为其直接影响着国家的兴亡。因此，统治者强调："克明俊德，以亲九族，九族既睦，平章百姓；百姓昭明，协和万邦，黎民于变时雍。"②"允迪厥德，漠明弼谐。"③由于殷商覆亡的前车之鉴，西周统治者认为只有行德治，才能安邦治国，得到神明护佑，否则就会引来"天谴"，把"德治"放在了一个很高的地位之上。发展至西周，建立起了完善的以父慈、子孝、兄友、弟恭为基本内容的宗法道德观念体系。这就为人与人之间相处的伦理道德准则增添了神圣的色彩，在维系以嫡长子继承制为核心的宗法等级秩序、维护社会成员之间的权利义务关系等方面发挥了十分关键的作用。在当时的法权体系中，只有王或天子才享有独立的人格权及充分的财产自主权，才被认可是完全的民事权利主体。而诸侯以下的贵族以及平民逐级对上为属臣，负有义务，而不具有独立的人格权和完全的人身权，

① 《汉书·杜周传》。

② 《尚书·尧典》。

③ 《尚书·皋陶谟》。

即谓：“王臣公、公臣大夫、大夫臣士。”①在西周的法律体系中，只有嫡长子才享有宗祧继承权，贵族、平民亦由此获得相应的权利和义务，而奴隶更是仅承担义务，没有丝毫权利可言。

且就法的规范对象来看，中国古代法多将所规范的对象设定为平民，深受“礼不下庶人，刑不上大夫”的等级制度影响。古代社会是类似金字塔的明显层级社会，皇帝高高在上，农民则集聚在塔底，而不同的阶级也适用不同的规范。贵族阶层通常被认为生来高人一等，有着更好的社会背景和自身素质，因而采用礼教仪式来进行规范。而相对于贵族的平民阶层，则被视为危害社会治安的潜在暴民，需利用肃杀严格的法律来对其进行防范和惩罚，董仲舒和贾谊等即是通过人群阶层的划分来决定法律的适用范围。因此，古代统治阶级十分推崇法律在规范民众行为方面的作用，但并不是希望自身受到法的规范，虽一直宣扬“天视自我民视，天听自我民听”②、“民之所欲、天必从之”③，但法令的实质是限制平民阶层的权利，将平民阶层规范限制在狭窄的空间里，最终沦为封建专制主义下的牺牲品。而中国古代法在严于对待平民阶层的同时，又存在大量对贵族的特殊照顾，如“八议”制度等，官僚阶级亦可凭借手中权力肆意违反法律规定。

第五，农耕型文明下的法治重传承而轻创新。农耕文明的传承历史由来已久，不仅包含了物质方面的传承，即可耕种物种的传承，也包含了方法的传承，即与耕种有关的科学技术的积累。而在法律层面上则集中体现为新王朝对旧王朝法律制度体系的继承，如汉律对秦律的继承、开皇律对北齐律的继承、唐律对以往法律制度的有机整合、明清律对唐律、宋律的沿袭等。而在具体制度上，包括宽宥制度、“十恶”、“八议”、复仇制度等均有着明显的一脉相承的过程。封建统治者习惯性地在战争征服取得话语权威后，将前代的法律制度体系付之一炬，从名义上将其废除，但在实质内容上

① 《左传·昭公七年》。

② 《孟子·泰誓》。

③ 《左传·襄公三十一年》。

又悄无声息地将其继承。毕竟自身所面临的社会关系和物质生产方式未发生根本性的改变，前朝所适用的法律依旧可以用来调整当朝的社会关系，只需结合社会背景的整体变化而稍加损益即可。

此外，农耕型文明的法治在内容上还极为注重土地方面的管理。农耕型文明以土地为本，土地既是疆域的实质内容，又是维系农耕社会安定发展的直接依托，因此历代统治者都在土地政策上颇为注意，甚至于改朝换代者都时常以土地为口号而获得舆论支持。

第三章　中国“法治”的理论与实践

第一节　先秦“法治”

先秦是指公元前2100年到公元前221年的历史阶段，该阶段历经夏、商、周三个朝代和春秋、战国两个时期。在这约1900年的时间长河中，华夏大地绽放出了光辉灿烂的历史文明，特别是这一时期的甲骨文、青铜器，都是世界公认的人类早期文明的历史标志。著名学者黄摩崖先生认为：“先秦的精神是中华文明高贵的头颅。”①而这一时期的法治文化更是影响了中华民族以后的历朝历代。从中国古代第一个王朝——夏朝开始，中国的先贤们就在努力地探求治国理政的最佳方式，并且其中的佼佼者均提出了自己的治国思想和政治主张，各种各样的治国思想包括“以礼治国”、“以法治国”、“以德治国”、“以人治国”甚至是“无为而治”，虽然各种思想令人眼花缭乱，但总的来讲当时社会的主流思想还是“以礼治国”和“以法治国”这两大治国思想。“以礼治国”的治国思想从萌芽阶段发展到“周公制礼”，最终成型是在夏朝时期完成的，而其最终成为统治者治理国家的指导思想却是在西周王朝，在西周王朝的漫漫历史中，这种治国思想对国家稳定发挥了巨大的作用，但是其也不可避免地随着西周末期的战乱而结束，“礼治思想”也因过于迂腐不能适应社会发展的需要而逐渐丧失其主流思想的地位。随后是“春秋无义战”的春秋战国时期，法家法治思想趁着儒家礼治思想丧失主流地位的大好时机逐步发展和完善起来，并最终被统治者

---

① 黄摩崖：《头颅中国》，花山文艺出版社2013年版。

接受。在这一时期，各国为实现国富兵强和吞并他国的目的而发起的变法逐渐增多，但是各国的变法大多因为变法不彻底或者被既得利益集团阻挠而失败，最终只有秦国的“商鞅变法”获得成功并达到了最初的变法目的。而秦国变法的成功很大程度上是由于采纳符合当时社会实际的商鞅的“法治”思想，在秦国实行“奖励耕战”“奖励军功”的变法措施符合当时的社会经济发展需要，可以说“商鞅变法”使得秦国仅仅用了几十年的时间由战国初期西部边陲的弱小之国一举跃升为战国中期的强国大国。秦国变法的成功是“法治思想”积极一面的体现，但是在变法成功建立起亘古未有的秦帝国之后，秦始皇嬴政没有及时采取休养生息的政策，仍然迷恋于法治思想的暴力，用乱世中的“法治”来治理统一后的国家，终于将全国变成了恐怖之地，最终导致民怨沸腾、天下大乱。可以说“秦国是因为法治而强大，秦国也是因为法治而灭亡”，正如杜牧在他的名篇《阿房宫赋》里面描述的：“灭六国者六国也，非秦也。族秦者秦也，非天下也。”

一、先秦“法家”思想及其实践

（一）先秦“法家”的兴起

公元前722年，在犬戎咄咄逼人的攻势下，周平王从关中盆地丰镐东迁到伊洛盆地的洛邑，史称“平王东迁”。“平王东迁”是周朝国运的转折点，标志着西周的灭亡，并且揭开了春秋战国的帷幕。春秋（前770—前476年）战国（前475—前221年）是我国古代社会从宗法奴隶制向封建地主制过渡的大变革时期。该时期“礼崩乐坏”，周王室日渐式微，诸侯们云合雾集，竞相争霸。据文献记载，“春秋300年间，弑君三十六，亡国五十二，诸侯奔走不得保其社稷者不可胜数”①。战国250余年间，发生大小战争220余次，“争地以战，杀人盈野；争城以战，杀人盈城”②。春秋战国时期是中国历史上出现第一个王朝——夏朝之后1300年间所发生的第

① 《史记·太史公自序》。

② 《孟子·离娄上》。

一次社会变革，这一时期是奴隶制社会向封建制社会变革的时期。这一时期由于铁器的普遍使用以及耕作技术的逐渐成熟，生产力大大提高，导致了阶级结构的重新组合。古老的宗法贵族制度彻底解体，封建地主制得到最终的确立。经济基础决定上层建筑，生产力的解放使旧的社会制度不能适应社会的发展，依附于旧的社会制度而存在的各种思想、文化当然也无法逃避坍塌陷落的历史宿命。而伴随着旧制度的消亡，必然会有新制度的建立，各学派代表人物为了确立最有利于本阶级的社会制度、治国思想，纷纷阐述思想、发表政见，甚至是互相攻击对方思想，最终形成了春秋战国时期著名的“百家争鸣”的局面。而在这一时期的历史舞台上，法家无疑是表现最耀眼的主角之一。

法家是中国历史上提倡以“法治”为核心思想的重要学派，法家思想的“法治”跟我们当代的“法治”是不同的，法家思想的“法治”强调的是通过制定并实行法律来实现“富国强兵”的目的，而我们当代的“法治”强调的是人人生而平等，个人必须在法律的框架内活动，可以总结一下，古代的法治强调的是“富国”，而当今的法治更多的是强调“人权”。法家思想渊源可上溯到春秋时的管仲、子产，而实际的始祖，当推战国初的李悝，李悝在魏国的改革使魏国一跃成为战国初期的强国，并且对当时还没有变法的秦国呈现出强大的压迫之势，秦孝公正是在魏国的强大压力下才决心引进人才，“变法图强”，才有了后面的“商鞅变法”。但是法家的发展壮大却是在战国中期，随着战国时代的兼并战争愈演愈烈，国家的存亡忧患意识也越来越强烈，“战国七雄”每一个国家都竭尽全力发展壮大，增强自身的实力，在这种情况下，法家“富国强兵”的治国理念深受那些野心勃勃的企图吞并他国的君主的欢迎，各国竞相掀起了变法的改革运动，分别有吴起在楚国的变法、申不害在韩国的变法、商鞅在秦国的变法，其中“商鞅变法”使秦国一跃成为虎狼之国，完全扭转了战国初期被动挨打的局面，并且最终吞并东方六国。那么在百家争鸣的春秋战国时代，为什么只有法家思想受到各国的欢迎？为什么只有秦国最终靠着法家的变革运动实现了统一全国，横扫六国的夙愿？原因在于：

第一，法家的思想符合当时的社会实际，其治国思想具有具体的可操作性。墨家学派提倡“兼爱非攻，相爱相利”的思想，这在当时群雄割据、弱肉强食的乱世年代让人有耳目一新的感觉，但是不符合战国时期的天下大乱的社会特性，至于墨家的“非攻”思想，则根本就不应该出现在那个纷乱的年代，因为春秋战国时代的特性就是“攻城略地”，如若坚持“非攻”，则国家根本无法生存，最终难逃被其他列国吞并的命运，文明存在的第一需要是生存，国家当然同样如此。道家老子主张的“无为而无不为”，“老死不相往来”的思想是一种消极逃避的社会哲学，这种理念可以在太平盛世推行，在动乱的年代里推行无异于痴人说梦。而儒家思想比道家思想更加迂腐，它倡导的思想的实质是“复古”，因此极力维护夏商周时期的等级制、分封制和世袭制，孔丘周游列国，宣传他所谓的“仁政”主张，游说各国采用尧舜禹时期的治国方略，最终毫无疑问地遭到了新兴地主阶级的反对。各诸侯国虽对孔子礼敬有加，但其动机大多是利用他的社会名望，博取“招贤纳才”的美名，希望借此招纳人才富国强兵。只有法家思想在当时最受各国欢迎，因为其思想最具战斗力和竞争力，“按军功授勋”、“废除世家贵族的特权”、“奖励耕战”、“一断于法”的铁血政策，既给国家提供了生存的空间，又符合新兴地主阶层的政治构想。并且秦国地处西北蛮荒之地，恶劣的地理条件锻炼了秦国人好斗的性格和吃苦耐劳的忍耐能力，这些都对商鞅变法在秦国的彻底推行起到了不可忽略的作用。

第二，百家争鸣，彻底的言论自由以及良好的学术氛围为法治思想的开花结果提供了良好的土壤。中国历史上文化的发展有一个“怪现象”，每逢乱世中国的思想文化界就会“百花齐放”一片欣欣向荣之态，各种大师层出不穷，而在所谓的“太平盛世”，思想文化界反倒是一潭死水，中国的春秋战国时期以及民国时期均是如此，巧合的是中国思想文化界这两次“百花齐放”均是发生在社会转型的大变革时期，一次是发生在春秋战国时期的从奴隶制到封建制的转型，另一次是发生在清末民初的封建社会到民主社会的转型。而这种现象出现的原因无非以下几种：第一，是学术自由的结果。每逢乱世，国家动荡，当权者对社会各个方面的控制力出现史无前例的衰竭，于是思想文化界被播下了自由的种子。第二，各种势力在激烈的斗争中，充分认识到人才的重要性，一个商鞅就使秦国从弱国一跃成为各国之首，使其他诸侯国不得不把人才资源当做最宝贵的资源，因此各国都纷纷发布求贤令招纳四方英杰，甚至许以高官厚禄挖敌对国的人才。而自古以来人才与文化就是密切相关的，人才的兴盛，必将带动学术文化事业的繁荣。第三，国家动荡，旧的东西被不断地抛弃，新的事物蓬勃发展。这些都会促使“百花齐放”局面的出现。虽然国家社会动荡不安，但是学术氛围却是开放、自由的，而这种氛围是春秋战国时期学术文化空前繁荣的必不可少的因素。虽然这一时期学术上是开放自由的，但是学术界内部却纷争不断、百家争鸣，代表新兴地主阶级利益的“法治”思想正是在各家思想纷争不断的“百家争鸣”过程中，充分展现了其适应社会发展需要的一面，因而不断得到发展并最终走向成熟。

第三，法家思想本身有着更为广泛深厚的社会根基。以马克思主义的“阶级分析法”来看，儒家学派的奠基者孔丘，于公元前551年出生于一个已经衰败的奴隶主贵族家庭，祖先虽然是商王朝王室的后裔、春秋战国时期宋国的贵族，但是到孔子这一代时，已经与平民无异，孔子年轻时做过管理仓库和看管牲畜的小官，生平做的最大的官是在鲁国做了三个月的大司寇。他的出生和生平经历，注定了他是一个已经逐渐退出历史舞台的奴隶主贵族的代言人，而奴隶制的逐渐崩溃和瓦解，也决定了依附于奴隶制的儒家思想的影响力必然会越来越小。至于老子的道家学派，反映的也是一部分没落奴隶主贵族的声音，奴隶制已经在逐渐退出历史的舞台，当然也不可能得到这个时代社会各阶层的广泛呼应。墨家学派的鼻祖墨翟年轻时做过木匠，虽然后来成为学识渊博的知识分子，但是他是先秦诸子中最接近工农小生产者的士人。墨子早期师从儒者，学习孔子的儒家思想，但是最终墨子舍弃了儒学而创立了墨家学派，因此墨家的思想和学说代表的是手工业等小生产者的利益，那时的手工业虽然有所发展，但在当时的农耕社会中，手工业者仍然是一个非主流的群体。因此墨家思想的影响也十分有限。而以李悝、商鞅为代表的法家学派，虽然发展较晚，但是其极力倡导和推行的“法治”

思想集中反映了在当时的社会大变革中新兴的力量——地主阶级在政治上和经济上的愿望和要求。这个蓬勃发展的新兴阶层经济实力强大，并且逐渐控制了国家和社会的经济命脉，其人数也是随着奴隶制的瓦解、封建制的逐渐确立而日益增多，更重要的是相对于儒家思想不受各国君主重视，法家的治国思想却得到了诸侯各国上自君主下至贤臣的空前欢迎。因此，代表新的社会力量——地主阶级利益的"法治"思想，就无可争议地逐渐上升为战国时期各诸侯国的社会主流思想。

（二）先秦"法家"的思想及实践

法家是在奴隶制社会向封建制社会转型的过程中兴起的，他代表的是一种新兴的社会力量——新兴的地主阶级的思想。春秋战国时期，伴随着思想解放的是科学技术的长足发展，而科学技术的发展必然会促进生产力的解放，春秋战国时期科学技术的发展主要表现在天文学、农学和重金属的提炼技艺上，特别是冶铁术的发明及牛耕的推广上，当时的农耕社会大大提高了生产效率，促进了生产关系的变革，这种变革所产生的影响丝毫不亚于现代社会的一次工业革命所产生的影响。同时以重新确定土地所有权和赋税制度为核心内容的各国变法改革，从形式上确立了地主阶级的主导地位，从此以后地主阶级名正言顺地加强了对整个社会经济的控制力。"公元前685年，齐国实行'相地而衰征'，根据土地好坏'按田而税'。公元前594年，鲁国实行"初税亩"，不论公田、私田一律纳税。这种赋税改革，虽然其出发点是为了增加本国的财政收入，但事实上是等于公开承认土地私有的合法地位，这必然进一步加快了井田制的崩溃，为地主经济的发展扫清了最后的障碍。"①地主阶级在取得经济上的主导地位以后，必然要谋求政治上的权利，但是该时期政治上的主导权仍然牢牢把握在奴隶主贵族的手中，为了改变这种局面，作为新兴地主阶级的代言人，法家提出了自己的政治主张："坚持以法治国，主张以法为本、任法而治、信赏必罚、一断于

① 高巍翔：《春秋战国经济技术发展与我国封建社会的文化生态性》，载《中国矿业大学学报》（社会科学版）2008年3月25日。

法。"在法家的治国思想中，抛弃了儒家亲疏贵贱的等级思想，要求确立法定的客观标准，严刑峻法，赏罚分明，人人平等。法家认为必须统一适用法律，没有任何的亲属贵贱、等级差别才能最终实现国富兵强、社会公平。法家政治主张的提出在很大程度上打击了守旧的奴隶主阶级的利益，满足了新兴的地主阶级的愿望，这一点从商鞅变法的下列举措可以明显看出：废除旧世卿世禄制，奖励军功，禁止私斗，颁布按军功赏赐的二十等爵制度①；废除贵族的井田制，"开阡陌封疆"，废除奴隶制土地国有制，实行土地私有制，国家承认土地私有，允许自由买卖②；增加连坐法法律，轻罪用重刑等等。上述政治主张的实施也体现了法家"只有实施严刑峻法才能实现国家'国富兵强'的思想"。"使国家强盛"是法家的国家观最显著的特征，也是其最终目标。法家学派的人士一般认为，国家的利益高于一切，因此只要符合国家利益的事，如奖励农耕、扩张领土，国家都应该积极鼓励并支持。至于提出的使国家富有的策略，仅仅是一种方式和手段，其目的是为了国家称霸天下、统一全国。而国家与国家之间，并无礼仪，只有利益，这是必然的趋势，"古人亟于德，中世逐于智，当今争于力"③。既然身处弱肉强食的乱世，各国均信奉丛林法则，那么国家与国家之间，就只需靠实力对话，国家强大，别人就来朝见，国家弱小，就要去朝见别人，因此，英明的国君会致力于壮大自己的实力，而不是虚伪地讲"仁义"或"和平"。在一个国家生存是头等大事的时代，那么任何事情就必须围绕"生存"二字来进行，一切都应该删繁就简，使国富兵强。

上述思想是法家在国家观上的思想，除此之外法家在治国方面也有自己的理念，法家的治国方略主要分为"法治派"、"术治派"和"势治派"。首先，"法治派"强调的是法律的平等性，即"以法为本"，法律作为唯一的标准，人人都应该遵守。但是法律的制定只

① 《商鞅令》。

② 《战国策》。

③ 《韩非子·八说》。

能由君主来掌握，君主在立法之时应当根据国家社会的实际情况来立法。法律制定后，必须保持其相对稳定性、畅通性、唯一性。为了达到这个目的，法治派主张实行“铁血政策”，商鞅就是法治派的代表人物，其变法活动就伴随着血腥的杀戮与镇压。需要指出的是在“以法为本”的前提下，法治派并不排斥使用“术”、“势”。其次，法家思想中的“势治派”，是着重强调运用君主拥有的至高无上的权力和地位来驾驭群臣，从而治理国家。春秋战国时的名相管仲曾经说过：“君主之所以为君主是因为他有君主的‘权势’，所以一旦君主失去这种权势，则就会受制于臣。”再次，法家思想中的“术治派”，是指君主通过阴谋权术来推行个人意志，进而实现统治。韩非说：“治国之道，既要根据每个人的能力给他相应的官职，让他名实相符。更是要用自己手中的生杀大权，考察臣子的才能从而驾驭群臣。”“术”只能君主自己心中明了，它既不同于法的显而易见，更不同于势的无处不在，此所谓“法莫如显，而术不欲见”①。作为法家学派的集大成者——韩非主张法术势三者结合才能构成“帝王之具”。由法术势各自的理论可知无论是哪一派别都必须以君主的个人集权为前提，因此可以说法术势的理论以君主专制为前提，而君主专制也可以更好地推行法术势的理论，因此有学者称之为是集权专制下的法吏政治。法、术、势各派的代表人物分别是：商鞅、申不害、慎到。商鞅前文已有论述，这里主要叙述法家的另两大代表人物，申不害与慎到。申不害的治国理念是：治理国家即是驾驭臣民，如果君主能够运用一种统治术使臣民各归其位，那么这个国家必然会繁荣昌盛。由此可知申不害的术治理论与商鞅的法治理论的不同是显而易见的。申不害重视的是君主个人的统治手腕在治国理政方面的作用，而商鞅则强调的是法律在治理国家上的唯一。用现在的观点来看，前者注重的是人治，法律只是其统治的工具，而后者则有现代法治的影子，但是仅仅是“影子”，决不能等同于现代的法治。最后，就是慎到的“势治派”，慎到认为国君推行“法治”只能依靠自己的权势和权力，因此必须实行权

① 《韩非子·难三》。

力一元化使君主的权力独一无二，在慎到的理论中我们又看到了最早的“权力一元论”的雏形。慎到的势治和申不害的术治最大的区别就是慎到强调的是君王本人，而申不害强调的是君王本人的治国手腕。他们的共同点是法、术、势三派均认为只有加强并集中君主的权力才能更好地治理国家。在法、术、势三派诞生之时已经可以看见它们融合的趋势，至韩非子时则正式将法、术、势融合成独特的法治理论。这里需要指出的是，法、术、势三派的治国理念大多得到了实践，商鞅在秦国的变法虽然最后本人被车裂，但是其变法措施被保留，并且最终实现了法家“吞并六国，一统天下”的夙愿，可以说商鞅的变法获得了成功，并且是中国历史上唯一的一次政治改革获得成功的案例。申不害在韩国变法，使韩国从战国七雄里面最弱小的国家一跃成为“劲韩”，虽然最终失败，但是也使韩国的国力得到提升，唯有势治派的代表慎到没有得到在当时的战国七雄中推行自己的政治主张的机会，这不得不说是一个遗憾。需要特别指出的是近代台湾的民主改革在某种意义上体现了法、术、势三派的思想，蒋经国先生的“我正是要以专制结束专制”的名言深刻地体现了法治派和势治派的思想。通过颁布法令结束专制是法治派的做法，而通过自己身为“总统”的“势”来推行民主更是势治派的做法，在推行民主的过程中不可避免地要使用“术”，此三者岂不正好是“法”“术”“势”的巧妙结合？

二、先秦“儒家”的法律思想

春秋末期，孔子创立了儒家思想及其学派。孔子创立儒家学派的初衷是为了帮助国君，顺应自然，宣明教化，因此孔子特别注意仁义之事。正如《汉书·艺文志》所述：“儒家者流，盖出司徒之官，助人君顺阴阳明教化者也。游文于六经之中，留意于仁义之际，祖述尧舜，宪章文武，宗师仲尼以重其言，于道最为高。”①儒家最初指的是丧葬冠婚时的司仪，是礼乐制度中的执行者。自春秋起指由孔子创立后逐步发展为内在以仁恕，外在以礼仪为核心的思

① 《汉书·艺文志》。

想体系。春秋战国时期，孔子在鲁国讲学，以“诗、书、礼、乐、易、春秋”之六经为经典，奠定儒家最早的理论起源。儒家思想在一定程度吸收礼乐制度的基础上产生，作为儒家思想开山祖师的孔子极力推崇尧舜的道统，并且号召各国要守护周文王、武王的礼法。大体而言，儒家是鲁国文化即中原农耕文化的代表，法家则是晋秦文化即西北游牧文化的代表。儒家代表守旧的没落的奴隶主贵族势力，仍然崇尚用亲族之间的血缘关系作为纽带来维护宗法等级制，政治上的主张是“以礼治国”；与之相对应的法家代表新兴的地主阶级，其在政治上主张“以法治国”，强调用铁血政策和强权政治废除旧的等级制度而建立新的等级制度。儒家思想与法家思想在当时是“维护旧制度”和“建立新制度”的冲突，这种冲突注定了儒法两家会在春秋战国时期的“百家争鸣”的舞台上激烈地碰撞。

儒家思想和法家思想这两个思想流派都对中国传统法律文化产生了重大影响。在中国古代社会，法家思想尚未产生之时，儒家法律思想就融合了诸子百家中的思想，希望以此维护古代奴隶制体制以及传统的社会等级制度，由此可知儒家思想对中国法律思想影响深远。儒家的法律思想无外乎“礼治”和“人治”，而法家的法律思想则是依靠铁血政策、强权政治实现“国富兵强”，进而最终建立一个高度统一的中央集权制帝国，满足新兴地主阶层在经济上和政治上的需要。由儒法两家的发展历程可知，儒家先于法家而产生，儒家的思想跟法家的思想很大程度上是相互对立的，这就不可避免地出现“儒法之争”，儒家和法家的口诛笔伐，确实也贯穿于整个春秋战国时期，直至秦始皇统一六国焚书坑儒，才从形式上结束了这场争论，但是随后的汉朝却使儒家和法家法律思想从对立的一面逐渐走向儒法合流，这是对中国传统法律文化的极大完善，也赋予了中国传统法律文化强大的生命力，诞生了中华法系，直至两千多年以后的清末，中华法系才最终解体。

(一)儒家法律思想发展时期

孔子的法律思想的精髓可以用“仁”一个字来浓缩概括，仁者爱人。孔子的仁与礼是紧密结合、互不分离的，仁是孔子思想的精髓，礼是孔子思想的形式。仁的思想要发展必然离不开礼治思想的进步。在孔子眼中，仁是一种道德标准，是约束思想的行为规范，要做到仁就必须不断地对自己的品行进行反省，不断地修身养性。要坚持"不以善小而不为，不以恶小而为之"，同时可以先通过自己的身体践行来影响身边的人进而实践自己的仁。这一点在儒家的经典《中庸》里展现得淋漓尽致，《中庸》里的"正心、诚意、致知、格物、修身、齐家、治国、平天下"，强调个人品德修养、家庭维护以及治理国家是递进统一、紧密联系的有机整体。孔子所描述的仁包括以下几点：第一，百善孝为先，"仁之实，事亲是也"①，仁的实质是侍奉父母、孝悌为仁的首先要求。因为孔子维护的是宗族等级社会，因此血缘作为纽带发挥着重要的作用，而在所有的血缘关系中，父母与子女之间的血缘关系显然也是最重要的，可以说，仁的"孝""梯"内容是整个儒家思想的基石。第二，与"仁"紧密联系的"礼"是等级森严的礼，"刑不上大夫，礼不下庶人"说明孔子的礼本身就不是为平民百姓设置的，而是为士大夫阶层所设置的，既然礼是有等级的，那么根据贵贱亲疏的不同，"礼"也是有所区别的，如"君王任用臣子要符合礼的规范，臣子侍奉君主要用忠心"这些等级性的理念符合不断集权的君王的需求，尤其符合了建立一个统一的高度集权的帝国的实际需要，因而被各国君王采纳吸收，成为影响巨大的思想体系。孔子及其弟子所创作的《论语》是儒家的经典著作，是儒家思想集大成者，对后世产生的影响直至当代。

在治国理政上，孔子非常重视君主个人的表率作用。在《礼记·中庸》中提到，治理国家主要靠人，在世时，推行其治国理政的政策；过世以后，其治理政策就此而止。可见，孔子对统治者的要求是统治者必须以身作则推行其治国理政的政策，"政者，正也，子帅以正，孰敢不正"②。除了重视统治者自身的表率作用以外，孔子主张"为国以礼"，进而建立了以"仁"为核心，以"礼"为形式的思想体系。所谓礼治，就是指以礼治国，礼要影响到社会生

① 《孟子·离娄上》。

② 《论语·颜渊》。

活的方方面面。而礼具体是指西周时期形成的一套礼节仪式、典章制度和行为准则。在具体统治方法上，儒家重道德教化的作用，而诟病法律及其强制作用的“治标不治本”。“为政以德”或“以德服人”均体现了以礼治国思想。

作为孔子的继承者，孟子认为人性本善，人天生就具有善的道德本能。每个人先天就具有恻隐之心、羞恶之心、辞让之心、是非之心。这四种“心”进而产生了仁、义、礼、智、信五种善的品德。孟子认为：“人性之善也，犹水之下也。人无有不善，水无有不下。今夫水，搏而跃之，可使过颡；激而行之，可使在山。是记水之性哉？其势则然也。人之可使为不善，其性亦犹是也。”①孟子提倡“礼”学，是本质的“礼”学，孟子认为，与人性本善一样，“礼”也是人生而具有的，与孔子认为的“礼不下庶人”不同，孟子认为“礼”应当人人享用，由此引出孟子的“仁政”思想。孟子将礼作为一种思维方式和价值观念发自肺腑地崇尚“礼”，孟子的“礼”发源于四心之中的辞让之心，因此在选择利益时，崇尚“礼”的人应当摆脱自身欲望而自愿将利益让给他人，这是一种修身养性的道德境界，这种道德境界要求既不能为了满足一己私利而放弃礼义的要求，也不能违反人善的本性。孟子不但提出“人性本善”的理论而且还进一步发展了孔子的“礼”“仁”的思想，把孔子创立的“礼”的学说发展出仁义礼智四端，其产生的影响奠定了未来几千年中国传统文化的道德标准。孟子认为“礼”的内容大于形式，主张平等观念；对于礼的“权”性认识体现了儒家的求实精神，基于“性善论”演化出来的“仁政论”是孟子的另一个重要的理论。相对于法家教授统治阶级如何实现“霸道”，孟子的“仁政论”主要是告诉君王如何实现“王道”。孟子排斥法家的“霸道”，认为只有王道才是治国理政的最佳模式。在孟子的理论中，实现王道就离不开仁政，而要实现仁政又离不开善，在所有的善当中“孝”又是最大的善。孟子认为天下所有的人都是人性本善的，所以君王也不例外，那么君主自然可以身体力行地推行“修身、齐家、治国、平天下”的“仁政”

① 《孟子·告子上》。

进而最终实现“天下安康”的王道之治。孔子、孟子对后世礼学的发展奠定了坚实的基础，对中国未来的治国理政的思想产生了重要影响。

儒家学派的另一位巨儒荀子，是继孔孟之后儒家学派的又一位大家巨子，虽然和孟子都同属于儒家学派。但与孟子认为人性本善不同，荀子认为人性本恶，荀子认为人从出生开始就具有掠夺性，例如婴儿一出生就需要奶水，而对食物的需求伴随人的一生，并且人即使满足了食物的需求，也会产生更大的需求，因此恶就是人的自然属性。“凡人所有一同：饥而欲食，寒而欲暖，劳而欲息，好利而恶寒，是人之所生而有也，是无待而然者也。是禹，桀之所同也。”①虽然荀子认为人性本恶，也指出了人性本恶是因为人的生存需求产生的自然属性。但是荀子也同时认为如果这种生存需要得到调节和满足，生存的危机解除以后，那么大多数的人就在社会生活中和睦相处，互敬互爱。荀子还充分意识到礼制对中国传统社会发展与变迁的重要作用，认为依于礼而行之就是“道”，“道者，非天之道，非地之道，人之所以道也，君子之所道也”。儒效礼义是圣圣相承的传统，历代圣王依于礼义，尚德推贤，损益以应对时变，最终形成了社会的历史。荀子强调“礼”的作用在于区分不同等级，不赞成“礼”的平等性；突出尊卑贵贱，强调君主无上的权力。荀子在崇尚“礼”的前提下，认识到仅依靠道德教化来实现“礼”的巨大困难；提出“援法入礼”，主张依靠法的强制作用赋予道德强制力，来实现整个社会国家“礼”的实现。荀子认为人是非理性的，不能期待人都能做出“合礼”的行为；这是一种客观的观点，是对人格研究新的认识，这也就是著名的“人性本恶”的论断。荀子认为人性本恶，因此礼需要以法的形式出现，以此来提升礼实现的可能性。礼乐刑政建立的目的就是帮助限制人性之恶。虽然荀子的“礼”更为明确具体并且含有“强制性”的色彩，但是荀子同时也注重“礼”的预防作用和教育作用。荀子重视法规对社会的规范作用，认为法的规制作用相对于道德的教化作用而言具有更加明显和良好

① 《荀子·性恶》。

的效果。在中国两千多年的封建历史中，荀子介于德治与法治之间的治国思想，所体现出的制度伦理观念对中国历朝历代统治者的治国理政理念产生了无法估量的影响。荀子主张通过隆重的礼仪来表示对君主的尊重，从而树立国君的绝对权威，然后通过国君的绝对权威来推行“礼”在规范社会秩序、区分社会等级方面的作用，进而将礼和法相结合最终达到维护社会的安定和稳固国家政权。荀子提出援礼入法的观念，以及其所提倡的“性恶论”指引人们开始重视法在社会生活中的作用，也逐渐认识到道德教化的局限性。荀子的时代进入了儒法合流的时代，荀子的两个弟子李斯、韩非子都是法家的重要代表人物；他们借鉴彼此的思想观点，使儒家和法家的思想都得到了完善和发展。荀子不但继承孔孟的思想观点，而且吸收借鉴了法家的思想；这种吸收借鉴对儒家思想进行了完善和发展，使儒家学说有了完整的体系，也为后世儒家的重要地位奠定了基础。

由上面的三位儒家巨子的思想我们可以知道，孔孟更注重统治者个人的道德及品性的力量，对平民百姓则更强调道德感化的作用，他们认为在“礼”与“法”二者的关系中，首先“礼”是最重要的，只有充分发挥“礼”的作用以后才能发挥“法”的作用，并且他们认为“礼”的作用发挥以后基本上就能解决所有的问题，所以“法”基本是没有用的，并且最好不使用“法”，待到荀子时，才将法的地位提高，“隆礼尊贤而王，重法爱民而霸”，虽然仍然强调“礼”的作用是最重要的，但是也不否认“法”是统治者维护统治的不可或缺的工具，可以说是最早的法律工具论。

（二）儒、法之争

从孔子的“文武之政，布在方策。其人存，则其政举；其人亡，则其政息 ”，“为政在人，取人以身，修身以道，修道以仁”到孟子的“君仁，莫不仁；君义，莫不义；君正，莫不正：一正君而国定矣”，“徒善不足以为政，徒法不足以自行”，最后到荀子的“有治人，无治法”，“君子者，法之源也”，都突出了儒家崇尚贤人政治、重视礼德的道德教化作用而轻视法规的惩罚作用的理想。与之相对应，从商鞅的“治世不一道，便国不法古”，“君臣释法任私必乱”和“刑无等级，以刑去刑”，到慎到“法非从天下，非从地出，发于人间，合乎人心而已”以及“以道变法”，最后到韩非《韩非子·五蠹》中的“以法为教，以吏为师”，这些言论都凸显法家“法治”的思想。通过儒家和法家的著述，如果我们仅仅从这些著述去理解，先秦“儒家”与“法家”，“人治”与“法治”存在着不可调和的矛盾。

春秋战国时期的礼法之争，从春秋末期开始，到战国前期寂静，战国中期则大爆发，而战国后期又回归平静，这种情形的出现是因为春秋前期和中期，社会受周礼的影响较大，“以德配天”“以礼治国”的思潮的经济基础井田制尚未瓦解，德礼思潮仍然十分流行，再加上学术思想的长期积累沉淀，因此春秋前期和中期礼法之争相对寂静。至春秋末期，大量私田被开垦，各国都进行改革赋税制度，例如：齐国的“相地衰征”，郑国的“初税亩”，这些改革使新兴地主阶级开始出现，井田制逐渐开始动摇，新兴的地主阶层为了维护自己的利益，就要以法来保障他们刚取得的权益，而这种行为妨碍了奴隶主贵族永享富贵的美梦，于是出现了礼法的初次碰撞。但是因为新兴地主阶级刚刚诞生处于发展时期，而奴隶主贵族则通过几百年的统治树大根深，因此新兴地主阶层力量还相对弱小，其产生的作用十分有限，不足以推动整个社会的大变革。所以战国前期法家不但不能对礼治产生威胁，甚至还需要寻求儒家礼治思想的庇护而向儒家礼治思想吸取资源，其中最典型的例子就是慎到和吴起，他们通过对礼和德的掌握和运用而达到自己的目的。战国中期以后，井田制加速瓦解，私田制已经公开建立，新兴的地主阶层已经不像春秋时期那样力量弱小，有强大经济实力作为后盾的法家开始对儒家发动全面的进攻。奴隶主贵族虽然正在日渐没落，但是仍然不甘心退出历史舞台，奴隶主贵族对新兴地主阶层进行着最后的负隅顽抗，作为其思想代表的儒家当然也在旁边以笔为刀摇旗呐喊。主张行仁政一定要从划分、确定田界开始的孟子就大骂暴君污吏必定要搞乱田地的界限，希望借此维护奴隶制的经济基础，然而这一声音已经没有底气，逐渐被法家的“富国强兵”“称王称霸”的口号淹没。并且这时的法家已经通过在各国的变法运动取得了一系列的成功，在残酷的事实面前，儒家的高谈阔论、迂腐不堪反倒衬托了法家思想的符合实际，于是儒家的礼治思想面临着土崩瓦解的局面。基于这一现状，作为儒家继承者的荀子站在不同于以往任何时候的角度重新思考儒家的礼法观念，为了延续儒家思想的生命，适应新的社会形势的发展，荀子不得不改变过去一味强调“礼”的做法，而提出了礼法结合的主张，但是这种礼法结合仍然是以礼为主以法为辅，此后的两千多年的封建王朝中历朝历代的统治者都接受了这种“外儒内法”的理论。荀子礼法结合、以礼为主的思想实际上是政治统一前的思想统一的表现，成为以后儒法合流的桥梁。然而此时作为法家学派的代表韩非因为法家对儒家的全面胜利，仍然毫不留情地继续批判儒家的思想，不过这已是先秦时期儒法之争的最后表演。它一方面显示了新兴地主阶级誓将剩勇追穷寇的决心。另一方面也为建立统一的中央集权国家提供了理论上的准备。

第二节　封建社会的法治

一、秦末汉初的儒法合流

儒法合流的趋向在战国末期儒家提出的“外儒内法”的思想中就可以看出端倪。但公元前221年秦国以武力横扫六国建立了中国历史上第一个高度中央集权的大一统国家，并且确立了“以法为教，以吏为师”的治国思想。作为秦国主流思想的法家思想随着秦国的一统天下在政治上获得了极大的成功，而儒家则在秦始皇“焚书坑儒”中遇到了前所未有的挫折。儒法思想的严重两极分化，使统治者认为不再需要儒法合流，并且在客观上儒家思想也被严禁在社会上传播，儒法合流的客观条件都已经不再存在了，故其合流的趋势就此停滞不前。但汉武帝时，为了加强君主专制和实现中央集权，需要将儒家思想和法家思想结合起来。而且就儒家和法家自身也存在着合流的内在因素。首先，二者有共同的目的，加强君主专制和中央集权，希望为万世开太平。而且儒家和法家都对君臣名分极力维护，都强调君臣应当各司其职，各守其礼。儒家讲求礼和法家强调法是两种不同的治国方略，但这两种治国方略仅仅只是手段和方式上的差异，目的都是为了维护统治。儒家反对法治、任刑，主张道德教化，但也绝没有摒弃刑法之意；法家固然绝对排斥礼治德治，但是也不反对用“德”“礼”来达到法家“富国强兵”的目的。儒法两家一刚一柔，宽猛相济，二者只是侧重点不同罢了。其次，就其各自学说本质而言，儒法两家都把“君主”作为其思想的核心，其实质都是属于“人治”的范畴。再次，需要指出的是，儒法两家从法家诞生之日起就开始对立争鸣到汉武帝时的为了政治需要而开始合流，期间的儒家与法家的思想都有了长足的发展。就法家而言，主张“严刑峻法”及“一断于法”乃其两个基本特征。同样，汉代以后儒家和先秦时相比也已改弦更张，它先后吸纳了法家、阴阳五行等家的一些思想。最后，礼与法本身就有着内在的互补性，礼是法的前提，法是礼的后盾。“礼具有合法性和强制性。同时礼成为判断罪与非罪的标准。礼认为对的，就是法认为合法的；礼所不容许的，也就是法所禁止的。伦理、家族和阶级是儒家意识形态的核心和中国政治社会的基础，一切的社会组成部分也都是为了维护家族和阶级这两种制度和秩序而相应地作出反应。”①这种互补性奠定了儒法合流的基础。

（一）儒法合流的政治基础

秦始皇横扫六国，建立秦朝后，没有休养生息，而是继续推行法家的刚猛举措，实行严刑峻法、苛捐杂税，横征暴敛的结果就是民不聊生，农民反抗，社会动荡不安，最终“一夫作难而七庙隳”，秦朝二世而亡。刘邦建立汉朝后吸取秦朝灭亡的深刻教训，反对苛刑峻法，在经济上采取了轻徭薄赋、休养生息的政策恢复国力，在政治上主张无为而治，在思想上把黄老思想作为国家的主流思想。西汉前期因为采取了正确的经济政治和思想政策，国家实力逐步增强。到汉武帝时已经可以改变无为而治的策略，加强了中央集权和君主专制，并且频频对外出击。

① 瞿同祖：《中国法律与中国社会》，商务印书馆 1947 年版。

儒家和法家之所以在汉武帝时期达成合流，是因为当时国家统一，政治稳定，二者有着维护君主专制和加强中央集权的共同的政治基础。儒家主张固定君臣之礼，法家强调以法打击异己，树立皇权威严，即“外儒内法”。儒家法律思想和法家法律思想的合流以及礼法互补，人法兼用始于秦末汉初，盛于隋唐。汉武帝时，国家和社会形势与汉朝初期大不相同，而汉朝初期采用的黄老之术渐渐不能适应加强君主专制和中央集权的要求。汉武帝亟需为强化君权、加强中央集权寻求理论支持，而董仲舒主张“罢黜百家，独尊儒术”，宣扬“君权神授”、“天人合一”和“天人感应”学说，这极大地迎合了这一需求，受到了热烈欢迎。从理论本身看，董仲舒提出这一套体系，改革了儒家的传统思想，宣扬了大一统，被皇帝接纳。“独尊儒术”从字面意思上理解是把儒家的思想作为国家的主流思想，排除儒家思想以外的其他各家的思想，但是这种做法在实际的生活中肯定无法实现，因为如果没有法律，仅仅靠儒家的“礼”“德”显然是无法维护统治的。因此实际情况是汉武帝的治国理念是以儒家思想为主，法家思想为辅。代表儒家的文吏与代表法家的酷吏从以往的对立转向融合是儒家与法家法律思想合流的体现。因为在皇权专制面前，无论是代表儒家的文吏还是代表法家的酷吏都必须为封建专制的君主服务。服务皇权这一强大动因使儒家和法家在立法、司法活动中不断深化礼法的融合。

(二)儒法合流的结果以及影响

儒法合流意味着儒家和法家由最初的相互对立、排斥向相互吸收、融合转变，但这种吸收与融合并不是没有限度的，这种吸收与融合的底线就是共同的政治需要，并在互相容忍的范围内融合。并且这种融合也不是双方不同观点的简单罗列，而是在融合的基础上形成新的概念和事物，这种融合必然会影响中国社会历史的发展。

首先，法律的儒家化是儒法合流最直接的一个结果，秦汉以后随着国家疆土的扩大、人口的增多，管理国家的难度也逐渐增大，统治者需要法律来治理国家已成为客观存在的事实，并且法律已经渗透到政治生活的方方面面，在这种情况下无论是儒家的儒生，还是其他各家的子弟要想入仕做官，精通法律并且能够应用法律便成为一个必不可少的因素。虽然这些人迫于客观存在的形势不再公开宣扬反对法治的思想，但是当这些人在制定与应用法典的过程中自然要带上儒家印记。例如亲亲得相首匿、春秋决狱等法律规定就是儒家法律思想观念的典型体现，在这种法律思想身上可以明显看到儒家“礼”的影子。与其相对应的“连坐”、“夷三族”等刑罚规定则是集中代表法家的法律思想，这种法律思想坚持的是“严刑峻法”“以刑去刑”。自汉以来，儒生注释法典，亦成一时风气。儒生除了在法律制定上以礼入法，使儒家的思想通过法律具有强制力之外，在法律具体运用当中受到儒家思想的影响更大。如前文所述，儒生受到重视，大量入仕做官，做官以后必然要从事司法审判活动。在审案断狱过程中，他们常于法律条文之外引用经义，从而使得儒家思想成为最高的法理，进而指导断狱量刑。董仲舒的著作《公羊董仲舒治狱十六篇》，通篇以春秋大义、圣人微旨断狱审案。《后汉书》曾经记载：“故胶东相董仲舒老病致仕，朝廷每有政议，数遣廷尉张汤亲至陋巷，问其得失，于是《春秋》决狱二百三十二事，动以经对，言之详矣。”①从当时的记载来看，以经义决狱在汉时已极有影响，这种审案方法兼顾人情和法理取得了较好的社会效果。

其次，君尊臣卑观念通过法律得到正式确立。在中国两千余年封建君主专制的历史长河中，君尊臣卑的观念得到不断强化。这种观念最初是由法家提出的，但在产生之时没有产生轰动效应，士人阶层基本是不认可这个观念的，甚至是反对的，这在先秦儒家的思想中表现得极为明显，例如孟子的“民贵君轻”论。在原始儒家的系统中，“道”是最高等级，“君”是次一等级，故他们讲“当道与君不同时，从道不从君”②，“贬天子，退诸侯，讨大夫”③也是这种思想的体现。另外儒家产生之初坚持“用则可，不用则去”、“君不

① 《后汉书·应劭传》。

② 《荀子·臣道》。

③ 《史记·太史公自序》。

君则臣不臣，父不父则子不子”之说，其君臣关系在当时并不是简单的上下级关系或者奴仆关系，是以“义”合的，例如“从道不从君，从义不从父”。与儒家不同，法家是公开宣扬“君尊臣卑”的，儒家认为“臣事君，子事父，妻事夫”乃“天下之常道”①，儒家是坚决反对把君臣父子关系解释为平等性的。而汉初曾盛行一时的黄老学派，更是讲“帽子虽然旧，但还是要戴在头上，鞋子虽然很新，但必定要穿在脚上”的“上下之分”。随着他们的治国思想在秦汉时分别被统治者所采用，君尊臣卑的观念在以后的历朝历代得到不断的加强，成为每一个统治者不可触动的神经。为了迎合当时统治者加强君主专制的需要，汉代的儒家主动以法家的“君尊臣卑”论取代孟子的“民贵君轻”论、荀子的“从道不从君”论。经过叔孙通、公孙弘等人与时俱进的“隆礼尊君”“曲学阿世”，这种本来为儒家所反对的“君尊臣卑”法家理念深入人心，从此以后君王愈尊，而臣子愈卑。此所谓“春秋之义，臣有恶，君名美。故忠臣不显谏，欲其由君也。”“天为君而覆露之，地为臣而持载之；阳为夫而生之，阴为妇而助之；春为父而生之，夏为子而养之。王道之三纲可求于天。”②这些言论无疑证明了君尊臣卑观念的合法化。

从秦始皇统一六国，建立前所未有的统一帝国开始，专制主义中央集权在中国历史上存在了两千多年，在这样的政治体制中，皇权居于最核心的地位，其他各种政治现象，如君相之争、外戚擅权、宦官专权等，都是依附于皇权而生的。中国皇权制周备严密，决定了中国法治“一元权力”的特色。而君尊臣卑的观念是中国权力一元化的最初萌芽，可以说中国的封建社会的支柱——君主专制，都是经过君尊臣卑发展而来的，而整个封建社会的发展都可以看成是君主权力不断扩大、皇权不断扩张的过程，等历史的巨轮碾到明清时期时，权力一元化发展到顶峰时期，于是不可避免地走向衰落，直至灭亡，君主专制的灭亡直接宣告了中国两千多年的封建专制社会的结束。

---

① 《韩非子·忠孝》。

② 《春秋繁露·基义》。

汉武帝时期，董仲舒以儒为主，辅以法家思想，制定治国策略，奠定了中国封建社会统治思想的基本格局。董仲舒全面继承了先秦诸子的思想，并根据新的时代要求，熔铸各家，以儒为主，在儒法结合的基础之上，汲取道家、阴阳家以及殷周以来天命神权等利于封建统治维护之素材，形成了古今一体、万物一统的新型思维格局，以及由此而衍生的文化氛围，从而完成了君主专制国家意识形态的理论建构，奠定了中国封建社会思想文化的基本形态，为君主专制政体的长治久安贡献良多。董仲舒在孟子“五伦”基础之上，进一步提出“君为臣纲、父为子纲、夫为妻纲”，并以“天人合一”为理论基础，继承《春秋公羊传》之异灾说，吸收墨家天道观和天罚理念以及阴阳五行等学说发展出以天人感应为核心的神学目的论，为“三纲”辩护。鼓吹“三纲”符合“天尊地卑、阳贵阴贱”的“天象”，是上天有目的的安排；“受命于天”的天子是“承天意”来统治臣民的，从而把父权、夫权特别是君权神化；把封建政权、族权、夫权、神权等“四权”拧成为“束缚中国人民特别是农民的四条极大的绳索”。与此同时，他又把儒家的“德主刑辅”也说成是上天“任阳不任阴，好德不好刑”的“天意”，并以“道之大原出于天，天不变道亦不变”的形而上学，将“三纲”和“德主刑辅”绝对化为永恒不变的真理。统治中国长达两千多年的封建法律正统思想就此形成。

从儒、法两家思想产生之初的“儒法分立”到“儒法合流”，再到汉武帝时期的“外儒内法”，以儒家伦理道德为中心、辅以法家的严刑峻法的法律思想，被历代中国封建统治阶级奉为圭臬。

二、魏晋南北朝：玄学的兴盛与封建法制的发展

文化危机与政治、经济危机相伴而生。魏晋南北朝长达三百六十多年的封建割据，战乱不断，是我国历史上政权更迭最为频繁的时期。其间战乱四起、政局动荡，文化发展趋于复杂，儒家文化受到道教、佛教的猛烈冲击，面临前所未有的信仰危机。儒家思想的魅力随着东汉王朝的分崩离析趋于黯淡，强调“自然”和“无为”的老庄思想受到追捧，并一改“儒道互黜”的思想格局，发展出“儒道

兼综”的魏晋玄学，并建立了“以无为本”的哲学本体论。其后，佛教依附玄学，大为盛行，至南北朝时期，玄学沉寂，佛道两教继续发展，出现三教并立的局面。“南朝四百八十寺”便是当时佛教急剧膨胀的真实写照。到唐宋时期，统治阶级为巩固其统治地位而大力支持三教发展，三教理念交流空前频繁，三教走向融合。

秦汉之后，进入三国、两晋、南北朝长期分裂混乱时期，社会动荡不安，国家对社会的控制力较弱，因此，思想领域出现了一个相对宽松的社会环境，律学思潮、玄学的法哲学思潮和北方少数民族学习汉法的法律思潮如雨后春笋般涌现。比如律学家杜预认为立法应当简约直接，通俗明白且“法出一门”，如此才能“人知恒禁，吏无淫巧，政明于上，民安于下”①，展现法的统一性、权威性和确定性，发挥法的规范性作用。张裴主张“刑法闲于下，故全其法”②，刑法要发挥防范的作用，必须健全法律。阮籍“越名教而任自然”，认可德礼刑罚相辅相成，“刑教一体，礼乐内外也。刑弛则教不独行，礼废则乐无所立”③，强调以礼和刑维系尊卑有分的礼法社会秩序。北魏鲜卑族孝文帝拓跋宏认为，法律为国家“治道之实要”④，也强调礼具有根本法的性质，对法律有着根本性的指导作用。

受益于玄学的兴起，三国两晋南北朝时期也开启了我国统一的综合性律典的法典化进程。此时的立法技术空前提高，法典的体例结构日趋合理。曹魏基本形成了统一的法典。晋律开始专章规定刑罚适用基本制度，并在法律体系上对中国古代立法有突出贡献。北齐律科条简要，综合了南北朝的立法经验，充分体现了立法技术的进步，在中国法律史中有继往开来的历史地位。经过魏晋南北朝时期的充分整合，中国封建法律体系在内容上逐渐完备，德与刑的关系，结合为在法典规定内维护封建伦理和等级秩序的原则和制度法

---

① 《艺文类聚》卷五十四。
② 《晋书·刑法志》。
③ 《阮籍集·乐论》。
④ 《魏书·高祖纪》。

律渊源在结构上层次分明、体系完整；在重要制度上，“八议”入律，“十恶”定制，“官当”出现，罪名体系更为确当；在财产法方面，“加功”、“散沽”制度创制，突出了中国封建财产法的特征；在司法制度上，刑部、大理寺、御史台三大法司组织渐趋完备。中国封建法律体系，经此时期后，基本内容和主要制度特征大体确定。①

三、隋唐时期：承前启后的法律文化

隋唐时期的法律文化可谓是封建法律文化发展的巅峰，一方面，它继承和发展了秦汉魏晋南北朝时期的法律文化，特别是继承并发展了西魏、北周和南朝梁、陈的法律文化；另一方面，在继承的基础上进行了有机整合，使得有史以来的各项制度得到了空前的统一并纳入国家法律条文体系。在此意义上，该时期的法律文化无疑是承前启后的。

首先，在制度层面上，陈寅恪先生曾指出隋唐制度有三源：“一曰(北)魏、(北)齐，二曰梁、陈，三曰(西)魏、(北)周。”②即隋唐时期的法律制度在相当大的程度上源于先代。我国现存最早、最典型的封建法典《唐律疏议》，就与以前诸代法典有着千丝万缕的继承关系。北齐初年沿用《麟趾格》。文宣帝(高洋)于天保元年(550年)酬“积年未成，其决狱犹依魏旧”③。直到武成帝(高湛)(550年)命崔昂、封述等人修订齐律，河清三年(564年)完成，历时十余年，相对于北齐政权仅存二十八年，其规模不可谓不宏大。《北齐律》共十二篇，分别是名例、禁卫、婚户、擅兴、违制、诈伪、斗讼、贼盗、捕断、毁损、厩牧、杂律，共949条。“部分科条，校正今古所增损十有七八”④，《北齐律》在篇章体例和实质

① 陈晓枫、柳正权：《中国法制史》上册，武汉大学出版社2014年版，第198页。

② 陈寅恪：《隋唐制度渊源略论稿》，见《陈寅恪史学论文选集》，上海古籍出版社1992年版，第555页。

③ 《隋书·刑法志》。

④ 《北齐书·崔昂传》。

内容上都远超前代法典，是魏晋南北朝时期中国古代法律变化、成熟，最后定型，具有草创贡献的律典，它符合封建统治阶级的需要，并承上启下，成为隋唐立法的基础。隋文帝分别于开皇元年(581 年)和三年(583 年)以《北齐律》为蓝本，结合当时情况制订《开皇律》十二篇。隋炀帝于大业二年(606 年)颁行《大业律》，内容与《开皇律》基本相同。武德二年(619 年)唐高祖李渊以《开皇律》为基础，引入五十三条新格，制定《武德律》十二篇，除对流刑和居作的刑制略作修改，没有过多改动。唐太宗李世民即位，命长孙无忌、房玄龄等人对《武德律》进行完善，积十年之功修订《贞观律》，共十二篇，五百条。但“比隋代旧律，减大辟者九十二条，减流人徒者七十三条。其当徒之法，唯夺一官，除名之人，仍同士伍。凡削烦去蠹，变重为轻者，不可胜纪”。① 永徽二年(651 年)，唐高宗李治在《贞观律》基础上修订并颁行《永徽律》十二篇。永徽四年(653 年)，颁行律疏对《永徽律》作出详解，即《唐律疏议》。至此，中国古代各项法律制度、原则终于定型，稳如磐石。唐因于隋，后世相承不改。

其次，在法律思想层面，隋唐统治者对魏晋南北朝时期分裂所造成的社会混乱深以为戒，因此在息民养民的政策指导下实施处罚较轻的法律，法律思想以“安人宁国，轻徭薄赋”为主导。如隋文帝主张轻徭薄赋，“以轻代重”废苛惨之法，首创死刑“三覆奏”化死为生，贵族官僚在法律上享有特权，刑罚不避亲贵。唐太宗李世民主张礼法并用，强调失礼则入刑，“失礼之禁，著在刑书”②，认为刑的作用是禁止失礼行为，即规范性。魏征更是认为：“夫刑赏之本，在乎劝善而惩恶，帝王之所以与天下为画一，不以贵贱亲疏而轻重者也。”③韩愈将人性分为上、中、下三品，法的作用是规范和惩处不堪教化的下品人，即“上之性就学而愈明，下之性畏威

① 《旧唐书·刑法志》。

② 《全唐文》卷七。

③ 《贞观政要·刑法》。

而寡罪；是故上者可教，而下者可制也”①。在明确法之根本在于规范指引的同时，主张不分贵贱皆平等于法。

此外，隋唐的法律文化极具开放性，这得益于隋唐文化具有各民族文化融合的特点。魏晋南北朝时期政权分裂，民族融合加强。隋唐是紧接其后建立的王朝，更加速了各民族文化融合的步伐。唐文化先进，与各民族文化交流融合盛况空前，有着兼容并蓄的宏大气魄。中亚和南亚的音乐、舞蹈、佛学、历法、医学、美术及语言学；西亚和西方世界的伊斯兰教、袄教、景教（基督教聂斯脱利派）、摩尼教、医学、建筑学以及马球运动等，在唐朝一拥而入，使得唐朝经济、文化、科技、艺术趋于多元化，首都长安作为中外文化汇聚的中心，世所向往。隋唐文化摆脱形式的桎梏，有容纳异己的胸怀，形成开放的国际文化，堪称中国乃至世界文化史上的卓越范例。英国学者威尔斯在《世界简史》中将欧洲中世纪与中国盛唐相较，说道：“当西方人的心灵为神学所缠迷而处于蒙昧黑暗之中，中国人的思想却是开放的，兼收并蓄而好探求的。”②

四、两宋时期：士大夫文化和理学对法律文化的影响

唐文化热烈、奔放、极具开放性。唐文化不拘一格，自由不羁地张扬着生命活力，亦展现出大气蓬勃的民族自信。相较之下，宋文化这一类型相对封闭、淡雅、细腻丰满。且这一时期的文学、艺术、哲学以及社会风气等各种文化形式均被宋文化所特有的风貌浸染。宋文化与唐文化的不同，自然在法律思想上多有体现。

宋朝沿袭唐朝的政治制度，复兴儒学，实行以儒为主、三教并举的政策。宋代诸帝尊崇儒学，并竭力抬高孔子的地位，加以扶持。宋太祖即位之初，“即诏有司增葺祠宇，塑绘先圣、先贤、先儒之像”，并“自赞孔、颜，命宰臣两制以下分撰文赞”③。真宗即

① 《韩昌黎文集·原性》。

② 张岱年、方克力主编：《中国文化概论》，北京师范大学出版社2004年版，第75页。

③ 《续资治通鉴长编》卷三。

位后，更是亲赴曲阜，到孔庙行礼，并亲自撰写《文宣王赞》，以儒学为“帝道之纲”，奉孔子为“人伦之表”。其后宋代诸帝亦大力倡导儒学，将其作为赵宋王朝的统治思想。确立儒学为统治思想的同时，宋朝统治者也延续了儒、释、道三教并行的文化策略，大兴儒学的同时，亦加大了对佛道二教的扶持和提倡。① 宋代程朱理学的代表人物朱熹提出“政刑”概念，认为“政，谓法制禁令也”②，是用以约束人们的行为规范；“刑”，即刑罚措施，是确保法律实现的强制力量。由是“先立法制如此，若不尽从，便以刑罚齐之”③。

宋朝的统治者吸取了唐末五代的藩镇割据、宦官专权的历史教训，采取“重文抑武”的政策方针。宋朝以文化成天下，尊师崇儒，重视人才，坚守“誓不杀士大夫”的传统政策，士人的地位得以显著提高。以文治国的国策的确立与宋太祖密切相关，宋太祖赵匡胤自己便是以兵变上台黄袍加身，亦深知五代时“天子兵马强壮者当为之”的隐患，为保其位，防患于未然，接受宰相赵普的建议“惟稍夺其权制其钱谷，收其精兵”，赵匡胤认为“王者虽以武功克定，终需用文德致治”④，于是确立了“重文教，轻武事”⑤的基本国策。也正是如此，宋代一改军人为中心的统治格局，出现史上有名的由文官把持朝政的局面，奠定了宋代文化繁荣的基础。⑥

赵宋政权推行“与士大夫治天下”的治国方针，首先，广纳文人参政。人们所熟知的宰相赵普、范质、书生宰相王安石和与王安石改革相悖的司马光，理学家朱熹、书法家蔡京、文人范仲淹等都是文人参政的典型。其次，优礼文人。退职之恩礼、言论之自由等

① 郭学信：《试论两宋文化发展的历史特色》，载《江西社会科学》2003年第5期。

② 《论语集注·为政》。

③ 《朱子语类》卷二十三。

④ 《续资治通鉴长编》卷二三。

⑤ 《续资治通鉴长编》卷一八。

⑥ 滕云玲：《从宋代文化繁荣看其开明的文化政策》，载《黑龙江史志》2013年第21期。

自不必说，还给予文人特别优厚的待遇。张全明先生在《也论宋代官员的俸禄》中提到，两宋时期其官员的俸禄水平总体上大致处于中国历朝官员俸禄的中上等水平。

重文而轻武，为宋代士人提供了极为宽松的环境，因而宋人崇尚并且热爱读书、怀有入仕大展宏图的渴望。文化政策宽松，人们的意识相对自由，思想相对开放，“古之王者，闻其养士也，未闻其治士也”①。正是这种宽松的思想氛围造就了宋文化的大繁荣。然而，“重文抑武”亦带来了极大的消极影响。宋朝文贵武贱，不信任武将，“权任轻而法制密”，对其诸多限制，致使军队战斗力低下，极大地削弱了国家的防御力量。“更戍法”便是典型代表，张方平如此描述：“历边任者曾无寸劳薄效，不数年径至横行，而又移换改易，地形山川未及知、军员士伍未及识、吏民士俗未及谙，已复去矣。”②此外，重文轻武的政策促成了“冗官、冗兵、冗费”的三冗局面，导致宋朝行政机构膨胀、官员办事效率低下。

由于宋朝的军事战斗力低下，在对抗女真人侵略的时候只能步步败退，对外战争的失利使得统治者将统治重心放到了对内专制权力的扩张与强化上。宋朝君主以皇权为中心极力强化中央集权制度，宰相事权被极大地分化和削弱，体制上对君主权力不再有任何约束。此时，文人们意识到，政治，须从影响君主开始。以此为背景，儒学集大成者、新儒学代表人物朱熹向皇帝提出应“格物”以“致知”，进而达到“正心”与“诚意”。在君主绝对专制的体制已然形成、君主的思想意识决定一切的形势下，要实现治国、平天下，新儒家认为只有让君主皈依儒家学说的“内圣”。此后，中国文化趋于内向。从历史发展的角度看来，这是一场得不偿失的胜利，由“外王”转向“内圣”，造成了新儒家对现实的隔阂和生疏，“平时袖手谈心性，临危一死报君王”便是新儒家们生存状态的真实写照。也正是因此，宋代以后，宗法、贞节、孝道等观念大行其道，科举文化成为士人们的精神主体，致使中国的政治文化常驻不前。起于

① 王夫之：《宋论》，中华书局1964年版，第6页。

② 《宋史全文》卷八下。

明末清初的实学思潮，作为文化解放的萌芽，在主流文化的压抑之下历尽艰难，以致初期睁眼看世界的文人只能上溯到顾炎武、黄宗羲等人。

宋代法律制度的内容和变化，主要受两种因素的影响：一是中央集权的加强，二是农民起义此起彼伏，绵延不断。因此对所谓强盗或集团性的强盗的行为，处罚不断加重。其特色如下：首先，加强惩治“贼盗”的立法。宋沿唐律，“改而从轻者至多，唯强盗之法，特加重”。所谓从轻，是指一般的刑事犯罪，而加重的是集团犯罪特别是武装暴动。其次，刑罚手段日趋残酷。初衷是为了减刑所设的折杖法沦为徒流的附加刑，使宋代的徒流刑重于唐代。刺配则变相恢复了肉刑，增加了刑罚的残酷程度。在死刑执行方式上出现凌迟刑，凌迟即碎刀割死，是用于处罚极重罪的一种手段，由于是先执行肉刑，然后执行死刑，所以也有恢复肉刑的含义。① 再次，维护租佃关系。唐朝以前由于庄园经济存在，实行部曲制，实际上是一种农奴制度。五代时期的战争，破坏了庄园经济，农民从原来的人身依附关系当中解放出来，新的租佃制，在宋代受到法律的确认。最后，司法审判制度方面，进一步集中君权。反映在机构的设置和审判的控制方面，宋代采取多元制，在原有机构外，设审刑院直接对皇帝负责，同时不少的行政机关，也赋予司法权。各机构互相牵制，由皇帝最后裁决。同时，在法律的效力上，编敕作为宋代最经常举行和最重要的立法活动，是封建专制主义中央集权制进一步发展在立法中的反映。宋律加重对危害封建国家统治行为的处罚，刑罚手段也较唐律严酷，司法审判权进一步集中，这是阶级斗争激化的表现，也是强化皇权的需要，反映了封建国家由强化逐渐腐败的发展趋向。②

五、明清的文化专制和启蒙思想

明清之际，是中国历史的重要转折期，思想家们对秦汉以来的

---

① 《诸臣奏议·恤刑》；《庆元条法事类·刑狱门》。

② 参见陈晓枫：《中国法制史新编》(第二版)，武汉大学出版社 2011 年版，第 71~73 页。

文化传统及价值观念进行了深刻的反思。此时，君主专制达到顶峰，文化专制更是空前绝后。

明清法制的主要特色：一是加重对危害封建政权行为的处罚。清末薛允升在其《唐明律合编》中指出明律相较唐律，“轻其轻刑，重其重刑”。其中，典礼风俗教化之事，明律较唐律为轻，“贼盗钱粮等事”，明律较唐律为重。实际上在贼盗等行为方面，明律不仅较唐律为重，而且比宋元律为重，而清律也基本上沿用了明代律文。明清律的加重处罚危害封建国家的行为可分两种：其一是处罚加重，其二是扩大重罪重刑的适用范围。二是加强思想文化领域内的专制统治。因思想言论触讳而处之以刑罚，是专制主义制度发展的重要特征，它的主要表现是大兴文字狱，用触犯皇帝尊严和权力的罪名，严刑惩治文字犯忌讳的行为。明清律在惩罚触犯皇帝权力方面，均有许多明确规定。康雍乾三朝，文字狱一百多起，凡奏事不当犯律，文字触忌，按谋反罪处罚。三是严禁臣下结党，维护专制集权。朱元璋总结威胁皇权的六个最重要的因素，“女宠、寺人、外戚、权臣、藩镇、四裔之祸”。为了消除这些势力对皇权的威胁，明清两律创立了一些重刑惩治臣下结党制度，确保天子“至尊之位”。四是重刑治吏，严惩贪官。朱元璋提出：“官吏犯赃者，罪勿贷。”从这一基本指导思想出发，明律采用重刑整治吏治，监督百官忠于职守，其中尤其以惩治贪官为重点。清律继续沿用了明律中严罚贪官的规范，并加重刑罚。凡贪赃者，无论枉法不枉法，一律死刑。中央各部要员，如果所保举的人犯贪枉脏，降级调动，加重了连坐责任，但是官吏贪污案件仍然层出不穷，罚不胜罚。

明清时期社会面价值冲突不断，社会面临转向，各种早期启蒙思潮应运而生，与传统封建思想发生激烈的碰撞。其中，最具代表性的是明清之际三大思想家针对程朱理学和封建专制的论战与抨击。

明清时期的三大思想家是指黄宗羲、顾炎武和王夫之，他们沿袭了中国古代朴素唯物主义思想，是中国 17 世纪下半叶进步思潮的代表。首先，在政治上反对封建专制主义，否定君主专制，提出限制和监督君权。以黄宗羲为代表，其在政治专著《明夷待访录》

中提出：“为天下之大害者，君而已矣。”主张以“天下之法”取代君王“一家之法”，以法治监督君权，“有治法而后有治人”。这一思想与王夫之的“均天下”和顾炎武的“众治”主张不谋而合，对后来的反专制斗争起到积极影响。其次，在学术思想上批判浮夸空谈，主张“经世致用”，提倡学以致用，注重学术研究与现实相结合。以顾炎武为代表，以史为鉴，批判宋明理学，注重实地考据，代表作《天下郡国利病书》。“经世致用”是明清之际许多思想家的共同主张，旨在学以救世、学以救民，倡导实习、实讲、实行、实用之“实学”，要求学术研究与国计民生的紧密结合。最后，提倡唯物主义思想。代表人物王夫之，代表之作《读通鉴论》。王夫之批判程朱理学的“天命论”和“生而知之”的先验论，肯定了“理在气中”的唯物主义一元论，并建立了超前的唯物主义体系。此外，王夫之认为一般原理存在于具体事物当中，一切事物的运动是绝对的，“静着静动，非不动也”，体现出朴素的辩证法思想。王夫之的唯物辩证法思想将我国古代的朴素唯物思想推到了前所未有的高度，对我国传统哲学意义深远。总体而言，黄宗羲、顾炎武和王夫之作为明末清初批判理学、抨击君主专制的儒家思想代表，开创了新思潮，世人将其并称“三儒”。第一，他们继承了晚明的进步思想，提倡民主，反对压迫，锋芒直指封建专制帝王。他们挣脱思想的藩禁锢，敢于追求真理的优秀品格，为后人树立了榜样。第二，他们所倡导的“经世致用”的务实革新，广求证据、求真求是的学风和明道救世的优良传统，对后世影响深远。第三，开创了中国封建社会晚期思想解放的新风潮，批判地继承了传统的儒学、解放思想，形成了充满时代特色的思想体系。第四，明清之际的民主思想尽管给当时封建专制制度带来一定程度的冲击，却未能提出新的社会方案，只能在封建专制制度基础之上进行修补，且深受理学正统的压抑，未能形成成熟的思想体系，无法从根本上动摇封建统治的理论基础。

中国封建社会的法律文化，在秦末汉初“儒法合流”以后既凝聚了古代中国人的智慧，又符合当时社会发展的基本趋势，使得“儒法合流”以后中国法律迅速发展，取得明显的进步。到魏晋时期，中国古代法律文化已然达到高度发达的阶段。《晋书·刑法志》中详细记录了古代中国至魏晋时期的立法及司法成果，特别是杜预和张斐对法律条文作出的解释，已达到当世学者叹为观止的水平。至隋唐时期，中国古代法律文化行至巅峰，通过苏威、牛弘、房玄龄、长孙无忌一干人等努力，中国古代法律文化得以集大成、定型化，取得了《开皇律》、《永徽律》和《唐律疏议》等标志性的成就。这个时期，中国的法律文化的影响覆盖亚洲的周边邻国，形成了中华法系。然而，自唐以后的一千三百多年，中国封建社会法治的发展逐渐没落，中国法律不论在立法、司法，抑或是法理方面，都少有建树，几乎停滞不前。这一方面是由于隋唐以后皇权的不断扩大，君主专制不断加强，另一方面也是由于中国的法律思想仍然一直在固步自封，自己既不能创造出新鲜思想，也不愿意吸收其他的别国的优秀的法律思想，以律学为主流的法学理论，充其量只是充当了法律的注释者，很难在理论上系统化及突破，最终致使曾辉煌一时的中国的法律不能适应时代的发展，在清末修律的法律变革中，中华法系解体消亡。

第三节　半殖民地半封建社会时期的“法治”

一、体用结合阶段

历经两千多年封建专制时期的中华帝国，向来以“天朝上国”自居。未曾料到，在清政府奉行闭关锁国政策时，西方掀起了一场足以改变人类文明发展历程的工业革命。当西方的坚船利炮叩响国门、长驱直入时，帝国如梦初醒，方才意识到自己已不是世界的中心。朝野上下有志之士在发出变天的感慨之余便开始探索梦破根由和寻求救国图存之道，西方的法治文明成果便是在这个时候随着军事技术一同传入中国。

东西方迥异的政治制度和法律文化，决定了西学东渐必然要面对水土不服的难题。封建王朝的帝王一直以“君权神授”作为无上权力的合法性来源，势必会与以人民主权、保障人权、权力分立为核心的西方法治精神格格不入。纵观我国封建史，自上而下的政治变革不会对王权的神圣性有所影响，一切都是为了维护万世一系的专制统治。延续专制统治与引入法治制度之间的矛盾并非不可调和，两者在“中体西用”的语境下得到了统一。

(一)鸦片战争至洋务运动时期我国法治文化变迁

“中国法系到了清代中叶，就呈现动摇倾覆的预兆。这样实在是因为自隋唐完成中国法律的体构，经过宋元到了明代益加发展到完满结实，足为东方各国家的冠冕；但因地势和历史的关系，没有与自己文化相等或比较优越的国家来交换影响，就不能不几千年来都离于索处，惟以同化邻近西北的野蛮游牧民族为最大能事；这样各种制度学术，只能希望其不为外来野蛮民族所摧毁消灭就于愿已足，而进步缓慢就不言而喻了。”①中国法律的保守性由此可见一斑，在世界法制的发展史中也是极为少见的。尤其到了清朝，与同时期的西方法律制度相对比，滞后性和不合时宜性是不言而喻的。此时的西方各国，工业革命、国际贸易、军事发展和政治改革正风起云涌，在军事上逐渐强盛起来，远超中华帝国；在经济上，对海外市场更加渴望，尤其是中华帝国生产的茶叶、丝绸等商品；在政治上，人民主权、民主政治已成为共识，三权分立成为国家组织分权、限权的主要方式。鸦片战争不仅仅是西方新型强国与东方没落大国在武器方面的碰撞，更是两种社会制度和法治文化不可避免的剧烈冲突。

鸦片战争期间我国法治文化的变迁，主要表现在国家司法主权遭受侵犯和西方法治文化的传入。在西方强国炮舰的威胁之下，清政府被迫签订了一系列不平等的条约，司法主权受到了极大的侵犯。最为典型的就是外国在华领事裁判权的确立和会审公廨的设置，中国的完整司法主权从此就不复存在了。但任何事物的存在必然有其两面性，鸦片战争使得中国成为半殖民地半封建国家，其在严重冲击中国法治文明的同时，也给一批有志之士睁眼看世界的机

① 杨鸿烈:《中国法律发达史》(下)，商务印书馆1930年影印版，第869页。

会，将西方法治制度的理论成果和实践经验传入中国，给中国法治文化的发展带来了新的契机。

1. 领事裁判权的设立对我国法治文明的影响

领事裁判权在中国设立之后，引起了一系列的连锁反应，对中国的法治进程产生了不可磨灭的影响。在思想上，全国上下形成一股法学研究的热潮，各界有志之士热烈讨论法律制定、旧律再版、西方经典引入，以及开设律政学堂、成立法学团体和研究机构。在实践中，中国是在极端被动的情况下接受了一些以领事裁判权为主的西方法律观念和司法程序，并且在殖民主义的渗入下，在租界内开展了中国法制现代化的实践。上海租界内领先于其他地区，基本上实现了法制的现代化。以现代立法理念为指导，在租界建立了包括组织、治安、邮政、路政、建筑等方面的法律法规的不同于中华传统法律体系的现代法规体系。中国的传统法文化在近代转型的一个重大的成果之一，就是法律话语的表达，从一种传统的表达转变为西方现代的表达，表面上采用现代的法言法语，实际上在语言外壳下潜伏、流淌着的是整个国家法律文明及中国近代史的中西相互融合的一个历史过程。在租界内推行的现代审判制度，体现出公平、公开、公正的现代审判理念。现代审判体系中最重要的内容之一莫过于律师的职业化和律师制度的建立，其是“西法东渐”的典型产物。中国法制的现代化，本质上属于法律移植和本土化的结合，是西方先进法制观念向外蔓延的一个节点。随着中国对本国落后法律制度的抛弃和西方先进法律制度的吸收，中西法律差距正在缩小。

领事裁判权也对中国具体的司法程序改革提供了启示，如起诉、审判、辩护、取证等环节的规范化与现代化。第一，刑讯逼供的舍弃。在古代封建社会，刑讯逼供是司法官员侦破案件、查明真相的主要方式。然而，所谓会审公廨在审判案件时已经充分肯定了人证、物证等证据在认定事实中的关键作用，淡化了嫌疑人或被告人的供述在案件中的作用，刑讯逼供随之大为减少。第二，肉刑的减少。封建时期的中国，部分肉刑是极其残忍且被广泛应用的，而此时的西方却已经开始废除肉刑。因此，外国审判官员经常对犯人施以罚金、拘押等刑罚种类，以代替中国传统的肉刑。这也是西方人道主义等法律原则在中国传播的一种方式。第三，律师制度的建立。由于外国会审员积极引入西方审判因素，律师逐渐走入中国的法庭，辩护成为审判的重要内容，这在客观上推动了我国律师制度的建立。从客观层面上我们可以看出，领事裁判权直接将西方诉讼制度引入中国，将保障自由、平等和保护人权等法治精神注入中国法制体系中，推动了中国法制的民主化和现代化。

此外，领事裁判权的存在也对革命力量的发展和保存提供了有利的条件。晚清时期内忧外患，朝廷应付此种局面非常困难。外国在租界内的领事裁判权在侵犯中国主权的同时，为不满清王朝统治的社会人士提供了一个自由行动的环境。无论是资产阶级改良派还是革命派，在租界内都通过出版刊物的方式表达本群体的政治观点。

2. 西方法治文化的初次传入

在鸦片战争至洋务运动期间，清政府重在引进西方先进科学技术，学习制造坚船利炮。但是，这段时期也是西方法治文化初次传入中国的时期，引导了中国知识分子从制度方面寻求救亡图存之道。

然而，中国传统法律文化中并不存在西方式的法治。当西方法治文化传入中国时，必然会遭到本土强势文化的改造。在此改造过程中，“中体西用”原则充当着指导作用。沈寿康在 1895 年 3 月的《万国公报》上发表《匡时策》一文，首次提出中体西用的主张：“夫中西学问，本自互有得失。为华人计，宜以中学为体，西学为用。”1896 年，孙家鼐在《筹议开办京师大学堂折》中亦主张中体西用：“今中国京师创立大学堂，自应以中学为主，西学为辅；中学为体，西学为用”。同年，受总理衙门所托，梁启超起草了《筹议京师大学堂章程》，其中强调：“夫中学体也，西学用也，二者相需，缺一不可。”但三人都没有对“中体西用”做具体的界定。到了张之洞的《劝学篇》问世以后，“中体西用”才具有了较为确定的内涵。

甲午战败宣告洋务运动的失败，意味着片面追求西方技术而不效仿其制度无法改变被挨打的现状。但是，洋务运动期间西方关于民主、法治和自由等西方文化的传播为后来的戊戌变法、维新运动等政治运动打下了坚实的思想基础。

(二)戊戌变法中我国法治文化的变迁

甲午战败宣告洋务运动的失败，国内外形势更加严峻，中国又开始寻求新的救国方案。洋务运动的失败，使得早期资产阶级维新派人士意识到仅仅学习西方“制器”并不能救国图存，学习西方先进的政治制度才是关键。维新派在早期曾在某些领域提出过具体的改革方案，但是并没有发展为完整的理论体系，其影响局限于理论层面。但是，维新派主导的维新运动仍然在知识分子当中产生了重要的影响，为社会发展和思想变革提供了宝贵的资源。

戊戌变法前期的指导思想在变法运动中扮演着重要的角色，也是我国法治文化变迁中的重要一环，其中康有为、梁启超和严复三人的法治思想最为突出。康有为始终处于整个维新变法运动的核心，既为维新变法提供了完备系统的思想理论体系，又始终为维新变法事业奋战，就中国近代的法治文化近代化而言，康有为的作用举足轻重。他提出了“公理”这一近代法文化价值观，以及以君主立宪、分权制衡、尊重民权、君民合治为核心内容的宪政观。康有为的政治思想在朝野上下产生了巨大的影响，为维新运动打下了坚实的思想基础。但是他的思想中不可避免地掺杂着封建成分，以儒家之名宣传西方的政治制度，体现了他对封建顽固势力的妥协。梁启超将维新思想的影响进一步扩大，强调“法治主义为今日救时唯一之主义”、法治须与民权相结合、法治须与德育相结合以及中法与西法相结合等丰富的法治思想。梁启超的维新思想获得了部分思想开明的官员和知识分子的支持，壮大了维新变法的势力。严复认为挽救中国的关键是维新，大力宣传“西学”。他强烈反对封建顽固思想，提出了“自由为体，民主为用”的人权思想、分权的宪政思想和替代“人治”的“法治”思想，希望通过“鼓民力”、“开民智”、“新民德”等措施来实现社会进步。虽说严复并没有直接参加维新运动，但他所提出的变革思想却是一种强有力的思想武器，极大地促进了戊戌变法运动。

另外，维新派与顽固派之间的论战，即要不要实行维新变法、要不要改封建君主专制制度为君主立宪制度、要不要改革封建的教育制度，对宣扬维新派变法思想的传播和进一步加深社会对西方法治制度和思想的认知起到了极大的促进作用。维新派人士通过这场论战传播了自己的政治思想和主张，解放了知识分子群体的思想，使得维新阵营更加壮大。中国政治改革十字路口上的这场论战，为当时的知识分子阶层发表政治言论，甚至是选择国家命运提供了舞台，对后来的清末新政、民国时期的政治制度发展乃至整个中国法治文化的变迁都产生了重大的影响。

百日维新运动始于1898年6月11日《明定国是诏》的颁布，止于慈禧太后等守旧势力于1898年9月21日发动的戊戌政变。此次变法是统治阶级试图采取自上而下的和平改革摆脱民族危机、解救自身统治困境，其根本目的是维持清政府的封建统治。通过兴民权、设议院，走君主立宪道路，改革内政的制度设计来抵御外侮，发展资本主义经济，富国强兵，实现自身的强大。然而，由于守旧势力过于强大和早期资产阶级自身软弱等原因，这场变革最终还是以失败收场。

戊戌变法无疑是中国近代史上一次具有重要意义的政治改革运动，它试图以君权为主导，学习西方军事、经济和政治制度。目前法学界对戊戌变法性质的主流观点是：戊戌变法是一次君主立宪改革的尝试，是中国近代第一次宪政运动。持这种观点的具有代表性的两位学者是张晋藩先生和殷啸虎先生。张晋藩先生在书中写道："但是他们毕竟把君主立宪的思想变成了一次政治改革运动，这是中国历史上从来没有过的，在中国近代宪法史上也具有划时代的意义。"①殷啸虎先生认为："戊戌变法是近代中国第一次宪政运动，虽然由于种种历史原因，这场运动最终并未能取得成功，但以康有为为代表的维新派所提出的关于君主立宪的一整套理论，对于统治中国两千多年的封建专制制度及其理论思想，无疑是一次巨大的冲

① 张晋藩：《中国宪法史》，吉林人民出版社2004年版，第32、70页。

击，并对后来的宪政运动提供了正反两方面的经验教训。”①也有学者认为，戊戌变法的目的并不是把政治构建纳入法治的框架内，因而并非实质意义上的立宪改革。虽然在短短的百日当中，光绪帝颁发涉及政治、经济、社会和教育等各个方面的诏书多达百余件，但真正触及到政治制度的改革方案却凤毛麟角。② 维新派所关注的制度局、参用民权等所谓“宪政”的设计，上谕中无丝毫痕迹。以茅海建对戊戌变法期间司员士民上书情况的研究为据，当时社会上下讨论议会颇多，但是在正式上书中涉及议会的文书不多，甚至几乎没有涉及西方代议制度和“主权在民”理念的上书。

其原因主要是官员们没有深入理解西方议会的功能和精神，而将其与封建社会中的“询谋”混为一谈。③ 正是因此，著名宪法学者王世杰先生等认为：“当时主张‘变法’之人，亦未必俱无立宪思想。但是当时人士之所注重者，只在废时文，立学堂，与改革官制；戊戌政变期内的新政，大致也不外此数端。立宪的重要纵已为当时少数人所见及，当时的‘变法’究尚不能视为立宪运动。”④

近代中国是一个古今中外交汇融合的大变革时期，各种救国思想以及流派层出不穷，康有为的立宪思想即为其中一例。但是不管康有为在戊戌时期是否已经产生君主立宪思想，他在戊戌时期主张设立制度局推行新政以及坚决反对开设议院的事实，足以充分说明戊戌变法并不是一场宪政运动。思想是行动的先导和指南，但绝不意味着可以把思想直接等同于行动。⑤

（二）清末新政时期我国法治文化的变迁

1900 年，庚子事变爆发，八国联军入侵首都北京，并攻入紫

---

① 殷啸虎：《近代中国宪政史》，上海人民出版社 1997 年版，第 22 页。

② 参见蔡乐苏、张勇、王宪明：《戊戌变法史述论稿》，清华大学出版社 2001 年版，第 598~695 页。

③ 茅海建：《戊戌变法史事考》，三联书店 2005 年版，第 291~292 页。

④ 王世杰、钱端升：《比较宪法》，商务印书馆 2004 年重印版，第 394 页。

⑤ 蔡礼强：《论中国近代宪政运动的起源——以康有为与戊戌变法为中心的再考察》，载《中国社会科学院研究生院学报》2007 年第 2 期。

禁城，慈禧太后率光绪皇帝等百位皇亲在忠臣随扈下出宫避祸。回銮之后，接受八国联军提出的《辛丑和约》，此事件对中国打击甚大，朝廷保守派不得不变法。1901 年，在慈禧太后的默许下，清政府进行了比 1898 年的戊戌变法更广更深的改革举措，包括废除千年仕宦之道的科举制度。清末新政是一场大规模的社会改革运动，也是中国千年专制史上的一项重大事件。慈禧太后用光绪皇帝的名义颁布上谕，命督抚以上大臣就朝章国政、吏治民生、学校科举、军制财政等问题详细议奏。清末新政改革领域广泛，包括立宪、法律、司法、教育和军事等各个方面。清末新政是中国社会变革的开始，甚至是一个传统封建国家向现代国家转型的典型。尤其是在法治文化方面，清末新政直接促进了中国法制现代化的进程，主要包括一批法律的制定和以沈家本为代表的法治思想的传播。

1. 清末新政中的法律制度变迁

这一时期在法制方面的变革如修订旧律、制定新律、开办京师法律学堂等举措则对中国法制现代化产生了重要而深远的影响。1901 年 1 月，清廷下诏变法。翌年 5 月 13 日，一道“上谕”下达：“现在通商交涉，事益繁多。著派沈家本、伍廷芳将一切现行律例，按照交涉情形，参酌各国法律，悉心考订，妥为拟议。务期中外通行，有裨治理。”该上谕象征着中国法律现代化的开端，且在清末新政时期初步奠定了基本架构。自 1903 年之后，《公司律》、《破产律》、《奖励公司章程》、《法官考试细则》、《集会结社律》、《各级审判厅试办章程》、《商标注册试办章程》、《商人通例》等一批法律法规出台，其中《大清刑事民事诉讼法》、《大清新刑律》、《民律草案》影响最为深远，其从程序法与实体法的角度分别进行了总括，为中国法律的现代化奠定了牢固的基础。诚然，伴随着辛亥革命的爆发，包括上述法律法规在内的诸多法律未来得及实施，甚至部分法律胎死腹中，但之后的中国政府基本上都沿袭了这三个大法。

第一，《钦定宪法大纲》。作为中国第一部宪法性文件，《钦定宪法大纲》标志着中国宪政的开端，其内容和意义备受学界关注。从内容上来看，《钦定宪法大纲》分为君上大权和臣民权利义务两部分。所谓君上大权部分，主要是对大清皇帝无上皇权进行列举，主要包括万世统治权、立法权、司法权、行政权、最高军事统帅、最高人事任免权和外交权等至高且全面的权力。附臣民权利义务部分对臣民的主要权利和义务进行列举：“臣民中有合于法律命令所定资格者，得为文武官吏及议员。”“臣民于法律范围以内，所有言论、著作、出版及集会、结社等事，均准其自由。”“臣民非按照法律所定，不加以逮捕、监禁、处罚。”“臣民可以请法官审判其呈诉之案件。”“臣民应专受法律所定审判衙门之审判。”“臣民之财产及居住，无故不加侵扰。”在义务方面，“臣民按照法律所定，有纳税、当兵之义务。”“臣民现完之赋税，非经新定法律更改，悉仍照旧输纳。”“臣民有遵守国家法律之义务。”①

《钦定宪法大纲》虽然赋予大清皇帝无上权力，但仍然对皇权作出了一定的限制、对人民自由等权利作出了规定，在一定程度上体现了立宪原则。首先，主张实行立法、司法和行政三权分立体制。正如一部分人所主张的那样，“盖立宪之精意，即以国家统治之权，分配于立法、行政、司法之机关”②。“谨按君主立宪政体，君上有统治国家之大权，凡立法、行政、司法，皆归总揽，而以议院协赞立法，以政府辅弼行政，以法院遵律司法。”③其次，决心实行法治。法律是最高权威，君民共守，即使是皇权也需要由法律作出规定。如宪政编查馆和资政院的奏折提出：“夫宪法者，国家之根本法也，为君民所共守，自天子以至于庶人，皆当率循，不容逾越。”④最后，赋予人民以自由的权利，包括言论、出版、集会、结社等自由和人身权等权利。

第二，《宪法重大信条十九条》。这是清朝颁布的唯一一部宪

① 李贵连：《中国法律思想史》，北京大学出版社 1999 年版。

② 故宫博物院明清档案部：《清末筹备立宪档案史料》（上册），中华书局 1979 年版，第 840 页。

③ 故宫博物院明清档案部：《清末筹备立宪档案史料》（上册），中华书局 1979 年版，第 57 页。

④ 甘正气等：《近代中国宪政历程：史料荟萃》，中国政法大学出版社 2004 年版，第 125 页。

法，也是最后一部宪法，其内容及意义备受关注。

"十九信条"构建的政权组织形式属于君主立宪政体的议会内阁制，对宪法的制定和修改作出了规定，使宪法具有了根本法的地位。

首先，君上大权被打破，皇权受到宪法诸多限制，较《钦定宪法大纲》更具进步意义。在立法方面，立法权在国会，皇帝不再享有此项权力；在行政方面，由国民法定特别资格中选举上议院议员，总理大臣由国会公选、皇帝任命，其他国务大臣由总理大臣推举、皇帝任命。

其次，"十九信条"在形式上设立了类似英国的议会内阁制。总理大臣通过国会选举和皇帝任命的方式产生，再由总理大臣推举、皇帝任命其他国务大臣。国会可以弹劾总理大臣，非解散国会即内阁总理辞职，但一次内阁不得为两次国会之解散。"十九信条"权力分配是对传统皇权的重大改变，是立宪派和部分官僚在立宪问题上相互妥协的结果。①

最后，"十九信条"起到临时宪法的作用。"十九信条"历史性地限制了皇帝的权力，赋予国会众多实权，发挥着临时宪法的功能。但是，"十九信条"并未提及公民权利，不利于保障民权。

第三，《大清民律草案》。1907 年 9 月，宪政编查馆奏请修订法律办法，指出修订法律馆"应以编纂民法、商法、民事诉讼法、刑事诉讼法诸法典及附属法为主，以三年为限，所有上列各项草案，一律告成"。

《大清民律草案》的总则、物权、债权三编由松冈义正起草，亲属编和继承编由修订法律馆会同礼学馆起草。具体来说，亲属编由章宗元、朱献文负责，继承编由高种、陈箓负责。宣统三年(1911 年)十一月，宝熙、于式枚(曾任礼学馆总理)由学部侍郎转任修律大臣，会同起草人核议民律亲属编草案、继承编草案。所以，加之沈家本、俞廉三、刘若曾三位修律大臣前后参与修订《大

---

① 周叶中、江国华：《博弈与妥协——晚清预备立宪评论》，武汉大学出版社 2010 年版，第 484 页。

清民律草案》的中日法律家共有十人，包括五位修律大臣和五位起草人。

《大清民律草案》分为总则、债权、物权、亲属和继承等五编。总则编对各编中共同的制度、原则等内容进行规定，在整部民律中起到提纲挈领的作用。总则编主要包括民法基本原则、民事权力能力和行为能力、物权、契约制度和时效。该编仍然保留着一些封建时代的规定，例如在民事行为能力一章中将妇女规定为限制行为能力人，旨在维护男尊女卑的封建伦理纲常。

债权编对债权人的权利作了详细的规定，但未涉及债务人的权利。该编包括通则和分则两部分，通则对债权标的、效力、让与等内容进行了规范，分则则对契约、管理事务、不当得利和侵权行为等法律关系作出了规定。债权编的内容主要是移植外国法，结合本国法制传统和国情予以扬弃。

物权编分为七章九节，共三百三十九条。与第二编一样，采用德国民法典的“总—分”演绎式的逻辑结构编排方法，第一章为“通则”，以下各章按照物权的分类依次展开。该编大量借鉴《日本民法典》关于该内容的规定，许多条款都是直接从德、日民法典中移植而来。设立了私有财产的保护制度，规定了地上权、永佃权、地役权、担保物权、抵押权、不动产质权等。

亲属编和继承编是由修订法律馆会同礼学馆所起草，所以体现出了浓厚的封建宗法伦理色彩。亲属编分为七章，共一百四十三条，合中国传统族亲、姻亲于一体编制而成。尊卑长幼、男尊女卑、亲疏嫡庶等封建宗法伦理精神仍然是亲属编和继承编的根本原则，继续维护封建家长制的家族制度，固守义务本位的法律传统。继承编分为六章七节，一百一十条。较中国传统的宗祧继承制度进步的是它已无须完全以特定的身份关系为其基本前提，尽管身份对继承权仍然有着重大影响，但是被继承人的意志和继承人的个人利益在契约自由的影响下，有意无意都已得到了一定程度的认可。

第四，《大清新刑律》。首先，在体例上，《大清新刑律》打破了历代采用的诸法合体的封建传统形式，采用西方近代的刑法体例，正文分为总则和分则两编，"总则为全编之纲领，分则为各项之事例"①。具体来说，主要包括法例、不论罪、未遂罪、累犯罪、俱发罪、共犯罪、刑名、宥减、自首、酌减、加减例、缓刑、假释、恩赦、时效、时例、文例。

其次，在内容上，将罪刑法定主义作为刑法原则加以规定，此外，还确立了罪刑法定主义的派生原则——刑法不溯及既往，是《大清新刑律》之所以成为近代刑法典的重要标志。其第1条规定："律于犯罪在颁行以后者，适用之。其颁行以前未经确定审判者亦同；但颁行以前之法律不以为罪者，不在此限。"关于国家行使刑罚权的目的，主要采用了新派的特殊预防理论。总则规定了正当防卫、紧急避险、缓刑、假释、宥恕、自首、累犯、数罪并罚等制度，还规定"凡未满十二岁人之行为，不为罪，但因其情节，得施以感化教育"(第11条)。② 新刑律在罪名设定上与一事一例、律例合编的传统方式不同，采取了对该犯罪进行概括或者列举主要罪状的方法。在刑罚设定上，绝大部分采用了绝对法定刑与相对确定法定刑相结合的原则，避免了量刑上的绝对不确定。在刑罚执行上，废弃了除绞刑之外的其他较为残酷的死刑执行方式。

清末修律是一个分权、改革与集权、守旧之间相互斗争的曲折过程，是所移植的西方法律同中国传统法制文化相融合的产物。在清末新政中起草制定法律的人是某种意义上的成功者，他们秉承清政府参酌中西的立法方针，废除陈旧的封建法律制度、引进西方的法制文明，试图大胆引进、激进变革，使传统法律的面貌焕然一新。但是，这种法律移植经验的缺陷却是十分明显的：表现在制度上完全与过去的制度脱节，缺乏制度的对接。在实践中又少有社会实践的检验，显得与社会脱离，司法实践未能给立法者提供经验，外国法律在短时间内无法通过司法实践被消化与吸收，使得晚清的法律变革大多沦为纸上谈兵。当然，法律移植所固有的难题，如外

① 沈家本：《修订法律大臣沈奏刑律分则草案告成摺》，载《东方杂志》1908年第2期。

② 《大清刑律草案》，(清)农工商部印刷科刊印，第21~23页。

来法同本国法如何相互结合、新法如何合乎本国法律传统等，是任何一项法制变革都必须直面的。

2. 清末新政中沈家本的法治思想

沈家本先生系法学大家，是清末修律的主要参与者。其人其事构成了中国近代法治文化史上极其宝贵的精神财富，对中国法制近代化居功至伟。

首先是沈家本的法治思想。沈家本认为：“法是天下之程式、万事之仪表。”①法律是客观且理性的，是规制人们行为、调整社会关系和平衡各种利益的重要标准。在国家治理层面上，法律是治国安邦的关键，正所谓“为政之道，自在立法以典民”②，“世未有无法之国而能长安久治者也”③。

在制定完备法律的基础上，该法律还必须是良法。“盖立法以典民，必视乎民以为法而后可以保民。”④即所谓的善法、良法，是符合民意、保障民众权利的法。同时，沈家本认为：“法律之损益，随乎时运之递迁，往昔律书体裁虽专属刑事，而军事、民事、商事以及诉讼等项错综其间。现在兵制即改，则军律已属陆军之专责，民商及诉讼等律钦遵明谕特别编纂，则刑律之大凡自应专注于刑事之一部。推诸穷通久变之理，实今昔之不宜相袭也。”⑤法律并不是一成不变的，而是随着古今形势的不同而有所损益的。

在形式和使用上，法律必须是一致的。“法不一则民疑，斯一切索隐行怪之徒，皆得乘瑕而蹈隙。故欲安民和众，必立法之先统

① 沈家本：《历代刑法考附寄移文存·新译法规大全序》，中华书局1985年版，第2243页。

② 沈家本：《历代刑法考附寄移文存·旗人遣军流徒各罪照民人实行发配折》，中华书局1985年版，第2032页。

③ 沈家本：《历代刑法考附寄移文存·形制总考三》，中华书局1985年版，第34页。

④ 沈家本：《历代刑法考附寄移文存·裁判访问绿序》，中华书局1985年版，第2236页。

⑤ 刘新主编：《中国法律思想史》，中国人民大学出版社2000年版，第246页。

于一法。一则民志自靖，举凡一切奇衺之说，自不足以惑人心。”①法的统一包括三个方面：第一，立法宗旨的统一；第二，断罪之律必须统一；第三，使用法律的统一，不因人的身份而产生差异。

在执法上，沈家本强调两个方面：有其法者尤贵有其人；用法持平，慎重用刑。沈家本认为立法固然重要，但循法行法尤其值得重视，“大抵用法者得其人，法即严厉，亦能施其仁于法之中。用法者失其人，法即宽平，亦能逞其暴于法之外也”②。良法经制定、生效后应当得到全面的遵守，立而不行之法同无法无异。沈家本从修订法律的需要出发，非常重视研究法理学。他对诸如“刑为盛世所不能废，而亦盛世所不尚，所录略存梗概，不求备也”的轻法思想进行严厉的批判。他还强调法理的重要性，认为法理对于法律的制定和适用具有重要的指导意义。“不明于法，而欲治民一众，犹左书而右息之，是则法之修也，不可不审，不可不明。而欲法之审，法之明，不可不穷其理。”③从提倡法治出发，沈家本还非常重视法学的振兴。他指出：“律法学由衰而盛，庶几天下之事，将人人有法学之思想，一法立而天下共守之，而世局亦随法学而转移。”④

沈家本还非常重视道德教化在治国中的作用，他本身也不反对道德入律，但对于道德入律的问题，他却非常慎重。他既重视法治，又重视道德教化，努力寻找法律与道德这二者的切合点。

其次是人权思想。清末修律中出现的礼法之争的过程，实际上就是沈家本所代表的法理派尊重和保障人权与张之洞、劳乃宣等所代表的礼教派维护封建专制的过程，是删除侵犯人权、破坏人权的

① 沈家本：《历代刑法考附寄落文存·旗人遗军流徒各罪照民人实行发配折》，中华书局1985年版，第2032页。

② 沈家本：《历代刑法考附寄移文存·刑法总考四》，中华书局1985年版，第51页。

③ 沈家本：《历代刑法考附寄移文存·法学通论讲义序》，中华书局1985年版，第2234页。

④ 沈家本：《历代刑法考附寄移文存·法学盛衰说》，中华书局1985年版，第2144页。

法律内容、行刑方式、审判方式与增加保障人权的法律内容、行刑方式、审判方式的过程。由此，沈家本的人权思想可见一斑。

沈家本的人权法思想是建立在中国法制传统和西方法治理念相互融合的基础之上的，主要体现在以下几个方面：

第一，改重为轻，废除酷刑。沈家本认为，推行仁政的首要措施就是废弛缘坐、刺字和凌迟、戮尸等残酷刑罚。其认为重刑虽可威慑犯罪，但极其不人道的重刑则反映一国法制之野蛮、落后。

第二，减少死刑。死刑是最严厉的刑罚，从肉体上直接消灭犯罪人。以保障人权的名义，沈家本在奏折《虚拟死罪改为徒流折》中主张将部分死刑改为徒流。

第三，罪刑法定，废除比附。《大清新刑律草案》第 10 条规定：“凡律例无正条者，不论何种行为，不得为罪。”可见，草案规定了罪刑法定原则，并废除了比附援引，可谓中国刑事立法上的一大革命。而这离不开沈家本的贡献。

第四，禁止刑讯。口供在中国古代证据制度中占据重要的地位，被告人的供述是定罪的关键。而刑讯逼供则是取得口供最常用的审讯方式，甚至在民事案件中也经常使用。沈家本认为，刑讯的滥用是中华法系中最残酷的，中国应当学习西方、禁止刑讯逼供。对犯罪嫌疑人进行肉体或精神上的折磨以获取口供在当代中国仍然是一个不可忽视的现象，学界一直在为废除、防止刑讯逼供奔走呼号。沈家本在近一百年前就已经发出这种声音，难能可贵。

第五，宣传平等思想。随着西方资产阶级“法律面前人人平等”的人权思想传入中国，沈家本将其融入到中国传统道德体系中，创造性地用“善恶”观来解释形式平等的正当性，认为人格的平等是法律制定和适用人人平等的前提。有学者认为，沈家本以“善恶”为标准，实际上已经突破了形式平等的范畴。①

沈家本以善恶作为适用法律的标准，为平等适用法律创造了条件。在这种平等思想的影响下，他主张删除同罪异罚之律例。最

① 李贵连、俞江：《论沈家本的人格平等观》，载《环球评论》2003 年第 3 期。

终，《大清新刑律》规定：“本律于凡在帝国内犯罪者，不问何人适用之。其在帝国外之帝国船舰内犯罪者，亦同。”①中国封建社会长期存在的议、请、减、赎、当等因人而异的法律制度因此而取消。

第六，主张司法独立。在中国传统法制中，司法附属于行政，司法制度未曾从行政制度中独立出来。沈家本认识到司法独立是法治的根本要求之一，“以行政而兼司法”的司法制度不符合法治精神。在他的呼吁下，传承千年的行政长官兼任法官的制度退出历史舞台。中国近代法治文明是在众多仁人志士的努力下得以产生与发展的，但沈家本完全称得上是“中国近代法治文化之创始人”②。他为中国法制现代化作出的努力和贡献，在中国清末时期的法制变革中占据重要的地位。可以说，在清末修律这一促使我国法治文明进一步发展的环节中，沈家本发挥着不可磨灭的作用。

二、“法治”变革阶段

资产阶级改良派所领导的戊戌变法运动的失败，宣告了企图通过和平的方式在中国实行君主立宪制度是行不通的。推行新政的主体及其所代表的利益具有历史的狭隘性，这决定了清末的预备仿行立宪也不过是旧君主的垂死挣扎。与此同时，西方“天赋人权”“人民主权”“社会契约论”“三权分立”等政治理论给国人带来了启发，深受资产阶级推崇。在这种情况下，资产阶级革命派逐步走上了民主革命的道路。随之，武昌起义拉开了辛亥革命的序幕，唤醒了国民的反封建意识，鼓励各省通过武力来推翻清王朝的统治。1911年11月下旬，全国二十四行省中已有十四省光复独立，而未独立省份的革命斗争也是如火如荼。最终，清廷在全国的统治土崩瓦解，清宣统帝溥仪于翌年二月下诏退位。在中国实行了两千多年的君主专制制度彻底宣告结束，中国人民开启了新一轮的救国斗争，

① 李贵连：《沈家本年谱初编》，北京大学出版社1989年版，第158页。

② 陈柳裕：《沈家本与中国近代法治文化》，载《法治研究》2007年第1期。

揭开了"法治"变革的帷幕。

自辛亥革命后，中华民国展开了一系列民主宪政的试验，通过选举产生议会，并仿效西方实行多党制和三权分立。但是由于时局动荡、军阀混战等原因，这一系列的努力均未达到预期的效果。总统、内阁更替频繁，人民的自由平等和国家的安定富强毫无踪迹，甚至连宪政体制也被不断扭曲和边缘化。正式宪法还未制定，就发生了"二次革命"，随后袁世凯复辟、护法运动、护国运动、张勋复辟等接二连三发生，各方势力争斗不休，民国又陷入了长达十二年的军阀混战。每一次政变或者战争之后，新的当权者总会主导出台一部新的宪法或者宪法性文件，如袁世凯的"袁记约法"、曹锟的"贿选宪法"等。然而，每一部宪法都未能得到有效的遵守和实施，而是沦为军阀证明其合法地位的权宜之计。在这个权力斗争极其激烈的时期，层出不穷的各种宪法、宪法性文件反映出我国变革阶段法治文化的变迁。

(一)变革阶段的法治实践

1.《鄂州约法》

武昌光复之后，革命党成立了湖北军政府。由于革命党人的核心在起义前夕就处于真空状态——同盟会领袖孙中山、黄兴等人，或在北美或在广州，文学社和共进会的首领也因为前次的起义失败而潜往海外，湖北地区的革命党人群体缺少一个稳定、权威的领导集团，再加上当时同盟会的革命纲领"驱除鞑虏，恢复中华，建立民国，平均地权"还存在着狭隘的民族偏见，很多人以种族而非态度来划分革命与非革命，凡是满人就是反动的，而汉人则不论立宪派还是清朝官僚都是赞成革命的。于是，为了慑服清廷、增强革命军威望，在武汉的革命党人希望能够由具备较高资历的人士领导新的政府，他们推举了黎元洪做军政府的都督。黎元洪本是清军的头领，一直反对革命，本不情愿出头，但革命党人还是逼着他做了这个都督。

湖北军政府首先通过《布告全国电》、《宣布满清罪状檄》、《免税公告》宣示其政策纲要：推翻满清朝廷，建立共和国；减轻赋税，保护一切有产者的财产等。军政府还公布了一些条例：改革司法制度，设立江夏临时审判所、临时上诉审判所，成立临时警察筹备处以维护治安，安定社会秩序。而军政府的最大成就，在于参详欧美，根据孙中山先生的三民主义制定了《中华民国鄂州约法》。孙中山在《中国同盟会革命方略》中提出国民革命次序依次为“军法之治”“约法之治”“宪法之治”三期的约法理论，而《鄂州约法》的出台正是革命党人践行孙中山革命思想、追求宪政和实现共和而努力的结果。

在《鄂州约法》的制定和出台的过程中，宋教仁起到至关重要的作用。有着“中国宪政之父”之称的宋教仁是一位伟大的民主革命先行者、民主共和的坚定拥护者。武昌起义后，为了限制革命党中以黎元洪为代表的旧官僚独断专行，保证新政权能够继续保持革命理念，最终实现国家的民主共和，宋教仁积极推动临时约法的起草。他认为：“宪法者，共和政体之保障也。中国为共和政体与否，当视诸将来之宪法而定。”①宪法是一个国家立国的根本。经过与居正、刘公、孙武、张知本等人近半个月的商议，湖北军政府最终于1911年11月9日正式公布《鄂州约法》。由于《鄂州约法》由宋教仁负责起草，该法集中体现了他的宪政思想和理念。

一是主权在民、保障人权的民权思想。宋教仁是民权的坚定拥护者，认为“国民既为国家之主体，则即宜整理政治上之作用，天赋人权，无可避也”②。《鄂州约法》赋予人民言论、集会、结社、宗教和迁徙等自由权，以及选举权和被选举权。这是中国有史以来第一次用法律来肯定和保护人民的权利。

二是“三权分立”的资产阶级共和国政府结构，即国家权力的分立和相互制约。《鄂州约法》规定国家由都督、政务委员与议会、法司构成。都督及其任命之政务委员享有行政权，议会有权制定法律，司法权由法司行使。三权相互独立，相互制衡。

三是“责任内阁”制。宋教仁认为责任内阁制与总统制更适合当时的中国，“盖内阁不善可以更替之，总统不善则无术变易之，

① 陈旭麓主编：《宋教仁集》上册，中华书局1981年版，第252页。
② 陈旭麓主编：《宋教仁集》上册，中华书局1981年版，第252页。

如必欲变易之，必致动摇国本”，所以中国要实现共和，就应当采取内阁制，“总统当为不负责任，由国务院负责，内阁制之精神，实为共和国之良好制也”①。对此，《鄂州约法》加入了政务委员会制度，政务委员有权“提出法律案于议会，并得出席发言；编制会计预算、募集公债及缔结与国库有负担之契约时，须提出议会，经其议定；在紧急必要时，得为非常财政之处分及预算外之支出，但事后须提出议会，经其承诺；在都督公布法律及其他有关政务之制令时，就于主管事务，须自署名”。

除此之外，《鄂州约法》也已经初步具备了法治思想。例如，“法司”一章规定“法官非依法律受刑罚宣告，或免职之惩戒宣告，不得降职”，“法司以鄂州政府之名，依法律审判民事诉讼及刑事诉讼”，体现出法律至高无上的地位，确保了法律职业的尊严，有利于法官的公正司法。为了保证约法不被任意篡改，同时规定了“本约法由议会议员三分之二以上，或都督之提议，议员过半数之可决，得改正之”，对约法的修改条件和修改程序作了严格的限定。

《鄂州约法》较之清政府所制定的宪法具有不可比拟的进步性，虽然在制定程序上显得粗糙，但它在中国历史上第一次将人民权利保障写进根本性法律文件、将权力分立原则应用于政治制度中、在法律文件中发扬了资产阶级的民主宪政思想，其进步意义显而易见。后因战乱，湖北军政府无暇顾及宪政建设，《鄂州约法》的宪政构想尚未完全实施。但是，《鄂州约法》的意义并未停留在本身，对后来的法治变革起到重要的示范作用，《中华民国临时政府组织大纲草案》、《中华民国临时组织法草案》都是以《鄂时约法》为蓝本。因此，《鄂州约法》称得上是民国宪政文本之首篇。

2.《中华民国临时政府组织大纲》

随着武昌起义的胜利，各省纷纷独立，成立和组织了军政府。各省的军政府基本上各自为政，政令军令不统一，不仅严重影响革命的发展，也不利于形成一个与清廷相抗衡的力量。为了彻底推翻

① 陈旭麓主编：《宋教仁集》下册，中华书局 1981 年版，第 467 页。

清政府，就必须要在独立各省中建立起统一的政权机关来领导革命大局。

为争做全国的权力中心，武汉和上海两地同时进行建立统一政权的工作，而两地的政权建立方式却有着明显的区别。1911 年 11 月 7 日，湖北都督黎元洪以“义军四应，大局略定，惟未建设政府，各国不能承认交战团体”为由，请各省全权委员至武昌组织临时政府，紧接着在 11 月 9 日发出通电，提出“先由各省电举各部政务长，择其得多数票者来鄂”。同时提出出任各部部长之职者应当具有“声望素著，中外咸知”的条件。黎元洪的这一建议试图通过起义各地军政府之间协商和推举，组成统一的政府，也就是各地政治力量松散的联合体。这一方案设计，具有浓厚的中国传统色彩。而上海设计的政权建设方式，则具有鲜明的时代特色。1911 年 11 月 11 日，有都督发起倡议，要求“于上海设立临时会议机关，磋商对内对外妥善之方法”，“务请各省举派代表迅即莅沪集议”。由此可见，上海方面试图通过邀请各省代表在上海建立一个议会性质的机关，以此来产生政府、制定法律。这个方案反映出资产阶级自清末以来的政治诉求，通过议会实现国家的民主，使得成立后的政府具有合法性和统一性的基础。

1911 年 11 月 15 日，各省都督府代表赴上海预备开代表会议，黎元洪认为武昌乃首义之地，政府应设在武昌，各省代表应来汉开会，为此接连发函催促上海代表尽快来鄂，又派代表陶凤集等人去上海督促各省代表尽快来鄂。鉴于黎元洪态度强硬，11 月 23 日，各省代表联合会决定迁往武汉，但各省仍留一人在沪，互通消息。至此，鄂沪争当权力中心的纠纷平息。11 月 30 日，代表会议正式召开，到会者 24 人代表 11 省份，推举湖南代表谭人凤为议长，决定暂由湖北军政府代行中央军政府之职权。随后，代表会议决定先制定一部临时政府的组织大纲，为未来中央政权的成立与运作提供法律依据。次日，代表会议即正式通过了《中华民国临时政府组织大纲》(以下简称《临时政府组织大纲》)，由各省代表签名后公布。

《临时政府组织大纲》是为组织临时政府而产生的宪法性法律。从内容上来看，《临时政府组织大纲》受美国宪法的影响，采用了总统制，总统既是国家元首又是政府首脑，并享有任免政府官员的权利，国务员对总统负责，总统对国民负责。国务员的职责是“辅佐大总统办理本部事务”，议会也没有对国务员的不信任投票权，说明国务员只要取得大总统的信任即可，无须对议会负责。由此可见，总统的权力所受的约束极少，这是由于当时战端频发、时局动荡，中国需要强势且统一的临时中央政府来统帅全局，需要由一位深孚众望的人物成为领导核心来号召众人。因而，宋教仁所倡导的内阁制未被采纳，其原因正如孙中山所说：“内阁制乃平时不使元首当政治之冲，故以总理对国会负责，断非此非常时代所宜。无人不能对于唯一贯信推举之人而复仿制之法度，余亦不肯循诸人之意见，处于神圣赘疣，以误革命之大计。”①此外，《临时政府组织大纲》还仿照美国实行分权制，在具体的设计上有所不同。大纲规定由临时大总统、副总统和行政各部行使行政权，参议院享有立法权，临时中央审判所独立行使司法权，共同组成临时政府。这三类机关彼此掣肘，共同组成南京临时政府。

3.《中华民国临时约法》

1911 年 12 月 25 日，在海外的孙中山终于回国，抵达上海，受到民众的热烈欢迎，许多团体纷纷致电各省代表推举孙中山为总统。12 月 29 日，在南京的各省代表召开会议，依据《临时政府组织大纲》选举孙中山为临时大总统。次年元旦，孙中山于南京就任临时大总统，宣布中华民国成立。早年时期的孙中山借鉴西方现有的“三权分立”模式，并结合中国传统，提出了立法权、行政权、司法权、监察权和考试权五权分立的民主共和国政体方案，即“五权宪法”。作为中国乃至亚洲历史上第一位资产阶级共和国的缔造者，又被选举成为中华民国临时大总统，孙中山非常希望在中华民国临时政府期间实施自己倡导的五权宪法政体方案，便在上任临时大总统之后全力推动临时宪法的制定。最终在 1912 年，按照《临时组织大纲》成立的参议院表决通过了《中华民国临时约法》（以下简

① 陈旭麓、郝盛潮主编：《孙中山外集》，上海人民出版社 1990 年版，第 47 页。

称《临时约法》)。

《临时约法》分为总纲、人民、临时大总统、副总统、国务院、法院以及附则七章。其主要内容包括以下三个方面：

首先，《临时约法》确定了“主权在民”的原则，确定了国家性质为民主共和国，彻底否定了封建君主制，用根本大法的形式确立国民在国家政治生活中的主人翁地位。《临时约法》在总纲中规定：“中华民国由中华人民组织之。”“中华民国之主权属于国民全体。”约法以法律形式承认国民乃一国所有者在中国历史上属第一次，摒弃了延续两千多年的“家天下”的封建君主观念，否定了统治中国数千年的“君权神授”、“主权在君”的专制思想。在有着数千年专制传统的旧中国，《临时约法》顺应时代潮流提出了“主权在民”这一宪政思想，为后期的法治变迁奠定了坚实的基础。

其次，《临时约法》以保障人权为核心内容。该法详细规定了人民享有的基本权利与义务，明确了人人平等的法律原则，否定了封建社会中君臣、官民、男女之间的不平等关系和特权。《临时约法》亦规定：“人民之身体，非依法律，不得逮捕、拘禁、审问、处罚；人民之家宅，非依法律，不得侵入和搜索；”“人民保有财产及营业之自由；人民得享有言论、著作、刊行、及集会、结社以及书信秘密、居住迁徙、信教之自由”。并对审判权、申诉权还有考试权以及选举权和被选举权皆作了列举式的规定，还规定了人民纳税、服兵役等义务。《临时约法》规定的国民权利内容之广泛性对于权利观念缺位的中国传统法律文化来说是一个跨越式的进步，对于启发人民的民主宪政意识、推动中国宪政的实现具有深远的意义。

最后，《临时约法》依照分权原则确立临时政府的组织机构。该法从第三章起至第六章分别规定了参议院、临时大总统、副总统、国务员、法院各机关的职权及其相互关系，立法权、行政权和司法权分别由参议院、政府和法院独立行使。据《临时约法》的规定，参议院除了享有立法权、对总统所作重大决定的同意权等权力，还可在总统具有谋叛行为时弹劾之。总统则代表临时政府，行使全国军事力量的统治权、人事任免权和外交权；向参议院提出法律草案，宣告大赦、特赦、减刑、复权等。经参议院的同意，国务员由临时大总统任命，且国务员享有临时大总统提出的法律案和行政命令的副署权。法院行使司法权，其编制和法官的资格均由法律加以规定。法官独立审判案件，不受任何干涉，有碍社会安宁以外的案件一律公开审理。从《临时约法》中不难看到，参议院的职权范围扩大了，临时大总统的权力受到限制，在多项重要职权中，参议院的同意成为必要条件，更重要的是对临时大总统和国务员拥有了弹劾权，这意味着《临时组织大纲》所规定的总统制，已经转换为责任内阁。

《临时约法》提出了“主权在民”、保障人权的宪政思想，仿效西方三权分立原则构造了总统、议会和法院相互独立、相互制约的权力分立体制，堪称中国第一部资产阶级性质的宪法性文件。该法不仅体现和寄托了大多数国人推翻清政府统治后追求宪政的理想，还对民国中后期各种宪法和宪法文件产生了深远的影响。但是，不可否认的是，《临时约法》在很多方面依然没有打破中国传统“法治”文化中所固有的特征，以权力一元化和工具主义为典型。

同《临时政府组织大纲》相比，《临时约法》最大的特点就是改总统制为责任内阁制。因南北议和已达成，袁世凯将就任临时大总统，为保卫胜利果实，并限定袁世凯的行为，保证政府继续发展宪政事业，《临时约法》对总统职权作了较大的调整，诸多核心权力都要受到议会、国务员的制衡。该法赋予议会立法权、总统决定的同意权和弹劾权，并且总统决定需经国务员副署，虚化总统权力的意图相当坚定且显而易见。可见，《临时政府组织大纲》所规定总统之权力受到《临时约法》极大程度的削弱。但这种做法并非为了更好地实现权力分立、制衡，而是为了达到限制新任总统权力的政治目的而将核心权力移至议会。实质上，这种做法并非权力分立，而是权力转移。总之，该法并未打破我国权力一元化的“法治”文化传统。

除了诸权归一之外，从《临时约法》因人立法中可以看出其工具主义色彩浓厚。辛亥革命成功后的新政权所面临的最关键的问题就是政权组织形式的选择，而当时的争论集中于是效仿法国式的内阁制还是美国式的总统制。孙中山深得同盟会成员拥戴，其态度对政权组织形式的抉择极具影响力。他多次提出效仿美国实行总统制的政治主张，并且得到了《临时政府组织大纲》的制度支持。南北议和后，国内政治形势发生变化，袁世凯将接任临时大总统一职。为了保护革命成果、维护民主共和制度，孙中山一改关于内阁制“非此非常时代所宜”的观点，积极推动改总统制为责任内阁制。当后人谈起孙中山等人为民主共和事业而用心良苦时，似持赞赏态度。然而，《临时约法》具有一国之根本大法的地位，却因总统人选和领导者政治主张的改变而变更政体。可见，《临时约法》制定者只是将其作为一种政治博弈的筹码，法律工具主义色彩浓厚。

除此之外，《临时约法》本身也具有诸多不足之处。从袁世凯就任临时大总统之后的情形来看，《临时约法》并未起到钳制其政治野心的预设功能。探究这其中的原因，与《临时约法》所存在的诸多问题有关。首先，从程序上来看，《临时约法》的制定缺乏民主性。南京临时参议院有来自十七省军政府指派的四十余名参议员，不足以代表全国二十四个行省；四十多名代表中有资产阶级革命派三十多名，立宪派不到十人，且无北洋军势力代表。由于制定程序缺乏民主性，导致《临时约法》无法真实反映各方政治实力的比较，为后来的宪政乱象埋下了伏笔。其次，从内容上来看，权力划分混乱且不合理。《临时约法》本意要限制总统权力、防止独裁，于是将主要权力赋予内阁。但在总统、内阁、议会之间的权力划分界限不清晰，增加了总统、内阁、议会之间诸多不必要的矛盾。以内阁与总统之间权力划分为例，一方面内阁要向总统负责，另一方面总统的诸多决定又需经内阁副署，这种单纯为了增加两者间冲突的权力分配方式非常不利于国家权力体系的运作。另外，《临时约法》虚化总统职权的行为造成袁世凯所处政治地位与其所拥政治实力差距悬殊，权力划分脱离了现实根基。《临时约法》所固有的以上不足，决定其将沦为政治博弈的焦点，却无法平衡各方利益、维护国家稳定和保证民主共和制度。

4.《中华民国约法》

袁世凯当选为中华民国临时大总统，标志着北洋军阀统治地位的确立。但是这并不意味着斗争的结束，而是新形势下又一轮斗争的开始。成为临时大总统之后的袁世凯，要想独揽大权，面临的不仅有孙中山三个条件的束缚，还有受制于被孙中山视为民主宪政两大支柱的《临时约法》和国会。在此情形下，《中华民国约法》就是袁世凯摆脱束缚、走向专制的产物。

根据南北议和的条件，袁世凯应当在南京就任临时大总统，但袁世凯为了不离开他苦心经营多年的北方势力范围，便授意部下假意制造兵变、营造紧张氛围，并以此为借口，威逼革命派就范，顺利在北京宣誓就职。资产阶级革命派为了能够捍卫共和，约束袁世凯的独断专行，同时团结全国的革命力量，成立了国民党。在1912年12月国会选举前，国民党元老宋教仁四处奔走呼告、发表竞选演说，严厉抨击了北洋政府的弊端，宣传国民党的纲领。经过近四个月的选举，国民党籍议员在国会中占45%以上，国民党为国会第一大党。当时国民党意图通过宪法手段，通过控制国会，进而影响内阁的组建，然后制定民主宪法、成功约束袁世凯，最终引领中国走向民主宪政。袁世凯并没有坐以待毙，随之刺杀宋教仁，通过梁启超将共和党、统一党、民主党合并组成除国民党外的第一大党——进步党，收买国民党籍议员，正逐步控制国会。在袁世凯一步步加紧对国会控制的同时，不满其统治的孙中山等革命党人在南方游说，发起“二次革命”，遭到袁世凯的镇压。镇压革命后，袁世凯野心进一步膨胀，希望早日当上大总统。虽然国会原定的议程是先制定宪法、再根据宪法选举大总统，但是袁世凯借其所掌控的进步党议员向国会提议，改变议程为先选举大总统、再制定宪法。由于军事上的失利，国民党认识到靠武力无法与袁世凯相较，转而希望利用国民党在国会中的多数优势，在政治上与袁世凯抗争，便同意了这项提议。令人匪夷所思的是，袁世凯为了确保顺利当选大总统，派遣军警数千人包围了会场，安排了一些爪牙组成请愿团、打着公民伸张民意的幌子干扰会场。国会被迫在一日内进行了三次投票，袁世凯最终如愿当选大总统。

成功当上大总统的袁世凯，在多次插手宪法制定工作未遂后，担忧国会和即将出台的宪法会影响他的权力，遂下决心破坏国会。

他两次通电各省军政长官，指摘宪法草案失当。受其唆使，各省军政长官要求解散宪法起草委员会和国民党。袁世凯以此为借口，下令解散国民党，撤销该党国会议员的资格。继而又下令停止参众两院议员职务，将各议员遣送回原籍。参众两院为表抗议，以两院议长名义发出通告，声明暂停议事，并依法就政府命令追缴国民党籍议员证书、徽章一事提出质询，国务院却无视此质询。国会陷于停顿。到1914年1月10日，袁世凯发布《布告解散国会原因文》，正式解散国会。就这样，国会制度被袁世凯彻底破坏。

国会解散，中华民国宪政的一大柱石倒下，另一支柱《临时约法》也岌岌可危。袁世凯上任后，就以《临时约法》“限制过苛”的理由提出增修《临时约法》的要求，他的要求：“总统制定官制、官规，任免国务员、外交大使，以及一切文武职员，并宣战、媾和、缔约，不征参议院之同意；总统享有紧急命令权及财政紧急处分权。”袁世凯主导的“增修约法案”一经提交，立刻遭到了宪法委员会部分委员的强烈的抵制。随后袁世凯做了一系列的动作使宪法起草委员会陷入停顿。因为袁世凯深知咨询机关有助于掩盖其假共和的外衣，便在解散国会后要求召开政治会议。但是这样的政治会议不经民选，只能充当袁世凯的专制工具。他向政治会议提出《约法增修咨询案》，极力贬低《临时约法》，并认为“正式政府使用《临时约法》究于政治刷新大有妨碍”①，其目的便是要求政治会议改变《临时约法》中不利于其统治的内容。《约法会议组织条例》在这种情况下出台，为制定新宪法做准备。

1914年3月16日，作为特设造法机关的约法会议正式成立。袁世凯向约法会议提出《增修临时约法大纲》。《增修临时约法大纲》旨在消除《临时约法》对大总统权力的限制，例如外交大权绝对归于总统；官制官规制定权以及官吏任免权归于大总统；不设国务总理；宪法修正权归于大总统；大总统紧急状态下得发布与法律具有同等效力的教令等。约法会议依据大纲出台了《中华民国约法》，

① 殷啸虎：《近代中国宪政史》，上海人民出版社1997年版，第157页。

《临时约法》因此废止。《中华民国约法》的产生标志着被资产阶级革命派寄予厚望的共和制的两大支柱倒塌，袁世凯的独裁专制实现了制度上的合法化。且1914年5月3日公布的《大总统府政事堂组织令》规定：“政事堂以左列各局所组织之：法制局、机要局、铨叙局、主计局、印铸局、司务所……国务卿承大总统之命，监督政务堂事务。大总统发布之命令，国务卿副署之。”

《中华民国约法》共分10章　68条，尽管这部约法体现了袁世凯总揽大权的个人意志，但是作为一部根本大法，对当时的社会产生了实际性的影响。与《临时约法》相比而言，《中华民国约法》有着显著特色。

第一，废除责任内阁制，确立了大总统的独裁体制。根据《中华民国约法》的规定，大总统的权力不再受到限制。该法一改《临时约法》中关于责任内阁制的相关内容，规定“大总统为国之元首，总揽统治权”、“行政以大总统为首长，置国务卿一人赞襄之”。1914年5月3日公布的《大总统府政事堂组织令》规定：“政事堂以左列各局所组织之：法制局、机要局、铨叙局、主计局、印铸局、司务所……国务卿承大总统之命，监督政务堂事务。大总统发布之命令，国务卿副署之。”这样就从根本上解决了民国以来大总统和国务总理之间的权限争论，集一切权力于大总统一身。

《中华民国约法》还规定：“总统除通常的颁布法律，发布命令，制定官制官规，任免文武职官，宣战、媾和、缔约、统率海陆军等权外，还可发布与法律有同行效力的教令；有权宣布立法院开会，停会，闭会，不论立法院议决的法律案，直到解散立法院。议决宪法的国民会议，由大总统召集和解散，宪法由大总统公布实施，约法可由大总统提议，召集约法会议增修。大总统有财政紧急处分权等。”由此看来，新约法取消了内阁，大总统既是国家元首又是政府首脑，统率全国武装力量、制定官制官规、任免武官吏、宣告戒严、对外宣战媾和、缔结条约，还享有发布与法律有同等效力的教令及为财政紧急之处分等其他实行总统制国家中总统所没有的权力。此时大总统的权力已与皇帝无异。《中华民国约法》赋予了袁世凯无上的权力，为其走向复辟打下了基础。

第二，废除三权分立，总统享有最高权力。立法院有权制定法律，但其立法权限远不如《临时约法》中的国会。对于大总统的命令，立法院没有副署权。立法院无法制约大总统行使权力，只有在大总统有谋叛行为时可弹劾之。其结果便是，国家权力沦至大总统之手。

第三，变相确立了大总统终身制。1914 年 12 月 29 日，按照《中华民国约法》的精神，对《大总统选举法》进行修改。新的《大总统选举法》对大总统候选人资格和选举程序作出了改变：一是当选资格必须是男子，在国内居住二十年以上；二是总统任期由五年改为十年，连任一次改为连任不限。三是总统候选人共四人，一是现任总统，参政院 2/3 以上通过其连任即可由大总统自己公布连任，也可由大总统选举会投票；另三人由现任总统推荐，先期亲书于嘉禾金简，钤盖国玺，密藏金匮，特设金匮石室藏之，到选举时取出或由代行大总统职权者取出，向大总统选举会公布。① 这种金匮藏书的做法无异于清代的秘密立储。而且大总统的任期为 10 年，连任没有任期上的限制。再加上规定如果大总统选举会上没有投给候选人的票，视为对现任大总统的投票，这无疑使大总统的终身制甚至世袭制成为可能。

针对孙中山因人立法、借约法钳制其专制野心的行为，袁氏自上台后便通过各种手段对《临时约法》进行解读和改造，并最终以《中华民国约法》取代之。不难看出，《中华民国约法》是袁世凯破坏共和、追求专制的产物。关于该法所具有的历史影响，主要有以下两点：

第一，《中华民国约法》是我国第一部军权宪法，标志着军阀专制的确立。从该法出台过程来看，主要是依赖袁世凯滥用其总统职权和军事力量，军权在其中发挥了决定性的作用。从约法内容上来看，该法赋予袁氏至高无上的地位，其实权与君权并无实质上的差距。总统有权无限制地否决立法院所议决的法律案，甚至解散立法院，而参政院亦不过是总统附庸。而且，总统终身制更是将其权

① 张晋藩：《中国宪法史》，吉林人民出版社 2004 年版，第 209 页。

力发挥到极致。从政治效果上来看，袁氏借助宪法为其专制统治寻求合法化的外衣，为后来的军阀们所效仿。《中华民国约法》开创了军阀大肆“立宪”“修宪”的局面，宪法已然作为军阀们攫取政治利益的有力武器。频繁出现的宪法文本均服务于军阀的专制统治，使得民主共和事业在一定程度上呈现出倒退的状态。因此，作为我国第一部军权宪法，《中华民国约法》既是军阀袁氏破坏民主共和的产物，又是军阀们借宪法之名、行专制之实的蓝本。

第二，《中华民国约法》表明宪政运动在中国有所发展，民主共和理念不可动摇。尽管袁世凯迫切需要改变《临时约法》中虚化总统权力的规定，但他仍然没有选择使用军事力量强行实施专制统治，而是通过修订宪法和干预选举程序来达成目的。袁氏对约法的顾忌，正说明民主共和理念已深入人心，专制统治也需要法律的掩饰。袁氏复辟帝制后迅速消亡，正表明了宪政运动有所发展，宪法意识已深入人心，民主共和的趋势不可逆转。

5. “贿选宪法”

袁世凯死后，北洋军阀因此四分五裂。各地军阀均以手中的兵力为资本，争权夺利，北京政权轮番倒换。这段时期，国内依次发生了新旧法之争、国会的重组与解散和张勋复辟等政治乱象，给当时的宪政运动蒙上了阴影。同时，袁世凯复辟帝制的失败教训让军阀们意识到，民主共和已经成为时代的主流，任何妄图恢复帝制的人，都必然会遭到全国上下的讨伐。因此，不管是谁掌握北京政府，虽行独裁之实，但绝不敢再图帝制，反而抬出宪政的旗帜，力求统治的合法化。而在当时，《临时约法》和国会被视为民主宪政的两大标志，这一时期北洋军阀之间的斗争也都围绕着《临时约法》和国会展开。“贿选宪法”就是在这样的大环境下诞生的。

1922 年 4 月，直奉战争爆发，获胜的直系军阀曹锟、吴佩孚执掌北京政府。曹锟提出恢复《临时约法》，统一全国，得到了旧国会议员的支持。6 月 2 日，徐世昌辞职，随后黎元洪入京复任大总统。黎元洪任大总统次日便下令撤销其被张勋逼迫而发的解散国会令，通电全国要求国会议员尽快入京召开会议。

第一届国会复会后，开始着手制定拖延多年的宪法。但是，在制定宪法过程中常常由于人数不足法定要求，致使会议无法正常召开，宪法的制定工作也就常常受到阻碍。为此，国会修改了《宪法会议规则》，规定议员开会如果缺席，每次要扣岁费 20 元，如果出席一次，则奖励岁费 20 元。以出席费来引诱议员行使自己应当履行的政治责任。这条规定一下，国会再次召开会议时便凑足了法定人数。

1923 年 6 月，曹锟收买一批流氓假冒成所谓的公民团，在天安门前集会，要求黎元洪下台。又指使冯玉祥、王怀庆率领一批军士借口要饷包围了黎元洪的住处。黎元洪被迫出走天津，同时有一批国会议员跟随黎元洪到达天津。黎元洪出走后，国会因不足法定人数而不能召开会议。此时的曹锟非常急迫地想当上大总统，他一方面高价收买议员，用金钱引诱南下议员返京，另一方面派专人日夜跟踪议员，迫使议员出席会议。9 月 12 日，国会召开大总统选举会，到会议员还是未能凑足法定人数。曹锟提高价码，以一张选票五千至一万元的价格，收买了五百余议员，以四十万元收买了国会议长，又安排人冒签。饶是如此曹锟仍不放心，在 10 月 2 日正式选举时派出军警在会场周围实施戒严。曹锟的不懈努力终于让自己成功“当选”大总统。紧接着，议员们再接再厉，用六天的时间完成了此前拖延十多年的宪法。10 月 10 日，曹锟的大总统就职典礼和宪法公布典礼同日举行。这就是近代中国宪政史上“贿选总统”和“贿选宪法”事件。

曹锟的“贿选总统”和“贿选宪法”受到全国人民的一致反对，社会各界纷纷发表通电，拒绝承认曹锟国会通过的《中华民国宪法》，声讨曹锟的罪行。此时。曹锟与其他派系的军阀之间的矛盾也激化了。1924 年 9 月，第二次直奉战争爆发。在战争中，直系军阀将领冯玉祥受民主革命的影响，转向革命，倒戈相向，回师北京，将曹锟监禁起来，结束了这次战争。

(二)变革阶段的法治思想：以孙中山法治思想为核心

自辛亥革命成功后独立各省争相制定各地约法，到国民党掌握国家政权，该时期的法治思想因国内形势的发展而处于不断变化之中。在变革阶段，孙中山的法治思想一直都处于核心地位，引导着一国法治文化的发展。而其法治思想的转变，更是当时社会宪法工具主义和权力一元化的主流法治观。

1. 孙中山法治思想概述

1905年，孙中山在《同盟会宣言》中，提出了“驱除鞑虏，恢复中华，建立民国，平均地权”的革命纲领，在此奠定了三民主义的基础。而后在《民报》的发刊词中正式提出了“民族、民权、民生”的三民主义。三民主义是孙中山法治思想在这一阶段的集中体现。

首先，民族主义旨在推翻清政府的统治，推翻帝国主义的统治。面对内忧外患，既要推翻封建专制统治，也要推翻帝国主义，阻止列强瓜分中国。推翻清王朝的专制统治，实现“五族共和”①。在全民族不仅是汉族，还包括满、蒙、回、藏诸地实现法治。驱逐帝国主义，废除一切不平等条约是实现国家独立和实行法治的前提，因此，民族主义是孙中山法治思想得以实现的前提，为此，他坚决主张“废除中外一切不平等条约，收回海关、租借和领事裁判权”②，只有民族主义得以实现，才能恢复国家主权，实现民族独立，才能在独立之中国实现真正的法治。

其次，民权主义是三民主义的核心，以“建立共和政体”为目标。民权主义的重要内容是“由平民革命以建民国政府，凡为国民皆平等以有参政权。大总统由公民选举。议会以国民公举之议员构成之，制定中华民国宪法，人人共守”③。民权主义的提出，是孙中山宪政思想的重要体现，他之后在此基础上逐步完善自己的宪政理论，在考察了各国资本主义宪政体制的利弊之后，在中国国民党第一次全国代表大会宣言中对民权主义做了新的阐述：“近世各国所谓民权制度，往往为资产阶级所专有，适成为压迫平民之工具。若国民党之民权主义，则为一般平民所共有，非少数者所得而私也。于此有当知者：国民党之民权主义，与所谓‘天赋人权’者殊

① 《孙中山选集·伦敦被难记》。

② 《孙中山选集·国民会议为解决中国内乱之法》。

③ 《孙中山选集·军政府宣言》。

科，而唯求所以适合于现在中国革命之需要。”孙中山的宪政理论是从民权主义发展而来的，创造性地将民权与法治统一起来。他认为，民权是实行法治的前提，实行法治是对民权的最好保障。

最后，民生主义旨在解决“土地”和“资本”两大社会问题。通过核实地价，征收地价税，来实现平均地权，达到耕者有其田和节制资本的目的。民生主义是孙中山实现民族主义和民权主义的目的。实现民族独立，建立共和政体，强调国家运用法律武器保护农民和工人的根本利益，加强国家对私人资本主义经济的监管，全面地实现法治社会。

至于怎样才能实现法治？孙中山认为首先要有一部好宪法。宪法是一国根本法，“国家宪法良，则国强，宪法不良，则国弱。强弱之点，尽在宪法”。对于制定什么样的宪法，孙中山非常详细地考察了各国的宪政状态，并独创性地设计了五权宪法。他认为“三权分立”的宪法设计发展至今，已经流弊甚多，要么如英国的议会独裁，要么如美国的总统专制。“兄弟历观各国宪法，有文宪法是美国最好，无文宪法是英国最好。英是不能学的。美是不必学的。”当下存在的宪法“现在已经是不适用的了，兄弟的意思，将来中华民国的宪法，是要创一种新主义，叫做五权宪法”①。

2. 孙中山的宪政理论的改变——从五权宪法到一元化的专制思想

鸦片战争以后，西方思潮不断涌入，学说也是百家争鸣，先进的知识分子意图通过学习西方的先进文化来达到救亡图存的目的。在这一过程中，资本主义经济逐步发展，资产阶级革命派逐渐登上历史舞台，在资产阶级革命不断取得胜利，民主共和观念逐渐深入人心的情况下，孙中山作为资产阶级革命派的领导者在全面学习西方的同时，也注重考察中国的历史状况。在吸收了国外资本主义“三权分立”思想的同时，为避免其弊端，再察我国古代发达的考试和监察制度并加以吸收，用立法、司法、行政、考试和监察“五权分立”代替西方的“三权分立”。“我们现在要集合中外的精华，

① 《孙中山选集·三民主义与中国前途》。

防止一切的流弊，便要采用外国的行政权、立法权、司法权，加入中国的考试权和监察权，连成一个很好的完璧，造成一个五权分立的政府。”①在孙中山五权分立思想的指导下，国家政府被建构成“以五院制为中央政府：一曰行政院，二曰立法院，三曰司法院，四曰考试院，五曰监察院。宪法制定之后，由各县人民投票选举总统以组织行政院，选举代议士以组织立法院，其余三院之院长，由总统得立法院之同意而委任之，但不对总统、立法院负责，而五院皆对于国民大会负责。各院人员失职，由监察院向国民大会弹劾之，而监察院人员失职，则国民大会自行弹劾而罢黜之”②。除强调权力制衡之外，五权分立还强调权力间的分工与合作③。除此之外，孙中山还主张民权应当以直接的方式行使，即直接民权。直接民权和五权宪法之间不是对立的，而是权和能的关系“五权宪法如一部大机器，直接民权又是机器的扣制”④。

而与五权宪法不同的是中国的传统一元化专制思想。中国文化的传统植根于儒家思想中，儒家讲求中庸之道，讲求“天人合一”，讲究君君臣臣，父父子子的伦常关系，强调上级对于下级的绝对统治和下级对于上级的绝对服从，是一种集体化的思维，在这种“王道”思想的教化之中，中国法治的传统就演变成了有一个最高权威。“‘圣王合一’哲学使得在几千年的封建统治中，国家在最高权力的设置上始终保持一元化，即国家的权力始终是趋向于权力一元化”。⑤ 权力一元化的内涵可概括为：“在多维价值关系中，始终有一个独立的价值需求占据主导的、决定的和支配的地位，不同价值的交叉关系，不能通过分设权力元和制衡方式予以最高限度的‘平等’满足，而必须按照‘制胜’的方式，按支配和服从关系分配

① 《孙中山选集·三民主义·民权主义》。

② 《孙中山选集·建国方略》。

③ 张万洪：《法制、政治文明与社会发展》，北京大学出版社 2013 年版，第 54 页。

④ 《孙中山选集·三民主义·民权主义》。

⑤ 袁兵喜：《军权立宪：〈中华民国约法〉的历史反思》，载《武汉大学学报》(哲学社会科学版)，2010 年 3 月第 63 卷第 2 期。

价值事实(实益)。”①在宪法的构建方面，一元化体现为各种宪法的制度安排、权利的设定以及义务的分担，全部都来自于同一个权威核心的决定。

这种一元化的专制思想在《中华民国临时约法》中也表现得异常明显。与以往的一元化思想不同，在中国历史上，一元化的专治思想的核心是将权力集中在君主身上，君主享有绝对的、至高无上的权力，犹如天道的代言人。但是在该法中，总统权力被虚化，国家权力高度集中于议会和民主党人控制的内阁。这种权力构造从结构上丧失了权力制衡的宪政意义，比较充分地表现了一元化思维方式在“宪法”设计中的限定和制约作用。② 之所以有这样的不同，跟这一时期革命的发展阶段有着密切关系，因为《中华民国临时约法》的颁布是为了限制袁世凯的权力，扩充议会和民主党人控制的内阁的权力。

从革命初期设想的五权分立到最终选择的权力一元化，这是孙中山宪政思想发展的最大变化。但是从实质上来说，这种变化是相对的，并非绝对的。在五权宪法时期，就其本质来说，孙中山的设计是以总统制为核心的五权宪法。虽然权力之间相互制约，人民也有直接四大民权，但是这些权力的核心点是总统制。也就是说，五权宪法理论在一定程度上是以总统制为核心的一元化专制思想。那是不是就由此得出结论，五权宪法的完全实施也不过实施的是一个专制政府罢了呢？事实并非如此。按照五权宪法理论，总统由人民投票产生，能够充分代表民意。在这个政府中由享有直接民权的人民去管理政府，“用人民的四个政权来管理政府的五个治权，那才算是一个完全的民权政治机关，有了这样的政治机关，人民和政府的力量才可以彼此平衡”③。这一时期虽然孙中山本质上追求的仍

① 陈晓枫：《中国宪法文化研究》，武汉大学出版社2013年版，第60页。

② 陈晓枫：《〈中华民国临时约法〉的文化透视》，载《武汉大学学报》(哲学社会科学版)1999年第6期。

③ 《孙中山选集·三民主义·民权主义》。

然是权力的一元化发展，但是五权宪法的提出仍然是民权主义的宪政得以实现的重要内容。

由于临时大总统预想人选的变化，革命党人有针对性地改变了《中华民国临时约法》中五权宪法结构。最终约法最大限度地虚化了总统权力，将五权宪法中的总统一元制和临时约法中的议会、内阁交换了位置。这种位置的交替是由于多方面的原因造成的。

第一，这一时期的革命进入另一种状态，有袁世凯主导的势力正逐步窃取革命的果实，孙中山为代表的革命党人深谙这一变化的结果将会导致总统选举的结果发生重大改变，为了防止革命结果成为专制统治的工具，革命党人改变策略，通过制定《中华民国临时约法》来限制总统的权力，扩大议会和内阁的权力，意图捍卫革命成果。无论是五权宪法还是之后的一元化专制主义都是为了实现民主主义，这种改变并不违背五权宪法理论的核心，即权力的制约与平衡，只是相对地改变了力量的平衡点。按照革命党人的想法，其实行结果依旧能够保证民权主义的实现。孙中山将宪法当做资产阶级革命的工具，无论是五权宪法还是一元化专制思想都是一种工具。

第二，五权宪法理论本身就蕴含了一元化专制思想。五权宪法没有从根本上摆脱传统的一元化专制的宪政体制的范畴。在五权宪法指导下，各种宪法的制度安排、权利的设定以及义务的分担，依旧全部都来自于同一个权威核心的决定，依旧强调下级对于上级的绝对服从，“他把少数行使‘治权’的官吏视为诸葛亮，而人民群众是阿斗，没有管理国家的能力”①。五权宪法的这个权威核心就是总统，必然包含着一元化的专制思想，在此基础上发展出来的宪政制度，除非从根本上改变一元化专制思想，它的继续发展就不会摆脱传统宪政理论的范畴。

总的说来，孙中山始终都坚持追求权力的一元化。从五权宪法到一元化的专制主义都没有脱离他的民权主义范畴，只是因革命形势而采取不同的策略罢了。

---

① 杨鹤皋：《中国法律思想通史》（下），湘潭大学出版社 2011 年版，第 1010 页。

三、"党治"下的法治

(一)"党治"的形成

1927年4月，"四·一二"反革命政变爆发，大量共产党人和革命群众被无辜捕杀。同年4月18日，南京国民政府成立。同年9月，南京国民政府与武汉国民政府改组合并，合并后的国民政府仍称南京国民政府。1928年12月29日，张学良通电全国，宣布从即日起遵守三民主义，服从国民政府，改旗易帜。此举标志着南京国民政府在形式上统一全国，北洋政府统治彻底终结。中国进入了国民党统治时期。

在南京国民政府成立初期，蒋介石集团的政权组织形式逐渐发展为一党治国模式，经历了准备、初步形成和最终确立三阶段。

第一阶段自1927年南京国民政府成立到1928年6月奉系军阀张作霖败退关外，此为国民党"党治"的准备阶段。1928年2月2日，国民党二届四中全会召开，会议通过了《中华民国国民政府组织法》。该法规定国民政府由国民党中央执委会推举委员若干人组成，国民政府必须接受中国国民党中央执行委员会之指导及监督。国民党中央执委会还有权修正政府组织法。该法奠定了国民党一党专政的初步基础。

第二阶段自1928年6月胡汉民、孙科提出《训政大纲》提案到1929年3月国民党三大召开，国民党"党治"初步形成。1928年6月3日，胡汉民、孙科向筹备中的国民党二届五中全会提出有关《训政大纲》的提案，建议以党统一、以党训政的建议，强调国民党中央政治会议在实施"训政"中的核心作用。随后召开的国民党二届五中全会采纳了两人提案，国民党中央第172次常务会议通过的《训政纲领》赋予国民党最高训政者地位，行政、立法、司法、考试、监察五项治权由国民党中央"付托于国民政府总揽执行之"。10月8日，修订后的《中华民国国民政府组织法》确立五院制，进一步提高国民政府主席的职权。接着国民党三大召开，再次规定训政时期"以中国国民党独负全责，领导国民，扶植中华民国之政权治权"。可以看出，《训政大纲》、《中华民国国民政府组织法》和国民党三大的相关决议，已经为国民党一党执政制定了蓝图，“党治”格局初步形成。

第三阶段自1929年3月国民党三大到1931年国民会议召开，国民党“党治”地位最终确立。由于国民党内部的权力争斗，引发蒋、冯、阎、李中原大战。但是，反蒋阵营只是反对蒋介石的个人独裁，并不反对一党专政。中原大战以反蒋阵营失败而告终，蒋介石随之致电国民党中央，主张尽快召集国民会议制定“训政约法”。1931年5月，国民会议在《中华民国训政时期约法》中规定，“训政时期，由中国国民党全国代表大会代表国民大会行使中央统治权。中国国民党全国代表大会闭会时，其职权由中国国民党中央执行委员会行使之”。至此，国民党最高统治地位基本确立下来。

(二)“党治”下的法治实践

南京国民政府成立后，主要的立法活动集中于《六法全书》及相关法律的制定上，其中，宪法和宪法性文件最能代表“党治”阶段的法治实践。

1.《训政纲领》

1928年，随着东北改旗易帜，南京国民政府得以在形式上统一中国。国民党借实施孙中山《建国大纲》之名，宣告“军政时期”结束，随之开始“训政时期”。1928年10月3日，国民党中央通过并公布了《训政纲领》。

《训政纲领》主要包括三个内容：公民所有的选举、罢免、创制和复决四权，在国民大会未召开以前，由国民党全国代表大会行使；行政、立法、司法、考试和监察五项治权，由国民政府在国民党中央执行委员会政治会议的指导和监督下执行；关于“政权”和“治权”的关系，规定重大国务由国民党中央执行委员会政治会议执行。

可见，《训政纲领》以法律的形式规定国民党为最高行政者，国民党全国代表大会是全国最高权力机关，国民党中央政治会议具有支配政府的地位。而国民党政府主席、国民党中央执行委员会和中央政治会议的主席都是蒋介石一人担任。因此，蒋介石就成为大集权者，并且其权力通过《训政纲领》以及依此制定的相关法律得以具体化、制度化。

2.《训政时期约法》

1931年3月2日，蒋介石在国民党中央常委会议上再次提出要召开国民会议，“于三民主义的训政范围以内，确立本党与全国人民共同遵守之约法，树久安长治之宏规”。该议案立即获得通过。同时会议决定推于右任、蔡元培、孔祥熙、邵力子等11人组成约法起草委员。3月9日，约法起草委员召开第一次会议，在这次会议上确立了约法的基本原则，即“以总理遗教及建国大纲规定各点为本法根据；本法为训政时期、宪法未颁布前适用；本法采取刚性，确定政府机关之组织及人民与政府间权利义务之划分，以便政府与人民共同遵守”。

《训政时期约法》全文共89条，分为8章。序言说明了制宪的依据及制宪机关，明确宪法的根本法地位。第一章为“总纲”，规定国家主权属国民全体，以及领土、国籍、国体和国旗等基本的国家构成要素。第二章以人民权利义务为主，这一章第一次提出男女平等，是中国社会的一大进步。然而，这些权利和自由并不是绝对的，国民政府在必要时可制定法律来取消这些权利和自由。训政纲领为约法全篇精神之所寄托，因此人民的权利义务之后紧接着第三章是“训政纲要”，规定国民的选举、罢免、创制和复决四项权利由国民政府训导实行，而立法、司法、行政、监察、考试五种治权由国民政府行使。本章以根本法的形式将国民党一党专政的国家政治体制固定了下来。第四章“国民生计”表现了奖励生产和劳资协调的两大原则。第五章为“国民教育”，规定教育应符合三民主义精神。第六章为“中央与地方之权限”，对中央和地方之间的分权进行规定。地方在一定范围内可以制定法规、征收税款，但是均不得有碍中央政府。第七章是“政府之组织”，中央采五院制度，地方则分省县两级。最后一章“附则”是关于约法的地位、实施、解释以及宪法的制定施行等问题。

孙中山设计约法之治，目的在于防止革命胜利后出现独裁者，这一阶段的根本任务也就是要训练人民学会行使当家做主的权利。可是南京国民政府却通过《训政时期约法》确立了国民党的一党专政，而蒋介石也借此成为独裁者。孙中山推行政党政治、以党治国，是以立宪政治为条件的，政党应当作为杰出者的集合，代表人民的意见，并且将人民的意见反映到政治生活中。而自称是孙中山革命事业接班人的南京国民政府，却将党治变形成了党的领袖的一党独裁专制。著名的宪法学家王世杰说：“约法虽已颁布，而党治的制度从未动摇，统治之权仍在中国国民党的手中。在党治主义之下，党权高于一切，党的决定，纵与约法有所出入，人亦莫得而非之。”并且得出“约法未尝为中国政治划一新的时期”①的结论。《训政时期约法》的颁布，并未能体现孙中山锻炼人民成为国家合格的主人翁的训政精神，只不过将国民党一党专制以根本法的形式固定下来。

3.《中华民国宪法草案》

1932 年 12 月，国民党在南京召开四届三中全会，会议通过了关于准备宪政的决议，包括推行地方自治工作、召开国民大会以决议宪法等。1933 年，宪法起草委员会成立，开始着手起草宪法。至此，国民政府开始结束训政，还政于民，开始宪政。

宪法起草委员会成立之后，延请戴季陶、伍朝枢、覃振、王世杰四人为顾问，开始起草正式宪法。委员会确定了二十五点起草原则，规定国民大会是国家的最高权力机关与组织及其相关权限等，体现了民主的原则。同年 6 月，根据先前会议上所确定的制宪原则起草了宪草初稿，8 日初稿在报纸上公开发表以征集各界意见，随后，立法院收到了各方面的意见评论 200 多件，“意见之分歧、思想中繁赜，可谓甚矣”②，足见当时知识分子对于制宪的热情。宪法初稿完成并不立即提交国民党中央，还需要以初稿为底本，汇总各方面的意见评论，开会进行审查，到 11 月 16 日才拟成《中华民国宪法草案初稿草案》。初稿草案拟成后，宪法草案起草委员会对

① 王世杰、钱瑞升：《比较宪法》，中国政法大学出版社 1997 年版，第 413 页。

② 吴经熊、黄公党：《中国制宪史》，商务印书馆 1936 年版，第 255 页。

其进行了讨论，经过近三个月的逐条讨论，初稿修正通过，并正式征求国人意见。宪法草案初稿完成后，必须经过宪法草案初稿审查委员会的审查，审查主要包括两方面的内容：整理各方意见和拟具审查修正案。各组参酌多方意见作出修正，经过全体审查委员会逐条讨论后再修正，然后拟成《宪法草案初稿审查修正案》。7 月 9 日该修正案被发表于报纸上，进行讨论。随后，宪法草案初稿之起草工作也宣告结束。

立法院对《宪法草案初稿修正案》审议、讨论后作出修正，并于 11 月 9 日呈报国民政府。至此，立法院的制定宪草草案的前期工作基本结束。立法院从开始制定宪法草案，到最后国民政府正式颁布“五五宪法”，历时三年，六易其稿，可以说整个宪草的制定过程还是比较认真负责的，也充分展示了民主、自由的精神，值得肯定。

宪草初稿拟定后提交国民政府转呈国民党中央审核，本着“尊奉总理之三民主义，以期建立民有、民治、民享之国家。同时应审查中华民族目前所处之环境及其危险，斟酌实际政治经验，以造成运用灵敏，能集中国力之制度”①的原则进行审议。这样的原则，给国民党实行专制预留了冠冕堂皇的接口。随后由中常会审查宪法草案，并议决五项原则：“一、为尊重革命之历史基础，应以三民主义、建国大纲、及训政时期约法之精神，为宪法草案之所本。二、政府之组织，应斟酌实际政治经验，以造成运用灵敏能集中国力之制度。行政权行使之限制，不宜有刚性之规定。三、中央政府及地方制度，在宪法草案内应于职权上为大体规定，其组织以法律定之。四、宪法草案中有必须规定之条文，而事实上有不能即时施行，或不能同时施行于全国者，其实施程序，应以法律定之。五、宪法条款不宜繁多，文字务求简明。”宪法是国家的根本大法，是要充分体现民主自由的精神，是实现宪政的保障，而以“三民主义”、“建国大纲”及“训政时期约法”这三个训政时期的原则为精神

① 郭卫、林纪东编纂：《中华民国宪法史料》，大东书局 1947 年版，第 7 页。

指导，民主性被严重削弱。而且，尤其后两者，是国民党“一党专政”的制度保障，也是蒋介石逐步夺权的合法性保障，以此为指导原则，显现出宪法要以国民党党纲为指导。立法院按照指示对宪法草案重加审查，拟成修正草案，重新进行讨论，经过两次修订后由国民政府正式宣布，史称“五五宪草”。

“五五宪草”共 148 条，分八章。第一章为总纲，规定国体、主权、领土等国家根本性的问题。第二章为人民权利和义务，以列举的方式规定了人民所享有的权利和应当履行的义务。第三章为国民大会，规定了国民大会的组织结构，国民代表的选举方法，代表的任期和权利保障。第四章为中央政府，规定总统和立法、司法、考试、监察的权限和责任，以及总统，副总统，立法、司法、考试、监察各院院长的任期。第五章、第六章、第七章分别规定了地方制度、国民经济和教育事项，最后一章则规定了宪法的解释、修改的程序和条件。此外，“五五宪草”增设了“过渡条文”，根据条文，宪法的实行日期另行规定，不与公布之日同期。正式公布的内容与 1935 年 10 月的草案相比，国民大会的行政权力缩小了，而总统的权力扩大了。

4.《中华民国宪法》

《中华民国宪法》是蒋介石令王宠惠等人将“五五宪草”稍加修改，并经其删修后交立法院审议并转呈国民大会的。12 月 25 日，经国民大会通过，1947 年 1 月 1 日由国民政府公布，称《中华民国宪法》。

《中华民国宪法》由总纲、人民的权利义务、国民大会、总统、行政、立法、司法、考试、监察、中央与地方的权限、地方制度、选举罢免创制复决、基本国策、宪法的实施和修改共 14 章 175 条。从其具体内容来看，由于国民党将其作为结束训政、实行宪政的标志，又因为政协修宪原则的巨大影响，故而在一定程度上表现出时代的新特点。

第一，具有“还政于民”的时代特色。《中华民国宪法》在总纲中规定：“中华民国基于三民主义，为民有、民治、民享之民主共和国。”在国民大会一章中规定：“国民大会代表全国人民行使政权。”这两条规定表明了这部宪法较之“五五宪草”中党国一体的规定有了一定程度的进步。

第二，设置了人民的权利。较之以往的宪法性法律文件，《中华民国宪法》在第二章中除了规定人民享有居住、迁徙、集会、结社、选举、罢免等基本权利之外，还对有关人身权利的保障措施作了具体规定。同时，《中华民国宪法》规定人民各项自由和权利，“除为防止妨碍他人自由、避免紧急危难、维持社会秩序或增进公共利益所必要者外，不得以法律限制之”。其人民权利保护的广度和深度，是历年宪法皆未达到的。

第三，关于国民大会的规定。《中华民国宪法》并未采用之前政协决议所商议的“无形国大”，国民大会仍然是行使间接民权的“有形国大”。国民大会有权选举和罢免总统和副总统，以及修改宪法和复决立法院的宪法修正案等。国民大会每六年召集一次，若要补选总统、副总统，可以根据监察院、立法院等决议，由立法院和总统召集。由此可以看出，国民大会的主要职权在于选举出总统，对总统的监督和牵制权力大大削弱。

第四，关于中央政权体制。《中华民国宪法》采取了类似于西方责任内阁制的制度。总统作为国家元首，对外代表中华民国，对内统率三军。经过行政院院长的副署，总统可以依法发布法律和命令；经过立法院的通过或追认，可以依法宣布戒严；在遇到重大自然灾害或者国家经济发生重大变故时，而立法院又处于休会期间，可以发布紧急命令。总统可经立法院的同意提名行政院院长，可经监察院的同意任命司法院院长、考试院院长、大法官等。总统仍然拥有较大的权力，但是大多不能独立行使，受到了立法院、行政院、监察院等的制约。

第五，关于中央和地方的权限划分。《中华民国宪法》以列举的方式，列明中央事权 33 项，省事权 12 项，县事权 11 项。除此之外还规定当出现未列举事项时，依事务性质划分，具有全国一致性质的由中央决定，具有全省或全县性质的由省或县决定。

综上，《中华民国宪法》较之“五五宪草”在人民民主和保障人权等方面有了较大的进步。这与国民党当时的处境密切相关。国民党一方面要进攻解放区，应对中共的解放军，同时也要回击中共和民盟的政治攻击，它急于给国内民众和关注中国国内局势的美国树立民主、团结、和平的印象，以获得更多的支持。于是以怎样的心态和原则去面对国民大会，面对宪法，就显得颇为重要。《中华民国宪法》的出台是蒋介石等国民党人对反对力量的回击。因为他们明白只有更多地体现民意，做出真正还政于民的姿态，才能获取更多的社会资源，以实现自己的目的。然而被称为中国近代史上第一部民主性的宪法诞生后，却没有被赋予充裕的时间去实践且最终夭折在国共内战中。

第四章　新中国的“法治”实践

历史的车轮始终伴随着分合的节奏而稳步向前，1949 年 10 月，新中国成立，中国法治赢来了全新的纪元。何谓全新？一方面，中华人民共和国属于社会主义阵营，其所代表的政治力量完全不同于中国历史上任何一方政治统治势力，既非封建地主阶级，也非资产阶级，更非帝国主义所扶持的中西混合体，而是工农联盟，人民才是国家的实际主人。而任何一个国家的法律通常是“反映由特定物质生活条件所决定的统治阶级(在阶级对立社会)或者人民(在社会主义社会)意志的行为规范体系”①，故新中国的法律体系是紧紧围绕人民的利益来进行重构的，反映的亦是人民的意志，与中国以往的法治建设有着法本质上的区别。另一方面，新中国成立后，所面临的社会物质生活条件也处于历史发展的不同阶段。得益于政治上社会主义道路的确定，一种全新的社会经济模式即社会主义经济在中国逐步推进。从伊始的计划经济到之后的社会主义市场经济，中国的社会物质生活条件有了本质性的变化，其所适用的法律自然也顺应着时代的变革而被打上特殊的时代烙印，故在该层面上也是全新的建设。

全新的纪元不代表中国的法治建设需要完全脱离本土历史文化的影响，亦非彻底与数千年沉淀积累的中国传统法文化根本性断裂，故新中国所建构的法律体系依旧得维持在既定条件范围中。无论政权的更迭，立法者的文化背景、法律所要解决的社会问题、法律深层次的文化因子等因素都有着一定程度上的相似性，进而决定一国法律在一定时间内的稳定性。卡尔·马克思说：“人们自己创

① 李龙主编：《法理学》，人民法院出版社 2003 年版，第 59 页。

造自己的历史，但是他们并不是随心所欲地创造，并不是在他们自己选定的条件下创造，而是在直接碰到的、既定的、从过去承继下来的条件下创造。一切已死去的先辈们的传统，像梦魇一样纠缠着活人的头脑。”①倘若抛弃自身历史和传统，势必会造成法治道路上的亦步亦趋，最终阻碍法治的发展，如全面废止国民政府的《六法全书》而大力借鉴前苏联立法模式和西方立法成果，由于中断法统，法治建设采取了割裂文化的方式，这正是新中国法治建设曲折发展的原因之一。

总而言之，当法律所处的政治背景、经济条件、人民意识、生活习惯等发生变化，若原先的建设成果完全排斥于新环境而不得不予以废除，或一定程度上不适应而需进行内容上的变更，法律体系就有必要进行重构，赋予其新的含义。1949 年新中国的成立，恰恰是法律体系重构的绝佳契机，中国共产党领导全国人民开始了法治道路上的全新探索，试图摒弃落后的人治而建立以“法治”为核心的法律化社会。这种设想和初衷也可从中华人民共和国成立初期部分领导人的言论中可见一斑，毛泽东曾专门对法制问题作出强调，认为：“一定要守法，不要破坏革命的法制。法律是上层建筑。我们的法律，是劳动人民自己制定的。它是维护革命秩序，保护劳动人民利益，保护社会主义经济基础，保护生产力的。我们要求所有的人都遵守革命法制。”②刘少奇同志则在党的八大政治报告中着重指出了法制建设的重要性，他说：“为了巩固我们的人民民主专政，为了保卫社会主义建设的秩序和保障人民的民主权利，为了惩治反革命分子和其他犯罪分子，目前在国家工作中的迫切任务之一，是着手系统地制定比较完备的法律，健全我们国家的法制。”③此外，司法部长史良认为：“新中国人民司法工作是在人民

① 中共中央马克思恩格斯列宁斯大林著作编译局：《马克思恩格斯选集》第一卷，人民出版社 1995 年版，第 585 页。

② 毛泽东：《在省市自治区党委书记会议上的讲话》，见中共中央文献研究室编：《毛泽东文集》第七卷，人民出版社 1999 年版，第 197~198 页。

③ 刘少奇：《刘少奇选集》下卷，人民出版社 1985 年版，第 253 页。

民主的法治道路上健康地前进。”①内务部长谢觉哉同志也指出：“我们不要资产阶级的法治，但我们确要我们的法治。”②领导人对法治建设问题的重视直接推动了该上层工程在新中国的全面开展。

一、新中国成立后法治发展的四个阶段

任何事物的发展总会呈现出阶段式递进，新中国成立后的法治发展历程也不例外，其曲折徘徊的进程被烙上时代的印记，每一个阶段都围绕着不同的建设核心而塑造了不同特点、不同结构的阶段式法治体系。究其原因，或由于领导人的政治考量，或由于经济环境的自我约束，或由于深层法律文化因子的潜在作用，更有甚者，或基于历史偶然事件的发生。而根据新中国成立后法治发展的阶段性要素核心及法律的主要作用，大致可分为四个发展阶段，即稳定政权的“法治”阶段、服务政策的“法治”阶段、回归传统的“法治”阶段以及服务经济的“法治”阶段。

第一，稳定政权的“法治”阶段。新中国成立之初，法治主要是为稳定新生政权而服务的，该阶段法治的内容既包括全面废除国民党所遗留的法制体系即《六法全书》③，也包括废除旧法制后用来填补“法律真空”而设立的系列法律法规。严格来说，废除《六法全书》的工作在新中国成立前夕已开始，1949 年 2 月 22 日在王明的鼓动下，由毛泽东同志签发了《中共中央关于废除国民党〈六法全书〉和确定解放区司法原则的指示》，随后该指示逐步被推广到全国，《六法全书》遭到全面否决。在此前后的一段时间，国家一度陷入法治真空状态，司法混乱，社会治安堪忧，新生政权迫切需要建构一种全新的法制体系以应对社会治理的需要，且众多领导人

① 史良：《三年来人民司法工作的成就》，载《人民日报》1952 年 9 月 23 日。

② 谢觉哉：《在司法训练班的讲话》，见《谢觉哉论民主与法制》，法律出版社 1996 年版，第 156 页。

③ “六法”之称来自法国和日本，一般指宪法、刑法、民法、刑事诉讼法、民事诉讼法和商法。《六法全书》通常指旧中国国民党政府上述六种成文法典和有关单行法规的汇编，包括了国民党政府法律的主要部分。

也意识到了法制建设的重要性。故在新中国成立后，国家出台了包括《中国人民政治协商会议共同纲领》等在内的一系列法律文件。

第二，服务政策的“法治”阶段。1956 年后，随着土地改革、解放战争、经济结构调整等均已基本完成，且宪法得以颁布，新政权基本稳定，党和政府开始了全国范围内的全面建设工作，并出台了一系列政策，如 1956 年中共八大确立的“集中力量发展社会生产力，实现国家工业化，逐步满足人民日益增长的物质和文化需要”。政策在各项建设活动中扮演着指导性角色，而相关的法律法规均是为其服务而配套产生的。

第三，回归传统的“法治”阶段。1966 年 5 月至 1976 年 10 月属于“文化大革命”的十年，“左”倾思想和法律虚无主义泛滥，法治开始回归传统。一方面，法制建设出现大滑坡、大倒退，绝大部分法律法规被虚置，无法发挥其应有的作用，代之以规范社会的是党和政府的各种指令与命令。另一方面，人治逐步占据上风，法治成为人治的附庸。

第四，服务经济的“法治”阶段。随着 1978 年十一届三中全会的召开，党和国家的工作重心开始转移到经济建设，改革开放的全新历史时期得以开启。为实现政治与经济的协调，促进经济的发展，党和国家对执政规律的认识逐步深化，“有法可依，有法必依，执法必严，违法必究”的法制建设方针得以再次确认，中国的法制建设逐渐回归正轨，中国特色社会主义法律体系拉开序幕。

二、法治发展所呈现的总体特点

就新中国成立后法治发展的总体特点而言，其主要呈现为五个方面：

首先，曲折中前进。毫无疑问，新中国成立后法治发展的道路是曲折的，从最开始百废待兴背景下的法治重构，到新生政权执政方针上的偏差导致法治建设道路的迷失，再到执政经验积累后法治的再次启动以及启动后偶有波动的发展过程，法治经历了一个又一个十字路口，带有明显的曲折性。诚然，任何事物的发展均难以一帆风顺，但新中国成立后法治发展的曲折中前进却更具特色，毕竟法治在第三阶段特别是文革时期陷入了空前的灰暗期，可谓是曲折路线的极端，但最终却从越走越远的政治歧途上逐步回归。总而言之，法治始终在发展在前进，无论处于哪个阶段，或多或少都取得了一定法治上的成果，即使整体建设在某一阶段内呈现出历史倒退的趋势，但党和政府始终把持着话语权，将局势控制在可控范围内，总在关键时刻将原本已偏离轨道的法治建设拉回预定的发展方向。

其次，法治与人治、德治相渗透。中国法治的发展总带有一个特点，即它不像是单纯的法治，而是在法治中融入了其他因素，如德政因素，这就导致法治发展中兼顾人治与德治，形成了一种多重元素混合的法治系统。当然，这与中国数千年沉淀积累的法律文化传统密切相关，正如邓小平所说：“旧中国留给我们的，封建专制传统比较多，民主法制传统很少。解放以后，我们也没有自觉地、系统地建立保障人民民主权利的各项制度，法制很不完备，也很不受重视，特权现象有时受到限制、批评和打击，有时又重新滋长。”①

法治与人治、德治也并非绝对相斥的存在体，在保证主体范围内法治的前提下，部分特殊领域或特殊时段施行人治和德治也是必要的，后者甚至可以起到前者所无法实现的效率作用。因此，需要辩证看待人治、德治在法治发展过程中所扮演的角色，不要一味否定其历史存在，若能在法治的大前提下，充分发挥人治与德治的积极作用，对于国家的发展、社会的安定甚至法治本身的进步均实益良多。

再者，法治的发展层次总与经济发展水平相契合。马克思曾说过：“人们在自己生活的社会生产中发生一定的、必然的、不以他们的意志为转移的关系，即同他们的物质生产力的一定发展阶段相适合的生产关系。这些生产关系的总和构成社会的经济结构，即有法律的和政治的上层建筑竖立其上并有一定的社会意识形式与之相

① 邓小平：《党和国家领导制度的改革》，见《邓小平文选》第二卷，人民出版社 1994 年版，第 332 页。

适应的现实基础。物质生活的生产方式制约着整个社会生活、政治生活和精神生活的过程。”①法治发展所必备的法制建设属于上层建筑序列，故必然与其所处时代的经济基础相对应，新中国成立后法治发展也无法违背这一历史性规律，其不同阶段总是暗合于不同的经济契机。如新中国成立初期，国内几乎所有产业都陷入瘫痪，各阶层之间的利益诉求虽然依旧明显，但缺乏相沟通的制度平台。因此，党和政府在新中国成立后至 1957 年间制定了诸多恢复经济的法律，试图重建制度体系来响应不同阶层的利益诉求，从而在制度上确保某一产业所应具备的市场地位，打造政治规划下的市场格局。再如十一届三中全会后，国内经济明显陷入了单一国内市场的局限，需要大力改革并对外开放，为国民经济注入新鲜血液，故此后的法制建设亦偏重于该方面。

进而，法治与国家的政治背景相呼应。任何一国的法治均直接受其所处国家的政治背景所影响，与其政治背景相呼应，如此才能实现上层建筑的有效衔接，确保法治体系为本国政治所服务。新中国成立后中国的法治亦是如此，随着社会主义民主政治的发展，法治理念逐步萌芽，进而提出建设社会主义法治国家。毫无疑问，中国是一个社会主义国家，由中国共产党执政，这是历史的选择和必然。而新中国成立后的法治发展也始终围绕着这一政治背景进行。在新中国成立后法治发展的各阶段中，我国从未放弃过对如何处理执政党与国家政权之间关系的探讨，一方面要坚持党的领导，另一方面要保证民主政治与法治，只有将二者统一协调，才能确保法治在契合政治大方向的同时稳步发展。

此外，法治这一理念在国民意识中愈发普遍且凸显重要性。新中国成立后法治发展的明显特点是该理念已深入到国民的潜意识之中，国民从过往的习惯法意识开始上升为系统体系化的法律意识，民意愈发倾向于选择法治。而无论是国家与民族的未来发展，还是国民的个人命运，均与法治中国密切相关。随着“依法治国”的明

① 中共中央马克思恩格斯列宁斯大林著作编译局：《马克思恩格斯选集》第二卷，人民出版社 1995 年版，第 32 页。

确提出，该目标的实现无疑需要国民整体性的执行与推动，而国民法治意识正是这一推动的内核驱动，既代表着依法治国的实现程度，也从根本上奠定了法治中国的基础。推进依法治国，不仅是国家在制度层面的架构变革和模式再塑，也是公民法治理念的全新变化与升级。

第一节　稳定政权的“法治”

一种新的社会制度，不仅需要在传统战争方式中得到合法论证，更需要在彻底碾碎旧政权制度的同时全面构造自身的权力话语体系，从而“使人们产生和坚持现存政治制度是社会最适宜制度之信仰”①。因此，1949 年中华人民共和国成立后，新生政权有必要在政治、经济、法律、文化等各个层面推倒原先的体制而建立与新中国政治背景相对应的全新体系，以此来稳定和巩固新生政权。在此基础上，该阶段的“法治”主要是为稳定政权而服务的，它试图调整新中国成立之初的各方面特殊关系，如传统土地制度的改革、经济类型对应政权性质的改变、彻底清除残留的国民党反动势力等，进而实现新政权在各个社会领域的全面覆盖。

一、破除旧政权的法制体系

中国历来便是战争胜利者获得重新立法的权力，新生政权已然在战争中得到了合法性解释。故中国共产党取得胜利后，有必要对旧政权的法制体系全面推倒重来，法治以“治”旧政权时期的“法”拉开序幕。而旧政权即国民党政权的法制体系集中表现为《六法全书》，“全面废除国民党政府遗留下来的《六法全书》自然成为新生政权在法律制度层面所迫切需要完成的任务，其相当于建构社会主

① 周尚文：《列宁为维护苏维埃政权合法性的斗争》，载《当代世界与社会主义》2010 年第 2 期。

义法治体系的前奏”①。

“六法全书”最早源自日文汉字，而国民政府的《六法全书》则指的是民国时期整个成文法体系，系乃国民党统治时期六个门类的法律法规汇编。就其涵盖内容的形式而言，有狭义与广义之分，狭义的《六法全书》则仅指六门法律本身，而不包括其相关法律法规，广义上则认为包含了关系法规在内。而就其汇编法律的门类而言，由于法学思想本身的变化，也存在两个阶段：其一，民国初期采取“民商分立”的原则，民法与商法分别占据六法之一，六法包括宪法、民法、刑法、商法、民事诉讼法、刑事诉讼法；其二，1929年之后，“民商合一”原则开始在国内广泛流行且被接受，南京国民政府不再制定统一的商法典，商事法开始被民法全部吸收，原先的“六法”只存在严格意义上的“五法”。行政法一般没有统一的法典，但在国家的政治生活中占有越来越重要的地位，奥托梅耶尔甚至称“宪法消亡，行政法永存”，且行政法学已成为独立的部门法学，其取代商法典而成为新的第六法。故六法全书的“目次为：(1)宪法及关系法规，(2)民法及关系法规，(3)民事诉讼法及关系法规，(4)刑法及关系法规，(5)刑事诉讼法及关系法规，(6)行政法规(其中包括内政、军政、地政、财政、教育、经济、人事、律师会计师、行政救济等)”②。

而《六法全书》本身性质的问题，其所处的政治背景决定其性质的复杂性，兼带那个时代的烙印，它是国民政府与各方势力妥协的产物，既借鉴了甚至全面移植了西方的立法，又在其中掺入了中国本土的专制因素。正如学者所说：“国民党政府的全部法律是半封建半殖民地社会政治经济的产物，在本质上，是保护地主与买办官僚资产阶级反动统治的工具，是镇压与束缚广大人民群众的武器。所以它是在沿袭中国历代封建王朝和北洋政府法律并仿效资本

① 诚然，废除《六法全书》并非新中国成立后所开展，但其却是社会主义法治建设不可或缺的前置举措，故本书在此章予以陈述。

② 孙国华主编：《中华法学大辞典·法理学卷》，中国检察出版社 1997 年版，第 291~292 页。

主义法律制度，特别是搬用了二三十年代德国、意大利、日本法西斯国家的某些法律原则和规定的基础上制定的。因此，国民党政府的《六法全书》是封建法律、资本主义法律和法西斯法律的混合体。”①当然，也不乏肯定《六法全书》的观点，如纪坡民便认为国民党六法全书是中国清末以来修律变法、引进西方法律文明成果、结合中国国情的法律创造成就的集大成，是几代中国法律人集体智慧的结晶。②

（一）废除《六法全书》的过程

鉴于《六法全书》在旧中国实施了相当长的一段时间，因此将《六法全书》在全国范围内予以废除也非一朝一夕的工作。其实，废除《六法全书》的想法早已在中共领导人心中酝酿，早在 1937 年，毛泽东同志便在“十大救国纲领”中强调“废除一切束缚人民爱国运动的旧法令，颁布革命的新法令”③。随着国共两党之间矛盾冲突的升级，1940 年，毛泽东同志在《放手发展抗日力量，抵抗反共顽固派的进攻》一文中再次要求共产党人：“对于一切反共顽固派的防共、限共、反共的法律、命令……原则上均应坚决地反抗之，均应采取坚决斗争的态度。”④抗战胜利后，基于各方面的考量，国民党勉强妥协而与共产党谈判并签订了“双十协定”。根据协议内容，1946 年 1 月，政治协商会议如期在重庆举行，包括国民党、共产党、青年党、民主同盟以及社会各界代表在内均参加了该会议，并通过了关于政府组织、国民大会、宪法草案等 5 个议案，和平建国纲领得以公布。好景不长，待军队集结调度完毕，国民党单方面撕毁协议并发动内战，且为获得表面上的舆论支持和形式合理合法化而于 1946 年 11 月在重庆单方面召开国民大会，通过了《中华民国宪法》。该行为无疑进一步刺激了中国共产党对国民

① 孙国华主编：《中华法学大辞典·法理学卷》，中国检察出版社 1997 年版，第 291~292 页。

② 纪坡民：《产权与法》，三联书店 2001 年版，第 72 页。

③ 毛泽东：《毛泽东选集》第二卷，人民出版社 1991 年版，第 355 页。

④ 毛泽东：《毛泽东选集》第二卷，人民出版社 1991 年版，第 327 页。

党法律体系的全面抵制，1946 年 11 月 16 日周恩来同志发表了《对国民党召开“国大”的严正声明》；而中共中央则于 12 月 21 日针对国民大会通过的宪法，发表了《中国人民不承认伪宪声明》，谴责“非法国大”通过的这部宪法还不如袁世凯的天坛宪法和曹锟宪法，认为只要“反动集团独裁不取消，不论有无宪法，不论宪法字面上怎么样，人民总之休想得到民主”。国民大会闭幕后，《解放日报》12 月 28 日发表了题为《弄真成假——评蒋介石“国大”的闭幕》的社论，声称“除了坚决粉碎蒋介石的进攻，坚决否认和取消蒋介石的伪国大宪法外，就再也没有旁的出路了”。至此，中国共产党已在长期的斗争经验中积累了对国民政府法律体系实质的看法，将其本质一览无遗，由此形成了获取政权后应坚决予以废除的政治意见。

随着对《六法全书》态度的明确化，废除国民党“宪法”与“法统”的呼声愈发强烈，这也就成为废除《六法全书》的前期舆论准备。1949 年 1 月 4 日，毛泽东同志在《评战犯求和》中指出：“国民党政府的‘法统’必须打断，予以摧毁。”由此，蒋介石在“元旦文告”中关于不要废除国民党宪法与法统的请求遭到拒绝。当月 14 日，《中共中央毛泽东主席关于时局的声明》陈述了和平共处的八项条件，其中第二项条件要求“废除伪宪法”，第三项条件则要求“废除伪法统”。对此，新华社专门就解释“废除伪法统”的本质与含义发了一篇社评，指出：“国民党政府的所谓‘法统’，是指国民党统治权力在法律上的来源而言。”故，“毛主席代表全国人民公意所宣布的这个条件的实质，就是要彻底地推翻国民党的卖国独裁的反革命统治，这就是说，在国民党反动政府统治下制订和建立的一切法律、典章、政治制度、政治机构、政治权力等均归无效，人民完全不能承认它们”①。

解放战争的大范围胜利以及逐步推进为最终废除国民党政府的《六法全书》提供了充足的外部空间和现实可能，1949 年 2 月 22 日

① 新华社《关于废除伪法统》答记者问，载《解放日报》1949 年 2 月 15 日。

中国共产党中央委员会发布《关于废除国民党的六法全书与确定解放区的司法原则的指示》，正式宣布：“在无产阶级领导的以工农联盟为主体的人民民主专政的政权下，国民党的六法全书应该废除，人民的司法工作不能再以国民党的六法全书作依据，而应该以人民的新的法律作依据，在人民的新的法律还没有系统地发布以前，则应该以共产党的政策以及人民政府与人民解放军所已发布的各种纲领、法律、命令、条例、决议作依据。……同时，司法机关应该经常以蔑视和批判国民党《六法全书》及其他一切反动法律、法令的精神，以蔑视和批判欧美日本资本主义国家的一切反人民的法律、法令的精神，以学习和掌握马列主义——毛泽东思想的国家观、法律观及新民主主义的政策、纲领、法律、命令、条例、决议的办法，来教育和改造司法干部。”在中央指示下，全国各地解放区开始全面贯彻这一决定，1949 年 3 月 31 日，华北人民政府率先发布训令《废除国民党的六法全书及其一切反动法律》，该训令由董必武和薄一波、蓝公武、杨秀峰以华北人民政府主席、副主席名义发布，指出：“废除国民党的六法全书及其一切反动法律，各级人民政府的司法审判，不得再援引其条文。”“不要以为新法律尚不完全，旧法律不妨暂时应用。要知道这是阶级革命，国民党反动统治阶级的法律，是广大劳动人民的枷锁。现在我们已经把这枷锁打碎了……，难道我们又要从地上拾起已毁的枷锁，来套在自己的颈上吗？反动的法律和人民的法律，没有什么‘蝉联交代’可言，而是要彻底地全部废除国民党反动的法律。”①

当然，严格意义上来说，《关于废除国民党的六法全书与确定解放区的司法原则的指示》这一文件属于党内指示，虽然基于党的一元化领导和在民众心中极高的威信而得以顺利推行，但毕竟不属于国家的正式立法文件。因此，1949 年 10 月通过的《中国人民政治协商会议共同纲领》第十七条进一步明确规定：“废除国民党反动政府一切压迫人民的法律、法令和司法制度，制定保护人民的法

① 董必武：《董必武政治法律文集》，法律出版社 1986 年版，第 45～46 页。

律、法令，建立人民司法制度。”至此，废除《六法全书》指示实现了法律化，党的指示具备了形式上的合法性，关于废除《六法全书》的政治工作基本完成，国民党政府的法律系统被全面推倒，取而代之的是新生政权的法律体系。

除此之外，新中国成立后司法界与学术界还在思想领域掀起了两次批判《六法全书》的思潮，这两次批判活动从思想上粉碎了《六法全书》存在的意识基础，使得全国人民认识到该书在性质上、形式上、意识形态上的劣根性，从而从根本上否定了《六法全书》的存在必要，也借机贯彻了以党中央核心所建立的新生政权法律体系及思想。

第一次批判活动集中在 1949 年至 1954 年，该阶段的批判基本上以阶级属性为切入角，因而较为尖锐绝对，属于根本性的否定。在重建司法系统过程中，司法改革建立新秩序的同时也是全面摒除旧政府陋习的过程。“国民党反动政府的一切法律、法令和司法制度，是代表封建地主和买办官僚资产阶级的利益的，是压迫人民的；我们中华人民共和国的法律、法令和司法制度则是代表以工人阶级为领导、以工农联盟为基础的工人阶级、农民阶级、小资产阶级和民族资产阶级以及其他爱国民主分子的共同利益的，是为人民服务的。”①而针对司法界部分人主张继承《六法全书》技术性特征的观点，《人民日报》直接进行了抨击：“如不抛弃‘六法全书’那种为地主、官僚资产阶级服务的脱离实际而又深涩难懂的旧形式，就不能使实际、活泼、通俗易懂的新形式在人民法制工作中顺利地建设起来。”②甚至于一些地方法院因沿用了《六法全书》中的部分法律术语和废除工作不彻底而遭到批评：“在反动政权下，借以迷惑人民和统治人民的法律术语，早就应该随着蒋介石反动政权的消灭而消灭了。在人民法律正在成长而尚未完备的时候，有成文法的，

① 《人民日报》社论：《系统地建立人民司法制度》，载《人民日报》1950 年 8 月 26 日第 1 版。

② 李光灿：《批判法制工作中的旧法学观点》，载《人民日报》1951 年 5 月 17 日第 3 版。

应该用自己法律中的术语。……在具体案件中，宁可称‘合法的社会团体’，而不必再称为‘法人’等等。又如只为‘内行’所了解，在判决书中又完全可以不用的‘六法全书’术语，例如：‘当事人不适格’、‘诉讼标的’、‘无因管理’等，也都不应该再沿用。”①

学术界也大张旗鼓地进行了批判活动，且主要体现在三个方面。第一，大学课程设置的改变。1949 年 10 月，在华北高等教育委员会的主导下②，包括北京大学、武汉大学等著名高校在内的法律系课程均发生重大变革，如将“土地制度研究”替代“土地法”，将“刑事诉讼程序”替代“刑事诉讼法”，将“司法制度研究”替代“中国司法组织”，或将课程予以精简等。第二，个人学习范围的变化及反省。诸多经历时代变革及政权更迭的法学人士开始彻底与《六法全书》划清界限，甚至当众反省过去所学内容的危害，陈述《六法全书》的阶级本色。第三，全国性学术会议研究方向、方针的转向。如 1954 年 5 月 8 日，全国政法教育会议便明确：“政法教育和法律科学的内容具有极强烈的阶级性。旧中国的反动的政法教育是为当时反动的统治阶级服务的。旧的所谓法律理论是反人民、反科学的，必须予以彻底批判，新的政法教育必须在新的基础上建立起来。……但是，反动的资产阶级的政治法律观点，必须经过长期的、严重的思想斗争，才能逐步清除。……今后必须对旧的法律理论继续进行批判，彻底揭发其反人民的本质。”③

第二次批判活动则处于 1957 年至 1958 年的反右斗争时期，该阶段的批判从前一阶段的法属性转移到人属性，着重批判掌握《六法全书》的法学家。诚然，前一阶段的批判活动已经完全使《六法全书》沦入制度的深渊，无论是司法界、学术界都难以见其踪影，

① 谢帮敏：《关于改革判决书用语及格式的意见》，载《人民日报》1952 年 6 月 14 日第 3 版。

② 华北高等教育委员会于 1949 年 10 月颁布了《各大学专科学校文法学院各系课程暂行规定》，内容包括废除反动课程，增设马列主义等政治课程等，该举措掀起了全国大学课程重置的热潮。

③ 《人民日报》社论：《积极培养政法建设人才》，载《人民日报》1954 年 5 月 15 日第 1 版。

但1956年我党提出“百花齐放，百家争鸣”的方针使得继承《六法全书》这一问题重新进入公众视野，诸多受过民国教育的法学家提出从文化层面上应区别继承法律制度，旧政权法律所蕴含的法律原则和现代法律精神应与政治意见相隔离，将法的技术性从中抽炼出来。针对这一浪潮，司法界再次对《六法全书》进行了全面批判，特别是针对主张继承的法学家们，“法律和政治是分不开的。不管法律界右派分子们怎样说法律是超政治的，但是在这次斗争中，他们提出的问题，没有一个是纯法律的问题。他们散布反动的旧法观点，制造各种谣言，恶毒地攻击社会主义法制……社会主义法制是他们攻击的一个目标”①。因此，包括林亨元(最高人民法院刑庭副庭长)、贾潜(最高人民法院刑庭庭长)、朱耀堂(最高人民法院刑庭副庭长)、鲁明健(最高人民法院研究室主任)等一批司法实践者，以及张映南、杨兆龙、钱端升、王铁崖等一批学者，均受到了批判。“杨兆龙等人的言行在反右斗争中一律被指称为‘右派分子阴谋恢复资产阶级哲学社会科学’。中央戏剧学院甚至赶排了讽刺喜剧‘百丑图’，将当时许多被划为右派的知识分子形象进行丑化。”②

(二)废除《六法全书》的正当性论证

马克思的唯物辩证注意强调事物内部的矛盾性，主张辩证地看待一切事物，既要看到其有利的一面，也要吸取其所带来的负面教训。距离废除《六法全书》已然过去了半个多世纪，回眸当初废除的过程，这一事件的正当性与利弊是我们所无法逃避的问题，毕竟思考这一事件对推动我国法制建设有着重大的理论和现实意义。

毫无疑问，批判和废除《六法全书》具有历史上的必然性和总体上的正当性。从历史规律来看，通过革命或战争而获得合法正当性论证的新生政权，往往会采取简单直接的方式推翻原有的政权法律体系，倾向于在一片废墟之上建立全新的秩序。即使在后续过程

① 陶希晋：《法律界的斗争》，载《人民日报》1957年9月13日第7版。

② 李龙、刘连泰：《废除“六法全书”的回顾与反思》，载《河南省政法管理干部学院学报》2003年第5期。

中会潜在地吸取原先的立法经验，但在政权建立之初，决然不会放过这一法律制度上"扬名立万"的绝佳契机。因此，我们党坚决废除《六法全书》符合历史发展规律。从法律阶级属性来看，由于国共两党本身分属不同的阶级性质，共产党出于阶级利益的考量而废除代表资产阶级的法律势在必行。马克思、恩格斯曾在《共产党宣言》中指出："你们的法不过是被奉为法律的你们这个阶级的意志，而这种意志的内容是由你们这个阶级的物质生活条件决定的。"①列宁则更为直截了当地诠释了法律的实质："法律就是取得胜利、掌握政权的阶级的意志的表现。"②可见，由于法本身存在阶级属性，这就决定当统治阶级的性质发生变化时，其所操控的话语体系必然也需相应的变化。此外，废除《六法全书》也符合人性的情感取舍。一方面，自中国共产党诞生以来，一直受到国民党的迫害、打击。另一方面，全国人民在国民党一党专制的阴霾之下，时刻面临着经济、军事、生活等多层次的压榨，对国民党的法律自然恨之入骨。因此，废除《六法全书》从某种程度上来说是为了契合群众的心理预期。

基于其正当性，该事件在政治上，巩固了新生政权，为我党的法制建设开创了新时代。通过废除《六法全书》，既能摧毁资产阶级利益团体的制度基础，亦可将原先的资本主义法律观念予以排除。"解放初，我们废除国民党的'六法全书'，这是完全正确的，因为'六法全书'代表国民党的法统，不废除这个法统，我们就不能确立自己的革命法制。"③思想上，全面批判《六法全书》，有利于在司法界和学术界将国民政府时期所积累沉淀的资本主义法律坏习气予以解除，从而注入社会主义法治新风，确保司法系统以及学术领域的队伍纯洁性。经济上，废除旧制度而建立新制度，相当于

① 中共中央马克思恩格斯列宁斯大林著作编译局：《马克思恩格斯全集》第四卷，人民出版社 1995 年版，第 485 页。

② 中共中央马克思恩格斯列宁斯大林著作编译局：《列宁全集》第 13 卷，人民出版社 1987 年版，第 304 页。

③ 张友渔：《关于法制史研究的几个问题》，载《法学研究》1981 年第 5 期。

就既存利益的重新洗盘，按照新生政权的利益取向而构建制度基础。因此，废除《六法全书》相当于为新中国经济发展扫除了制度上的障碍，间接地促进了社会主义经济的发展。此外，废除《六法全书》也同时宣告国民党与其他国家所存在的不平等协议一律无效，因为其作为国民党统治的制度基础，象征着国民党在中国的政治统治力，将其废除也就等于从法律上彻底颠覆了国民党的统治地位，国际关系需以中国共产党为基点重新建立。

当然，我们也应当看到，全面地废除《六法全书》也存在一定的负面影响，以至于法治发展一度陷入极为被动的状态。由于《六法全书》很大程度上代表了晚清以降至国民政府时期法律现代化的成果，尽数否定等于抛弃了数十年法治发展的成果，原本通过借鉴西方建立且已逐步适应国内社会现实的法律体系被归于虚无。而当时我们党还未能完全掌握全套的立法技术与经验，模式真空的情况下只能重新引入其他国家的法模式，苏联法成为新的借鉴学习对象。以刑法学科为例，“摧毁旧法制后，旧法观点否定了，不等于新法观点的诞生。在这中间空白需要填补，正在这个阶段，中苏关系全面热化，为填补这一空白提供了契机，一时之间，大量翻译的苏联刑法教科书开始引入我国刑法学界”①。

然而新中国的法治建设为何会陷入被动的局面呢？因为法律制度本身所包含的可继承部分被舍弃，原已掌握的主动技能就此丧失。“新法在否定旧法固有的阶级本质和整体效力的前提下，吸收旧法中的合理因素，赋予其新的功能，使之成为新法体系的有机组成部分。”②而这合理因素的具体内容，一方面，法律作为统治阶级意志的表现载体，除具备明显阶级属性之外，还具有社会性。所谓法的社会性，“经常可以从两个层面解读：第一个层面是法必须执

---

① 高铭暄主编：《新中国刑法科学简史》，中国人民公安大学出版社1993年版，第9页。

② 参见张文显：《继承·移植·改革：法律发展的必由之路》，载《社会科学战线》1995年第2期。

行一定的公共职能，第二个层面是法必须反映一定的公共意志”①。也就是说，法律制度中蕴含着独立于阶级属性的部分，它代表着某一国家所需要的社会公共职能和深层次文化因子，与政治派别、经济基础无关，这一部分恰恰是新生政权可以继承的。另一方面，法律制度属于人类文明的成果，是文明的一种生活方式，而文明是一个长期积累沉淀的漫长过程，因此包含真理性的物质存在。如私法领域的契约自由原则、诚实信用原则、等价有偿原则，公法领域的主权独立、人民主权、权力分立等原则，均具有超阶级、超时空的特性，适用于任何一个新生政权体系。正是基于此，十月革命后列宁甚至还沿用旧俄国的民法典，他在《给德·伊·库尔斯基的信》里曾强调：“凡是西欧各国文献和经验中所有保护劳动人民利益的东西，都一定要吸收。”②

二、稳定新政权而建构新法制体系

虽说废除《六法全书》将旧政权的法制体系全面否定并予以推翻，间接论证了新政权的合法性及进步性，但也因此造成了法律真空状态，各方面的社会关系亟需新的法律法规予以调整。正如董必武所说：“建立新的政权，自然要创造法律、法令、规章、制度。我们把旧的打碎了，一定要建立新的，否则就是无政府主义。如果没有法律、法令、规章、制度，纳新的秩序怎样维持呢?”③因此，为稳定政权，该阶段法治的另一明显特征是建构新的法制体系，通过法律的形式将新政权所代表统治阶级的利益、意识形态予以明确，进一步深入到各个领域。当民众在适应新法的过程中逐步接受新的价值理念、思维模式等，自然会选择维护新政权及其附属的法制体系。

---

① 李龙主编：《法理学》，人民法院出版社 2003 年版，第 111 页。

② 中共中央马克思恩格斯列宁斯大林著作编译局：《列宁全集》第三十三卷，人民出版社 1957 年版，第 173 页。

③ 《董必武在华北解放区人民政权研究会上的讲话》(1948 年 10 月 6 日)。

(一)临时的国家基本法——《共同纲领》

新中国成立后，如何将革命成果通过法律形式固定下来以及建立何种国家、政权成为亟待解决的问题。然而，全面的制度体系不可能在短期内建构，新中国需要先有一个成立纲领，对制度进行基本设计，其他制度则待新生政权得到巩固后再逐步进行完善。在此背景下，如何制定各阶层均认可的纲领成为最为急切的问题。但由于社会动乱、民众法律意识尚未完全觉醒、系统的政权机构尚未建立等各方面原因，无法有效组织全国性的人民代表大会并制定正式宪法，在这种情况下，中国共产党只得邀请各民主党派、人民团体、人民解放军、各地区、各民族以及国外华侨等各方面的代表635人，“叫代表各阶级各阶层性的各方面拿出他们自己需要的政治主张和具体方案来，讨论出一个‘衷于一是’的政治纲领”①，代表全国各族人民的意志，在普选的全国人民代表大会召开以前代行全国人民代表大会的职权。1949年9月29日，中国人民政治协商会议第一次会议在北平召开，会议通过了《中国人民政治协商会议共同纲领》(以下简称《共同纲领》)，由此作为新法制建设的开端。“大会通过《中国人民政治协商会议共同纲领》那天，周恩来对纲领草案专门作了说明，没等表决，他的讲话就获得了满堂的掌声。及至表决时，会场上的掌声就如雷鸣一般。它表达了全体代表的共同愿望，反映了全国人民建设祖国的共同意志。”②

《共同纲领》除序言外，分为总纲、政权机关、军事制度、经济政策、文化教育政策、民族政策、外交政策共7章60条，涉及政治、经济、军事、文化、民族、外交等诸多方面，规定了国体、政体、政党、公民基本权利与义务、经济建设基本方针与模式、民族地位与关系、外交基本原则等诸多内容。总体而言，它将人民革命的胜利成果予以肯定，象征着封建主义、官僚资本主义、帝国主义三座大山在中国的崩塌，人民民主共和国得以建立，并规定了新

① 石光树编：《迎来曙光的盛会——新政治协商会议亲历记》，中国文史出版社1987年版，第95页。

② 葛志成：《回忆新政协诞生前后》，载《纵横》2001年第2期。

中国的国体、政体。而就其内容来看，《共同纲领》规定了政治、经济、军事、文化等方面的基本制度，其主要目标便是稳定新政权，确保新政权统治下的新中国能按部就班而逐步恢复。如政体方面，它确认“中国人民民主专政是中国工人阶级、农民阶级、小资产阶级、民族资产阶级及其他爱国民主分子的人民民主统一战线的政权，而以工农联盟为基础，以工人阶级为领导”，这也就明确了统治阶级的构成和新政权的性质。又如政府机关方面，《共同纲领》明确规定：“国家最高权力机关为全国人民代表大会。全国人民代表大会闭会期间，中央人民政府为行使国家政权的最高机关。”“在普选的全国人民代表大会召开以前，由中国人民政治协商会议的全体会议执行全国人民代表大会的职权，制定中华人民共和国中央人民政府组织法，选举中华人民共和国中央人民政府委员会，并付之以行使国家权力的职能。”政府机关地位的明确，使得新政权的立法体系与行政体系有了确定的核心，中央人民政府将领导全国各地政府开展工作。再如军事方面，军事制度作为第三章紧随政权机关之后，这种排序与后来乃至今天的文件均不同，可见当时军事的重要性，且明确了军队统一由中央人民政府人民革命军事委员会管理，对新政权的稳定功莫大焉。

鉴于《共同纲领》的历史地位，诸多国家领导人及相关学者均对其作出了重要评价。如刘少奇指出：“共同纲领是中国历史上一个极端重要的文献……是总结了中国人民在近一百年来特别是最近二十多年来反对帝国主义、封建主义和官僚资本主义的革命斗争的经验，而制订出来的一部人民革命建国纲领。”①李济深说：“在这里，我们可以确定地说：政府的施政无一不是依据《共同纲领》的规定；其方针是完全正确的；其进度是很快的；其成绩是斐然可观的。”②龚育之认为：“《共同纲领》是党所提出的并为各民主党派和

① 刘少奇：《加强全国人民的革命大团结》，见《刘少奇选集》上卷，人民出版社1981年版，第434页。

② 李济深：《庆祝新中国诞生的一周年》，《人民日报》1950年10月1日。

党外人士接受的新民主主义建国纲领。”①

(二)过渡时期的法制体系

具有临时宪法性质的《共同纲领》出台后，还需根据现实情况制定相应的配套法律体系，由此才能保证法律法规深入到民众生活中，进一步稳定政权。总的来说，从《共同纲领》开始到1954年宪法颁布之前属于过渡期，这一时期的法律法规基本可分为三类：“组织法”、“运动法”和“管理法”。

“组织法”是指各级行政机关等国家机构组织和建立工作制度的法律法规。为了稳定新生政权并组建新政府体系，《中国人民政治协商会议组织法》和《中华人民共和国中央人民政府组织法》两部法律文件也在中国人民政治协商会议上获得通过。《中国人民政治协商会议组织法》确定了中国人民政治协商会议的性质以及宗旨，强调了中国人民政治协商会议为全中国人民民主统一战线的组织，旨在经过各民主党派及人民团体的团结，去团结全中国各民主阶级、各民族。此外，还规定了参加单位及代表的权利与义务、资格与条件；全体会议、全国委员会、地方委员会的召开方式、职权、议事规则、机构设置等。《中华人民共和国中央人民政府组织法》则规定：中华人民共和国是工人阶级领导的，以工农联盟为基础的，团结各民主阶级和国内各民族的人民民主专政的国家，中华人民共和国政府是基于民主集中原则的人民代表大会制的政府。此外，还规定了中央人民政府的职权如国家立法权、重大人事任免权等；中央人民政府委员会、政务院、人民革命军事委员会、最高人民法院及最高人民检察署的组成及职权、议事方式、机构设置。组织法还包括1949年12月2日中央人民政府委员会所通过的《中央人民政府政务院及其所属各机关组织通则》、《省各界人民代表会议组织通则》、《市各界人民代表会议组织通则》、《县各界人民代表会议组织通则》等。中央人民政府委员会还在1950年6月28日的第八次会议中通过了《中华人民共和国工会法》，以及后来的《人民法庭组织通则》、《中华人民共和国民兵组织暂行条例》等。“组

① 龚育之：《党史札记》，浙江人民出版社2002年版，第26页。

织法”为中央乃至地方的各种政府机关、部门机构的职能结构、组织管理提供了指导，新政权的组织管理机制因此得以全面建立，不同社会事务均有对应的部门和人员进行管理，政权得以巩固。

“运动法”则与群众运动密切相关。新中国成立初期，包括广东、海南、四川等地尚未完全解放，已经解放的地区又有很多地方未完成土地改革，且存在诸多国民党残余势力。为了彻底清除封建遗留问题以及国民党的残余势力，中国共产党领导人民群众开展了一系列的大规模社会改革运动，而这些运动中又产生了一系列的法律法规。新中国成立后，为解决积怨已久的农村土地问题，在全国范围内开展了大规模的农村土地改革运动，故1950年6月28日中央人民政府通过了《中华人民共和国土地改革法》。而由于新中国成立初期尚存在大量潜伏的反革命分子，他们伺机攻击新生政权，给社会安定带来极大的威胁，中央人民政府为全面打击反革命势力，给予广大干部群众以镇压反革命的法律武器，于1951年2月21日的委员会第十一次会议通过了《中华人民共和国惩治反革命条例》，在刑事立法领域开始了大胆尝试。随着新政权的全面建立，极少数党员、干部开始腐败，贪污渎职、官僚主义作风等现象开始出现在党内和政府机关，因此中央特地针对这些问题开展了“三反”和“五反”运动，并注重在运动中保持合法的程序，《中华人民共和国惩治贪污条例》在此背景下应运而生。相对于“组织法”而言，“运动法”更侧重于对残存旧体制的全面清退，农村地区改革土地所有制，清除封建因素；城市地区继续严惩反革命分子，清除国民党残余势力；新政权自身体系中则严防糖衣炮弹的袭击，对腐败分子与投机分子予以坚决的惩治。如此三位一体的改革，巩固了新政权的经济基础、社会基础以及内部基础，对稳定政权意义颇深。

“管理法”主要涉及行政管理，其目的是规范社会的各个层面，如行政执法、经济发展、社会安全、科学文化教育等等方面的法律。主要包括1949年12月2日中央人民政府委员会第四次会议通过的《关于发行人民胜利折实公债的决定》，以及1950年4月13日通过的《中华人民共和国婚姻法》，还有之后的《新解放区农业税暂行条例》、《保守国家机密暂行条例》、《中央人民政府任免国家机关工作人员暂行条例》等。新中国成立后，百废待兴，诸多领域均需要加强管理，如传统婚姻含有过多的封建因素，与男女自由恋爱结婚的现代精神不符，需要重新规整和管理，又如行政机关的职责、执法程序需要进一步明确。因此，有必要在管理方面实施法治，制定一批管理型法律，确保管理有主体、管理有程序、管理有效果。“管理法”更为细致，其调整的社会关系是最贴近生活的，故直接影响到基层社会的稳定，只有管理得当才可能使民众对新生政权树立信心，认可新政权的执政能力。

中国人民政治协商会议和中央人民政府作为具有合法立法权的国家机关，在1954年宪法颁布前共颁布了30余件法律文件。此外，政务院虽无法定立法权，但通过其政治权力而制定了总数约为300件的法律规范性文件，这些文件构成诸多领域的管理性制度。而县级以上的地方各级人民政府根据政务院的法律规范性文件也获得了一定的授权，其制定了大量的地方性法规、条例以及单行法规，如在1950年到1953年期间，浙江制定了大量的暂行法令条例和单行法规，累计共653件，年均立法163件；内蒙古则在同时间段制定了各种规范性文件和条例368件，年均立法73.5件。可见，从1949年到1954年宪法颁布前，新中国的法制建设已然基本展开，较为迅速地弥补了《六法全书》旧制度体系废除的制度真空。法治在这一阶段的运行，为新政权的长期发展奠定了经济、政治、文化等基础，也为中国共产党作为执政党积累了宝贵的经验。

然而，这一过渡时期的法制建设有所局限，未能形成法定、系统且代表全国人民意志的立法机关，颁布运行的诸多法律也是为了稳定和巩固新生政权，属于中国共产党在执政方面的探索与尝试。立法目的决定立法内容，稳定政权的立法初衷决定了该时期的法律内容绝大多数与政治运动和机构设置密切相关，但经济、文化生活以及人民权利义务等方面却鲜有涉及，未能建立完备系统的法制模式，社会主义法治原则也未能确立。马克思曾说过：“人们在自己生活的社会生产中发生一定的、必然的、不以他们的意志为转移的关系，即同他们的物质生产力的一定发展阶段相适合的生产关系。这些生产关系的总和构成社会的经济结构，即有法律的和政治的上层建筑竖立其上并有一定的社会意识形式与之相适应的现实基础。物质生活的生产方式制约着整个社会生活、政治生活和精神生活的过程。”①随着新中国的发展，人民的物质生活生产方式也逐步发生改变，法治将迎来新的发展阶段。

第二节　服务政策的“法治”

新政权得以巩固和稳定后，党和政府有了新的发展任务，即在全国范围内展开全面建设。中国共产党“从一个领导人民为夺取全国政权而奋斗的党，成为一个领导人民掌握着全国政权并长期执政的党”②，其身份由革命党向执政党转变，角色也从旧制度的颠覆者变为新制度的创建者和管理者，因此中国共产党必须展开领导全国人民进行全面建设的政治尝试。建设过程中必然需要进行法制建设，正如列宁所说：“法律就是取得胜利，掌握政权的阶级的意志的表现。”③全面废除《六法全书》为新中国建构新法治提供了前所未有的开阔空间，中国共产党才得以在几无阻力的情况下贯彻自身关于立法的方针政策并将其推广适用到全国，将无产阶级意志彻底取代资产阶级意志。

然而，在1954年至1965年全面建设过程中，法制建设并未完全独立，更多的是表现为政策的配属，即根据某一政策而制定相关的法律。究其原因，一方面，中国共产党在建立全国统一政权之前，通常是采用政策的形式在解放区进行管理，由此形成执政理念上的思维惯性，偏向于政策；另一方面，虽然新政权在该阶段已然

① 中共中央马克思恩格斯列宁斯大林著作编译局：《马克思恩格斯选集》第二卷，人民出版社1995年版，第32页。

② 江泽民：《在庆祝中国共产党成立八十周年大会上的讲话》，见《论“三个代表”》，中央文献出版社2001年版，第164页。

③ 中共中央马克思恩格斯列宁斯大林著作编译局：《列宁全集》第13卷，人民出版社1987年版，第304页。

稳定，但国民经济、行政体系等尚未完全恢复，国民文化素质亦未明显提高，在推进全面建设时，政策相对于法律无疑更具效力。因此，这一阶段的“法治”属于服务政策的“法治”。正如学者所言：“在前三十年，政策是高于制定法的主要法源，改革开放以来，政策仍然是仅次于制定法的重要法源，这是长期奉行‘政策治国’而非‘法律治国’的必然结果，是人治在法律渊源上的表现。”①

一、带有明显政策色彩的法治指导思想

新中国成立初期，中国共产党面临着较为严峻的制度现实。一方面，旧制度已然尽数淘汰，新政权亟需建立一套法律制度体系来保证社会治安与稳定，确保革命的成果不被窃取，也要防止国民党残余势力的破坏与反攻；另一方面，尽管在解放区积累了多年的管理经验，但那仅仅是小片且经济发展落后地区的管理模式，无法适用到经济发达的城市乃至全国，中国共产党在国家治理层面上的实践经验仍然极度缺乏，需要进一步的探索。在此情形下，随着冷战的到来，政治上的一边倒，必然会借鉴苏联模式，以建立和巩固人民民主专政的国家政权和阶级斗争为核心，在初始中国化的马克思主义法律思想、一元权力观等法律思想的指导下推进法治发展。然而这些指导思想均带有明显的政治色彩，甚至在某种程度上而言也属于政策的一部分，故其指导下的法治必然与政策有着千丝万缕的联系。

（一）初始中国化的马克思主义法律思想

新中国作为社会主义国家，马克思主义必然是国家建设的指导思想，具体包括马克思主义哲学、马克思主义政治经济学和科学社会主义三大部分，其法律思想主要被包含在马克思政治经济学之中，注重法本质的阶级属性、法建筑与经济基础之间关系等问题。马克思主义法律观在被引入中国后，与中国现实情况紧密结合而逐步中国化，对法律现象进行了深入分析，科学阐述了法的本质及其

---

① 周永坤：《法理学：全球视野》，法律出版社2010年版，第67~68页。

发展规律，是我们认识法律现象和法治体系的基本思想指导。而在新中国成立初期，以阶级意志的法本质观和"阶级斗争工具论"与"国家本位论"的法价值功能观为代表的政治法律思想占据了主流位置，对该阶段的法治发展影响深远。

1. 阶级意志的法本质观

马克思主义一向强调法的阶级意志属性，马克思、恩格斯在《德意志意识形态》中就曾指出："个人除了必须以国家的形式组织自己的力量外，他们还必须给予他们自己的由这些特定关系所决定的意志以国家意志即法律的一般表现形式。这种表现形式的内容总是决定于这个阶级的关系，这是由例如私法和刑法非常清楚地证明了的。这些个人通过法律形式来实现自己的意志，同时使其不受他们之中任何一个单个人的任性所左右，这一点之不取决于他们的意志，如同他们的体重不取决于他们的唯心主义的意志或任性一样。……由他们的共同利益所决定的这种意志的表现，就是法律。"①在阶级意志论的导向下，无产阶级专政下的法律制度必然也代表无产阶级的根本意志，关于无产阶级的利益分配方案就能够被规定为法律，正如我国教科书对法的定义："法是由国家制定或认可的，体现统治阶级意志(在阶级对立社会)或者人民意志(在社会主义社会)，以国家强制力保证实施的社会规范的总称。"

可以说，新中国成立初期对阶级意志的法本质观极为重视，认为法律是由国家制定和实施的，所以，只有在政治上掌控绝对国家话语权和在经济上占据主导地位的统治阶级才能将自身的阶级意志上升为国家意志，进而将其转化为法律这种外在载体。因此，在该思想的指导下，积极建构的新法治带有明显的阶级色彩。

2. "以国家为本位"与"以法律为阶级斗争工具"的法律价值理念

"由于中国社会、历史的发展有其极大的特殊性，以及中国的科学还不发达等条件，要使马克思主义系统地中国化，要使马克思主义从欧洲形式变为中国形式，就是说，要用马克思主义的立场与

① 中共中央马克思恩格斯列宁斯大林著作编译局：《马克思恩格斯全集》第三卷，人民出版社2002年版，第378页。

方法来解决现代中国革命中的各种问题。”①马克思主义中国化的第一个理论成果便是毛泽东思想，其中也自然包括法律观，而毛泽东思想法律观的核心便是“阶级斗争工具论”与“国家本位论”，直接体现了无产阶级工具论法律观的特征。在价值功能方面，它更为注重法律在保障国家利益以及国内阶级斗争中所发挥的作用，而法律在公民个人层面以及非政治领域的作用则被相对忽视。

关于法的价值功能观，通常存在三种观点，即“国家本位论”、“社会本位论”与“个体本位论”，其注重点分别基于国家、集体和个人。“国家本位论”认为法所优先满足的是国家的利益，其本身是国家为实现阶级统治和有效管理的工具；“社会本位论”则从法的社会性角度解读法律制度的根本性目标，通过构建秩序来实现公平、有序、和谐的社会，处理好系统内的各项社会关系；“个体本位论”则将重点放在个人身上，主张个体的权利才是法所切实追求并保障的，在保护个体权利的同时也防止国家公权力对个人的侵犯。在新中国成立初期，“国家本位论”自然是社会主义新中国在法的价值观方面的必然选择，毕竟其与马克思主义关于国家统治阶级意志在法律上的体现等理论有着本质上的契合，国家作为统治阶级所掌控的治理工具，必须保障国家的利益才能维持自身的合法统治。

“国家本位论”在法的功能层面则进一步涵化为“阶级斗争工具论”。马克思曾在《共产党宣言》中指出：“无产阶级将利用自己的政治统治，一步一步地夺取资产阶级的全部资本，把一切生产工具集中在国家即组织成为统治阶级的无产阶级手里，并且尽可能快地增加生产力的总量。”②简而言之，无产阶级进行政治统治本身就是与资产阶级进行阶级斗争的手段之一，而法律制度作为政治统治中的重要构成部分，必然是阶级斗争不可或缺的工具。利用法律制

① 刘少奇：《刘少奇选集》(上卷)，人民出版社 1981 年版，第 335~336 页。

② 中共中央马克思恩格斯列宁斯大林著作编译局：《马克思恩格斯全集》第四卷，人民出版社 1995 年版，第 485 页。

度，不仅可以传播自身阶级意识形态，还可以以合法的方式将资产阶级的经济基础、文化基础、思想基础等彻底推翻，从而将生产资料集中在无产阶级的手上，实现社会主义的生产方式。新中国作为社会主义国家，实行人民民主专政、国家由人民当家做主，“国家”与“人民”两个概念的内涵在相当大的层面上发生了重合，在此情形下，法自然便是维护人民民主专政，促进国家发展的工具。甚至在 1984 年出版的中国第一部《中国大百科全书 · 法学》中，对法的解释也依旧带有明显的阶级斗争工具论色彩，其将法定义为：“国家按照统治阶级的利益和意志制定和认可，并由国家强制力保证其实施的行为规范的总和。……法的目的在于维护有利于统治阶级的社会关系和社会秩序，是统治阶级实现统治的一项重要工具。所以，法是阶级社会特有的社会现象，它随着阶级、阶级斗争的产生、发展而产生和发展，并随着阶级、阶级斗争的消灭而自行消亡。”①这种思想与“以阶级斗争”为纲的政策相契合。1957 年 10 月，在反右斗争扩大化的影响下，党的八届三中全会召开，毛泽东在会上强调，无产阶级和资产阶级的矛盾，社会主义道路和资本主义道路的矛盾，仍然是当前我国社会的主要矛盾，因此从根本上改变了八大的方针，奠定了“以阶级斗争为纲”的基础政策，该政策直接影响到法治思想。

（二）一元权力观主导下的“党的领导”思想

该阶段的法治指导思想除初始化马克思主义法律思想之外，中国传统的法律文化思想也产生了重要的影响，其中最为重要的便是一元权力观。一元权力观意指权力架构中保持一元化主体，建立以单极最高权力为核心的集权体系，排斥分权模式与制约系统。在国家与社会的现象中，“一元”意味着事物的本质、统治阶级意志、领导与代表权之下的权力模式，归结为权威核心是本源。而一元权力在权威与制度的关系上，权威的意志在法律效力上具有至高性，它既可以构建基本律典和法律，甚至可以是根本法，同时它也可以

① 中国大百科全书出版社编辑部编：《中国大百科全书 · 法学》，中国大百科全书出版社 1984 年版，第 76 页。

改变已经制定的基本法或最高效力法，而且在最高效力的权威代表上，中国文化中没有约束最高权力在行使最高决策权时的法律形式。

这种一元权力在新中国成立后则表现为中国共产党的领导，延续了文化因子中权力一元化的传统。坚持党在法律制度方面的领导，首先得由党制定根本性的政策、方针，然后由国家权力机关将其法律化、制度化，最后由党在国家机关中的干部予以全面贯彻执行。在党和国家的关系中，党的干部、人员扮演着至关重要的角色，他们是党的领导的现实执行者。"中国共产党的执政方式，在建国后的长时间里，呈现出以下特点：党委领导下的行政首长负责制，党委中的分管书记按战线分口子的领导制，党委设立与政府相对应的生产业务部门等。简而言之，就是执政党直接管理国家、包揽一切国务的方式。这种方式，把领导程序的三个环节(制定大政方针——立法——具体部署)，变成了一个环节。"①

从理论上讲，中国共产党是中国工人阶级的先锋队，是全国各族人民利益的忠实代表，是社会主义事业的领导核心，其本身便是建设中国特色社会主义的基本保证。因此，中国共产党必然在中国法治建设中占据领导地位，在保障人民民主权利的同时，坚持依法治国、依法执政。从实践上来看，坚持四项基本原则是立国之本，只有坚持了四项基本原则才能保证中华人民共和国的长期发展，这是历史已然证明的事实。而社会主义法治建设作为国家的发展任务，必然也需要坚持共产党的领导，需要共产党的支持与推动。

但值得注意的是："这种体制在经济上的基本特征是政经合一，在政治上的基本特征是党政合一。这种高度集权体制的基本内涵是党的机构直接掌握国家行政力量，对社会各类单位加以控制，即社会的各种权力高度集中于政府部门，而政府行政权力又大多集中于各级党的组织和党组织的领导人手中。党以'以党代政'的方

---

① 郝侠君、毛磊、石光荣主编：《中西500年比较》(修订本)，中国工人出版社1996年版，第750~751页。

式，领导政府的行政活动；比照政府机构中的党政关系模式，社会各类经济、教育、文化、群众团体单位中同样由党组织具体负责各个单位的工作。党组织和党的领导人直接掌握着大部分行政权力，并被看作是党处于领导核心地位的主要标志。于是政府和其他各类组织的主要行政工作，都由党的组织和党组织的领导人决策、决断乃至具体施行，这在实际上形成党组织的权力大于行政权力并且控制着行政权力的局面。”①

二、与政策相配套的法制体系

在旧法废除且政权稳定的背景下，新中国的法制建设进一步拉开帷幕。这一阶段的法治过程，是一个异常艰难、复杂的历史过程，它既是建设社会主义法治国家的初始奠基阶段，也是对近代中国法治意识观念觉醒的延续。在中国共产党的领导下，在借鉴了苏联社会主义法制建设的现成模式及其成功经验和中国新民主主义革命时期法制建设的基础上，按照中国共产党对国家体系的建构与设想，出台了大量的政策以推进全面建设。而这些政策往往是法制建设所需实现的目标或所遵循的指导原则，在政治、经济、思想文化、军事等各个方面展开的立法工作均以政策为核心，形成了与政策相配套的法制体系。

(一)由政策推动的立法体系

政策作为国家或者政党为了实现一定历史时期的路线和任务而制定的国家机关或者政党组织的行动准则，自然成为当时国家建设的绝对主题。立法体系在政策的影响下也蓬勃发展，既出现了较为完善的立法机关系统，也形成了以 1954 年《中华人民共和国宪法》为核心的法律体系。

1952 年 12 月 1 日，中共中央下发了《关于召开党的全国代表大会会议的通知》(以下简称《通知》)。《通知》指出，为了充分准备全国人民代表大会的召开，中共中央决定于 1953 年 2 月 5 日召

① 赵剑英主编：《复兴中国——中共第三代对中国现代化的新追求》，社会科学文献出版社 1999 年版，第 396 页。

开党的全国代表大会，并在分析国内形势后认为当时召集全国人民代表大会的条件具备，拟于 1953 年 9 月间召开。在这次大会上，将制定宪法、批准五年计划纲要、修改中央人民政府组织法、选举新的中央人民政府领导机关。① 在该《通知》精神的指导下，全国人民代表大会开始紧急筹备，以其为核心的立法系统也随之建立。

而关于宪法的制定，国家领导人也早有提及，在 1947 年 12 月的会议上，毛泽东说：“关于宪法，近期内不会颁布，过早颁布也是不利的，但目前应该着手研究。关于组织革命的中央政府，现在暂不考虑，要等到蒋介石更困难，我们取得更大的胜利的时候，至少在平绥路打通以后再考虑这个问题。”②因此，会议决定：“组织革命的中央政府的时机目前尚未成熟，须待我军取得更大胜利，然后考虑此项问题，颁布宪法更是将来的问题。”③1953 年，在中央人民政府委员会第 20 次会议上，周恩来再次强调：“既然要召开全国人民代表大会，选举政府，共同纲领就不能再作为国家的根本法律了。当初共同纲领之所以成为临时宪法是因为政治协商会议全体会议执行了全国人民代表大会的职权，那么，现在不执行这个职权了，这个职权就还之于全国人民代表大会了，全国人民代表大会应该有自己的法律——宪法。”④且该次会议通过了《关于召开全国人民代表大会及地方各级人民代表大会的决议》，进一步强调了建立权力机关与立法机关、制定宪法等任务。可见，完善立法体系建设并制定宪法是党中央的一贯政策，而第一次全国人民代表大会和 1954 年宪法均是该政策的直接产物。

1954 年宪法的内容也明显与政策息息相关，如“我国根据平等、互利、互相尊重主权和领土完整的原则同任何国家建立和发展外交关系的政策，已经获得成就，今后将继续贯彻”、“国家对富

---

① 逄先知、金冲及：《毛泽东传(1949—1976)》(上册)，中央文献出版社 2003 年版，第 308 页。

② 毛泽东：《在杨家沟中共中央扩大会议上的讲话》，见《毛泽东文集》第 4 卷，人民出版社 1996 年版，第 335~336 页。

③ 胡乔木：《胡乔木回忆毛泽东》，人民出版社 2003 年版，第 504 页。

④ 周恩来在中央人民政府委员会第 20 次会议上的报告。

农经济采取限制和逐步消灭的政策”、“国家对资本主义工商业采取利用、限制和改造的政策”等表述。可见，1954 年宪法在顺应政策而产生的同时，也确立了诸多基本政策，为国家层面的建设政策提供了服务。

除宪法之外的其他立法成果也明显由政策推动，从而为政策的贯彻落实建构了现实渠道，明确规定了相应的管理主体、权利主体、义务主体、实施程序等内容，使得政策目标的实现成为可能。随着政权的稳定，党和政府开始了对农业、手工业、资本主义工商业等三大行业的社会主义改造，其中“在农业合作化运动中，党的阶级政策是，树立贫农和土地改革以后由贫农上升的下中农在合作社内部的领导优势，同时巩固地联合中农”①。作为对党的政策在法律层面上的回应，全国人民代表大会常务委员会相继通过了《农业生产合作社示范章程》、《高级农业生产合作社示范章程》、《关于增加农业生产合作社社员自留地的决定》等法律，规范了农村合作社的形式、权利义务、结构与组成等内容。国务院也就此制定了一系列的行政法规，如《关于农业生产合作社粮食统购统销的规定》，对粮食和其他主要农产品实行统购统销，并且统购统销需遵循既定的合理价格，这也就从根本上杜绝了市场上的粮食和其他主要农产品的资本主义投机活动。而对资本主义工商业改造过程中采取的利用与限制政策，包括《国家经济建设公债条例》、《国务院关于国营、公私合营、合作社营、个体经营的企业和事业单位的学徒的学习期限和生活补贴的暂行规定》、《中华人民共和国农业税条例》等在内的法律法规均将公私合营性质的企业囊括进了适用范围。

再以“以阶级斗争为纲”这一政策为例，存在诸多立法来配合该政策的实施。作为国家基本法的宪法对阶级性质有所界定，即从根本上划分了国内民众的阶级成分。此外，包括《国务院关于处理

① 刘少奇：《在中国共产党第八次全国代表大会上的政治报告》，中国共产党新闻网，http：//cpc.people.com.cn/GB/69112/73583/73601/73624/5069218.html。

反动的、淫秽的、荒诞的书刊图画的指示》、《国务院关于消灭血吸虫病的指示》、《国务院关于加强处理人民来信和接待人民来访工作的指示》等行政法规均涉及阶级斗争，各地方区域的阶级斗争规范性文件更是不可胜数。可见，在以阶级斗争为纲这一政策的背景下，无论是全国人民代表大会出台的法律还是国务院制定的行政法规，抑或地方人大和政府拟定的法规规章，均会将这一政策纳入到立法指导思想中，从而为了该政策建构由中央到地方的全方位实施系统，为政策落实提供服务。

总而言之，自1954年开始，中国已逐步完成国内各领域的基本调整，政治经济形势发生了较大变化，国家的基本任务需要从阶级斗争方面转向保护和发展生产力，并实现人民的各项基本权利。而为了服务于政策且确保政策的落实，立法机关与相应的立法成果均与其配套，在刑事领域和民事领域，一些重要的基本法亦正在进行中：《刑法草案》已草拟到第22稿，《刑事诉讼法草案》(初稿)也完成了起草工作，民法的起草工作也处于准备过程中。虽在效力位阶上弱于政策且为其服务，但无可否认的是，1954年至1965年期间，国家以宪法为中心建构了社会主义法制体系，法制建设呈现出巨大的进步态势。首先，相对于前五年，立法的数量与质量均有了较大飞跃，这表明党和政府关注到更多的领域，社会管理开始全面化，且执政经验与立法技术有了很大进步。其次，围绕1954年宪法的同心圆状法体系，更讲究上位法与下位法之间的沟通以及社会主义法律原则的体现。最后，民众的法律意识有了很大提高，无论是党和政府的干部，还是普通的人民，都开始认识到法律制度的重要性，主张依赖法律开展活动，各项行为逐步秩序化、合法化、规范化。

(二)由政策主导的司法体制

法律制度层面的变化与发展势必带来司法系统层面的变动，前者与后者是密切结合的，司法系统是法律制度在实践层次上的执行者，法律制度则是司法系统在理论文字层次上的指导者。伴随着新中国法制的建构，司法系统作为法律制度的配备机构，也进行了全面、及时、对应的变革。与立法体制相同，政策在司法体制中也扮演着极为重要的角色，政策既指导着公安部门侦查，也指导着检察部门公诉，还指导着法院的判案。

首先，从司法机关结构来看，党和政府对司法设置了相应的部门，从而使得司法必然受到政策的直接影响。根据《中华人民共和国中央人民政府组织法》的规定，设立了最高人民法院与最高人民检察署，分别是国家最高审判机关与检察机关，政务院则配置了政治法律委员会，并成立了司法部和法制委员会。遵循中国传统的自上而下的改革模式，地方人民政权建立后也相继建立了地方司法系统，包括地方各级人民法院、检察机关和司法行政机关，省一级政府也成立了政法委员会以坚持党在政法方面的领导。政法委作为中共中央领导和管理全国政法机关工作的职能部门，其主要职责之一便是“根据中共中央的路线、方针、政策和部署，统一全国政法机关的思想和行动；协助党中央研究制定政法工作的方针、政策，对一定时期内的政法工作作出全局性部署，并督促贯彻落实”。

其次，法院与检察院的设置本身便是政策的产物。新中国成立后，一方面，旧政权的残余势力仍然蛰伏于大陆地区，伺机开展破坏活动，对社会安定造成了极大威胁；另一方面，新政权内部由于权力的获取而引发了人性贪欲的扩张，腐化现象日趋频繁，革命队伍内部出现了腐败分子。因此，党和政府分别采取了肃清残余势力以及纯洁自身队伍的政策，而对其进行侦查和审判自然需要专门的机构来承担，人民法院、人民检察署在这种情形下开始设立，《最高人民法院试行组织条例》、《最高人民检察署试行组织条例》、《人民法庭组织通则》、《各级检察署工作人员任免暂行办法》、《人民法院组织法》等法律法规相继得以制定，人民法院与检察院的职权、设置、领导体制、内部组织结构、审判工作开展以及具体的程序等均有了明确的规定。

总之，1954 年宪法制定后，社会主义司法体制也得以基本确立，其主要体现为四个方面。第一，以人民法院与人民检察院为主导的司法组织机构实现规范合理化。人民法院主要分为四级，即最高人民法院下设高级、中级、基层地方人民法院，另有专门人民法院如军事、铁路运输以及水上运输法院。人民检察院也是以最高人民检察院为统一领导，下设各级检察院以及专门人民检察院。第二，司法组织管理体制系统化。人民检察院不再实行过去的双重领导制，而是垂直领导制，由上级检察机关实行垂直领导，独立行使职权。第三，司法独立原则与法律面前人人平等原则正式被确立且适用。1954 年宪法和《人民法院组织法》都对司法独立原则加以确认，扭转了新中国成立五年以来在司法审判上的偏差，也强调法律面前的平等性。第四，包括辩护制度、回避制度、合议制度等在内的司法制度得以实行，这为法制的进步提供了制度保障，如辩护制度实行后，发展到 1957 年 6 月，全国已有 19 个律师协会、800 多个律师顾问处，有律师近 3000 名。但此时的司法体制依旧由政策作为主导，为政策提供服务。

（三）法治服务政策另一种体现——国家领导人对法治的认识

法治服务于政策亦可从国家领导人对法治或法制建设的认识得到佐证，毕竟国家领导人的想法与态度对建国初期法律体系的建构有着举足轻重的作用。特别是在 1954 年之后，过去五年所积累的经验使得国家领导人切实认识到法制的重要性。

1954 年 6 月，毛泽东同志在关于中华人民共和国宪法草案的讲话中指出：“一个团体要有一个章程，一个国家也要有一个章程，宪法就是一个总章程，是根本大法。用宪法这样一个根本大法的形式，把人民民主和社会主义原则固定下来，使全国人民有一条清楚的轨道，使全国人民感到有一条清楚的明确的和正确的道路可走，就可以提高全国人民的积极性。宪法草案由全国人民代表大会通过以后，全国人民每一个人都要实行，特别是国家机关工作人员要带头实行，首先在座的各位要实行。不实行就是违反宪法。”①由此可见，实施宪法本身便是一种政策，最高领导人要求每一个人都要实行，并且由国家机关工作人员带头。而宪法实施的最主要作用则是使全国人民明确新中国未来的发展方向，必须坚持社会主义道路。

① 毛泽东：《关于中华人民共和国宪法草案》，见《毛泽东文集》第六卷，人民出版社 1999 年版，第 328 页。

1953年9月16日，彭真(时任政务院政治法律委员会党组书记)在《关于政治法律工作的报告》就政法工作提出了新的构想，他认为：“在开始大规模的有计划的经济建设的情况下，我们的政法工作，主要的已经不是进行像过去那样的社会改革运动，而是逐步健全和运用人民民主的法制，进一步巩固人民民主专政；同时继续完成过去尚未完成的某些社会改革，以保障经济建设和各种社会主义改造事业的顺利进行，保护人民群众的民主权利使之不受侵犯。……因此，我们就应该加强全体国家工作人员和全体国民的守法教育，加强立法工作和司法工作，特别是保卫经济建设的立法工作和司法工作。”①翌日，彭真同志在第一届全国人大一次会议上审议宪法草案时，又强调了法律面前人人平等原则，指出“人人遵守法律，人人在法律上平等，应当是，也必须是全体人民、全体国家工作人员和国家机关实际行动的指针”，号召“号召全国人民一致地为它(即宪法——引者注)的完满实现而奋斗”。② 彭真的意见主要可概括为一点，即为巩固人民民主专政和实现社会主义改造事业，必须有相应的法制建设相配套，包括立法工作和司法工作在内的工作均是为相关政策而服务的。

在1954年9月的第一届全国人民代表大会上，董必武指出：“现在国家已进入有计划的建设时期，我们的宪法已经公布，今后不但可能而且必须逐步制定比较完备的法律，以便有效地保障国家建设和保护人民的民主权利。”③在1956年9月党的八大上，董必武同志又深刻强调了“依法办事”的重要性，他认为：“现在无论就国家法制建设的需要来说，或者是就客观的可能性来说，法制都应该逐渐完备起来。法制不完备的现象如果再让它继续存在，甚至拖

① 彭真：《论新中国的政法工作》，中央文献出版社1992年版，第87~88页。

② 彭真：《公民在法律面前人人平等》，见《彭真文选》，人民出版社1991年版，第255~256页。

③ 董必武：《董必武政治法律文集》，法律出版社1986年版，第371页。

得过久，无论如何不能不说是一个严重的问题。”①可见，董必武认为法制建设的前提是国家已进入有计划的建设时期且存在客观需要，即有先行的政策明确了建设方向与内容，法制完备则是实现这些计划不可或缺的条件。

此外，中共八大的政治报告在明确了党和政府的建设方针、政策的同时，也强调斗争任务与手段应随着时代的发展而有所改变，而法律恰恰是响应政策所应做的改变。报告指出：“我们目前在国家工作中的迫切任务之一，是着手系统地制定比较完备的法律，健全我们国家的法制。革命的暴风雨时期已经过去了，新的生产关系已经建立起来，斗争的任务已经变为保护社会生产力的顺利发展，因此，斗争的方法也就必须跟着改变，完备的法制就是完全必要的了。必须使全国每一个人都明了并且确信，只要他没有违反法律，他的公民权利就是有保障的，他就不会受到任何机关和任何人的侵犯；如果有人非法地侵犯他，国家就必然出来加以干涉。我们的一切国家机关都必须严格地遵守法律，而我们公安机关、检察机关和法院，必须贯彻执行法制方面的分工负责和互相制约的制度。”

第三节 回归传统的“法治”

诚然，从新中国成立初期到“文化大革命”前夕，社会主义法制建设在制度、机构、社会意识形态等层面取得了很大的成功，但不可忽视的是，轻视法制、拒绝法治而推崇人治的问题依旧存在，如个别干部的法制观念依旧淡薄、群众运动构成法制之外的特殊存在、违法现象普遍存在等。这些潜在问题不断地累积质变，最终造成1965年后的法制建设误入歧途，迷失了既定方向，从而回归传统。

尽管中国历史上并不缺乏法治理念与制度，在漫长的历史长河中沉淀了极为丰富的传统法律文化，有着自身独特的传统法治观。

① 董必武：《进一步加强人民民主法制，保障社会主义建设事业》，见《董必武选集》，人民出版社1985年版，第413页。

“不过中国传统的法治观与法治体制和西方的法治观与法治体制是根本不同的；西方的法治观与法治体制体现的是实际的法治，中国传统的法治观与法治体制表面上称为法治，实际上则是人治。”①在个人权威凌驾于法律之上的环境下，法律自然沦为指令、命令、政策的从属，权大于法、权重于法则成为整个体制所奉行的不成文规则，“许多重大问题往往是一两个人说了算，别人只能奉命行事”②。

1966年至1976年十年“文化大革命”，新中国初步建立的民主法治遭受重大破坏，立法、司法、行政系统严重偏离了原先设定的轨道，法律本身的地位一落千丈，取而代之的则是政策、指令乃至群众舆论绑架。甚至可以说，新中国成立后建构的法制体系在这一阶段中又被自己摧毁，中国在某种程度上又回到了法律真空的状态，国家话语权被一些用心险恶的破坏分子所掌控，并利用中国共产党以及国家领导人的权威来实现自身不可告人的目的。而随着“左”倾思想和法律虚无主义在全国范围内的扩散，法制建设陷入停滞乃至严重后退，人治又开始扮演政治舞台的主要角色，十年“文革”期间的各方面事业更是遭到严重破坏。正如肖扬所说：“新中国成立到党的十一届三中全会以前，基本上沿袭了民主革命时期的领导方式，直接用党的路线、方针和政策管理国家和社会事务。由于种种原因，我们没有把党内民主和国家政治社会生活的民主加以制度化、法律化，或者虽然制定了法律，却没有相应的权威，以致到文化大革命时期林彪和江青反革命集团倒行逆施，致使宪法和法律成为一纸空文，党、国家和人民遭到建国以来最严重的挫折和损失，教训极为深刻。”③

① 刘绪贻：《论中国传统的法治观与法治体制》，载《学术界》2006年第5期。

② 邓小平：《邓小平文选》(1975—1982)，人民出版社1983年版，第132页。

③ 肖扬：《坚持依法执政 提高执政能力》，载《求是》2005年第1期。

一、法治回归传统的表现

对于这一时期的法治事业发展，存在不同的描述，如“文化大革命将自己建立的法制给摧毁了”、“民主法治建设进入了低谷阶段”、“远不能完整地解释法制建设滑坡现象”、“法治之殇，文革十年浩劫”等。各种不同的描述却指向同一问题，即法治事业的发展全面停滞，置于历史发展趋势中则是逆水行舟而不进则退。该阶段法治的全面停滞主要表现在法治观念、立法工作、司法系统等方面，原有的法制体系在思想、制度、执行等多个层面被全面架空，法治工作陷入极度灰暗的境地。

(一)法治观念退化，法律虚无主义盛行

法治发展与中国共产党自身对法律的认识密切相关，1949 年至 1956 年之所以能取得一系列法制建设的成果，主要原因便是基于中国共产党对法律体系的推动，党对法治的重要性认识明确，对一些重要法律的制定和实施予以高度重视，如《婚姻法》的制定和贯彻婚姻法运动，宪法的制定和贯彻，等等，都饱含着党中央领导人的心血。但这些认识的深度十分有限，未能意识到全面实行法治的根本性作用，而仅仅停留在表层的法律制度建设上，法律体系之外存在巨大的特殊空间以及诸多对法律产生干涉的潜在因素，这就导致 1957 年反右运动扩大化后党本身法治观念退化，态度从“应当依法办事”向“法制降低建设新中国的效率”转变。同时，国际、国内形势都十分严峻，年轻的中国面临一系列亟待解决的问题，特别是政权的稳定。在两大阵营对立的情况下，认为阶级斗争是主要社会矛盾，将意识形态绝对化。基于这些误判，当时主要中央领导同志对法治也有了不同的认识。如有的中央主要领导人认为：“法律这个东西没有也不行，但我们有我们这一套，还是马青天那一套好，调查研究，就地解决。调解为主。大跃进以来，都搞生产，大鸣大放大字报，就没有时间犯法了。对付盗窃犯不靠群众不行。”“不能靠法律治多数人，多数人要靠养成习惯。军队靠军法治人，治不了，实际上是一千四百人的大会(指五八年军委扩大会)治了

人，民法刑法那样多条谁记得了。宪法是我参加制定的，我也记不得；韩非子是讲法治的，后来儒家是讲人治的，我们每个决议案都是法，开会也是法，治安条例也靠成了习惯才能遵守，成为社会舆论，都自觉了，就可以到共产主义了。我们各种规章制度，大多数，百分之九十是司局搞的，我们基本不靠那些，主要靠决议、开会，一年搞四次，不靠民法刑法来维持秩序。人民代表大会，国务院开会有他们那一套，我们还是靠我们那一套。这是讲上层建筑部分。”①还有中央领导同志认为：“到底是法治还是人治？实际靠人，法律只能作为办事的参考。”可见，1957 年后，中央领导人本身对法制的重要性愈发忽视甚至排斥，这在当时便引领了党内乃至党外的思想主流，进而导致全社会法治观念的全面倒退，造成法制建设连续性滑坡。在这种思潮下，1959 年 4 月，二届全国人大一次会议通过决议，司法部和监察部两个部门被予以撤销，最高人民法院接手原司法部主管的工作。联系到党和国家领导人的上述观点，司法部与监察部的撤销绝非偶然，而是当时局势下的必然选择。直到 20 年后我国进入新的历史发展时期，这两个部门才得以先后重建。

法治观念退化必然造成对法律本身作用的模糊化，法律虚无主义由此而生，即否认法律在维护社会秩序和阶级统治中的作用，无法可依，恶法治人，有法不依，有法乱依。具体可表现为四个特点：第一，重视道德的作用，忽视法制的功能。执政党因自身的组织和历史积累的声望而具备的优势被无限放大，并被用于对人民进行思想政治教育，而法律制度的约束作用以及强制作用则受到忽视。1958 年的北戴河会议上，有的中央主要领导认为：“社会是人治还是法制，我看还是人治好。我们靠开会，靠人民日报的社论。人民日报一篇社论，全国人民雷厉风行都行动，那比什么都灵。”第二，重视一元权力的集中，忽视分权制衡。社会主义国家体制的一大弊端是无法有效限制“一把手”的权力，权力的高度集中使得极易形成个人崇拜与个人决断，“一言堂”的现象屡见不鲜。而权

① 李锐：《“大跃进”亲历记》(上)，南方出版社 1999 年版，第 113 页。

力部门之间则往往追求权力的合作与兑换，部门本该有的制约却被虚置，比如公检法，根据相关法律规定，本应相互合作又相互制约，由此最大程度地避免冤假错案。但现实却是公检法三家互相合作而不予制约，法律所设置的监督成为一纸空文，大量冤假错案由此产生。第三，重视人的主观能动性，忽视法制的边界作用。人性本善的传统思想对立法产生了较大影响，立法出于对人的善良和能动性的信任而留下过多的模糊性条款，从而赋予了司法者过于宽泛的自由裁量空间。但中国本就是人情社会，且司法者难免都有个人的利益倾向和需求，从而导致在解释过程中作出有失偏颇的解释。第四，重视人的义务的履行，忽视人的权利的保障。道德往往推崇理解与忍让，因此在道德语境中是义务本位原则；而法律则注重保障与限制，权利优先于义务。法律虚无主义便注重提倡人民履行义务，却对其权利保障予以忽视，如在要求人们不乱穿马路的时候一定要设置红绿灯规则和斑马线，否则，就会造成生活的极度不便利甚至交通秩序的混乱。

(二)立法系统虚设，政策取代法律

法治发展停滞的另一突出表现是立法系统成为虚设，政策开始全面取代法律。一方面，全国人大及其常委会作为宪法规定的立法机关，工作陷入困局，立法数量急剧减少且自身机构的设置也极为不合理。而人大代表在参加会议时均受时局影响，跟随政策主流方向，以谨慎的态度来避免法律方面的议题。“据统计，1957 年 6 月召开的一届全国人大四次会议，代表提案 243 件，其中法律方面的 23 件；1958 年 2 月召开的一届全国人大五次会议，代表提案减为 81 件，其中政律方面的只有 11 件；1959 年 4 月召开的二届全国人大一次会议，代表提案仅为 80 件，其中法律方面的只有关于民政工作的 1 件；1960 年 3 月召开的二届全国人大二次会议，代表提案进一步减为 46 件，其中法律方面的一件也没有。如果说 1957 年和 1958 年两年间全国人大及其常委会还制定了几项条例的话，1959 年以后则基本上没有什么立法活动。从 1959 年到 1966 年，除了通过几项具有法律效力的决定和对军官服役条例进行修改外，全国人大及其常委会没有制定一项法律。二届全国人大常委会共举行137次会议，三届全国人大常委会只举行33次会议，这些会议除了批准商标管理条例、外国人出入境过境居留旅行管理条例，以及批准22项民族自治地方人大和人民委员会组织条例外，再没有批准一项行政法规或地方法规。”①此外，“依据五四宪法的规定，每届全国人大任期应为4年，然而，第二届人大的任期达6年零7个月，第三届人大的任期长达10年之久。宪法规定全国人大应每年举行一次代表大会，但自1957年始到1965年全国人大只召开过六次会议，而且即使是这六次会议也没有严格地完成听取和审议有关工作报告和决定重大事项的职责”②。

另一方面，早已进入议程和草拟环节的法律胎死腹中，立法工作无法有效开展。以刑法为例，我国刑法在1950年便已开始由中央人民政府法制委员会草拟了刑法大纲，1954年法制委员会又拟好《中华人民共和国刑法指导原则草案》。1954年宪法颁布后，刑法起草工作改由全国人大常委会办公厅法律室负责，从1954年底到1956年底共完成了13稿的修改，1957年则改至第22稿。同年6月28日，时任法案委员会主任的武新宇向全国人大常委会作了关于《中华人民共和国刑法草案（初稿）》的说明，全国人大常委会当即决定将该草案发予正在参加会议的人大代表以便征求意见。随后，一届全国人大四次会议决定授权全国人大常委会根据代表和其他方面所提意见，将《中华人民共和国刑法草案（初稿）》加以审议修改，作为草案公布试行，在试行中继续征求各方面的意见，再加以修改，以备提请全国人民代表大会审议通过。但最终由于法律的作用及地位在党和政府的心目中剧烈下降，刑法的制定颁布工作未能得以继续，同期的《中华人民共和国刑事诉讼法草案（初稿）》也基于此而基本停止。

与此同时，政策以及党的指令取得了最高效力规范的地位，开

---

① 徐付群：《1957年后法制建设滑坡现象探析》，载《教学与研究》1997年第5期。

② 参见赵震江：《中国法制四十年》，北京大学出版社1990年版，第183页。

始全面取代法律而成为社会管理的主要规范。这与中国共产党自身的发展历程密切相关，早在战争年代，延安方面便主要是通过党的政策来指导革命，而新中国成立后的一系列群众运动中，党的政策又展现了超强的效率，因此，“政策首要论”很容易成为人们心中的信条。如1967年1月13日，以中共中央、国务院的名义颁布了《关于在无产阶级文化大革命中加强公安工作的若干规定》，即著名的“公安六条”，其制定的初衷便是为了“保卫文化大革命”，内容较为短少，总共不超过一千字。这六项条款中，其中第二条是关于领袖个人的，规定不允许以任何方式攻击伟大领袖毛主席和他的亲密战友林彪同志，否则将以现行反革命论处。第四条则是针对所谓的地主富豪、反坏右等各类群体一律不准“外出串联，不许改换姓名，伪造历史，混入革命群众组织，不准背后操纵煽动，更不准他们自己建立组织”。这两条规定为真正的反革命分子提供了政策武器，他们利用手中的权力以及政策的支持而随意攻击他人，加以逮捕、判刑。有学者在深入研究后对该状态进行了十分精彩的描述：“在关系不正常的情况下，政策就是(或代替)法令、法律。由于政策是多变的(考虑1956—1958年决策史)，而法律具有稳定性，并且在制定、实施过程中强调严格的程序，所以在政治生活失去常轨、社会高度动员(1956—1960年，1964—1968年是高度动员期)的状态下，以政策代替法令便自然而然。以政策代替法律、法令(1958年前后基本法已基本废弃)、相应地，司法、执法和检察机关便完全可以由它们中的党组来代替(1960年)，甚至可以将其撤销(1966—1967年)。同样，在政策代替法律、法令的时候，任何严格的程序都会影响执行的速度与效率，所以当法律机构成为执行的阻碍的时候，就被取消了。”①

(三)司法机关形式化，背离法治方向

司法机关的形式化且背离法治方向则是法治发展停滞的第三个表征，司法机关在这一阶段失去了它本应具有的独立地位，沦为政

① 胡福明主编：《中国现代化的历史进程》，安徽人民出版社1994年版，第371~372页。

治的附庸，本身的社会职能无法得到有效开展，进而造成大量冤假错案的产生。

第一，采取错误的办事策略，造成“司法工作大跃进”。随着1958年“大跃进”运动的全面开展，全国司法部门也幻想用最短的时间来实现司法审判、法律宣传、执法效果等各个方面的最佳目标。“司法工作大跃进”与工农业生产建设方面的“大跃进”有着本质上的趋同性，均追求高速度和高指标。比如，四川省某法院则天真地提出：“一天当两天，晚上当白天，起早睡晚当半天，不过星期六，消灭星期天，苦战两年实现安全县。”黑龙江省的部分地方法院则提出：“苦战二十天，清案一千件”、“猛攻七昼夜，所有的案件不过月”。云南各级法院则号召：“苦战十昼夜扫除积案”、“拼命大战一月，争取实现安全地区”。种种口号，随处可见，严重违背了事物发展的基本规律。

然而在大量司法工作人员下乡或被抽调的情况下，上述幻想目标是难以实现的，各地法院只能从制度与改革法律规定的执行程序来予以匹配。于是，诸多保证司法公开、公正、公平的制度、程序以及法律手续遭受前所未有的灾难性破坏，或被当作“群众阻碍”而彻底废弃，或被任意修改区间维度而丧失本意，如回避、辩护、预审、陪审等司法审判制度得不到应有的尊重，起诉书的送达、裁定、通知等手续以及审判中维护秩序的一些必要的规定也面目全非。尤其值得一提的是，各地将各司其职而相互配合制约的公、检、法三机关模式完全打破，且将其混合统一，采取“一长代三长”、“一员顶三员”的错误做法，即公安局长、检察长和法院院长直接按地区划分管理范围，该区的负责人集公安、检察、审判职能于一身，取消分工负责与制约。此外，辩护制度也遭受到猛烈的冲击，由于群众舆论普遍认为某一犯人罪有应得，应当受到法律的严惩，因此该犯人就不应该得到法律上的援助，其本人或律师的辩护均是为其所犯罪行所做的开脱，将面临“狡猾抵赖”、“态度恶劣”、“抗拒改造”、“站在罪犯立场与法院唱对台戏”、“为罪犯和阶级敌人开脱罪责”等各种无端指责。

第二，片面理解群众路线，被群众舆论所绑架，丧失客观公正的态度。诚然，群众路线有利于获得充分的群众基础，进而加强司法机关的公信力以及自身决定的执行力。但 1957 年至 1978 年这二十年间，司法工作中的群众路线原则被过度地放大与夸张，存在严重的歪曲和教条化问题，这就导致司法独立侦查、检察、审判遭受到极大的打击，甚至所作出的决定是群众舆论绑架的结果。如内蒙古包头市青山区人民法院，利用组织职工讨论、听从群众裁决的办法，来解决一起盗窃案判决上的分歧。当时，类似的盲目依从群众意见的现象是相当普遍的。社会主义法律当然要反映最广大的人民群众的意志，但是某一部分群众的意志与“最广大的人民群众的意志”，两者之间是有根本区别的，更不能将某一部分群众的意志同国家法律划等号。审判中以群众意见为判决依据和标准，实际上是将部分群众的议论和看法当作法律，这种做法在损害了群众路线的科学性的同时，客观上也破坏了国家法律。

而在司法机关设置方面，诸多机关被撤销或整合。1957 年 8 月，撤销铁路与水上法院；1959 年 4 月，司法部和监察部也被从部门名单中抹去；1960 年 11 月，为了贯彻精简的政策，中共中央决定将最高人民法院、最高人民检察院和公安部联合办公，且三个机构的统一领导变成了公安部党组，这就意味着行政完全压制了司法，司法体制从最根本上被削弱，而检察机关甚至在 1969 年被彻底取消。“文化大革命”开始后，全国出现“砸烂公、检、法”的潮流，公检法机关完全无法进行正常工作，社会陷入无秩序的混乱状态。

第三，由党委负责法院的业务工作，破坏了“人民法院独立进行审判，只服从法律”的宪法原则。坚持党的领导是毫无疑问的，但党的领导有程度、层面之分，不代表事无巨细而进行领导管理，而需要结合具体情况进行考量。通常而言，党的领导只需保持在总体方针上，而无须介入法院的具体审判工作。司法被彻底置于党的管理之下，政治法律委员会这一机构开始出现在中共中央和县级以上各级党委中，其职能包括司法工作方针政策的制定、公检法三者之间的关系协调等。此外，党还能对司法机关审判具体案件进行指示和监督，而司法机关通常要服从，且重要刑事案件的判决必须要由同级党委审批。1958 年 6 月 10 日，中共中央发出《关于成立财经、政法、外事、科学、文教各小组的通知》(其他各重要部门的党组早已成立)，要求：“大政方针在政治局，具体部署在书记处。只有一个‘政治设计院’，没有两个‘政治设计院’。大政方针和具体部署，都是一元化，党政不分。具体执行和细节决策属政府机构及其党组。”①

由此导致的后果十分严重，由宪法确立的“人民法院独立进行审判，只服从法律”原则即独立审判原则被完全架空。人民法院的审判自由独立未受到充分保障，在法官意志之上出现了党组的意志，而国家法律所体现的人民意志以及法院作为审判机关在适用法律过程中的权力和意志，则处于无足轻重的尴尬地位。影响审判因素的多元化必然导致审判工作的失衡，穿插各方力量博弈，最终酿成冤假错案。且从长远来看，司法机关将陷入从属位置，立法权、行政权与司法权不能相互独立而彼此制约，不利于法治发展。

二、回归传统的原因

法治发展之所以回归传统，有其背后深刻的原因，而这些原因是多方面的，既包括社会体制方面，也包括中国传统法律文化和指导思想方面，以及执政党在长期革命战争过程中形成的思维惯性等。

(一)高度集权的社会体制

马克思指出：“社会不是以法律为基础的。那是法学家的幻想。相反地，法律应该以社会为基础。法律应该是社会共同的、由一定物质生产方式所产生的利益和需要的表现，而不是单个的个人恣意横向。”②1957 年至 1976 年间的法律基础建立在高度集权的社

① 郑谦等：《当代中国政治体制发展概要》，中共党史资料出版社 1988 年版，第 89 页。

② 中共中央马克思恩格斯列宁斯大林著作编译局：《马克思恩格斯全集》第六卷，人民出版社 1985 年版，第 292 页。

会体制上，“这种体制在经济上的基本特征是政经合一，在政治上的基本特征是党政合一。这种高度集权体制的基本内涵是党的机构直接掌握国家行政力量，对社会各类单位加以控制，即社会的各种权力高度集中于政府部门，而政府行政权力又大多集中于各级党的组织和党组织的领导人手中。党以‘以党代政’的方式，领导政府的行政活动；比照政府机构中的党政关系模式，社会各类经济、教育、文化、群众团体单位中同样由党组织具体负责各个单位的工作。党组织和党的领导人直接掌握着大部分行政权力，并被看作是党处于领导核心地位的主要标志。于是政府和其他各类组织的主要行政工作，都由党的组织和党组织的领导人决策、决断乃至具体施行，这在实际上形成党组织的权力大于行政权力并且控制着行政权力的局面”①。当社会体制对法治迫切需要时，它会刺激立法、司法、行政工作的全面发展，以便建构法制体系来回应社会体制包括经济、政治、文化等方面的要求，确保法律在整个国家系统中发生错用。反之，若某一社会体制对法律毫无需求甚至有所抵制和排斥时，法治则成为该体制的绊脚石，只能陷入停滞甚至彻底抛弃。

高度集中的计划经济体制在1956年我国完成三大改造后逐步形成，其以结构单一的公有制为代表；中央统一负责经济决策和管理；经济调节以指令性计划为主，排斥商品生产和价值规律的作用；政企职责不分，企业成为行政机构的附属物。诚然，这种经济模式在新中国成立之初为国民经济的复苏产生过巨大的作用，它能最大限度地集中人力、物力和财力，全力解决某一问题并避免市场本身的不确定性和盲目性，具有极高的效率。但该经济体制却对法制建设需求不大。首先，计划经济体制不同于市场经济，不需要通过法律制度来构建良好公平的市场秩序。市场经济对市场秩序十分依赖，市场各主体之间的权利义务如何界定、市场管理者的权限范围、市场整体竞争的规则、政府宏观调控的举措等都需要法律制度进行明确规定，如此才能保证市场交易的稳定性与安全性。计划经

① 赵剑英主编：《复兴中国——中共第三代对中国现代化的新追求》，社会科学文献出版社1999年版，第396页。

济则不同，其以国家规划为主，无须竞争，任何主体只需按部就班以扮演好自身的角色，市场秩序可有可无且对其影响甚微。其次，计划经济更依赖指令性计划而非相对稳定的法律规则。对生产、资源分配以及产品消费事先均由政府的指令性计划所决定，解决三个基本经济问题(生产什么、怎样生产和为谁生产)的主体也是政府，政府的政策、指令具有更高的执行力，法律法规相对而言反而不利于计划经济的发展。

而高度集权的政治体制也否定了法治的必要性，毕竟法治更契合于民主政治模式。通常而言，民主政治需要法律来建构一种保障体系，因为若不存在制度体系上的保障，民主政治很容易就被摧毁。究其原因，首先，民主政治客观上需要一整套民主的程序和清晰的权限定位，而这些只有法律的明文规定才能得以确保；其次，民主政治要求通过法律而非个人独断、人情等来调整各种社会关系，法治与这一主张相契合；最后，民主政治讲究人民当家做主，因此权力行使者必须以最大限度实现人民权利与自由作为最高宗旨，而这个目标无疑需要法治来予以实现。高度集权的政治体制则不同，不仅其本身对法制的需求极低，而且还会阻碍法律制度的有效施行，因为绝大部分权力集中在各级党组织手中，国家权力机关的政治地位得不到保障，其职能也必然得不到良好实现，已制定的法律制度缺乏贯彻的助力，未制定的法律制度则陷入停滞，诸如权力过分集中、党取代政府、政府过多干预企业、家长制作风、一言堂等弊端愈发凸显。

(二)指导思想上呈现“左倾”态势

此时期法治陷入全面停滞恰恰是党在指导思想上“左倾”的结果，阶级斗争和群众运动被鼓吹到过高的位置，公检法机关陷入瘫痪状态。通常而言，随着社会主义制度的建立，社会主要矛盾转变为“人民日益增长的物质文化需要同落后的社会生产之间的矛盾”，党和政府应将工作重心从阶级斗争转移到经济建设上来，中共八大亦基本确定了这种走向。然而随着思想领域意识形态的极“左”思潮，阶级斗争再一次占据历史舞台的主角位置，它似乎成为不可避免的严重问题。与此同时，前苏联、东欧社会主义国家发生的一些重大政治事件，尤其是苏共“二十大”也在一定程度上影响了党的领导人对局势的判断，愈发趋向于以阶级斗争为纲，试图将阶级斗争贯穿社会主义建设，以彻底拔除反动势力，防止资本主义复辟、“修正主义”以及帝国主义的侵袭。

在此背景下，轰轰烈烈的“无产阶级文化大革命”开始蓬勃开展，主张由群众自己与“走资本主义道路的当权派”斗争，对于所谓的“修正主义分子”和“走资派”，坚决予以清除。党的八届十一中全会制定的《关于无产阶级文化大革命的决定》强调：“党的领导敢不敢放手发动群众，将决定这场文化大革命的命运。”将群众作为这一革命的主体，打破一切反革命势力集团。1969 年 4 月，党的“九大”政治报告指出：“我们找到了这种形式，开展文化大革命，发动亿万群众，大鸣、大放、大字报、大辩论。”因此，“文化大革命”的性质成为党的领导与群众实行的双重配合运动，其以革命为名义，以推翻一切黑暗势力为目标，至于所采取的手段则在所不问，甚至可以将任何法律抛诸脑后，新中国成立以来建立的稳定社会秩序终究土崩瓦解。“文革”开始后，各地“造反派”以“反修防修”、“横扫一切牛鬼蛇神”为运动口号，不经过任何法律程序而侵犯广大干部、知识分子的人身权利与财产权利。他们美其名曰“革命”，实则穿插着年少轻狂以及各种私人目的，利用群众运动来排除异己，导致秩序愈发失控。1966 年 12 月，江青在公、检、法机关群众的一次会议上再次为破坏法治推波助澜，她宣称：“公安部、检察院、最高人民法院都是从资本主义搬来的，建立在党政之上，监察竟然监察到我们头上了，整理我们的材料。这都是些官僚机构，他们这几年一直跟毛主席相对抗。我建议公安部门除了交通警、消防警以外，其他的全部军管。”①由此，公、检、法机关全面瘫痪，“四人帮”开始提出“群众专政”的口号，对他们专政的对象私设公堂，刑讯逼供甚至置人死地，造成了大量的冤假错案，法治被肆意践踏，人权毫无保障。

---

① 转引自施九青、倪家泰：《当代中国政治运行机制》，山东人民出版社 1993 年版，第 161 页。

(三)中国传统法律文化缺乏民主与法制因子

法治发展在十年间的全面停滞也离不开中华民族本身的传统法律文化，中国传统法律文化中一向缺乏民主与法制的因子，推崇人治，法律只不过是统治阶级用来实现阶级统治的工具。中国经历了数千年的封建社会，其人治思维根深蒂固，封建主义的影响一直难以根除。比如，制度层面上就有封建专制制度、“官本位”制度、等级制度、宗法制度和门荫制度的影响；思想层面上则有“权大于法”的特权思想、“为民做主”的封建思想、“官贵民贱”的思想、“治国之本在于以法典民”的思想、“以法治民”的统治思想等影响。邓小平同志指出，我国政治体制内的“官僚主义现象、权力过分集中的现象、家长制现象、干部领导职务终身制现象和形形色色的特权现象，多少都带有封建主义的色彩”，“肃清思想政治方面的封建主义残余的影响这个任务，因为我们对它的重要性估计不足，以后很快转入社会主义革命，所以没有能够完成”①。因此，封建社会对民主与法制的忽视思想在1957年至1978年这二十年间剧烈膨胀，中国似乎回到了法制虚无的状态，法律丧失了其话语体系中的权威，国家公民既不知道也不能够利用法律手段来保护自己的合法权利。于是，一种奇葩且诡异的氛围开始在社会上弥漫，“以事实为依据，以法律为准绳”不再是客观准则，而是资产阶级对抗人民、对抗党的武器；法律面前人人平等的原则则违背了“以阶级斗争为纲”，从而被彻底弃用；而从事法律行业的律师则更是被视为黑白不分，是非颠倒。当然，对法治的忽视也深受近代政治传统的影响。孙中山领导革命力量推翻清王朝之后建立新政权以及国民党之后数十年“党治”的惯常做法在某种程度上影响了党的决策，“大体说来，中国共产党人对孙中山的政治思想遗产一直持较为积极的态度，自觉成为孙中山思想遗产的继承人，愿意按照孙中山指引的

---

① 邓小平：《邓小平文选》(1975—1982)，人民出版社1983年版，第287、294~295页。

道路继续前进”①。

（四）执政党在长期革命战争中所形成的思维惯性

法律与政策向来是被放在一起谈论的，一方面，法律与政策均属于社会规范的范畴，作为社会调整手段而对相应的社会关系进行调整；另一方面，这两种社会规范又有着不同的特点，在表现形式、效力等方面存在着差异。就法律而言，其稳定性的程度较高，通常是基于一定的社会关系而制定出来的规范性文件，若无重大性变化，基本上保持内容不变，从而使规范对象在相当长的一段时间内遵循既定的条文，否则将会无所适从。而就政策而言，其灵活性更高，能根据某一事件而随时产生，进而指导其相关事件的处理，且各层机构总会高效地执行贯彻这一举措。任何一个国家，出于对法律和政策这两种规范的不同选择倾向，其政治体制会呈现出不同的特征，当然，这种选择也通常受其所处的历史时期所影响。但总体而言，随着人类文化层次的提高，法律日益成为各国所倾向选择的社会调整手段，法治国家在全球范围内成为一种趋势。

中国共产党在成为执政党之前经历了数十年的革命战争时期，其中绝大多数时间都处于偏远落后的解放区，未有大规模且全面地治理某一地区的尝试。新中国成立之前的解放区，经济生产十分落后，而其中充斥的规范则有多种方式，包括党的政策、指令、当地乡规民约、习惯法等，由此构建了解放区的规范体系。但其中最具效率且效力最高的则是党的政策、指令，它是党实施管理的直接方式。而法律制度则缺乏制定以及实施的具体条件，且在解放区不一定能产生党所期待的作用，故愈发被忽视。经过数十年的积累，由此形成了一种思维惯性，即讲方针、政策多，或直接按方针、政策办事，而讲法制、法律少，“政策至上”、“政策本身就是法”、“政策大于法律”也沉淀为固有的观点。因此，当党的领导人意识到我党面临前所未有的颠覆危机时，受深层次的潜意识习惯指引，更倾向于选择用政策、指令的方式来管理国家与社会，这才是他们所熟

① 赵剑英主编：《复兴中国——中共第三代对中国现代化的新追求》，社会科学文献出版社 1999 年版，第 57 页。

练的工具，而法律总体上来说是陌生的，其发生作用与效应的过程也相对缓慢。

三、教训与反思

毋庸置疑，1966 年至 1976 年这十年间留下了太多惨痛的教训，法治回归传统、社会秩序彻底混乱、公检法机关瘫痪、社会主义经济建设发展缓慢等。大批的干部、知识分子成为被批斗的对象，或殴打致死，或下放乡村，或精神失常，社会的各个层面均受到猛烈的打击。而处于意识态度模糊时期的青少年们，纷纷放弃所应接受的学校教育而投入到社会批斗活动中，整个中国陷入混乱的状态。后人哀之而不鉴之，亦使后人而复哀后人也。基于这一阶段所产生的负面后果，我们更应立足失败而深刻反思，找到问题的症结所在，从而引以为戒，避免再犯类似的错误。

其一，党的领导应属政治层面上的领导，即把握政治发展基本方向、政治基本原则以及重大事项的决策领导等。坚持党的领导的同时也需坚守住这一底线，不能无限制地将党的领导范围扩大，一方面党没有如此多的精力和人力进行领导，易出现领导偏差，另一方面也不利于具体部门业务工作的开展。同时，宪法规定“中华人民共和国一切权力属于人民”，由人民选出的人民代表大会是最高国家权力机关，故共产党也必须以全国人大制定的宪法为“根本的活动准则”，“不得有超越宪法和法律的特权”。因此，党的领导权不是凌驾于人民主权、国家权力之上或与之并列的权力。

对于该问题，早有党的领导人意识到，张闻天同志在“文化大革命”中就已指出：党领导国家，但它本身不是国家，党不能超过国家，高踞于国家之上。彭真同志也说过：“党在十亿人民中只占少数，绝大多数是非党员。我们不仅有党，还有国家。”“凡是关系国家和人民的大事，光是党内作出决定也不行，还要同人民商量，要通过国家的形式。”①邓小平同志则在 20 世纪 40 年代就批评过

① 彭真：《论新中国的政法工作》，中央文献出版社 1992 年版，第 263 页。

"以党治国"的观念，指出："'以党治国'是国民党遗毒，是麻痹党、腐化党、破坏党、使它脱离群众的最有效的办法。"有些同志"误解了党的领导，把党的领导解释为'党权高于一切'，遇事干涉政府工作，随便改变上级政府法令……甚至把'党权高于一切'发展为'党员高于一切'……这实在是最大的蠢笨！"①可见，站在历史沉淀与未来发展的角度，我们应当在坚持党的领导前提下，实现党政分开，依法执政，实行科学、合理、合法的领导机制。

其二，社会体制必须与法治相配套，实现社会体制的科学发展。在经济体制方面，高度集中的计划经济不仅会造成市场竞争的弱化，导致市场主体呈惰性经营，还不利于国民经济体系的完善与国际化，更使得经济层面缺乏法制生长的土壤。因此，有必要实行市场经济体制，将主动权还归市场，由市场自主调节各项经济行为，促进竞争的同时也大力提高流通商品的质量。而针对市场中的不法行为或有必要让政府介入进行宏观调控的领域，则由法律进行规制，保证市场的整体秩序和系统的良好运行。

在政治体制方面，高度集权的苏联模式明显不适合我国的本土国情，只会使国家的发展陷入僵局，因此有必要结合中国实情而进行政治体制改革。一方面，逐步放权给地方政府和市场、个体，实现部分领域的自主管理，而对核心关键领域进行集中化管理；另一方面，加强民主法制建设，确保人民的各项权利以及各部门单位的职能，使得国家体系内的各构成部分能严格依照法定的程序运作。"可以预见，随着我国政治体制改革的不断深入，我国政治体制将从传统的人治体制转变为现代民主政治的法治体制。而在这一进程中，党也将会改变人治治党的自身建设模式和机制，创制出一套与国家的法治管理、与党的依法实施执政领导体制相适应、相衔接的党的制度体系，并使依法治国与依'法'治党互动共进。"②

① 邓小平：《邓小平文选》第一卷，人民出版社 1994 年版，第 10~12 页。

② 赵剑英主编：《复兴中国——中共第三代对中国现代化的新追求》，社会科学文献出版社 1999 年版，第 402 页。

第四节　服务经济的“法治”

1976 年 10 月，随着林彪反革命集团与“四人帮”的相继覆灭，“文化大革命”的十年动乱终于迎来了尾声，以华国锋、叶剑英等为代表的中央政治局开始稳定局势并试图重新确定发展的方向，党和人民均意识到前十年对发展规律的忽略所造成的严重后果，各项工作开始回归正轨。而伴随着党的执政经验积累和国家管理技术深化，法制建设逐渐重新被予以重视。彭真指出：“过去我们曾经对法制建设的重要意义认识不够，强调不够，经过十年内乱，大家头脑比较清醒了，认识到像‘文化大革命’中那样无法无天是要吃苦头的，决不能再让它重演。”①邓小平在其著名的《党和国家领导制度的改革》一文中也提道：“我们过去发生的各种错误，固然与某些领导人的思想、作风有关，但是组织制度、工作制度方面的问题更重要。这些方面的制度好可以使坏人无法任意横行，制度不好可使好人无法充分做好事，甚至会走向反面。即使像毛泽东同志这样伟大的人物，也受到一些不好的制度的严重影响，以至对党对国家对他个人都造成了很大的不幸。我们今天再不健全社会主义制度，人们就会说，为什么资本主义制度所能解决的一些问题，社会主义制度反而不能解决呢？……斯大林严重破坏社会主义法制，毛泽东同志就说过，这样的事件在英、法、美这样的西方国家不可能发生。”②

政治斗争给国家带来的破坏也使得党和政府重新思考工作的重心，1978 年十一届三中全会决定，把党的工作重心转移到经济建设上来，从而拉开了改革开放的序幕。1980 年 1 月 16 日，邓小平在中央召集的干部会议上进一步指出：“要把经济建设当作中心。以经济建设为中心，必须改革高度集中的计划经济体制，建立和完

① 彭真：《不仅要靠党的政策，而且要依法办事》，见《彭真文选》，人民出版社 1991 年版，第 492 页。

② 邓小平：《邓小平文选》第二卷，人民出版社 1994 年版，第 333 页。

善社会主义市场经济体制，实行对外开放，吸收世界上一切文明成果，为搞活社会主义经济，发展社会生产力开辟广阔的道路。”①但改革开放和发展经济意味着市场将取代计划，无法预估的新型社会关系将不断出现，需要更多、更成熟、更健全的法律来予以规整。由此，中国的法治建设开始进入重构期，以“有法可依、有法必依、执法必严、违法必究”为核心的方针开始指导全国范围内的法制建设。与之同时开展的则是经济体制与政治体制的双重改革，经济上对外开放，政治上适当放权，一改以往高度集中的弊病而营造自由宽松的氛围，为法制的存在提供了广泛的空间。可见，1978年后所实行的法治是为经济服务的，经济作为国家发展的第一要务，引导着法治的建设与发展。

一、以服务经济为基调的奠定

1978年十一届三中全会到1982年宪法颁布这一阶段属于奠定基调期，明确了党和政府的工作重心在于经济建设，其他工作需以此为核心而统一协调。虽说在1976年10月，危害已久的“四人帮”就被彻底粉碎，党和国家得以从危难中挺出，但十年“文革”所遗留的政治、思想、组织和经济秩序上的混乱仍然存在，“左”倾思想未能得以全面根除。为解决遗留问题，党和政府有必要将法制建设重新放上议事日程，奠定以法制为重要工作的改革发展基调。这段时期，立法机关逐步回归法定地位，一批拨乱反正和改革开放亟需的法律法规被及时制定，立法体制也有所完善；公检法司法系统也重新恢复了正常工作，开始对文革中的残留问题进行侦查、起诉和审判，并对社会纠纷介入处理以保证社会安定；而国家根本大法宪法的重新制定则表达了党和政府进行法制建设的决心，将法律置于权威的高度而非一纸空文。

1978年11月，中央工作会议在北京召开，党的许多老一辈革命家和领导骨干，对“文化大革命”结束后两年来党的领导工作中

① 奚洁人主编：《科学发展观百科辞典》，上海辞书出版社2007年版，第45页。

出现的失误提出了中肯的批评，对党的工作重点转移到经济、政治方面的重大决策，党的优良传统的恢复和发扬等，提出了积极的建议。邓小平在会议闭幕式上作了题为《解放思想，实事求是，团结一致向前看》的重要讲话。这次工作会议为十一届三中全会做了重要准备，同年 12 月 18 日至 22 日，十一届三中全会顺利举行并确定了三个基本方针。其一，明确了社会主要矛盾及处理方法。“应该按照严格区别和正确处理两类不同性质的矛盾的方针去解决，按照宪法和法律规定的程序去解决，决不允许混淆两类不同性质矛盾的界限。”其二，强调了民主与法制。“当前这个时期特别需要强调民主，强调民主和集中的辩证统一关系，使党的统一领导和各个生产组织的有效指挥建立在群众路线的基础上。在人民内部的思想政治生活中，只能实行民主方法，不能采取压制、打击手段。”“从现在起，应当把立法工作摆到全国人民代表大会及其常务委员会的重要议程上来。检察机关和司法机关要保持应有的独立性；要忠实于法律和制度，忠实于人民利益，忠实于事实真相；要保证人民在自己的法律面前人人平等，不允许任何人有超于法律之上的特权。”其三，重申了党的领导原则，主张党政分开。“应该在党的一元化领导之下，认真解决党政企不分、以党代政、以政代企的现象，实行分级分工分人负责，加强管理机构和管理人员的权限和责任，减少会议公文，提高工作效率，认真实行考核、奖惩、升降等制度。”①这些方针对新中国的法制建设具有重要意义，诸多制度建构都与其密切相关。

但值得注意的是，十一届三中全会最为主要的贡献是明确了以经济建设为中心，前述三个基本方针均与经济建设密切相关。首先，明确社会主要矛盾及处理方法，实则是强调阶级矛盾不再是主要矛盾，政治斗争已失去了最为基础的土壤，而社会生产水平的低下与人民日益增长的生活需求才是主要矛盾，即当前最重要的是发展经济以满足人民的生活需求。其次，民主与法制这一政治模式在

---

① 以上内容均可参见《中国共产党第十一届中央委员会第三次全体会议公报》。

经济上则反映为市场与计划，二者相辅相成，民主与法制的推进也就意味着市场经济将取代计划经济。至于党的领导原则，实则是建议减少党对政务的约束，由政府获取充分的主动权来建设经济，党保持大方向上的领导和监督即可。

1977 年和 1978 年的拨乱反正也为酝酿中国经济体制改革提供了良好的氛围。其中，“经济领域拨乱反正涉及的重大问题有四个：一是纠正否定商品生产和商品交换的错误观点，重新肯定社会主义必须大力发展商品生产和商品交换，重视价值规律的作用；二是清算对所谓‘资产阶级法权’和按劳分配原则的错误批判，重新强调按劳分配和物质利益原则；三是否定对‘唯生产力论’的错误批判，强调生产力发展在社会主义发展中的重要地位，事实上提出了体制评价的生产力标准；四是提出按经济规律办事，提高经济管理水平”①。而政治领域的拨乱反正则主要表现为对两个反革命集团的审判与为诸多“文革”期间受到不公平待遇的人士平反。1980 年，为彻底扫除“文革”期间的反革命势力参与，最高人民法院特别法庭开始对林彪、江青两个反革命集团进行审判。最终，江青、张春桥被判处死刑，缓期两年执行，剥夺政治权利终身；王洪文被判处无期徒刑，剥夺政治权利终身；姚文元则被判处有期徒刑 20 年，其他主犯也被判处有期徒刑。随着中央对反革命集团的全面清理，一些地方和军队也作出了响应性的举措，从 1980 年底至 1983 年初审判了林彪和江青两个“反革命集团案”在各地的一批骨干分子以及军内骨干分子。审判反革命集团有着特别的意义，一方面代表着“文革”十年的结束，导致国家混乱的主要势力被连根拔起，另一方面则表示司法系统的归位，中国要走上依法办事之路，不再忽视法制甚至抛弃法制。同时，党中央也借此表明了自身态度，“以阶级斗争为纲”不再是主题，改革开放的序幕即将拉开。

此外，要发展经济，前提必须是将各部门的运作重新纳入正轨，重建“文革”期间破坏严重的诸多机构，这就必然需要法律予

① 肖冬连：《1978—1984 年中国经济体制改革思路的演进》，载《当代中国史研究》2004 年第 5 期。

以指导。1979年2月，为协助全国人大常委会的法制工作，五届全国人大常委会法制委员会在五届全国人大常委会第六次会议予以设立。随后，法制委员会便紧急投入法制工作中，在综合既有法制成果和吸取过往教训的基础上，诸多法律草案被紧急制定，这其中包括《中华人民共和国地方各级人民代表大会和地方各级人民政府组织法》、《中华人民共和国选举法》、《中华人民共和国人民法院组织法》、《中华人民共和国人民检察院组织法》等机构组织方面的法律，也包括《中华人民共和国刑法》、《中华人民共和国刑事诉讼法》等维护社会秩序的法律，此外还针对吸引外资制定了《中华人民共和国中外合资经营企业法》。这些法律仅用三个多月的时间便起草完毕，并在1979年7月的五届全国人大二次会议上得到审议通过，铸造了重构法律体系的良好开局。

经过一系列举措，“文革”期间所犯下的各种错误基本得到修正，民主与法制再一次被全国人民所重视，法治逐步成为一致认可的治理模式。经济基础决定上层建筑，伴随着经济体制改革的全面展开，法治的内涵亦作出相应的变化，从而服务于经济建设，为经济打造了一个公正、公平、公开、安宁的环境。

二、制度层面：以经济为主题的立法不断涌现

(一)改革开放初期

在改革开放初期，为配合经济体制改革，全国人大及其常委会相继制定了《中华人民共和国个人所得税法》、《中华人民共和国外商投资企业和外国企业所得税法》、《中华人民共和国经济合同法》、《中华人民共和国律师暂行条例》、《中华人民共和国民事诉讼法(试行)》、《中华人民共和国中外合资经营企业所得税法》、《中华人民共和国海洋环境保护法》、《关于严惩严重破坏经济的罪犯的决定》、《中华人民共和国食品卫生法(试行)》、《关于批准长江南通港》、《张家港对外国籍船舶开放的决定》、《国家建设征用土地条例》等。毫无疑问，这些法律与经济密切相关，如税法解决了国家财政税收以及不同主体所应承担的纳税义务的问题，经济合同法调整了平等民事主体之间所发生的各种合同关系，国家建设征

用土地条例则为国家在推进经济建设过程中土地征用提供了合法依据。而为了解决不同形式的法律的效力问题，1980 年 11 月，全国人大常委会决议明确了对新中国成立以来所制定法律法规的区别对待，以五届全国人大制定的宪法、法律和五届全国人大常委会制定、批准的法令为标准，凡是抵触的则无效，凡是一致的则继续有效。该举措对于在立法尚未系统化、立法任务重且力量不足的情况下，有利于保持既有的规则，也便于集中力量解决最为需要解决的问题。

为促进经济发展，建立对外开放的窗口，1979 年 7 月，中共中央、国务院同意在广东省的深圳、珠海、汕头三市和福建省的厦门市试办出口特区。1980 年 5 月则进一步决定将深圳、珠海、汕头和厦门这四个出口特区改称为经济特区。为赋予经济特区充分的自由权，1981 年 11 月，全国人大常委会授权广东省、福建省人大及其常委会制定所属经济特区的各项单行法规，开启了改革开放后授权立法的先河。同时，该举措也为全国创造了一种全新的经济立法模式，即在法律允许的范围内，可根据自身实际情况而发展本地经济。

“如果说十一届三中全会为新时期法制建设扫除障碍创造了思想条件，那么，1982 年宪法则为法制的发展和振兴奠定了新的法律基础。”①1982 年宪法总结了新中国成立以来建设社会主义法制的长期实践经验，在一定程度上保持了与 1954 年宪法的一致性，如人民民主专政的国家性质、人民代表大会制度和民主集中制的政权组织形式、中央与地方的权力结构、民族区域自治制度、公民的基本权利和义务等基本方面都与 1954 年宪法基本一致。但 1982 年宪法也契合了新历史发展时期的需要，全文涉及“经济”字眼累计共有五十二处之多，且不乏新颖之处，如第十八条规定了引进外资，“中华人民共和国允许外国的企业和其他经济组织或者个人依照中华人民共和国法律的规定在中国投资，同中国的企业或者其他

① 蔡定剑：《中国法制建设五十年回顾》，载《人民检察》1999 年第 10 期。

经济组织进行各种形式的经济合作”。此外，宪法亦吸取了文革的教训。首先，鉴于文革时期宪法的地位未受到保障，其根本大法的作用未能得以充分发挥，1982 年宪法的总纲第五条中规定：“一切法律、行政法规和地方性法规都不得同宪法相抵触。一切国家机关和武装力量、各政党和各社会团体、各企业事业组织都必须遵守宪法和法律。一切违反宪法和法律的行为，必须予以追究。任何组织或者个人都不得有超越宪法和法律的特权。”其次，加强了最高权力机关以及地方各级权力机关的建设。全国人大及其常委会的职权得到扩大，地方各级人大及其常委会则在保障宪法、法律实施的同时也有权监督本级政府，省级人大及其常委会还有权制定地方性法规。最后，考虑到公民权利在文革期间被无情践踏，1982 年宪法进一步明确了公民个人权利的具体内容并完善了相应的保障措施，确保人民权利得以完全享有。

当然，除经济立法外，其他领域也有一定的立法成果，如《中华人民共和国婚姻法》、《中华人民共和国国籍法》、《中华人民共和国学位条例》、《中华人民共和国环境保护法(试行)》等一批法律法规。另一方面，伴随着十一届三中全会而来的解放思想大讨论活动以及 1982 年宪法的全面推动，法学界也围绕“法治与人治”、“法律面前人人平等”、“法律体系协调发展”、“法的阶级性与社会性”、“无罪推定”和“司法独立”、“法制建设与政治体制改革”、“依法行政”、“党在宪法和法律范围内活动”、“社会主义初级阶段的法制建设”等重大法学和法治问题展开了讨论，为中国法制建设提供了理论支持。

从 1978 年十一届三中全会的召开至 1982 年新宪法的颁布，中国法治发展道路的基调被奠定，即果断抛弃过去不讲法、不立法的做法，围绕法制为中心建立新型的改革秩序模式。法制被提升到一个相当高的位置，它既是国家政治体制加强民主化的必要路径，也是国家经济体制加强市场化的有力保障，中国以后的发展必须在坚持法制的前提下进行，打击一切违法的行为。对此，李步云先生高度概括了 1978 年以来中国执政党和政府作出的具有深远历史意义的重大战略决策：一是由以阶级斗争为纲转变为以经济建设为中心；二是由闭关锁国走向对外开放；三是从计划经济转变为市场经济；四是从人治向法治过渡。①

（二）中共十二大至十三大期间

从党的十二大召开到党的十四大召开前，属于中国特色社会主义法律体系蓬勃发展期。十一届三中全会后，党和国家的工作重心逐渐转移到经济建设上，而经济体制的改革必然要去法律制度上的配套设施，且随着经济改革的深入，这种要求愈加迫切愈加细微。因此，这个阶段的特点较为明显，即围绕经济建设这一中心点，构造全方位的法律体系，确保经济发展具备稳定的社会秩序和各方面的支持，进而不断完善相应的立法机制、立法程序和立法机构。

在这期间，国家领导人再次强调了经济建设的重要性，并指出要建立比较完备的经济法规体系。1982 年 9 月 1 日，党的十二大在北京召开，邓小平同志主持了大会开幕式，他对新中国成立以来的历史经验作出深刻总结，且正式提出“建设中国特色的社会主义”的命题。胡耀邦则在大会上作了《全面开创社会主义现代化建设新局面》的报告，在主张促进社会主义经济与社会主义精神文明进步、坚持独立自主的对外政策、坚持以党为领导核心的同时，特别强调了建设高度的社会主义民主的重要性，团结全国各族人民，自力更生，艰苦奋斗，逐步实现工业、农业、国防和科学技术的现代化，把我国建设成为具有高度文明、高度民主的社会主义现代化强国。民主与法制成为中国改革过程中的重要议题，我们党要领导人民继续制定和完备各种法律，要把更多的经济关系和经济活动的准则用法律的形式固定下来，使法律成为调节经济关系和经济活动的重要手段；要力争在“七五”期间建立起比较完备的经济法规体系，逐步使各项经济活动都能有法可依。

1987 年 10 月，党的十三大召开，时任领导人向大会作了《沿着有中国特色的社会主义道路前进》的工作报告，主要阐述了历史

① 李步云：《中国法治的理想与现实》，载《湘潭大学学报》(哲学社会科学版)1998 年第 4 期。

性成就、社会主义初级阶段和党的基本路线、经济发展战略、经济体制改革、政治体制改革、在改革开放中加强党的建设、争取马克思主义在中国的新胜利等问题。同时，明确提出了党在社会主义初级阶段的基本路线：领导和团结各族人民，以经济建设为中心，坚持四项基本原则，坚持改革开放，自力更生，艰苦创业，为把我国建设成为富强、民主、文明的社会主义现代化国家而奋斗。该路线可概括为“一个中心，两个基本点”，即以经济建设为中心，坚持四项基本原则，坚持改革开放。同时，法制建设必须贯穿于改革的全过程；法制建设必须保障建设和改革的秩序，使改革的成果得以巩固；应兴应革的事情，要尽可能用法律或制度的形式加以明确。

中共十二大、十三大所确立的方针与任务无疑进一步推动了服务经济的制度的发展，新兴的经济活动均有法可依，经济法规体系得以完善。在国家基本法方面，随着改革开放的深入，现有的经济类型无法适应市场经济的发展，因此对宪法进行了第一次修改，土地使用权开始进入依法转让的范围，经济所有制中的非公有制经济的法律地位则得以明确。而针对新兴的经济活动或随市场变化而内涵质变的原有经济关系，则又修改旧法或制定了新的法律。如改革开放带来了外来资本，外来资本或单独注册企业，或与本国资本组成合资企业，这一类的法律关系超出现有法律的调整范围，因此有必要重新立法。由此，《中华人民共和国中外合资经营企业法》(修正)、《中华人民共和国外资企业法》、《中华人民共和国中外合作经营企业法》相继出台，在允许外国的企业和其他经济组织或者个人等外国投资者在中国境内举办企业的同时，设立各项条件与程序，确保外国投资者的合法权益以及中国国民经济的发展。又如知识产权领域，中国原先并不注重知识产权的保护，一方面是出于创造发明确实有限，另一方面则是出于中国传统文化中的世界大同与共享因素。但随着中国对教育、科技的愈发重视，越来越多的技术、发明开始出现，且国外早已建立了知识产权保护体系，中国不得不构建知识产权法体系，以此减少因知识产权而产生的社会纠纷。故《中华人民共和国专利法》、《中华人民共和国著作权法》相继出台，并签订了《保护知识产权巴黎公约》。此外，还制定了《中华人民共和国全民所有制工业企业法》、《中华人民共和国涉外经济合同法》、《中华人民共和国技术合同法》、《中华人民共和国海商法》、《中华人民共和国税收征收管理法》、《中华人民共和国土地管理法》等经济法律法规。为保证经济体制改革的顺利推进，国务院获得了授权，有权在经济体制改革和对外开放层面制定暂行条例，这其中还包括税收。为保障各类民事主体在民事活动中的合法权益，同时确保在改革开放过程中运用法律手段管理经济，《中华人民共和国民法通则》、《中华人民共和国民事诉讼法》、《中华人民共和国继承法》等一批民事法律得以制定。而市场经济中充斥着太多的不安定因素，甚至可能对其他民事主体乃至国民经济造成巨大的损害，因此还有必要在经济方面采取刑罚的手段，将部分经济违法行为纳入刑法的管辖范围。而为了打造良好的社会环境与经济秩序，《关于严惩严重危害社会治安的犯罪分子的决定》、《关于迅速审判严重危害社会治安的犯罪分子的程序的决定》以及一批关于惩治各类犯罪的决定和刑法补充规定得以制定。

除此之外，“为了适应推进政治体制改革、实现人民当家作主权利的需要，制定了一批国家机构和保障公民权利方面的法律，包括制定了民族区域自治法、村民委员会组织法、城市居民委员会组织法、行政诉讼法、代表法、集会游行示威法等，修改了选举法、地方组织法、人民法院组织法、人民检察院组织法等。为适应保护人民群众权益的需要，制定了工会法、残疾人保障法、未成年人保护法、妇女权益保障法、矿山安全法、传染病防治法等。为了适应保护环境、合理开发利用保护自然资源的需要，制定了一批环境和资源保护方面的法律，包括环境保护法、水污染防治法、大气污染防治法、矿产资源法、水法、草原法、渔业法、森林法等。为了贯彻‘一国两制’方针，维护国家的统一和领土完整，保持香港的繁荣和稳定，根据宪法制定了香港特别行政区基本法等。此外，还制定了一批规范经济管理、发展教育事业、推进军队现代化和正规化建设、加强社会管理等方面的法律。据统计，这个阶段全国人大及其常委会制定或者修改法律 110 多件，有关法律问题的决定 40 多件”①。

（三）中共十四大至十五大期间

在邓小平南方视察发表重要谈话、党的十四大召开到党的十五大召开前后，中国特色社会主义法律体系的框架初步形成，即大致可分为宪法及宪法相关法、民法商法、行政法、经济法、社会法、刑法、诉讼与非诉讼程序法等七个部分。每个部门法围绕着经济建设，而每个部门法内部的中心也得以确定，只需要在坚持系统整体化及各部门法中心的前提下完成各项立法工作。

国家领导人在该期间继续重申法治的重要性，并强调在完善法律体系的前提下建立社会主义市场经济体制。1992 年，邓小平视察南方并发表著名的南方谈话，强调坚持两手抓，两手都要硬，一手抓改革开放，一手抓打击各种犯罪活动。在整个改革开放过程中都要反对腐败。对干部和共产党员来说，廉政建设要作为大事来抓。还是要靠法制，搞法律靠得住些。此外，在整个改革开放过程中，必须始终注意坚持四项基本原则，反对资产阶级自由化。南方谈话为随后的十四大奠定了基调，党的十四大提出：“要高度重视法制建设，加强立法工作，特别是抓紧制定与完善保障改革开放、加强宏观经济管理、规范微观经济行为的法律法规，这是建立社会主义市场经济体制的迫切要求。”党的十四届三中全会进一步提出，“社会主义市场经济体制的建立和完善，必须有完备的法制来规范和保障。要高度重视法制建设，做到改革开放与法制建设的统一，学会运用法律手段管理经济”；要“遵循宪法规定的原则，加快经济立法，进一步完善民商法律、刑事法律、有关国家机构和行政管理方面的法律，本世纪末初步建立适应社会主义市场经济的法律体系。”

1993 年 3 月 29 日，第八届全国人民代表大会第一次会议通过了宪法修正案。此次修正案以社会主义市场经济为背景，对国有经

① 赵惜兵：《中国特色社会主义法律体系发展历程的全景回顾》，中国人大网，www. npc. gov. cn，访问时间 2015 年 3 月 22 日。

济的地位进行了确认，并明确国家实行社会主义市场经济，在农村实行家庭联产承包责任制，同时加强经济立法和国家宏观调控，依法禁止任何组织或者个人扰乱社会经济秩序。在围绕经济改革的同时再次强调要坚持中国共产党的领导，在马克思列宁主义、毛泽东思想指引下，坚持人民民主专政，坚持社会主义道路，坚持改革开放，不断完善社会主义的各项制度，发展社会主义民主，健全社会主义法制。

作为对宪法以及国家政策中关于社会主义市场经济表述的回应，经济方面的立法成为立法机构的第一要务，建立社会主义市场经济法律体系框架迫在眉睫。因此，该阶段的经济立法在数量上层出不穷，在质量上也进步明显。根据统计，在这期间所制定的法律包括《中华人民共和国消费者权益保护法》、《中华人民共和国城市房地产管理法》、《中华人民共和国广告法》、《中华人民共和国拍卖法》、《中华人民共和国担保法》、《中华人民共和国公司法》、《中华人民共和国预算法》、《中华人民共和国合伙企业法》、《中华人民共和国价格法》、《中华人民共和国审计法》、《中华人民共和国商业银行法》、《中华人民共和国中国人民银行法》、《中华人民共和国仲裁法》、《中华人民共和国农业法》、《中华人民共和国反不正当竞争法》、《中华人民共和国电力法》、《中华人民共和国对外贸易法》、《中华人民共和国劳动法》、《中华人民共和国票据法》、《中华人民共和国公路法》、《中华人民共和国建筑法》等多部法律，既包括对各类经济关系主体的管制，也包括对相关行业的扶持，还包括国家对经济关系的调整等。

该时期其他方面的法律也得到了较大发展。在刑事领域，刑法开始了全面修订，《中华人民共和国刑法》最终确定，其建立在过去多年的刑法实践经验的基础上，着重打击犯罪以保障社会秩序，并针对破坏社会主义市场经济秩序设置了专章，这无疑有利于社会主义市场经济的良好发展。《中华人民共和国刑事诉讼法》也得到完善，更加注重保护公民的权利以及准确、及时查明犯罪事实。此外，包括《中华人民共和国行政处罚法》、《中华人民共和国教育法》、《中华人民共和国大气污染防治法》、《中华人民共和国国防法》、《中华人民共和国行政监察法》、《中华人民共和国教师法》、《中华人民共和国固体废物污染环境防治法》、《中华人民共和国促进科技成果转化法》、《中华人民共和国国家赔偿法》、《中华人民共和国人民警察法》、《中华人民共和国职业教育法》、《中华人民共和国法官法》、《中华人民共和国科学技术进步法》等法律得以制定，涵盖组织、科教文卫、国防、地方等各个方面，这些法律对社会稳定秩序的维护、健康安全生活环境的保障、科学技术的发展等具有重大的促进作用。

这段时期立法工作的计划性和主动性得到极大加强，围绕市场经济方面的立法项目为中心，在结合实地调查研究与理论预设规划的基础上，根据社会实际需要主动制定法律。在立法工作有明确目标的同时，结合现实情况的变化而突出重点，且通过各方面的保障措施确保相关立法计划的实现。此外，这段时期的立法工作深刻体现了群众路线，即在全面了解人民群众真实想法的基础上进行相关立法。

正如学者所说：“在此后的20余年间，全国人大及党委会共制定了350多部法律，国务院颁布了800多部行政法规，平均每20天左右制定一部新法律，每不到10天出台一部行政法规，这在新中国的立法史上是前所未有的。”①在这一阶段，法律迎来了数量和质量的双重提高，中国特色社会主义法律体系框架已然初具规模。但距离基本形成尚存在一定的距离，毕竟诸多部门法只是建构了基本体系，很多细枝末节的领域尚未介入，这就导致法律在部分区间上失位，需要进一步的研究与摸索。

（四）党的十五大至2010年底

从党的十五大召开至2010年底，中国特色社会主义法律体系得到了全面的发展，制度上不断完善并予以创新，思想上不断进步并结合实际，最终基本完成了改革开放后的法律体系重构工作。这一阶段立法工作的核心是贯彻依法治国方略，围绕该方略而将立法

① 参见安群、李浩：《五十年法治建设的教训与经验》，载《法理学·法史学》2000年第4期。

数量与质量提上新的台阶，随后全面贯彻落实科学发展观的要求，抓紧制定在法律体系中发挥主导作用的法律，着重解决存在立法困难而又迫切需要的法律。与此同时，对现行法律法规进行全面清理，使法律体系更加科学和谐统一，科学立法、民主立法也迈出新步伐。

这一阶段服务经济的立法工作则主要体现在宪法修正案和诸多新领域立法的开展。1999 年的宪法修正案主要是基于经济体制改革的深入而制定的，其内容自然以经济为主。首先，鉴于国家处于社会主义初级阶段，那么该阶段的基本经济制度和分配制度就应当在国家基本法中得以确定，如此有利于全国人民在改革开放和社会主义现代化建设过程中明确发展方向。其次，农村集体经济的基本情况发生变化，传统的家庭承包经营无法满足市场的要求，必须统分结合，故增加“农村集体经济组织实行家庭承包经营为基础、统分结合的双层经营体制”的规定。由此，新型的家庭联产承包责任制的法律地位得以确定，农村集体经济在此保障下长期发展。最后，非公有制经济在国民经济中扮演的角色愈发重要，因此进一步明确了个体经济、私营经济等非公有制经济在我国社会主义市场经济中的地位和作用，这有利于个体经济、私营经济等非公有制经济的健康发展。

在其他领域的立法，则主要针对的是中国改革开放以来，所未能解决的最根本最深层的问题，也与人民的生活最为密切最为相关的法律。如在经济建设方面，制定了《中华人民共和国合同法》、《中华人民共和国证券法》、《中华人民共和国招标投标法》、《中华人民共和国信托法》、《中华人民共和国个人独资企业法》、《中华人民共和国涉外民事关系法律适用法》、《中华人民共和国银行业监督管理法》等，修改了《中华人民共和国海关法》、《中华人民共和国产品质量法》、《中华人民共和国会计法》、《中华人民共和国税收征收管理法》、《中华人民共和国专利法》、《中华人民共和国商标法》、《中华人民共和国著作权法》等。在环境保护方面，制定了《中华人民共和国海域使用管理法》、《中华人民共和国防沙治沙法》、《中华人民共和国环境影响评价法》、《中华人民共和国清洁生产促进法》、《中华人民共和国可再生能源法》、《中华人民共和国循环经济促进法》、《中华人民共和国海岛保护法》，修改了土地、水资源、大气、草原等方面的保护法等。在科教文卫方面，由于教育的重要性愈发凸显，民办教育促进法、高等教育法、国防教育法等一批教育法律得以制定或者修改；而随着生活水平的提高，医疗卫生也成为需要重点关注的领域，《中华人民共和国执业医师法》和《中华人民共和国药品管理法》相继出台。在社会法方面，制定了人口与计划生育法、安全生产法、职业病防治法；为解决日常生活争议而制定了人民调解法、劳动争议调解仲裁法；为建立社会保障体系，而出台了《中华人民共和国劳动合同法》、《中华人民共和国社会保险法》、《中华人民共和国食品安全法》等；此外，还专门修改了保护妇女和未成年人的《中华人民共和国义务教育法》、《中华人民共和国妇女权益保障法》、《中华人民共和国未成年人保护法》等。在刑事领域，对刑法有关规定进行了修改，通过了一批刑法修正案和刑法解释，结合实际而将部分新兴的犯罪行为纳入打击范围。在国家主权方面，为解决台湾问题并把党和国家对台湾的基本政策通过法律的形式固定下来，《中华人民共和国反分裂国家法》得以制定，同时还进一步解释了香港基本法，从而确保这一块意识形态存在差异的领土在党的领导下稳步发展，也推进基本法在香港地区的实施贯彻。

三、政策层面：依法治国的确立

随着社会经济体制改革的深入、民主政治建设的稳步推进以及各项社会事业蓬勃开展，党如何领导全国人民走向更稳定、更有保障的安定生活成为必须面对的议题，党也有必要考虑在日渐复杂的社会关系中采取什么样的方式才能有效处理各方面的纠纷。在此背景下，党的十五大明确提出“依法治国，建设社会主义法治国家”，并把依法治国确立为党领导人民治理国家的基本方略，将“加强立法工作，提高立法质量，到2010年形成有中国特色社会主义法律体系”作为首要立法目标。由此可见，我们党选择了法治的方式来确保更好地发展社会主义市场经济、推动社会全面进步和实现国家长治久安。在该基本方略的指导下，全国人大及其常委会进一步加强和改进立法工作，在立法前期调研上，集中力量对中国特色社会主义法律体系进行全面探讨，从理论和实践两个角度明确建设该体系及某一法律的主要任务和落实措施；在立法规划上，从实际出发建立科学的立法计划，将修改法律与制定法律置于同等地位，将市场经济法律与其他部门法律也一视同仁；在具体的立法工作上，坚持立法与政策相结合，尊重立法工作自身的规律，既要眼光长远而节省立法成本，又要立足现实而贴近生活，从而步步为营以构建具有中国特色的社会主义法律体系。

1999 年九届全国人大二次会议通过的宪法修正案规定进一步明确了“依法治国”的基本方略。先是增加了“邓小平理论”的内容，确立了邓小平理论在国家生活中的指导地位；再是将“依法治国，建设社会主义法治国家”写进宪法，对于坚持依法治国的基本方略，不断健全社会主义法制，发展社会主义民主政治，促进经济体制改革和经济建设意义重大。

2002 年党的十六大报告中再次明确指出：“依法治国是党领导人民治理国家的基本方略。”并且提出全面建成小康社会的任务，而“社会主义民主更加完善，社会主义法制更加完备，依法治国基本方略得到全面落实”则作为全面建成小康社会的重要指标，同时重申了到 2010 年形成中国特色社会主义法律体系的目标和任务。全面建成小康社会这个社会工程涉及经济、政治、文化等诸多方面，既要求人民的物质文化生活达到一定水平，也追求人民的精神文化生活实现一定的标准，而法治文明无疑也是其中的重要组成部分。

2004 年 3 月，十届全国人大二次会议顺利召开，这次会议审议通过了宪法修正案草案，其主要内容包括：第一，“三个代表”重要思想在国家政治和社会生活中的指导地位得以确立，由此，党的十六大所确定的重大理论观点和重大方针政策以宪法的形式固定下来；第二，国家鼓励、支持和引导非公有制经济的发展、公民的合法的私有财产不受侵犯、国家尊重和保障人权并建立健全和经济发展水平相适应的社会保障制度。这充分体现了党和国家对指导思想以及人民权利的高度重视，成为我国宪政史上又一重要里程碑。

2007年，党的十七大顺利召开，胡锦涛同志在十七大上的报告中首次提出弘扬法治精神，强调：“全面落实依法治国基本方略，加快建设社会主义法治国家。依法治国是社会主义民主政治的基本要求。要坚持科学立法、民主立法，完善中国特色社会主义法律体系。加强宪法和法律实施，坚持公民在法律面前一律平等，维护社会公平正义，维护社会主义法制的统一、尊严、权威。推进依法行政。深化司法体制改革，优化司法职权配置，规范司法行为，建设公正高效权威的社会主义司法制度，保证审判机关、检察机关依法独立公正地行使审判权、检察权。加强政法队伍建设，做到严格、公正、文明执法。深入开展法制宣传教育，弘扬法治精神，形成自觉学法守法用法的社会氛围。尊重和保障人权，依法保证全体社会成员平等参与、平等发展的权利。各级党组织和全体党员要自觉在宪法和法律范围内活动，带头维护宪法和法律的权威。”①

总而言之，“依法治国”基本方略的提出以及立法工作的全面开展与完善均是为了实现2010年法律体系形成这一基本目标。“基于确保如期形成中国特色社会主义法律体系的考虑，从2008年开始，全国人大法律委员会和全国人大常委会法制工作委员会牵头，其他专门委员会和工作机构以及国务院、中央军委、最高人民法院、最高人民检察院等机构，按照各自的清理范围和任务分工，对职责范围涉及的法律全面进行梳理分析，查找存在的问题，提出了近2000条清理意见和建议。全国人大法律委、法工委对这些意见和建议进行了汇总、整理和分类，并在广泛听取意见、反复研究论证的基础上，区分不同情况，提出了分类处理的建议：一是废止部分法律，二是用一揽子‘打包’方式修改一批法律规定，三是要求国务院和有关方面尽快制定现行法律的配套法规。”②2011年3月10日，全国人民代表大会常务委员会委员长吴邦国同志向十一届

① 胡锦涛在党的十七大上所作报告。

② 中国青年报，http://zqb.cyol.com/content/2010-03/10/content_3124526.htm，访问时间2015年3月25日。

全国人民代表大会四次会议作全国人大常委会工作报告时庄严宣布，“一个立足中国国情和实际、适应改革开放和社会主义现代化建设需要、集中体现党和人民意志的，以宪法为统帅，以宪法相关法、民法商法等多个法律部门的法律为主干，由法律、行政法规、地方性法规与自治条例、单行条例等三个层次的法律规范构成的中国特色社会主义法律体系已经形成。”

四、司法层面：经济类案件的不断增长

制度层面上，与立法成果的丰硕相对应的是，司法层面关于经济类的案件亦逐年增多。随着社会主义市场经济的深入发展，一方面，平等民事主体在从事经济活动的过程中产生的纠纷越来越多；另一方面，部分市场主体为经济利益所驱使，以身试法而触犯相关的经济法律法规，不得不面临行政处罚甚至刑事处罚。因此，法治为经济服务的另一个表现便开始凸显，即通过司法来调整经济活动中偏离既定轨道的行为，利用各方主体之间利益关系平衡来确保社会经济秩序的稳定，对于违背市场经济原则和市场经济法律法规的行为坚决予以制止，并对相关人员进行惩罚。

自 1977 年至今，人民法院以保障社会公正为己任，坚持为大局服务，取得了有目共睹的成就。“全国法院共审(执)结各类案件 1.72 亿余件，占新中国成立以来审(执)结案件总数的 86.00%。其中，刑事案件 2070 万余件；民事案件 10147 万余件；1987 年开始试点建立行政审判庭以来，共审结行政案件 184 万余件；1994 年颁布《中华人民共和国国家赔偿法》(以下简称《国家赔偿法》)以来，共审结国家赔偿案件 2.7 万余件；1983 年开始实行审执分立机制以来，共依法办理执行案件 3821 万余件；1988 年以来，共审结申诉、申请再审案件 229 万余件；1983 年以来，共办理减刑、假释案件 751 万余件。”①

而历年审结的案件中，涉及经济的案件不在少数。首先，就刑

① 最高人民法院网：《数说人民法院审判工作 60 年》，http：//www.court.gov.cn/fabu-xiangqing-119.html。

事案件来看，改革开放初期，由于政治层面上的思想政治工作和防护措施未能及时与经济体制改革相配套，贪污受贿以及盗窃或挪用国家和集体财产等严重危害国家、集体和他人财产的经济犯罪活动呈迅速上升趋势。经济领域的犯罪，直接造成了国家财产的损失，并严重阻碍了经济的平稳发展，且公务员队伍因此而遭受侵蚀，一部分干部未能以身作则，党和国家的声誉遭受严重的破坏。在党的十二大上，邓小平同志强调，要抓紧“打击经济领域和其他领域破坏社会主义的犯罪活动”。按照党中央、全国人大常委会的有关决定，全国各级人民法院针对经济犯罪，迅速展开了专项审判活动，也取得了令人惊叹的成就。1982 年 1 月到 9 月期间，依法严惩经济犯 2.6 万余人；但 1982 年到 1985 年年底，各类经济犯罪案件以及相关罪犯的数量便急剧上升，全国各级人民法院累计共审结 18.3 万余件案子，判处 22.4 万多名罪犯。

其次，就民事案件而言，经济类案件也占据了极大比例，且随着经济的发展而呈现出不同的态势。“1979 年至 1999 年全国法院共审结民事案件 5308.07 万件，年均 252.77 万件。其中经济纠纷案件 1315.91 万件，年均 77.41 万件。随着社会主义市场经济体制的建立和完善，经济审判快速发展，新的案件类型不断涌现。1986 年开始对知识产权案件进行统计，当年共审结知识产权案件 85 件，1999 年知识产权案件 1098 件，到了 2008 年已达到 22308 件。1988 年增加对交通运输经济案件的统计，到 1992 年不再单独对其统计止共审结 17799 件。1992 年增加对海事海商案件的详细统计，到 2002 年将其归入大民事止共审结 37347 件。”①

总之，“文化大革命”结束后，国家经济形势迫切要求改革开放，经济工作开始成为党和国家的工作重心，社会经济关系也随之相应变化，从而酿造诸多经济纠纷。在此背景下，人民法院的经济审判必定根据需要而产生，1979 年 7 月 1 日，五届全国人大二次会议通过的《人民法院组织法》明确规定：最高人民法院、高级人

① 最高人民法院网：《数说人民法院审判工作 60 年》，http://www.court.gov.cn/fabu-xiangqing-119.html。

民法院、省辖市和省、自治区辖市的中级人民法院设立经济审判庭。经济案件开始成为独立的一种类型，甚至司法统计也依此进行革新，从1983年开始，经济案件单独进行统计，不再与一般民事案件相混同，直到2001年“大民事”整合结束。司法层面对经济类案件的重视，也确实为保障国家经济健康有序发展以及推进全社会的反腐败斗争发挥了巨大作用。

五、法治发展的总体表现

服务经济的法治发展过程实则是中国特色社会主义法律体系的发展过程，它以1978年十一届三中全会为契机，跟随改革开放的浪潮而实现了自我的升华。毋庸置疑，这一时期的法治发展迅速，从“无法无天”的混乱状态而转变为以宪法为核心的科学法律体系状态，无论是思想意识层面，抑或制度、实践层面都获得了质的飞跃。中国开始步入一个法制社会，从国家决策的大事到民间纠纷的小事都有对应的法律法规进行调整，立法机构根据实际需要而制定新法律或完善旧法律，执法机构则严格依照相关实体及程序法而履行自身的职责，司法机构秉持公正独立予以判断，社会各个层面逐步被纳入法律体系管辖的范围中，既反映着中国专制意识式微，也体现着法制意识的变迁与法治观念的凸显。而就该时期法治发展的总体表现而言，其主要体现在五个方面。

(一)法治思想占据意识形态主流

从人治到法治的转型，必须从根本思想上扭转原先的错误意识，即改变国民深层次潜意识中的个人崇拜因子而代之以法治思想，面对无序与规则而毅然选择后者。十一届三中全会后，解放思想运动得以大力推广，法治思想逐步占据意识形态主流。

十一届三中全会期间，邓小平提出了“发展社会主义民主，健全社会主义法制”的思想，他认为：“为了保障人民民主，必须加强法制。必须使民主制度化、法律化，使这种制度和法律不因领导人的改变而改变，不因领导人的看法和注意力的改变而改变。现在的问题是法律很不完备，很多法律还没有制定出来。往往把领导人说的话当作‘法’，不赞成领导人说的话就叫做‘违法’，领导人的话改变了，‘法’也就跟着改变。所以应该集中力量制定刑法、民法、诉讼法和其它各种必要的法律……经过一定的民主程序讨论通过，并且加强检察机关和司法机关，做到有法可依、有法必依、执法必严、违法必究。……总之，有比没有好，快搞比慢搞好。”①他同时指出，建国后相当长一段时间缺乏民主，其根本原因就是法律在监督制约上的失位，国家领导人在部分场合的意见具备了指令的效力，法随着领导人的意志变化而变化。“我们过去发生的各种错误，固然与某些领导人的思想、作风有关，但是组织制度、工作制度方面的问题更重要，这些方面的制度好可以使坏人无法任意横行，制度不好可以使好人无法充分做好事，甚至会走向反面。即使像毛泽东同志这样伟大的人物，也受到一些不好的制度的严重影响，以至对党对国家对他个人都造成了很大的不幸。……斯大林严重破坏社会主义法制，毛泽东就讲过，这样的事件在英、法、美这样的西方国家不可能发生。他虽然认识到这一点，但是由于没有在实际上解决领导制度问题以及其它一些原因，仍然导致了‘文化大革命’的十年浩劫，这个教训是极其深刻的。不是说个人没有责任，而是说领导制度、组织制度问题带有根本性、全局性、稳定性和长期性。这种制度问题，关系到党和国家是否改变颜色，必须引起全党的高度重视。”②

这一时期法律思想实现了工具论与目的论相统一，即“不仅体现在国家继承和发展了建国早期无产阶级工具论的法律观，使法律真正发挥了它在实现人民民主和促进社会发展等方面的工具作用，更体现在国家把法律当作实现社会主义现代化的目标来看待，从而使社会主义的法律兼具工具论和目的论相统一的特性，尤其是目的论的法律观，更体现了社会主义法治思想的高度。在法律思想方面法制和法治是合二为一的：前者重视的是法律的制度性建设和手段

① 邓小平：《邓小平文选》第二卷，人民出版社 1994 年版，第 146~147 页。

② 邓小平：《邓小平文选》第二卷，人民出版社 1994 年版，第 333 页。

性价值功能，后者倾向的是法律的观念性建设和目标性价值功能”①。

随着改革开放的进一步深入，法治主义的法理念以及“法律至上”的法治原则开始成为意识形态中较为鲜明的一部分。所谓法理念，即人们对法的认识与看法，什么是法，其本质与特征又是什么。人民在思想解放过程中认真考虑“法”，将这一曾经被抛弃的概念重新放回自身的意识之中，深刻反省无法的后果以及有法的益处。前后明显的对比使得法理念在人民心中沉淀，从而形成相对稳定的法治印象，即法是社会所必要的，它是社会秩序保持稳定与人民自身权益得以保证的根本保障。而“法律至上”原则则是建立在法理念基础之上的，人民在认识到法的作用之后，自然偏向于用这统一的标准来抹平人与人之间社会地位、财富等方面的差距，追求在法律面前人人平等，将法律作为至上的规则。由此一来，各项特权在法律面前将不复存在，“越是高级干部子弟，越是高级干部、越是名人，他们的违法事件越要抓紧查处，因为这些人影响大，犯罪危害大”②，而领导人的指示、上级机关的命令等均属于更低的效力位阶。

（二）立法数量与质量稳步提高

法治思想在制度层面的映射便是立法数量与质量的稳步提高，一元化多层次的立法体制，立法程序日臻完善，立法技术日趋成熟，法律体系初具规模。十一届三中全会以后，我国法制建设的立法成就有目共睹，到1997年年底，全国人大及其常委会制定、修改法律和作出有关法律问题的决定328个（其中制定法律约160多部，修改和作出补充法律的决定约70个，作出有关法律问题的决定89个）。国务院制定的行政法规770个，地方人大及其常委会制定地方性法规5200多个。

除宪法之外，这一时期的立法主要集中在七个方面。第一，有

① 刘常春：《新中国法制建设的历程》，华东师范大学硕士学位论文，2002年。

② 邓小平：《邓小平文选》第二卷，人民出版社1994年版，第152页。

关国家制度建设及国家组织机构的法律，主要包括《选举法》、《全国人大组织法》、《国务院组织法》、《人民法院组织法》、《民族区域自治法》、《代表法》、《人民警察法》、《香港澳门特别行政区基本法》等。第二，对外开放方面，主要有《中外合资经营企业所得税法》、《中外合作经营企业法》、《涉外经济合同法》、《外资企业法》、《进出口商品检验法》、《邻海及毗邻区法》等。第三，民商事领域，有《民法通则》、《民事诉讼法》、《婚姻法》、《继承法》、《经济合同法》、《海商法》、《收养法》等。第四，刑事与社会治安领域，包括《刑法》、《刑事诉讼法》、《治安管理处罚条例》、《居民身份证条例》、《保密法》、《国家安全法》、《监狱法》、《逮捕拘留条例》。第五，军事方面，主要有《兵役法》、《人民防空法》、《香港驻军法》、《预备役军官法》、《现役军官服役条例》、《军事设施保护法》、《国防法》等。第六，有关行政行为和公民基本权利保护方面的法律，如《行政处罚法》、《国家赔偿法》、《行政诉讼法》、《妇女权益保障法》、《义务教育法》、《母婴保健法》、《未成年人保护法》、《集会游行示威法》、《律师法》等。第七，行政管理性法律，主要包括《商标法》、《专利法》、《会计法》、《审计法》、《计量法》、《注册会计师法》、《森林法》、《破产法》(试行)、《航空法》、《水土保持法》、《测绘法》、《电力法》、《煤炭法》、《环境保护法》、《土地管理法》、《邮政法》、《体育法》、《城市规划法》、《城市房地产管理法》等诸多法律。这一方面的法律是制定量最多的，主要是方便国家对经济、文化建设和社会事业管理，毕竟改革开放后社会关系渐趋复杂化，诸多领域需要法律重新进行调整与分配。

(三)司法制度的健全与完善

这一时期法治发展的较大亮点便是“文化大革命”期间被砸烂的司法制度，司法机关在瘫痪中迎来了重生的契机，包括人民法院、人民检察院以及公安系统在内的司法机关重新步入正轨，司法制度得以健全和完善。

1979年，《人民法院组织法》和《人民检察院组织法》得以重新制定，为司法机关在新时期的法制化拉开了序幕也奠定了基石。根据组织法的相关规定，我国开始着手重建司法系统，根据不同级别与管辖范围而设立了四级普通法院、检察院系统和专门法院、检察院系统。经历数年的发展，1986 年底全国共有高级人民法院 29 个，中级人民法院 337 个，而基层人民法院的数量则达到了 2907 个，人民法庭则有 14000 个。此外，专门法院有 132 个，各级检察院则共有 3491 个。伴随司法机关的恢复，各种实体法与程序法也相继颁布，如 1979 年的《刑法》与《刑事诉讼法》，1982 年的《民事诉讼法(试行)》，1986 年的《民法通则》，1989 年的《行政诉讼法》，这些法律为司法制度的正规化发挥了重要作用。

1995 年 2 月，司法机关迎来了新一轮的发展契机，《法官法》与《检察官法》在第八届全国人大常委会第 12 次会议顺利通过，这意味着我国司法制度开始现代化、正规化。《法官法》、《检察官法》对法官、检察官的职责，履行职责的义务和权利，担任法官、检察官的条件和任免，法官、检察官的回避，等级制度，法官、检察官的考核、培训、奖惩，法官、检察官的保障等以及法官、检察官考评委员会等作了规定。“它对法官、检察官建立起一套规范化制度，对提高法官、检察官的素质和专业水平，推动司法职业化的形成，保障法官、检察官依法行使职权，起到重要作用。从 1979 年到 1997 年，全国的法院工作人员发展到 29.2 万人，全国的检察人员已有 21.5 万多人。”①

与此相对应的是法院受理案件的持续上升，如根据《人民法院工作年度报告(2010)》：“2010 年，最高人民法院受理案件 12086 件，同比下降 6.99%；审结 10626 件，同比下降 9.56%；审限内结案率为 98.31%。地方各级人民法院受理案件 11700263 件，同比上升 2.82%；审执结 10999420 件，同比上升 4.31%；审限内结案率为 98.51%；结案标的金额 15053.43 亿元；截至 2010 年年底，尚

① 蔡定剑:《中国法制建设五十年回顾》，载《人民检察》1999 年第 10 期。

有各类未结案件 700843 件，同比下降 15.98%。”①

（四）政府法制建设全面推进

政府法制建设是国家法制建设的重要组成部分，在一定程度上影响着国家法制建设的走向以及实施力度，它是政府内部的法治象征，既代表着政府的法制化，也与外部的司法机关进行协作对接，从而实现法制在行政机关与司法机关的双重正规化。

1979 年 9 月，第五届全国人大常委会第十一次会议召开，会上决定重建司法部。同年 10 月，中共中央和国务院发布了《关于迅速建立地方司法行政机构的通知》，在强调地方各级司法行政机构作用的同时也明确了其权责。因此，1980 年底，全国范围内的司法行政机构系统得以全部建立；1996 年底，司法行政干警共有 57 万多人，专职司法助理员近 5.6 万人，基层法律服务所更是达到了 3.5 万多家。

律师制度与公证制度也得到蓬勃发展。根据现实需要，司法部自 1986 年起开始举办全国律师资格考试，从源头上控制律师的数量及质量。1993 年开始了律师制度的改革，律师机构的角色从“国家工作人员”向“社会法律工作者”转变。律所及律师的数量开始迅速发展，2004 年全国共有 11823 家律所，145196 位律师；2006 年律所则有 13096 家，律师则增加到 164516 位；2009 年，全国律所共有 15888 家，律师则由 173327 人。可见，律师的市场需求日益扩大，人民倾向于由律师的协助来处理社会纠纷。公证工作的改革也同步进行，由现行的行政机关向事业单位转变，1996 年，全国公证处发展到 3167 个，公证人员则有 1.7 万人，各种公证事件也逐年攀升。此外，法律援助制度、劳改劳教工作、乡镇法律服务事业、人民调解工作及国际私法协助工作都取得了较为突出的发展。

（五）法学教育盛况空前

法治的发展需要法学人才的推动，而法学人才则源于法学教

① 《人民法院工作年度报告（2010 年）》，http：//www.court.gov.cn/qwfb/sfsj/201105/t20110525_ 100996.htm，访问时间：2015 年 3 月 25 日。

育。十一届三中全会为我国历史发展的新的时期拉开了序幕，法学教育也因此迎来了全新的发展契机，法学作为一门学科也开始在社会科学领域重新获得重视。截至 1995 年，全国共有 150 多个法学院(系)，分别设置了 232 个法律专业；而自法学教育 1978 年恢复以来至 1997 年，全国共培养了法学本专科毕业生约 20 万人。2002 年初，已有 170 多所高校设立法学专业，本科生已超过 8 万人，博士生达 700 人，硕士生则有千余人，每年还招收法律硕士学位研究生数千人。

法学教育的发展带动了法学研究的进步，文革前的法学研究机构在改革开放后的两年内基本得到恢复，新建的研究机构也如雨后春笋般出现。到 1998 年，中国法学会扩散至全国，各省级单位也都建立了相应的法学会，全国会员超过 10 万人，并建立了 16 个学科、专业和专门研究会。

第五章　“法治”建设新篇章

伴随着2010年中国特色社会主义法律体系的初步形成，中国“法治”的建设进入了新的篇章。突出表现在两个方面：一方面，十八大以来各项改革措施稳步推进，法治建设取得了许多新成就。包括劳动教养制度的废止、司法体制改革的进一步深化、涉法涉诉信访工作改革等各个方面。另一方面，十八届四中全会审议通过的《中共中央关于全面推进依法治国若干重大问题的决定》提出了建设社会主义法治体系、建设社会主义法治国家的总目标，描绘了“全面推进依法治国”的战略蓝图，标志着党的治国理念开始由“形式法治”向“实质法治”迈进。

一、新时期法治建设的发展

新时期，法治建设的发展突出反映在党的十八大以及党的两次中央全会的精神之中。2012年11月8日中国共产党第十八次全国代表大会在北京召开，胡锦涛总书记在十八大报告中强调要全面推进依法治国，加快建设社会主义法治国家，对“依法治国”在“空间”和“时间”方面提出了新的要求。2013年11月，中国共产党第十八届中央委员会第三次全体会议在北京召开。这次会议以“全面深化改革”为主题，审议通过了《中共中央关于全面深化改革若干重大问题的决定》。改革的内容涵盖了经济体制、财税体制、社会事业以及司法体制等各个方面。正如习近平总书记所强调的，“凡属重大改革都要于法有据”，全面深化改革离不开法治的护航。在此背景下，2014年10月，中国共产党第十八届中央委员会第四次全体会议审议通过了《中共中央关于全面推进依法治国若干重大问题的决定》。作为改革开放以来中国共产党第一次以“依法治国”为主题的中央全会，党的十八届四中全会提出了180余项法治领域的改革措施，完整描绘了全面推进依法治国的战略蓝图，对中国法治的建设具有十分重大的意义。

概括新时期法治建设的发展，改革背景下的法治无疑是一个很贴切的描述。正如习近平总书记在关于《中共中央关于全面推进依法治国若干重大问题的决定》的说明里强调的："决定的起草要体现全面建成小康社会、全面深化改革、全面推进依法治国这'三个全面'的逻辑联系。"①党的十八大提出全面建成小康社会、十八届三中全会提出全面深化改革、十八届四中全会提出全面推进依法治国，这"三个全面"是辩证统一的。全面建成小康社会是目标，全面深化改革是为进一步解放发展生产力提供动力，全面推进依法治国则为前两者提供法治保障。

新时期的法治建设是以全面建成小康社会为目标，改革背景下的法治。改革强调规则的改变和国家治理方式的改变，这固然可能在一定程度上对法治产生冲击。但改革对于法治也存在积极的正面效应：第一，依据法定的程序，可以通过改革完善现行法律体系，或废除某些不恰当的法律规范，通过改善法律规则而提升法治的品质。第二，在改革过程中对政治关系、经济关系、社会关系的调整，可以优化法治的环境。法治建设，既依赖于法律规则、法律文本的改善，也离不开高品质的政治文明和经济发展水平的支撑。②改革背景下的法治是中国法治建设的新发展。因此，新时期法治建设的一个核心任务即是处理好法治与改革之间的关系。

二、新时期法治建设的总体特点

新时期中国的法治建设既承继了法治发展的一贯传统又呈现出不同于以往的特点，总的来说可以概括为四个方面。

---

① 习近平：《关于〈中共中央关于全面推进依法治国若干重大问题的决定〉的说明》，载《人民日报》2014年10月29日第2版。

② 喻中：《改革中的法治与法治下的改革》，载《北京日报》2014年6月30日第21版。

首先，法治与德治的关系进一步明确。长期以来，法治与德治之间的关系一直是困扰我国法治建设的难题。我们党高度重视法治建设，但这绝不意味着我们要抛弃德治。纵观历史，法治与德治在国家治理中都起着不可替代的作用。以唐代为例，唐太宗认为：“为国之道，必须辅之以仁义，示之以威信。”其中“抚之以仁义”，就是要发挥道德教化的作用，而“示之以威信”则是发挥法律的制约作用，二者不可割裂，互为补充。在这一思想的指导下，《永徽律疏》也在序言中强调：“德礼为政教之本，刑罚为政教之用。”正是这种德治和法治相结合的治国之道，使得唐代成为中国封建社会发展的鼎盛时期。

法治与德治对于国家治理而言，犹如鸟之两翼，车之两轴，相辅相成。党的十八届四中全会强调，建设社会主义法治体系、建设社会主义法治国家要坚持依法治国和以德治国相结合，国家和社会治理离不开法律和道德的共同作用。新时期的法治建设以此为指导，一手抓法治，一手抓德治，既重视发挥法律的规范作用，又重视发挥德治的道德教化作用。这成为新时期法治建设的一大特点。

其次，法治建设注重与改革的协调。如前所述，不同于以往的法治建设，新时期的法治建设是在全面深化改革的背景下进行的，如何协调法治与改革的关系是我们在新时期进行法治建设时应当考虑的重点。以法治思维和法治方式推进改革，在法治的轨道上进行改革是我们党处理法治与改革之间关系的方法。对实践证明行之有效的改革举措，立法机关及时上升为法律；实践条件还不成熟、需要先行先试的，按法定程序作出授权；对不适应改革要求的法律法规，及时修改和废止。①

习近平总书记在中央全面深化改革领导小组第六次会议中也强调，党的十八届四中全会通过了全面推进依法治国的决定，与党的十八届三中全会通过的全面深化改革的决定形成了姊妹篇。全面深

① 光明日报编辑部：《伟大的开篇：从三中全会到四中全会》，载《光明日报》2014年12月2日第1版。

化改革需要法治保障，全面推进依法治国也需要深化改革。① 在这一精神的指导下，法治建设与改革的协调和并进成为新时期法治建设的又一特点。

再次，法治建设重视公民法治信仰的树立。亚里士多德认为法治包含两重含义：已经成立的法律获得普遍的服从，而大家所服从的法律又应该本身是制定良好的法律。② 这一对法治的经典定义强调了对法律的遵守和服从。至伯尔曼先生提出：“法律必须被信仰，否则它将形同虚设。”在遵守和服从之外，对法律我们还要发自内心的拥护和信仰。

在新时期，法治建设被提到了前所未有的高度，也更加重视公民法治信仰的树立。党的十八届四中全会提出：“法律的权威源自人民的内心拥护和真诚信仰。人民权益要靠法律保障，法律权威要靠人民维护。”在法治理念上，强调树立全民的法治信仰，是新时期法治建设的一大进步。与20世纪80年代提高全民法律意识以及党的十八大提出“全民守法”相比，实现了根本性飞跃。

最后，法治建设与一定的经济发展水平相适应。马克思主义法学认为经济基础决定上层建筑。而作为上层建筑的一部分，法律的产生、发展变化和消亡都是由一定的经济基础决定的。在任何时候法治的建设都必须与当时的经济发展水平相适应。如党的十八届三中全会强调要发挥市场在资源配置中的决定性作用。与此相适应，2013年12月修改的《中华人民共和国公司法》取消了公司注册资本最低限额的规定，在制度层面保证了市场的活跃以及充分发挥市场在资源配置中的作用。再比如在深化财税体制改革的大背景下，2014年8月历经十年，四易其稿的《中华人民共和国预算法》修改终于完成。新预算法规定政府收支全部纳入预算以及对地方债券发行有限开口等无一不是与当前的经济条件相适应的。

---

① 赵杰：《全面推进依法治国的纲领性文件》，载《学习月刊》2014年第23期。

② 亚里士多德著，吴寿彭译：《政治学》，商务印书馆1965年版，第199页。

第一节 中国法治建设新成就

新时期特别是党的十八大以来，依法治国的方略被提到了新的高度，中国的法治建设取得了一系列新的成就。在这一时期，全面推进依法治国进入了新阶段，公民的法治信仰进一步树立，中国特色社会主义法律体系进一步完善，法治领域的各项改革措施稳步推进。

一、全面推进依法治国的新阶段

1997年9月，党的十五大报告正式提出：“依法治国，是党领导人民治理国家的基本方略，是发展社会主义市场经济的客观需要，是社会文明进步的重要标志，是国家长治久安的重要保障。”自此，依法治国作为党领导人民治理国家的基本方略被正式确定下来。至2014年10月，党的十八届四中全会以“依法治国”为主题，对全面推进依法治国作出了重大部署，全面推进依法治国进入了新的阶段。相比于之前，此次提出的“依法治国”首先强调的是全面推进，具有全面性。马怀德教授认为，全面性是指在以往依法治国的基础上，建设中国特色社会主义法治体系、建设社会主义法治国家，事实上要在立法、司法、执法、守法等各个环节都全方位地推动法治。① 具体来看，全面推进依法治国的新阶段“新”在以下几个方面。

第一，全面推进依法治国成为“四个全面”战略布局的重要组成部分。“四个全面”的战略布局即指全面建成小康社会、全面深化改革、全面依法治国和全面从严治党。党的十八大特别是党的十八届三中全会和四中全会以来，党对法治重要性的认识进一步提高，全面推进依法治国成为与全面建成小康社会、全面深化改革等相并列的战略布局。习近平总书记在论述四者之间的关系时指出：

---

① 马怀德：《升级版依法治国是时代的选择》，载人民论坛网2015年8月3日访问。

"全面建成小康社会是我们的战略目标，全面深化改革、全面依法治国、全面从严治党是三大战略举措。要把全面依法治国放在'四个全面'的战略布局中来把握，深刻认识全面依法治国同其他三个'全面'的关系，努力做到"四个全面"相辅相成、相互促进、相得益彰。"

第二，全面推进依法治国的新阶段突出强调依宪治国。宪法是国家的根本大法，是一国法律体系的核心，在整个法律体系中具有最高的法律地位。《中共中央关于全面推进依法治国若干重大问题的决定》明确指出："坚持依法治国首先要坚持依宪治国，坚持依法执政首先要坚持依宪执政。"在全面推进依法治国的新阶段，党和国家更加强调宪法在国家治理中的核心地位，强调宪法权威的树立。据此，《中共中央关于全面推进依法治国若干重大问题的决定》还提出了一系列新的措施来保障宪法权威的树立。包括：完善全国人大及其常委会宪法监督制度，健全宪法解释程序机制；加强备案审查制度和能力建设，依法撤销和纠正违宪违法的规范性文件；将每年12月4日定为国家宪法日；在全社会普遍开展宪法教育，弘扬宪法精神；建立宪法宣誓制度，凡经人大及其常委会选举或者决定任命的国家工作人员正式就职时公开向宪法宣誓。

第三，全面推进依法治国坚持法治国家、法治政府、法治社会的一体建设。党的十八届三中全会审议通过的《中共中央关于全面深化改革若干重大问题的决定》提出："必须坚持依法治国、依法执政、依法行政共同推进，坚持法治国家、法治政府、法治社会一体建设。"在全面推进依法治国的新阶段，推进国家治理体系和治理能力的现代化离不开法治国家、法治政府、法治社会的一体建设。

一体建设要求在三个领域(国家、政府、社会)的法治建设，应当统筹规划、整体推进、协调发展，以最合理的法制资源投入，产生最大的法治建设成效。① 在全面推进依法治国方略指导下的法

① 莫于川：《坚持依宪治国与推进法制一体化建设》，载《中国特色社会主义研究》2014年第6期。

治一体建设是全面推进依法治国新阶段的一个突出特点，具有重大的制度建设和理论发展意义。

二、公民法治信仰与法治思维的树立

马克斯·韦伯曾断言：“任何一项事业背后，必须存在着一种无形的精神力量。”而建设社会主义法治体系、建设社会主义法治国家的事业，离不开公民法治信仰与法治思维的树立。在中国，由于历史传统的影响，公民的法律意识较为淡薄，法律实施的效果差强人意。党的十八届四中全会提出：“法律的权威源自人民的内心拥护和真诚信仰。人民权益要靠法律保障，法律权威要靠人民维护。”这一说法体现了树立公民法治信仰与法治思维的重大意义，它是树立法律权威，实现法治现代化的必要条件。

事实上，改革开放特别是党的十八大以来，公民的法治观念已经得到了显著的提高。法治精神开始渗透到国家和社会生活的各个方面，公民对法律的认同感增强并开始通过法律途径、法律方式来表达利益诉求、化解矛盾纠纷。来自中央政法委的统计数据显示，2013 年，各地政法机关登记涉法涉诉信访上升 38.5%，涉法涉诉信访事项受理率、立案率有了明显提高，涉法涉诉信访群众到党政信访部门上访数量明显减少。① 上访群众的路径选择折射出民众法律意识的变化，在自身利益受到侵犯时，法律成为维护公民权利的手段，而不是一味去党政信访部门。

三、中国特色社会主义法律体系的完善

法治的基本涵义是“良法善治”，“良法”是实现法治的基本前提。尽管在 2010 年，中国特色社会主义法律体系已经如期形成，但完善这一法律体系依然任重道远。正如习近平总书记所说：“实践发展永无止境，立法工作也永无止境，完善中国特色社会主义法

① 彭波：《营造法治新常态——党的十八大以来我国法治建设新成就综述》，载《人民日报》2014 年 10 月 15 日第 13 版。

律体系任务依然很重。"①在法治建设的新时期，以科学立法为指导方针，以提高立法质量为目标，中国特色社会主义法律体系得到了进一步完善。2014年10月，党的十八届四中全会强调要完善立法体制并提出了五个方面的改革措施。包括发挥人大及其常委会在立法中的主导作用、明确立法权力边界、完善立法协调沟通机制、建立立法第三方评估机制、加强法律解释工作。

在这些改革措施的指导下，《中华人民共和国公司法》《中华人民共和国预算法》《中华人民共和国行政诉讼法》等重要法律先后得到修改和完善。以《行政诉讼法》为例，虽然1989年《行政诉讼法》已经颁布并于1990年正式实施，但在行政诉讼过程中，"立案难"、"审理难"、"执行难"的问题依然广泛存在。2014年11月，第十二届全国人民代表大会常务委员会第十一次会议通过了《关于修改〈中华人民共和国行政诉讼法〉的决定》。此次修改针对行政诉讼三大难的问题，提出了扩大行政诉讼受案范围、可跨行政区域管辖行政案件、行政机关不执行可拘留直接负责的主管人员和其他直接责任人员等措施。在一定程度上解决了行政诉讼"立案难"、"审理难"和"执行难"的问题。"立善法于天下，则天下治；立善法于一国，则一国治"。我们有理由相信社会主义法律体系的完善必将进一步推动中国法治的建设。

四、法治领域的各项改革措施稳步推进

十八大以来，在党的领导下，在法治领域推行了多项改革措施，取得了可喜的成就。根据改革措施的实施成果，其中有些改革措施已经通过法律的形式固定下来，取得了良好的社会成效。以下进行简要梳理。

1. 劳动教养制度的废止

劳动教养制度在中国最初是为了镇压反革命而设计的。1955年8月，中共中央下发的《关于彻底肃清暗藏反革命分子的指示》

① 习近平：《关于〈中共中央关于全面推进依法治国若干重大问题的决定〉的说明》，载《人民日报》2014年10月29日第2版。

中规定：“清查出来的反革命分子和其他坏分子……不够判刑、而政治上又不适用于继续留用，放到社会上又增加失业的，则进行劳动教养，就是虽不判刑，虽不完全失去自由，但亦应集中起来，替国家做工，由国家发给一定的工资。”这被认为是我们国家出台的第一份有关“劳动教养”的红头文件。1957 年 8 月，经第一届全国人大常委会第七十八次会议批准，国务院出台《关于劳动教养问题的决定》，第一次以行政法规的形式确立了劳动教养制度。该规定对劳动教养的对象进行了详细的界定，同时也标志着劳动教养制度在中国的确立。文革期间，“公检法”被砸烂，劳动教养制度曾一度停止实施。直至 1982 年 1 月 21 日公安部颁布《劳动教养试行办法》，劳动教养制度在中断 10 年后重新得以启用。

劳教制度在中国施行 50 多年来，固然在维护社会治安秩序、预防和减少犯罪等方面发挥过一定作用。但随着社会发展和时代变迁，劳教制度违背法治理念、缺乏法理基础、损害公平正义的弊端，也显示得越来越清晰。根据《中华人民共和国宪法》第三十七条之规定，剥夺或限制公民人身自由应该经人民检察院批准或者决定或者人民法院决定，并由公安机关执行。而劳动教养不经正当的司法程序，凭借公安机关或党政部门设立的劳动教养委员会审查决定，就可以限制公民人身自由 1 到 3 年不等，甚至可以延期为 4 年，这明显与现行宪法的规定相抵触。①

在此背景下，2013 年 11 月，党的十八届三中全会通过的《中共中央关于全面深化改革若干重大问题的决定》指出：废止劳动教养制度，完善对违法犯罪行为的惩治和矫正法律，健全社区矫正制度。接着，2013 年 12 月，第十二届全国人大常委会第六次会议表决通过了《关于废止有关劳动教养法律规定的决定》。这一决定的通过标志着在中国施行了 50 多年的劳动教养制度被正式废止。

2. 司法体制改革的进一步深化

司法制度是一个国家的重要政治制度。一个国家实行什么样的

---

① 于建嵘：《中国劳动教养制度改革路向》，载《战略与管理》2009 年第 5、6 期合编本。

司法制度，归根结底是由这个国家的国情决定的，评价一个国家的司法制度的好坏关键看是否符合国情、能否解决本国实际问题。① 中国现行的司法体制虽然在总体上适应我国国情和发展要求，但依然存在一些突出的问题。早在2002年，最高人民法院院长肖扬就曾将中国司法体制中存在的问题概括为“司法权力地方化，审判活动行政化，法官职业大众化”。针对这些问题，从党的十六大提出“推进司法体制改革”到十七大提出“深化司法体制改革”，司法体制改革已经进行了两轮。回顾前两轮改革，虽然取得了一定的阶段性成果，但改革的路径主要是由“两高”自主启动，在顶层设计上缺乏系统性、整体性和协同性。在改革力度层面也存在“问题导向”不足的问题。

在新时期，党的十八大提出进一步深化司法体制改革，确保审判机关、检察机关依法独立公正行使审判权、检察权。之后，党的十八届三中全会和四中全会相继对司法体制改革作出深入且全面的部署。不同于前两轮的司法体制改革，此次改革由中央统一部署，更加注重顶层设计以及“问题导向”。针对现行司法体制存在的问题，中央全面深化改革领导小组第三次会议审议通过的《关于司法体制改革试点若干问题的框架意见》提出了七大政策导向：一是对法官、检察官实行有别于普通公务员的管理制度；二是建立法官、检察官员额制，把高素质人才充实到办案一线；三是完善法官、检察官选任条件和程序，坚持党管干部原则，尊重司法规律，确保队伍政治素质和专业能力；四是完善办案责任制，加大司法公开力度，强化监督制约机制；五是健全与法官、检察官司法责任相适应的职业保障制度；六是推动省以下地方法院、检察院人财物统一管理；七是完善人民警察警官、警员、警务技术人员分类管理制度。

在“外去司法地方化，内去司法行政化”的目标指引以及中央统一部署下，此次司法体制改革的六个试点省市结合本地实际明确了四项任务，包括完善司法责任制，完善司法人员分类管理，健全

① 改革热点面对面连载九：《让人民感受到公平正义——谈司法体制改革》，载《光明日报》2014年9月1日第2版。

司法人员职业保障以及推动省以下地方法院检察院人财物统一管理。我们有理由相信，此次突破既有司法体制框架的改革，是真正意义上的“体制改革”，有助于建设公正高效权威的社会主义司法制度。

3. 涉法涉诉信访工作改革

信访制度是一项我国特有的政治制度。在新中国成立之初，信访工作受到了党和国家领导人的高度重视，毛泽东在1951年“必须重视人民的通信”批示中指出：“要把这件事情看成是共产党和人民政府加强和人民联系的一种方法，不要采取掉以轻心置之不理的官僚主义态度。”①改革开放以来，信访制度的功能演变成为经济建设和改革开放服务，在开创中国特色社会主义事业方面作出了重要贡献。然而，值得指出的是，信访制度在其六十多年的发展过程中也暴露出了许多问题亟待解决。一方面，信访方式不规范及终结机制不完善。许多上访人员在信访部门结案后仍然继续来信来访，纠缠不休。另一方面，信访功能错位，影响国家司法机关的权威。信访制度的本质是为了弥补其他救济措施的不足而进行的一种制度设计，但在实践中，其甚至成了人民群众优于国家行政救济和司法救济而选择的一种救济方式。

针对这些问题，党的十八届三中全会指出要“改革信访工作制度，实行网上受理信访制度，健全及时就地解决群众合理诉求机制。把涉法涉诉信访纳入法治轨道解决，建立涉法涉诉信访依法终结制度”。在此精神指导下，2014年3月中共中央办公厅、国务院办公厅印发了《关于依法处理涉法涉诉信访问题的意见》。该意见强调要实行诉讼与信访分离制度，把涉及民商事、行政、刑事等诉讼权利救济的信访事项从普通信访体制中分离出来，由政法机关依法处理。建立涉法涉诉信访事项导入司法程序机制，各级政法机关及时审查涉法涉诉信访事项，符合法律规定的，依法转入相应法律程序办理；不符合法律规定的，作好解释说明工作。严格落实依法

① 中共中央文献研究室：《建国以来重要文献选编》第2册，中央文献出版社1992年版，第265页。

按程序办理制度，对已经进入法律程序处理的涉法涉诉信访问题，政法机关依法按程序在法定时限内公正办结。建立涉法涉诉信访依法终结制度，对经过中央或省级政法机关审核，认定涉法涉诉信访人员反映的问题已经得到公正处理，除有法律规定的情形外，依法不再启动复查程序。健全国家司法救助制度，对因遭受犯罪侵害或民事侵权，无法经过诉讼获得有效赔偿，造成当事人生活困难的，按规定及时给予司法救助。①

4. 反腐工作制度化，纳入法治的框架

党的十八届三中全会强调要健全反腐倡廉法规制度体系，完善惩治和预防腐败、防控廉政风险等方面的法律法规。习近平总书记还指出，不仅要完善反腐倡廉党内法规制度体系，而且要提高反腐败法律制度执行力，让法律制度刚性运行，加强对权力运行的制约和监督，把权力关进制度的笼子里，形成不敢腐的惩戒机制、不能腐的防范机制、不易腐的保障机制。

十八大以来，新一届中央领导集体掀起了反腐的大幕，至原中共中央政法委书记周永康被查，破除“刑不上常委”的潜规则而达到高潮。新一轮的反腐工作在全面推进依法治国的大背景下进行，将反腐纳入法治的框架，取得了突出的成就。从 2012 年 11 月党的十八大闭幕到 2014 年 10 月党的十八届四中全会的召开，两年时间内 50 余名副省(部)级以上官员因违法违纪遭到调查，其中包括 1 名正国级、2 名副国级、2 名十八届中央委员、5 名候补中央委员、1 名中央纪委委员。至党的十八届四中全会把完善党内法规体系纳入建设社会主义法治体系的范畴。我国反腐工作制度化的目标已经明确，反腐工作将逐步纳入法治的轨道。

第二节 党的十八届四中全会与中国的法治建设

党的十八届四中全会是改革开放以来，中国共产党第一次以

① 参见《中央司改办就依法处理涉法涉诉信访的意见答问》，中国法院网，2015 年 8 月 11 日访问。

“依法治国”为主题的中央全会。它完整描绘了“全面推进依法治国”的战略蓝图，是中国共产党在治国理念上的又一次飞跃。张文显教授将十八届四中全会的精髓概括为“新起点”、“总目标”、“总路线”三个关键词。其中新起点指以四中全会为标志，中国法治建设进入了新的历史阶段，站在了新的、更高的历史起点上。总目标指全面推进依法治国的总目标是建设社会主义法治体系、建设社会主义法治国家。总路线指坚定不移地走中国特色社会主义法治道路。① 这一概括凸显了十八届四中全会对中国法治建设的重大意义，它意味着“依法治国”在中国开始进入一个新的阶段。正如李树忠教授所说：“十八届四中全会是党治国理念的又一次转型，是中国共产党法治观的质变，它意味着在完成‘形式法治’的建设之后，中国共产党的治国理念开始向‘实质法治’迈进。”②这一说法有一定的借鉴意义，但要深刻理解十八届四中全会对中国法治建设的意义，还需从更深层次的角度来考虑。

一、党的十八届四中全会的召开背景

2012 年 11 月，党的十八大提出了全面建成小康社会的奋斗目标。为了实现这一奋斗目标，2013 年 11 月，党的十八届三中全会审议通过了《中共中央关于全面深化改革若干重大问题的决定》，对全面深化改革作出了顶层设计和战略部署。此次全面深化改革包含经济体制、财税体制、社会事业和司法体制等各个方面。改革的推进离不开法治的护航。一方面，法治为改革的有序展开提供了程序性的规范。任何改革措施的出台，都要依照法定的程序。另一方面，法治为改革提供了合法性的基础。对于改革来说，法治提供的合法性基础及正当性依据，是改革有效推进的重要资源。没有合法性的改革，很难取得实效。最后，法治还可以把改革的成果巩固下

① 张文显：《全面推进依法治国的伟大纲领——对十八届四中全会精神的认知与解读》，载《法治与社会发展》2015 年第 1 期。

② 李树忠：《迈向实质法治——历史进程中的十八届四中全会》，载《当代法学》2015 年第 1 期。

来。把改革的成果写在法典上，是巩固改革成果的最好方式。①

概括来说，党的十八届四中全会的召开背景即是全面建成小康社会的需要以及全面深化改革的需要。2014 年 10 月党的十八届四中全会在北京召开并审议通过了《中共中央关于全面推进依法治国若干重大问题的决定》。这一决定明确了建设社会主义法治体系、建设社会主义法治国家的目标，对全面推进依法治国作出了重大部署。全面建成小康社会是目标，全面深化改革是为进一步解放发展生产力提供动力，而全面推进依法治国则为前两者提供法治保障。

二、十八届四中全会在法治领域的改革措施

党的十八届四中全会对全面推进依法治国作出了重大部署，在法治领域提出了多项改革措施。

一是健全宪法实施和宪法监督制度。宪法是国家的根本大法，是法治的源头。列宁说："宪法是一张写着人民权利的纸。"②而要真正实现这张纸上所书写的人民权利离不开宪法的实施。所谓宪法实施是指宪法规范在现实生活中贯彻落实的过程。在新中国第一部宪法颁布实施六十多年来，我国的宪法实施虽然也取得了一定的成绩，但总的来看我国宪法实施的状况不尽如人意。正如习近平总书记在首都各界纪念现行宪法公布施行 30 周年大会上的讲话中所说："在充分肯定成绩的同时，我们也要看到存在的不足，主要表现在：保证宪法实施的监督机制和具体制度还不健全，有法不依、执法不严、违法不究现象在一些地方和部门依然存在；关系人民群众切身利益的执法司法问题还比较突出；一些公职人员滥用职权、失职渎职、执法犯法甚至徇私枉法严重损害国家法制权威；公民包括

① 喻中：《改革中的法治与法治下的改革》，载《北京日报》2014 年 6 月 30 日第 21 版。

② 中央编译局：《列宁全集》第 12 卷，人民出版社 1987 年版，第 50 页。

一些领导干部的宪法意识还有待进一步提高。”①事实上，早在2002年胡锦涛总书记在首都各界纪念中华人民共和国宪法公布施行20周年大会上的讲话中就曾明确指出：“二十年来，我国宪法的实施状况不断改善，依照宪法和法律办事正在成为社会普遍的行为准则。但也要看到，在发展社会主义市场经济的新形势下，由于法律和体制不健全以及执法人员自身素质不完全适应等问题，有法不依、执法不严、违法不究的问题还不少，一些不同程度的违宪现象仍然存在。”②

在这一背景下，《中共中央关于全面推进依法治国若干重大问题的决定》(以下简称《决定》)强调要健全宪法实施和宪法监督制度。要坚持不懈抓好宪法实施工作，把全面贯彻宪法提高到一个新水平。在宪法监督制度方面，我国实行的是由全国人大及其常委会监督宪法实施的制度，这与我国的根本政治制度和政权组织形式是相符合的。针对现行宪法监督机制不完善的地方，《决定》也提出了两项改革措施。一是健全宪法解释程序机制，把解释宪法的权力落到实处。二是把所有规范性文件纳入备案审查范围，一切与公民个人和组织的权利义务相关的规范性文件都要受到备案审查。③

二是完善立法机制。新中国成立特别是改革开放以来，经过党和人民的不懈努力，我国终于在2010年如期形成了中国特色社会主义法律体系。但与立法数量形成鲜明对比的是，立法质量还有待进一步提高。正如习近平总书记所说：“人民群众对立法的期盼，已经不是有没有，而是好不好、管用不管用、能不能解决实际问题；不是什么法都能治国，不是什么法都能治好国；越是强调法

① 习近平：《在首都各界纪念现行宪法公布施行三十周年大会上的讲话》，新华网，http：//news. xinhuanet. com/politics/12-12/04/c-113907206, htm，2015年8月10日访问。

② 胡锦涛：《在首都各界纪念中华人民共和国宪法公布施行二十周年大会上的讲话》，新华网，http：//news. xinhuanet. com/newscenter/2002-12/04/content_649591. htm，2015年8月10日访问。

③ 查庆九：《以改革思维绘就法治蓝图——透视四中全会〈决定〉关于法治领域重大改革举措》，载《当代江西》2015年第4期。

治，越是要提高立法质量。”①从实际情况来看，我国现行立法体制存在的问题包括：部门利益法制化、地方保护主义法律化等。针对这些问题，《决定》主要提出了以下五个方面的改革措施。

(1)发挥人大及其常委会在立法中的主导作用。《决定》提出要健全有立法权的人大主导立法工作的体制机制，发挥人大及其常委会在立法工作中的主导作用。《决定》特别提出对于综合性、全局性、基础性等重要法律草案由全国人大相关专门委员会、全国人大常委会法制工作委员会组织有关部门参与起草。强调了在立法的起草阶段发挥人大及其常委会的主导作用。同时，为了确保人大及其常委会能够有效主导立法。《决定》提出了两个保障机制：一是增加有法治实践经验的专职常委比例；二是依法建立健全专门委员会、工作委员会立法专家顾问制度。

(2)明确立法权力边界，防止部门利益和地方保护主义法律化。针对现行立法体制中存在的部门利益法制化和地方保护主义法律化的问题，《决定》提出要明确立法权力边界。首先，法律法规以及规章的起草制定，要严格依照《立法法》规定的立法原则和立法权限进行，从国家整体利益出发，科学合理地规定国家机关的权力和责任。其次，通过《立法法》的修改，进一步明确不同立法主体的立法权限。国务院部门制定规章，没有法律、行政法规依据，不得增加公民、法人和其他组织义务，不得扩大本部门的权力、减少本部门的法定职责；最后，完善授权立法制度，全国人大及其常委会的授权决定应当明确授权的目的、事项、范围、期限、被授权机关实施授权决定的方式和应当遵循的原则。②

(3)完善立法协调沟通机制。《决定》提出，要深入推进科学立法、民主立法，加强人大对立法的组织协调，健全立法起草、论

① 习近平：《在十八届中央政治局第四次集体学习时的讲话》，新华网，http：//news. xinhuanet. com/politics/2013-02/24/c-114782088. htm，2015 年 8 月 10 日访问。

② 参见李适时：《完善立法体制》，中国人大网，http：//www. npc. gov. cn/npc/xinwen/2014-11/05/content_1885560. htm，2015 年 8 月 10 日访问。

证、协调、审议机制，健全征询立法意见机制，建立基层立法联系点制度，推进立法精细化。立法的过程就是不同利益群体的博弈过程，社会的不同行业、部门都会以不同的方式参与和影响立法。只有在立法的立项、起草、审议等各个环节广泛听取社会各界的意见，才能真正提高立法质量。《决定》还提出健全立法机关和社会公众沟通机制，开展立法协商，广泛凝聚社会共识。社会各主体之间既存在分歧又存在共识，立法所要做的就是凝聚社会共识，并将其以法律的形式固定下来。只有这样，制定出来的法律才能符合社会最大多数人的期望。

(4)建立立法第三方评估制度。《决定》提出，对部门间争议较大的重要立法事项，由决策机关引入第三方评估，充分听取各方意见，协调决定，不能久拖不决。

(5)加强法律解释工作。《决定》提出，加强法律解释工作，及时明确法律规定含义和适用法律依据。相比于法律的制定而言，法律解释具有针对性强、程序简单、反映及时的特点。根据法律实施的实际情况及时对法律规定的含义进行明确，是宪法赋予全国人大常委会的重要职权，也是加强和改进立法工作，保证法律有效实施的重要手段。

三是健全依法决策机制。简单来讲，行政决策是指国家行政机关工作人员在处理国家行政事务时，对要解决的问题或处理的事务，作出决定的过程。行政机关依照法定程序合理决策对保障公民权利有着十分积极的意义。因此，《决定》指出要健全依法决策机制。把公众参与、专家论证、风险评估、合法性审查、集体讨论决定确定为重大行政决策法定程序，确保决策制度科学、程序正当、过程公开、责任明确。具体来看，主要包括以下三个方面的措施。

(1)建立行政机关内部重大决策合法性审查机制。合法性审查是依法决策的重要保障，但在实践中由于缺乏法律的硬性规定，审查机制往往流于形式，难以真正发挥作用。《决定》提出将合法性审查作为决策的法定程序，对促使行政机关依法决策，建设法治政府有着积极的意义。

(2)发挥政府法制机构和法律顾问在重大决策中的作用。政府法制机构是政府依法行政的参谋、助手和顾问，熟悉政府工作、精通法律知识、地位相对超脱，理应成为保证依法决策的中坚力量。① 同时，考虑到法律工作的专业性，《决定》指出，积极推行法律顾问制度还要吸收专家和律师参加，避免出现法律顾问"聘而不用"的现象，积极发挥法律顾问在制定重大行政决策、推进依法行政中的作用。

(3)建立重大决策终身责任追究制度及责任倒查机制。责任追究是依法行政的关键环节，落实重大决策终身责任追究制度及责任倒查机制能够从根本上祛除"决策拍脑袋，执行拍胸脯，失误拍屁股"的三拍顽疾。② 终身责任追究制度及责任倒查机制就如高悬在行政决策者头上的达摩克利斯之剑，可以对其起到威慑作用，有助于倒逼行政决策者依法决策、民主决策。据此，《决定》要求对决策严重失误或者依法应该及时作出决策但久拖不决造成重大损失、恶劣影响的，严格追究行政首长、负有责任的其他领导人员和相关责任人员的法律责任。

四是深化行政执法体制改革。行政执法体制既是行政体制的重要组成部分，更是法律实施体制的关键环节。深化行政执法体制改革能否取得显著成效，直接关系到法律法规能否全面正确实施，关系到人民群众合法权益能否得到切实保障，关系到经济社会秩序能否有效维护，关系到依法行政能否真正落到实处。③ 基于此，在深化行政执法体制改革方面，《决定》提出了五项改革措施。

(1)全面落实行政执法责任制。全面落实行政执法责任制是深化行政体制改革的核心，也是监督和制约行政执法权力的有效途径。目前，在行政执法过程中行政执法权力与法律责任不平衡的问题广泛存在。据此，《决定》强调，要严格确定不同部门及机构、

---

① 袁曙宏：《健全依法决策机制》，载《经济日报》2014 年 11 月 27 日第 8 版。

② 刘峰：《建立重大决策终身责任追究制度及责任倒查机制》，载《理论视野》2015 年第 1 期。

③ 袁曙宏：《深化行政执法体制改革》，载《光明日报》2013 年 11 月 27 日第 2 版。

岗位执法人员执法责任和责任追究机制，加强执法监督，坚决排除对执法活动的干预，防止并克服地方和部门保护主义，惩治执法腐败现象。这一措施有助于防止在实际执法过程中的权责脱节问题。

(2)建立健全行政裁量权基准制度。针对目前行政执法过程中存在的选择性执法问题，《决定》强调要细化、量化行政裁量标准，规范裁量范围、种类、幅度。着重解决行政执法畸轻畸重，执法尺度随意的现象。

(3)严格行政执法人员资格管理制度。行政执法人员的素质高低直接影响着行政执法的质量。《决定》指出，要严格执法人员持证上岗和资格管理制度，未经执法资格考试合格，不得授予执法资格，不得从事执法活动。同时，定期组织行政执法人员参加通用法律知识培训、专门法律知识轮训和新法律法规专题培训，提高他们运用法治思维和法治方式解决执法中突出矛盾和问题的能力。①

(4)严格执行罚缴分离和收支两条线管理制度。当行政执法行为关系到行政机关切身利益时，很难保证行政执法人员依照法定程序执法和公正执法。因此，有必要在执法行为和执法部门、执法人员之间建立一条隔离带，从源头上杜绝执法的利益驱动。《决定》指出要严格执行罚缴分离和收支两条线管理制度，严禁收费罚没收入同部门利益直接或者变相挂钩。

(5)推进综合执法。现行行政执法广泛存在多头执法、九龙治水的现象。以食品药品安全领域为例，除了食品药品监管部门以外，还有卫生部门、质量监督部门以及工商部门等执法队伍。针对此种现象，《决定》强调要大幅减少市县两级政府执法队伍种类，重点在食品药品安全、工商质检、公共卫生、安全生产、文化旅游、资源环境、农林水利、交通运输、城乡建设、海洋渔业等领域内推行综合执法，有条件的领域可以推行跨部门综合执法。

五是司法领域改革。司法体制改革在中国已经进行了两轮，2013 年党的十八届三中全会提出，要确保依法独立、公正行使审

---

① 袁曙宏：《深化行政执法体制改革》，载《光明日报》2013 年 11 月 27 日第 2 版。

判权、检察权，推动省以下地方法院、检察院人财物统一管理，以及探索与行政区划适当分离的司法管辖制度。这被认为是新一轮司法体制改革的发端。至2014年，司法领域的改革依然是十八届四中全会在法治领域改革的核心。此次针对司法领域的改革主要集中在以下几个方面。

（1）完善确保依法独立行使审判权和检察权的制度。《中华人民共和国宪法》明确规定，人民法院、人民检察院依法独立行使审判权、检察权。但在实践中，领导干预司法、影响司法公正的情况时有发生。司法工作人员往往出于各方面的顾虑，难以秉公执法。《决定》指出，一方面要建立各级党政机关和领导干部支持法院、检察院依法独立、公正行使职权的制度机制。另一方面还要建立健全司法人员履行法定职责的保护机制。从法律制度上为司法人员秉公执法撑起"保护伞"，非因法定事由、非经法定程序，不得将法官、检察官调离、辞退或作出免职、降级等处分。

（2）优化司法职权配置。司法职权的配置是司法体制改革的重要内容。在这一方面，《决定》主要提出了四个方面的改革措施。第一，健全司法权力分工负责、互相配合、互相制约的体制机制。主要是指公安机关的侦查权，人民检察院检察权、人民法院审判权和司法行政机关的刑罚执行权之间相互配合和制约。相比于《中华人民共和国宪法》和《刑事诉讼法》中所规定的公、检、法三机关分工负责、互相配合、互相制约的原则。《决定》首次明确提出"四机关"各司其职，互相配合、互相制约，体现了我国司法管理体制的发展和完善。第二，推动实行审判权和执行权相分离的体制改革试点。审执分离既是世界各国的通行做法，也有助于树立司法权威、维护司法公正。因此，《决定》推动实行审判权和执行权相分离的体制改革。第三，完善刑罚执行制度，统一刑罚执行体制。针对目前在刑罚执行过程中，刑罚执行权由多个机关分别行使的现状。《决定》要求统一刑罚执行体制，一方面有利于加强刑罚统一执行的监督和管理，另一方面也能更好地发挥刑罚的教育和改造功能。第四，探索实行法院、检察院司法行政事务管理权和审判权、检察权相分离。党的十八届三中全会提出推动省以下法院、检察院人财物统一管理的改革措施，四中全会对这一措施进一步深化，凸显了司法职权的专业性，有助于维护司法的权威和公信力。

(3)完善司法管辖体制。司法管辖是指一个主权国家以政权为依托，通过制定法律、实施法律等手段，在最高司法机关之外将不同区域的法律事务交由特定司法机关处理的制度。新中国成立后，我国借鉴前苏联的做法，在司法管辖体制方面采取以行政区划为基本依据的划分方式。这一管辖体制虽然在保证地方政权高效运转方面发挥了不可忽视的作用，但其造成的司法权力地方化的问题也同样突出。党的十八届三中全会提出探索建立与行政区划适当分离的司法管辖制度。四中全会《决定》进一步提出了具体改革措施。主要包括三个方面的内容：一是最高人民法院设立巡回法庭，审理跨行政区域重大行政和民商事案件。二是探索设立跨行政区划的人民法院和人民检察院，办理跨地区案件。三是完善行政诉讼体制机制，合理调整行政诉讼案件管辖制度，切实解决行政诉讼立案难、审理难、执行难等突出问题。可以考虑适当提高行政诉讼案件的级别管辖、对行政诉讼案件采取异地集中管辖等方式，以有效排除一些地方政府工作人员对行政诉讼案件审理的不当干预。①

(4)完善司法权力运行机制。司法权力运行机制是对司法权配置、运行及其相互关系的制度性安排。早在2013年1月全国政法工作电视电话会议中就将司法权力运行机制改革作为四项改革的内容之一。《决定》着眼于保证公正司法、提高司法公信力，从制约司法公正最突出的问题改起，提出了一系列完善司法权力运行机制的重大措施。第一，改革法院案件受理制度，变立案审查制为立案登记制，充分保障当事人诉权。第二，完善刑事诉讼中认罪认罚从宽制度。第三，完善审计制度，明晰各审计的功能定位。第四，推进以审判为中心的诉讼制度改革。第五，探索建立检察机关提起公益诉讼制度。检察机关提起公益诉讼，既有利于督促公民、法人、组织依法规范自身行为、履行法律义务，也有利于督促行政机关依

① 孟建柱：《完善司法管理体制和司法权力运行机制》，载《人民日报》2014年11月7日第6版。

法履职，维护国家和社会公共利益。

(5)加强对司法活动的监督。加强对司法活动的监督是在司法领域践行权力监督的原则的必然要求。正如阿克顿勋爵所说："权力导致腐败，绝对权力绝对导致腐败。"缺乏监督的权力是滋生腐败的温床。在确保公正司法、增强司法公信力、推进中国法治建设的大背景下，加强对司法活动的监督，防止司法腐败具有更加积极的意义。据此，《决定》提出了四个方面的改革措施：第一，要完善检察机关行使监督权的法律制度；第二，要完善人民监督员制度；第三，要依法规范司法人员的对外交往行为；第四，加强司法作风建设，严惩司法腐败。

六是建立完备的法律服务体系。改革开放以来，我国的法律服务事业取得了长足发展，法律服务体系已初步形成，法律服务门类逐步完善，法律服务领域日益拓展，法律服务队伍不断壮大，法律服务制度日益健全。① 以律师行业为例，截至 2013 年年底，我国共有律师超过 25 万人，相比于 2006 年增加了一倍。但从实践来看，我国的法律服务业还存在布局不均衡、结构不协调的问题。有研究者称我国的法律服务业呈现"两头小，中间大"的橄榄型，即高端的、涉外的法律服务业不发达；基层的、直接为老百姓服务的法律服务业也不发达。② 因此，建设完备的法律体系，依然是全面推进依法治国的一项长期而艰巨的任务。基于此，四中全会《决定》指出要建设完备的法律服务体系，并提出了四个方面的改革措施。

(1)加强民生领域的法律服务。民生问题关系到人民群众的切身利益，突出表现为衣食住行、养老、就医、子女教育等问题。如果民生问题得不到切实解决，很容易引发社会的动荡和不安，影响和谐社会的建设。因此，《决定》特别强调要加强民生领域的法律服务。

---

① 赵大程：《建设完备的法律服务体系》，载《光明日报》2014 年 11 月 24 日第 1 版。

② 参见查庆九：《以改革思维绘就法治蓝图——透视四中全会〈决定〉关于法治领域重大改革举措》，载《当代江西》2015 年第 4 期。

(2)发展涉外法律服务业。针对目前我国法律服务体系所呈现出的“两头小，中间大”的现状，我们一方面要加强民生领域的法律服务，推动基层的、直接为老百姓服务的法律服务业的发展。另一方面要发展涉外法律服务业，解决我国法律服务业与经济发展、对外开放不适应的短板。

(3)完善法律援助制度。2015年6月，在党的十八届四中全会的精神指导下，中共中央办公厅、国务院办公厅印发了《关于完善法律援助制度的意见》。该意见从扩大法律援助范围、提高法律援助质量、提高法律援助保障能力和切实加强组织领导四个角度对完善法律援助制度作出了进一步的部署，保证人民群众在遇到法律问题或者权利受到侵害时都能获得及时有效的法律救助。

(4)健全统一司法鉴定管理体制。司法鉴定是诉讼活动中一个十分重要的环节，它对司法机关查明案件事实、作出正确判决、保障诉讼活动顺利进行具有重要意义。司法部将进一步健全司法行政机关统一管理的司法鉴定管理体制，推动将环境损害、司法会计等司法审判急需的鉴定事项纳入统一登记范围。中华人民共和国司法部法制司司长、司改办副主任陈俊生在接受记者采访时还表示：“为提升司法鉴定的公信力，司法部将完善司法鉴定机构和人员监督管理制度，完善鉴定投诉处理程序；健全鉴定资质评估、质量评估和诚信评价制度，形成优胜劣汰的动态管理机制；进一步健全司法行政机关和行业协会相结合的统一管理体制机制，加强司法行政机关监督管理工作，发挥行业协会作用。”①

七是加强法治工作队伍建设。习近平总书记在党的十八届四中全会上强调：“全面推进依法治国，建设一支德才兼备的高素质法治队伍至关重要。”加强法治工作队伍建设有着多方面的积极意义。张文显教授认为加强法治工作队伍建设的重要性体现在三个方面：一是社会主义法治急需的组织和人力保障；二是人才强法的根本举措；三是建设一支优秀的法治工作队伍才能实现良法善

① 参见周斌文：《18项改革举措推进法制社会建设》，载《法制日报》2015年4月11日第5版。

治、法正民安。①《决定》主要从三个方面来加强法治工作队伍的建设。

(1)推进法治专门队伍正规化、专业化、职业化。习近平总书记指出:“我国专门的法治队伍主要包括在人大和政府从事立法的工作人员、在行政机关从事执法的工作人员、在司法机关从事司法工作的人员。全面推进依法治国,首先要把这支队伍建设好。”新法治建设十六字方针要求全面推进“科学立法、严格执法、公正司法、全民守法”,切实推进这一方针的贯彻实施离不开一批优秀的立法、执法和司法工作人员。因此,《决定》首先指出加强法治工作队伍建设要推进法治专门队伍正规化、专业化、职业化,提高职业素养和专业水平。

(2)加强法律服务队伍建设。法律服务队伍的建设既是法律服务体系建设的一部分又属于法治工作队伍建设的重要内容。法律服务队伍一般包括律师、公证员、基层法律服务工作者、人民调解员以及法律服务志愿者等。律师队伍是法律服务队伍的重要组成部分,是全面推进依法治国的重要力量。《决定》强调要大力加强律师队伍思想政治建设,把拥护中国共产党领导、拥护社会主义法治作为律师从业的基本要求。要构建社会律师、公职律师、公司律师等优势互补、结构合理的律师队伍。建立激励法律服务人才跨区域流动机制,逐步解决基层和欠发达地区法律服务资源不足和高端人才匮乏问题。

(3)创新法治人才培养机制。法治人才的培养工作与全面推进依法治国的战略息息相关。改革开放以来,我国的法治人才培养工作取得了巨大成就。已经建立了以学位教育为主体、其他教育为补充、学历教育和在职培训进修相互衔接的法治人才培养体系;初步形成了教育部门宏观管理、司法部门行业指导、教育行业协会自律

---

① 张文显:《大力加强法治工作队伍建设》,载《人民法院报》2014年11月19日第5版。

管理、法学院自主管理“四位一体”的管理体系。① 但与建设社会主义法治体系、建设社会主义法治国家的总目标相比，我国的法治人才培养机制还存在不足之处。如不同地区之间的教育资源配置不平衡，法学院校与实务部门之间协同育人的机制不够完善，法学教育与法律职业的衔接不够紧密等问题都值得重视。基于此，《决定》指出，一方面要加强法学基础理论研究，形成完善的中国特色社会主义法学理论。另一方面要健全政法部门和法学院校、法学研究机构人员双向交流机制，重点打造一支政治立场坚定、理论功底深厚、熟悉中国国情的高水平法学家和专家团队。

三、十八届四中全会法治建设目标方针的变化

党的十八届四中全会提出了建设社会主义法治体系、建设社会主义法治国家的总目标，相比之前建设并完善社会主义法律体系的目标来说有了明显的进步。同时在法治建设的方针上，进一步强调了党的十八大所提出的“科学立法、严格执法、公正司法、全民守法”新法治建设十六字方针。

（一）从“社会主义法律体系”到“社会主义法治体系”

法律体系与法治体系是两个相互区别的法理学概念。法律体系是指一国在一定时期的全部现行法律规范，按照一定标准和原则，划分为各个法律部门而形成的内部和谐一致的统一体。② 而法治体系既是一个描述一国法治运行与操作规范化有序化程度、表征法治运行与操作各个环节彼此衔接、结构严整、运转协调状态的概念，也是一个规范法治运行与操作，使之充分体现和有效实现法治核心价值和价值体系的概念。③

比较来看，法律体系是指法律的规范体系，是一个静态的概

① 袁贵仁：《创新法治人才培养机制》，载《中国教育报》2014 年 11 月 14 日第 1 版。

② 李龙：《法理学》，人民法院出版社 2003 年版，第 366 页。

③ 张文显：《全面推进依法治国的伟大纲领——对十八届四中全会精神的认知与解读》，载《法治与社会发展》2015 年第 1 期。

念；而法治体系是指法律的运行体系，是动态的，它包含了法律的实施环节以及法律体系运行的监督和保障机制。法律体系是一个中性的概念，而法治体系包含保障人权、公平公正、推动发展等价值内涵。在一定程度上，可以认为法律体系是法治体系的组成部分，是法治体系存在的基础和前提。

在十八届四中全会之前，我们党一直以建设并完善社会主义法律体系为目标。党的十八届四中全会审议通过的《中共中央关于全面推进依法治国若干重大问题的决定》首次提出："全面推进依法治国，总目标是建设中国特色社会主义法治体系，建设社会主义法治国家。"在全面推进依法治国、建设社会主义法治国家的新阶段，建设社会主义法治体系就是要形成"五个体系"，包括完备的法律规范体系、高效的法治实施体系、严密的法治监督体系、有力的法治保障体系和完善的党内法规体系。从"建设社会主义法律体系"到"建设社会主义法治体系"的转变，是我党治国理念的一次重大变革和进步，体现了我党全面推进依法治国的决心。

（二）从"法制建设十六字方针"到"新法治十六字方针"

1978 年 12 月，邓小平在党的十一届三中全会前召开的中央工作会议上提出："为了保障人民民主，必须加强社会主义法制，使民主制度化、法律化，使这种制度和法律具有稳定性、连续性和极大的权威，做到有法可依，有法必依，执法必严，违法必究。"其中"有法可依，有法必依，执法必严，违法必究"被称作社会主义法制建设的十六字方针。这一法制建设的十六字方针重在法律制定和依法办事，属于形式法治的基本要求。而实质法治还要求法律本身具有社会的正当性，法律以及执法旨在实现社会的正义和公平。①

正是在这样的背景下，2012 年党的十八大报告指出："法治是治国理政的基本方式。要推进科学立法、严格执法、公正司法、全民守法，坚持法律面前人人平等，保证有法必依、执法必严、违法必究。"其中，"科学立法、严格执法、公正司法、全民守法"被称

---

① 参见李树忠：《迈向实质法治——历史进程中的十八届四中全会》，载《当代法学》2015 年第 1 期。

为依法治国的“新十六字方针”。

相比于法制建设十六字方针，“新法治十六字方针”有了更明确的价值要求，它对法治的立法、执法、司法、守法这四大环节都提出了不同的价值标准。有研究者认为“新法治十六字方针”是法治文化的体现，而“法制建设十六字方针”是法律文化的体现。这两者又分别代表了形式法治观与实质法治观的区分。① 这一说法有一定借鉴意义。十八届四中全会对“新法治十六字方针”进一步进行强调，体现了党的治国理念从“形式法治”到“实质法治”的蜕变。

四、十八届四中全会对中国法治建设的意义

党的十八届四中全会是中国共产党首次专门研究法治建设的中央全会，会议审议通过的《中共中央关于全面推进依法治国若干重大问题的决定》是共产党历史上第一部关于加强法治建设的专门决定。因此，四中全会的召开以及《决定》的通过对中国的法治建设具有多方面的积极意义。

第一，十八届四中全会开启法治建设新阶段。当前中国站在新的历史转折点上，全面建成小康社会进入了关键阶段，中国之后的路该怎么走，如何跳出“其兴也勃焉，其亡也忽焉”的历史周期律？站在历史和未来的交汇处，党的十八届四中全会提出了全面推进依法治国的指导思想，建设社会主义法治体系、建设社会主义法治国家的总目标，并对科学立法、严格执法、公正司法、全民守法、法治队伍建设等问题作出了全面部署。可以说，十八届四中全会使中国的法治建设步入了全面推进的新阶段，开启了中国法治建设的新航程。

第二，十八届四中全会具有思想解放的重大意义。在法治建设的问题上，“左”和右的思想束缚都存在。“左”的思想是拒绝变革，而“右”的思想认为法治就是多党制，就是三权分立。党的十八届四中全会与三中全会，进一步理顺了法治和改革之间的关系，既明

① 参见刘作翔：《关于新法治十六字方针的答问》，载《北京日报》2014年7月28日第17版。

确了全面建成小康社会，全面深化改革，必须全面推进依法治国的道理；又强调了社会主义法治必须坚持党的领导，党的领导必须依靠社会主义法治这一基本原则。这些重要论述，澄清了一段时期以来关于中国特色社会主义政治发展道路的模糊认识，关于党的领导、人民当家做主和依法治国关系的片面看法，具有拨乱反正的思想解放意义。

第三，十八届四中全会推进了依法治国的理论创新。党的十八届四中全会审议通过了《中共中央关于全面推进依法治国若干重大问题的决定》，这是我们党在新的历史条件下，在马克思主义的指导下，对建设社会主义法治体系、建设社会主义法治国家的一系列重大理论实践问题的深入思考和不断探索，是马克思主义中国化的最新理论成果，是我们党的重大理论创新。①

第三节　中国法治建设展望

法治建设绝非一个短期的过程，甚至需要数代人的一起努力才可能实现。只有当法治主义这种理念已经融入到本土文化的最深层次，取代原有的人治主义等非法治理念，真正的法治才有可能建立，否则只会徒具其形而不具其实质。中国的法治建设虽已推行多年，但距高水平的法治尚有很远的距离，一方面是因为中国传统文化中缺乏法治的因子，另一方面则是法治的全面确立本身就是一个巨大的工程，涉及制度体系、思想体系、执行体系等多个体系的建构。因此，在进一步推进中国法治建设之前，有必要对当前法治的现状进行全面深思和论证，找出现行法治所存在的问题与缺陷，进而在此基础上对症下药，设计未来法治发展的蓝图。

一、中国法治建设的缺陷

诚然，新时期的中国法治建设取得了一系列的成果：制度层面

① 张耀波：《充分认识四中全会的重大意义》，载《曲靖日报》2014年11月10日第2版。

上，进一步完善了中国特色社会主义法律体系，立法数量与质量稳步攀升；执行层面上，确立了依法执法的原则，执法人员的素质进一步提高；司法层面上，全面贯彻实行“公平、公开、公正”原则，迅速且高效地解决了各项纠纷；思想理念层面上，则将依法治国、法治政府等法治思想融入到了社会共识之中。但无可否认的是，中国的法治建设依旧存在诸多问题和缺陷，正如2012年12月4日习近平总书记在纪念现行宪法颁行30周年大会上的讲话中所指出的：“在充分肯定成绩的同时，我们也要看到存在的不足。保证宪法实施的监督机制和具体制度还不健全，有法不依、执法不严、违法不究现象在一些地方和部门依然存在；关系人民群众切身利益的执法司法问题还比较突出；一些公职人员滥用职权、失职渎职、执法犯法甚至徇私枉法严重损害国家法制权威；公民包括一些领导干部的宪法意识还有待进一步提高。”具体而言，中国法治建设还存在以下主要问题和缺陷。

第一，中国特色社会主义法律体系尚不够完善，在结合实际增加立法数量的同时也要提高立法质量。虽然以宪法为核心、以各大部门法为延伸的法律体系已经建立，但还存在诸多法律尚未规整或调节欠缺效果的领域，因此有必要根据实际而增加立法。此外，现存法律有一定的质量问题，混杂着行政部门、特殊群体的利益纠纷，有必要将那些带有明显的部门或集团利益色彩的立法规范化，进而矫正畸形的利益格局或权力关系。

第二，法治建设的发展水平还无法完全与社会经济文化的发展相契合。法治作为国家的一种管理模式，其发展应与经济、文化以及社会认知相符合，但目前我国的法治建设并未达到这一层次。公民的法律意识存在分化，偏远地区的民众对法律的理解依然停滞在最低水平；部分干部尚未摆脱传统的“官本位”意识，而是凭借个人对权力的掌控来开展活动，依法治国的本质发生被其曲解，从党领导人民实行的“治国基本方略”，曲解为某些地方和部门发展经济和“维稳”的工具；社会上依旧存在诸多无视法治乃至公然以身试法的现象。种种迹象表明，法治建设需要进一步的推进，在吸收外来先进文化的同时也需要与本土传统文化相结合，寻找最为合适的途径。

第三，“法虚置”的现象依然存在，法律得不到全面贯彻实施。“大法虚置”是中国传统思维模式，顾名思义，即指法律仅仅是一种摆设而无法发挥实际效用，其作为传统基本法价值观致使立法偏离社会现实，法律的现实操作性大大降低，终究成为束之高阁而不食人间烟火的形式书册。审视当今现状，一方面，中国特色社会主义法律体系已经建立，前后颁布法律法规达 2480 部；另一方面，法律得不到实际执行的现象也广遭诟病。例如根据《网易财经》报道，2011 年国家审计局的审计报告披露共有“112 起大案，38%涉及一把手”，“42 部门套取资金 1.57 亿元”，“29.55 亿元保障房资金被违规使用”，但是这些案件绝大部分没有得到司法处理。①

第四，行政执法系统与司法系统的效率以及公信力有待提高。就行政执法系统来看，多头执法、不执法、多层执法、乱执法等问题普遍存在。一些部门为了局部利益而与其他部门争权夺利，从而打乱原有的执法部署；一些部门为了避免麻烦而对民众的要求采取不作为形式，拒绝执法；一些部门的国家工作人员为了个人利益甚至与社会恶势力达成一致，联合榨取民众。种种形容行政执法混乱的名词开始出现，如钓鱼执法、运动式执法、滞后性执法、寻租性执法、疲软式执法、非文明执法、选择性执法、限制性执法。就司法系统而言，虽然“司法改革轰轰烈烈，解决了办公条件、经费、人员编制以及一些长期制约法院、检察院建设和发展的体制机制等老大难问题，基本上实现了各个阶段司法改革方案预设的目标，但司法独立、司法公正、司法权威、司法效率、司法公信力和干预法院检察院依法独立行使职权等深层次问题依然存在”②。公民甚至认为权力、信访、人际关系等远比法律途径有效，而“小闹小解

① 参见：《审计署报告报出 112 起大案，一把手占 38%》，载网易财经网：http：//money.163.com/12/0627/16/8514IB5400253B0H_all.html，2012 年发布，2014 年 5 月 25 日访问。

② 李林：《中国法治的现状、挑战与未来发展》，载《新视野》2013 年第 2 期。

决，大闹大解决，不闹不解决”的舆论绑架方式则成为最被青睐的解决方法。

此外，腐败问题依然严重。截至2014年12月31日，《中国经济周刊》据中纪委网站公布的消息梳理统计，十八大之后落马的省部级官员已经达到了60位。其中，包括1位正国级和3位副国级的高官，正省级9人，副省级47人。而这仅仅是冰山一角，尚有诸多腐败官员潜伏在暗处，阻碍着法治建设的推进。

二、中国法治建设的展望

中国的法治建设还在继续进行，法治毫无疑问是中国未来社会的主题之一。中国国民经济和社会发展第十二个五年规划纲要明确要发展民主，推进社会主义政治文明建设，发展社会主义民主政治，全面推进法制建设，加强反腐倡廉建设。党的十八大则进一步强调全面推进依法治国，加快建设社会主义法治国家，到2020年完成小康社会的民主法治建设目标。从党和政府对法治的重视可见，未来中国的法治建设具备极为可观的前景，其必然在正视现有缺陷的基础上，逐步实现转变并予以完善。而未来的中国法治发展主要从三个方面进行突破：一是法治到社会主义宪政的突破，在坚持党的领导、人民民主和依法治国的三者有机统一前提下，将法治引入政治体制的全面改革，从而确立法治由体制外到体制内的重要地位，实现社会主义宪政。二是制度建设到执行建设的突破，在法律体系逐步建立并完善的情况下，单纯追求立法的数量与质量不再适合时代的发展，执行系统必须配套设立并保证执行的效率与质量，全面贯彻落实有法可依、有法必依、执法必严、违法必究。三是表层的法治方式到深层的法治文化的突破，法治不能仅仅作为一种国家社会管理的暂时性工具，而必须从根本上塑造法治思维模式，形成整个民族的法治文化，进而服务党和国家政权，为国家的太平安稳与中华民族的繁荣昌盛提供强有力的法治保障。

具体而言，中国未来的法治建设将主要从以下几个方面推进。

(1)在坚持依法治国的基础上突出依宪治国。宪法作为国家的根本大法，是法律制度体系的核心，其他的制度均是对宪法的原则、精神和制度的具体化，因此未来有必要重点突出依宪治国。中国并不缺法，只是法律的执行程度较低，诸多法律未能发挥其应有的效果，宪法更是首当其冲。宪法的规定得以施行后，其他部门法自然也随着核心大法的节奏而相应推进，积累已久的“法虚置”问题也就迎刃而解。正如习近平总书记在首都各界纪念宪法公布施行30周年大会所说：“依法治国，首先是依宪治国；依法执政，关键是依宪执政。新形势下，我们党要履行执政兴国的重大职责，必须依据党章从严治党、依据宪法治国理政。”习近平总书记在中共中央政治局第四次集体学习时进一步强调：“任何组织或者个人都必须在宪法和法律范围内活动，任何公民、社会组织和国家机关都要以宪法和法律为行为准则，依据宪法和法律行使权利或权力、履行义务或职责。”因此，中国法治建设的未来发展方向之一便是提高以宪法为基础的法律制度的实践操作性，至于是采取宪法委员会或宪法法院的形式来进行违宪审查，暂且不论。

(2)打造法治政府，推进国家治理体系与治理能力的现代化。依法行政是依法治国在行政方面的体现，而打造法治政府则是依法行政的首要目标。随着经济的发展与社会的进步，人民对政府的要求只会越来越高，一方面，会希望政府摆脱混乱时期的管制色彩而倾向于服务大众；另一方面，会希望政府不再由某人所主导，而是根据法律规定的程序来实现政府的职能，且放开更多的领域而不做过多干涉。因此，政府有必要从人治、全能、管制型向法治、有限、服务型转变。但值得注意的是，“行政法律制度有待进一步完善，立法质量需进一步提高；政府职能转变还不到位，体制性障碍也尚未彻底消除；行政程序有待进一步健全，行政执法问题仍然突出；行政监督和问责力度不够，一些行政违法行为得不到及时纠正和惩处”①。故法治的发展必然解决法治政府的问题。

法治政府又体现了国家治理体系与治理能力的现代化。国际治理体系的完善意味着既要改革不适应时代发展和社会现实的体制机

① 马凯：《加快建设中国特色社会主义法治政府》，载《求是》2012年第1期。

制、法律法规，也要不断根据实践而构建新的体制机制与法律法规。国家治理能力的现代化则主要体现在治理的模式上，能够通过法律而非个人命令将各项事务予以规定和引导，确保其在可控制范围内发展。正如习近平总书记所说：“要更加注重治理能力建设，增强按制度办事、依法办事意识，善于运用制度和法律治理国家，把各方面制度优势转化为管理国家的效能，提高党科学执政、民主执政、依法执政水平。”

(3)全面建构法治思维与法治方式。如前所述，中国的法治建设虽已推行多年，但法治在文化的深层次上依旧处于弱势地位，未能形成特有的法治思维与法治方式，故未来的法治建设需要注重法治思想方面的推进，培养整个民族的法治思维与法治方式。所谓法治思维，是一种以法律规范为指导的理性思考逻辑方式，其将法治运用于认识、分析、处理问题的过程中。而法治方式则是法治思维的外在化，即运用法治思维来处理和解决问题。中国目前的传统思维是人情思维，即基于人与人之间存在的血缘、地缘关系来考虑问题，法治思维只是处于次要地位的思维方式。若要全面实现法治，必须使得人民摆脱传统影响，从法治的角度去看待问题并采取法治的方式予以处理。正如习近平总书记在中央政法工作会议上所说：“党委政法委要明确职能定位，善于运用法治思维和法治方式领导政法工作，在推进国家治理体系和治理能力现代化中发挥重要作用。”

(4)准确定位政策与法律之间的关系。政策与法律的关系一直是上层建筑中所无法逃避的命题，正确认识并处理好二者的关系对国家治理的影响甚大。若偏重于政策，法律势必沦为所谓的“面子工程”，权力将会取代法律而成为至上的检验标准；若偏重于法律而不顾政策，党的领导地位则会受到冲击，国家有可能在大方向上迷失，且诸多新兴社会关系得不到有效的调整。而中国未来的法治建设有必要准确定位政策与法律之间的关系，如此才有可能妥善地处理执政党、政府、公民、各种社会组织等多重主体的多重关系。法律与政策是相得益彰的统一整体，“一方面，要注重用党的政策指引法律的制定和实施，必要时，及时通过法定程序将政策上升为法律；另一方面，党的政策不能违反宪法和法律，更不能冲击宪法和法律秩序，要切实维护宪法和法律的尊严和权威”①。

(5)司法公正与政法队伍建设。法治建设在立法层面体现为制度体系的完善，在执行层面体现为依法行政，在司法层面则体现为司法公正。司法公正必然要求改革现行的司法体制，这也是中国政治体制改革的重要组成部分，还是依法治国的重要举措，也是落实宪法与法律的基本设施。就实现司法公正的具体措施而言，一是要对现行的司法体制进行全面的评估，找出其存在的问题，在充分总结的基础上形成对现有体制的基本印象，进而整理出改革的大概思路。二是要确立指导思想与理论基础，通过引进与创造的方式建构一套符合中国国情的特色司法公正理论，从而为司法体制改革提供理论支撑与思想引导。三要进一步完善司法制度体系以及司法的机构设计、人员配置，包括但不限于新型法院的设置、法官、检察官等人员的资格要求等。四要遵循宪法所确立的原则，依法处理好各方主体的关系，如政府机关与司法、人大与司法、公众与司法、媒体舆论与司法以及司法部门本身之间的关系，确保各主体各司其职而司法公正。五要树立司法的公信力，让人民群众在每一个案件中都觉得自己得到了公平对待，从而不断积累对司法机关的信赖，进而形成采取法律途径解决所有纠纷的思维习惯与行为习惯。政法队伍建设也要以司法公正为原则，不断提高政法工作人员的业务素质、思想素质、文化素质等，确保其对困难群众及时提供维护合法权益的法律援助。

除此之外，中国未来的法治建设还需要不断完善法制体系，推进民主立法与科学立法，充分发挥法治在社会主义现代化建设中的重要作用，同时注重维稳与维权相结合，强化法律在解决纠纷和矛盾中的地位，加强人权的法律保障等。

三、中国法治的文化传承

中国文化是早熟的文化，中华文明是早熟的文明，我国在两千

① 张文显：《运用法治思维和法治方式治国理政》，载《社会科学家》2014 年第 8 期。

年前即萌生了系统的法治理论并进行了较为彻底的实践，从制度层面到社会层面，都形成了在当时较为成熟的法治文化。也恰在此时，西方文明的发源地古希腊，亦出现了系统的法治理论，这既是历史的巧合，又是文明发展的必然结果。但由于分属不同的两种文明类型，两种法治文明从一开始，既有相同之处，也各具特点。

在古代中国，“周因于殷礼”、“殷因于夏礼”，说明了夏、商、周所实行的都是以礼治为特色的德治。西周是一个典型的礼治社会，被孔子先赞为“郁郁乎文哉”。东周以降，礼崩乐坏，诸侯争霸。此时是百花齐放的时期，各种思潮竞相进行政治谋划，探求治国之道。

在治国的基本方略上，法家倡导“以法治国”，司马迁评为“不别亲疏，不殊贵贱，一断于法”。法家先驱管仲提出：“故先王之治国也，不淫意于法之外，不为虑于法之内也。动无非法者，所以禁过而外私也，威不两错，政不二门，以法治国，则举措而已。”还说：“尺寸也，绳墨也，规矩也，衡石也，斗斛也，角量也，谓之法。”战国时期的韩非主张“不别亲疏”、“不殊贵贱”、“一断于法”的统治方法。同时，韩非还提出“以法为本”，法、术、势结合的理论，“君无术则蔽于上，臣无法则乱于下，此不可一无，皆帝王之具也”。

在法的合法性及权威来源上，法家主张“法自君出”。所谓“事在四方，要在中央。圣人执要，四方来效”。为了树立法的权威，必然要凸显君王的权威，但又要防止君权的无度。因此，法家从法的客观性及君臣伦理两个方面去规范。“故至治之国，有赏罚而无喜怒。”反对君臣易位、尊卑失序：“臣疑其君，无不危之国。孽疑其宗，无不危之家。”《史记·商君列传》引商鞅的话说：“法之不行，自上犯之。”《商君书·画策》说：“国皆有法，而无使法必行之法。”《管子·任法》曰：“君臣上下贵贱皆从法，此谓为大治。”法家并在法的内涵上，主张刑、赏二柄，并在法的客观性及法的适用等诸方面，提出了系统的以法治国理论。此理论经过了较为彻底的社会实验，也构成了秦帝国的统治理论。

尽管秦帝国过于依赖法治，仅欣赏法治中重刑的功能，严刑峻法，最终造成秦帝国的轰然崩溃，但其赖于的法治理论，通过外儒内法的方式，文化的扬弃，被融入了封建的正统统治理论之中。正如司马迁所评："法家不别亲疏，不殊贵贱，一断于法，则亲亲尊尊之恩绝矣。可以行一时之计，而不可长用也。故曰严而少恩。若尊主卑臣，明分职不得相逾越，虽百家不能改也。"秦亡之鉴，使汉朝建国之初采道家无为而治为统治思想，以无为治国，使天下思定成为社会主流，致道家的无为成为主流。当社会大定，汉统治者亟待新的统治理论，建立一个强大的帝国。一些政治与法律精英们，从传统中吸取营养，在传统儒家学说的基础上，以阴阳学说为架构，采百家之长，主张礼法结合，德主刑辅，塑造了以三纲五常为核心的思想体系。至此，法治文化与另一种形式承续，其与德治相辅相成，先秦法学思想以另一种方式成为中国的正统法律思想。正如《唐律疏议》所说："德礼为政教之本，刑罚为政教之用，犹昏晓阳秋相须而成者。"即使是历史上的皇帝，有些也对法治有清醒的认识。如唐代的李世民说："法者，非朕一人之法，乃天下之法"，"圣君任法不任智，任公不任私"。法治思想基本的内核历代相沿不改。

中国法治文化不仅在思想上与儒家思想融为一体，成为中国封建正统思想的一部分，更是以法律文本为载体不断完善，成为成就中国古代璀璨文明的重要力量，系国之重器。从邓国子产等的公布成文法的运动，说明了中国很早就有了成文法，只是没有公布。当李悝借鉴六国法，撰《法经》，创成文法法典化的先河。商鞅抱《法经》相秦，开展了一场轰轰烈烈的变法运动，在《法经》的基础上形成了秦律的主干。后成就了秦朝"万物皆有法式"的立法奇观。秦末的刘邦"约法三章耳。杀人者死，伤及盗抵罪。余悉除去秦法"。不过是争取人心的权宜之计。汉天下初定，为了维护统治秩序，汉承秦制，不仅大部分继承了秦律，而且还有所发展。像《二月律令》、《吕后二年律》等已较系统。汉朝还在《法经》的六篇之外加三篇，成《汉九章》，成中华法典诸法合体的标志。后在九章律的九篇基础上，立法成汉律六十篇。三国时期的《魏律》在汉律的立法成就上有所发展。其有感于汉末律令繁杂，刑罚苛重，即参酌汉律，制定《魏律》。《魏律》在立法上的创新是法典编纂体例。一是其将《九章律》中规定法律原则的“具律”，改名为“刑名”，从第六篇调至第一篇，有利于总则性质的“刑名”，真正起到统揽全典的作用。二是在《九章律》六篇之上，增劫略、断狱等九篇。不仅使法典的篇章增加到十八篇，而且内容大大丰富。同时，儒家思想对法典的改造日渐深入，“八议”入律，礼教成法律的指导思想。西晋的《泰始律》借鉴了《魏律》的立法成就，进一步引礼入律，确立了准五服以制罪的定罪原则。在篇章结构上，将《魏律》的总则篇刑名分成《刑名》和《法例》二篇，完善了总则的内容。在罪名适用上，初设杂抵罪，《晋书刑法志》称其：“蠲其苛秽，存其清约，事从中典，归于益时。”特别是律学的发展。律学是依据儒家原理对成文法进行讲习和注释的，对立法原理和法律适用原则进行阐述。同时，其还对法律的文字、文意，以及逻辑性等进行解释、注释，对于立法技术的提高和法律的精密化起到了积极作用。律学一方面将本属法家的立法原理、原则，通过伦理化的解释，变成儒家伦理所支持的规范，客观上将声名狼藉的法家规则合法化为儒家规则，使统治正统思想与规则体系融合，规则成为伦理的组成部分，为法律的有效实施奠定了基础。南北朝期间，异质的文化给中华文化带来了新的活力，其在立法上，能够少受儒家伦理的束缚，成就了一部承前启后的法典——《北齐律》。《北齐律》在法典编纂体例上，将《晋律》的《刑名》和《法例》二篇，合并成《名例》一篇，既整合了上两篇的内容，又使法典总则篇更具逻辑性。将全篇从《晋律》的十八篇调整为十二篇，为后代立法所继承。《北齐律》在制度创新上，重罪十条制度是十恶的渊源，并初步确立了封建制五刑。当西晋天下一统，针对北周内外恐怖，人不自安，法律“律尚来密，故人多陷罪”的状况，其以《北齐律》为蓝本，在诸多制度上多有创制。在篇章结构上，共十二篇、五百条。科目简要。在制度上，确立了五刑之制；完善了官僚、贵族特权制度，这些都有制度的创设之功。“刑纲简要，疏而不失”的《开皇律》即是以此为蓝本制定的。其上承汉律以来的立法经验，下开唐律的先河。其在篇目结构上，继承了《北齐律》的编纂传统，但更加简要。在制度上，以重罪十条为基础设“十恶”；定型了封建制五刑，创设“十恶”。《开皇律》成为了唐律的范本。在此立法成就之上诞生了中国封建法制的代表性法典，也是中华法系的代表性法典——《唐律疏议》。《唐律疏议》全面继承和发扬了前期的立法成果。其结构严谨，文字简明，科条简要，注释精确，内容完备，刑罚适中，逻辑性强。其在法典上完成了礼法融合，并表现出中国律学的最高成就。《唐律疏议》借鉴了《晋律》律疏的传统，其律疏一是阐述了制度的立法原理及精神。二是对文字、含义进行内涵或外延式的解释，甚至举例说明，非常便于法律的准确适用。其成为垂范后世的法典。宋、元、明、清的法典都是以唐律为蓝本的，无出其右。

除以上所述各朝各代的基本法典，都存在着借鉴和继承关系。而古代中国是个行政专制帝国，其行政法十分发达，周代的《周礼》即是一个十分完备的法典；秦律中行政立法的内容亦十分丰富；汉代的行政立法有《上计律》，是规定地方向朝廷申报一岁治状的制度，还作《左官之律》和《附益之法》，系规定诸侯国官吏的选拔及任用的行政立法。《汉官旧仪》则规定和皇帝起居、皇后亲蚕及玺绶、爵级等；晋代的《晋令》则规定了国家的政治、经济军事等各项制度，使令法典化，初步界分了律、令。《晋故事》都是较系统的行政立法。北魏的《麟趾格》虽是刑事单行法规，但其创立的格这种法律形式，成为隋、唐行政法规的法律形式。西魏借鉴秦的《封诊式》和汉的《品式章程》首颁布《户调式》，使式成为独立的法律形式，后发展成《大统式》，使式成为了独立的法律形式。隋唐的令、格、式都是行政规则。特别是《唐六典》是行政立法法典化的开始。宋朝的《庆元条法事类》是行政法规的汇编，涉及职制、选举、文书等，共十六门。其收录了南宋初年至庆元年间的敕、令、格、式和随敕申明。元朝的《至元新格》主要内容系刑法，是断案依据，但其中的公规、治民、御盗、理财等，相当一部分是行政内容。《大元通制》是在前期的立法上发展而来的，其在内容上继承了唐宋，体系上是有法典性质的法律集成，其中的断例、条格、诏制一般是行政性质的法规。明代的《大明令》主要是以刑事手段调整行政法律关系。《大明会典》是以典章制度和行政法规，其以六部官制为纲，以事则为目，既详考了国家机构的沿革情况，又是行政法规的汇集。其后又经正德、嘉靖、万历各朝纂修，记录的典章制度十分详细。清代的五朝会典也历经五朝编修，是清代行政法规的完整汇编，并附大量事例。《六部则例》更是行政法规为主的规章和案例汇集。

从以上梳理的中国古代法律思想、中国古代基本法典到中国古代行政法典及法规的演变可知，从法律思想的流变来讲，德从中国第一个阶级国家——夏开始，即是重要的社会规则。所谓的国之大事，在祀与戎，中国先民很早就认识到规则的重要性，“祀”指祭祀，祭祀包括了两层含义：一是敬天尊祖，将祖宗与神同格，意味着要恪守祖宗之法，这是文明传承的重要动因。二是重祭祀，意味着遵守规则，只有严格按规则祭祀才能达到敬天尊祖的目的。这既是规则意识的起源，又是“德”的渊源。因此，德、礼相沿，其是儒家思想的源头，更是中国法律思想的始源，其给予了中国文化传承力及生命力。

在法律文本的传承上，则要比中国法律思想一以贯之要复杂的多，其经历了法律儒家化的一个漫长过程，历尽七百余年。法典本是法家的独创，其中浸润着法家的思想和价值。由于其特有的治世之功和尊主卑臣的万世不移价值，历代的统治者都奉为圭臬。对于法典与正统统治理论的矛盾，统治者采取了两种方式：第一种方式是融法家思想于儒家，通过披上儒家的外衣，使法家的核心理论合法化。但这样尤显不够，就以儒家伦理对法典进行改造，使本属法家的法典儒家化。改造的方法有五：其一在立法原理上全面儒家化；其二是将儒家伦理直接上升为法律规范；其三是对法典的字句进行儒家化解读；其四是对法条进行儒家化论证；其五是赋予儒家伦理与帝王条款功能，其不仅具有指导法律适用的功能，更是在法律出现矛盾和漏洞时，具有填补功能。自此，中国不仅完成了礼、法合一，而且使思想体系与法律体系高度统一，思想与规则互为支撑、相得益彰，这是中国古代维持社会安定的重要法宝，也形成了中国连绵不绝的法治文化。

在法治话语上，中国法治话语的演变也十分清晰。先秦时期的思想家直接使用“以法治国”和“法治”字眼。但秦亡后，由于将秦亡的原因归咎于“法治”，便使得思想界摒弃了“法治”话语。但因法典不仅被保留，而且光大，因此，取而代之的话语是“法制”。直到清末修律，中华法系解体，西方法学传入，舶来的使用频率最高的话语就是“法治”，但此时的“法治”则完全是西方法律的东西，与中国古代“法治”完全无关联，引入的目的是为救亡图存。但变法并未使中国强大，相反，中国在外侮的侵入下，更陷水深火热之中。中国共产党领导下的新中国成立，结束了中国近代百余年的屈辱史。出于对国民党政权创立的制度敏感，因此，中国共产党废除了以六法全书为代称的伪法统，“法治”这一法律概念被新中国遗弃。

新中国成立初期，也使用了“法治”概念，但此“法治”非彼“法治”，它是一个泛化的政治概念，其泛指国家的治理、纪律的严明、国家的财产，主要从革命角度去使用，并未在法律的角度使用。有意思的是“法治”概念的再次出现，是批判美国的“法治”，将“法治”贴上了鲜明的政治标签。从此，“法治”有了特定的政治含义——是资产阶级特有的概念。

“文革”末期，在批林批孔的政治运动中，重拾法家的“法治”概念，但将其限定在法家思想体系中使用。“四人帮”倒台后，为清算“四人帮”的余毒，有“人治”与“法治”的讨论，只不过此时的“法治”，仍然是在中国传统的意义上使用的①。当“法治”概念仍然莫衷一是、众说纷纭之前，法学界约定俗成地使用了“社会主义法制”概念。“法制”是指法律制度，是静态的，是在法律的工具价值这一维度使用的。1994 年 12 月 9 日，江泽民在中共中央举办的法律知识讲座上发表讲话，指出要“以法治国”。这是直接承接了先秦法学的“以法治国”概念，所谓的“以法治国”是将法律视为治国的手段。尽管这也凸显的是法律的工具价值，但是朝着“依法治国”发展的雏形。也由此掀起了“以法治国”还是“依法治国”的大讨论。

---

① 参见喻中：《新中国成立 60 年来中国法治话语之演进》，载《新疆社会科学》(乌鲁木齐)2009 年第 5 期，第 76~81 页。

1996 年 2 月 8 日，中共中央政治局举办法律知识讲座，中国社科院法学所王家福作了《关于依法治国、建设社会主义法制国家的理论和实践问题》的讲座，对依法治国进行了全面阐述。此讲座在受到中央肯定之后，也意味着前期法学理论界对“法制”还是“法治”，“以法治国”还是“依法治国”的探讨尘埃落定。“依法治国”比之“以法治国”，法律具有最高的权威。在讲座最后，时任中共中央总书记江泽民发表讲话指出：“依法治国，是邓小平同志建设有中国特色社会主义理论的重要组成部分，是我们党和政府管理国家和社会事务的重要方针。”1997 年，党的十五大报告首次写入了依法治国建设社会主义法治国家。从而，“依法治国”正式取代了“以法治国”，并于 1999 年正式入宪。

依法治国，其含义就是广大人民群众在党的领导下，依照宪法和法律规定，通过各种途径和形式管理国家事务，管理经济文化事业，管理社会事务，保证国家各项工作都依法进行，逐步实现社会主义民主的制度化、法律化，使这种制度和法律不因个人意志而改变。是建设社会主义政治文明、发展社会主义民主政治的重要内容，其本质是保证人民当家做主。

习近平总书记在 2012 年 12 月 4 日于首都各界纪念现行宪法实施 30 周年的大会上讲话，将依法治国、依法执政、依法行政并列，把法治国家、法治社会、法治政府并题。说明了我们党对法治、依法治国的认识已经科学深化。十八大报告提出，到 2020 年全面建成小康社会时有四个法治标准，一是依法治国方略全面落实；二是法治政府基本建成；三是司法中心不断提升；四是人权得到切实尊重和保障。总目标是建设中国特色社会主义法治体系，建设社会主义法治国家。这就是，在中国共产党的领导下，坚持中国特色社会主义制度，贯彻中国特色社会主义法治理论，形成完备的法律规范体系、高效的法治实施体系、严密的法治监督体系、有力的法治保障体系，形成完善的党内法规体系，坚持依法治国、依法执政、依法行政共同推进，坚持法治国家、法治政府、法治社会一体建设，实现科学立法、严格执法、公正司法、全民守法，促进国家治理体系和治理能力现代化。实现这个总目标，必须坚持中国共产党的领导，坚持人民主体地位，坚持法律面前人人平等，坚持依法治国和以德治国相结合，坚持从中国实际出发。①

我国的法治建设必须从中国实际出发，中国最大的实际是什么？即是中国传统法律文化。再好的制度，一旦丧失传统的根基，没有传统法律文化的支撑，若法治建设以法律西化为主导，就难以获得中国文化的认同，建设法治中国会沦为一句空话。因此，理性认识中国法治文化，即是从中国实际出发建设法治中国。我国在先秦时期，就形成了系统的法治理论并成功实践。分而述之，思想核心为：强化君权，加强集权；废除世袭，察能授官；公布法律，垂法而治；法不阿贵，刑无等级；奖励耕战，富国强兵；严刑重罚，期刑去刑；独任法家，排斥杂说；注重形式，富有理性。② 以上八个方面是先秦法治特点。随着儒法合流，中国封建正统思想的确立，思想与制度的高度的一致性，再经过两千多年的文化内化，形成了中国法治文化，其核心法律价值和主要特点表现为：法自君出的权力一元观。在法的权威来源和合法性上，以君王权力作为其唯一渊源。刑无等级的法律平等观。在法律的实施上，法不阿贵，不分亲疏贵贱，一断于法。即法律面前人人平等。德主刑辅的德法互补观。所谓的德礼为刑罚之本，刑罚为德礼之用。德礼是积极规范，刑罚是消极规范。德礼是刑罚合法性基础，刑罚是德礼的强制性保障。

比如权力一元化观的文化影响。中国具有深厚的权力一元化传统。　是经济因素是自给自足的自然经济，此日出而作、日落而息的生产、生活方式，需要家庭这种基层生产组织的稳定。而基础劳动生产组织的稳定与否，与其物质分配方式有关。为了家庭的稳定，中国古代实行了家庭财产共有制的分配方式，同时，为了维护家庭的安定，法律对家庭采取了宗法的控制方法，即授权家长和族长对家庭和家族实施管理，基础上的金字塔式的政治结构。因此，

① 参见《中国共产党第十八届四中全会公报》。

② 参见高鸿钧：《先秦和秦朝法治的现代省思》，载《中国法学》2003 年第 5 期，第 167~178 页。

这种自然农耕经济发展起来的国家，其经济因素必然导致在基础劳动组织的模式上，选择最为适合小农经济的一夫一妻的小家庭结构。而有效管理这种小家庭结构的劳动组织，最为适当的是宗法控制。二是中国古代“天子建德”的国家构建方式。“天子建德，因生以赐姓，胙之土而命之氏。诸侯以字为谥，因以为族。官有世功，则有官族，邑亦如之。”意思为天子构建国家，分封诸侯有两种方式，一是因生而赐姓，分封土地而赐之姓，诸侯即以字为谥号，他的后人就以此为姓氏；二是先代做官而有世功，则可以用官名为姓氏。也有以封邑为姓氏的。因此，赐土、姓作为国家或社会组织的构建形态，有两种方式：第一种是继承方式。即生而承其姓者，继承了土、姓，承袭了封地和政治权力。第二种是对征服的异姓部落，“夷其宗庙，焚其彝器，灭其姓氏”①。对臣服的异姓部落可保留血缘组织，“但必须共祭宗主国的族神始祖，形成拟制的大小宗关系”②。对异姓的有世功和封邑的，以官或封邑为姓，纳入同一宗法体系；“凡伐之国，夷其宗社曰灭，灭而旋复者则入或取之为附庸，而存其五庙，亦曰入鲁国讳之曰取邑，只书取不书灭”。③说明宗法拟制有“灭”和“取”两种方式，“是以人夷其宗庙而火焚其彝器，子孙为隶。”④

这两种宗法拟制都通过盟誓，拟制双方出于同一始祖、同姓，这就是赐姓氏。《尚书·禹贡》中“中邦锡土、姓”，中邦是九州，就是将宗法拟制氏族或诸侯，安置在九州。赐姓，就是将被征服者融入征服者的血缘关系中，以血缘上的尊卑建立统治纽带和统治的理论基础。这种大规模的政权建设，伴随着设官分职的是建章立制，这是中国古代部落甚或国家的构建方式，美其名曰“天子建德”。

---

① 《国语·周语》。

② 陈晓枫主编：《中国法律文化研究》，河南人民出版社 1993 年版，第 84 页。

③ 《春秋究遗》。

④ 《御选古文渊鉴卷五》。

以上两种原因形成了中国古代家国一体的宗法结构。在宗法社会里，万世不迁的宗子处于金字塔的顶端，亦是宗法结构稳定的根基。基于此，中国古代认为："天无二日，国无二君，服无二斩。"意即处在不同的社会结构中，单个独立的细微结构中，只有一个权力中心，否则，国将不国，家将不家。荀子所说的："权出一者强，权出二者弱。"就国家来说，天子的地位是神圣的。董仲舒在《春秋繁露·顺命》中说："天令之谓命，命非圣人不行。""天子受命于天。"《唐律》说皇帝是"奉上天之宝命"。因而，中国的权力一元化传统可谓根深蒂固。再就是心灵依赖。在中国古代社会，宗教从来没有高过于世俗权力，只为世俗权力所用，形成了强大的世俗文化。而人是存在着心理依赖的，因无灵魂的依归，中国古人形成了对权力依赖的情结。在此种情结之下，自然就将国家的最高领导神化，将其当成救世主。这成为中国权力一元化传统的另一重要原因。另外，就是路经依赖。但按道格拉斯·诺斯的理论，虽然社会在发展，但制度变迁中的路径依赖也起着重要作用，存在着报酬递增和自我强化的机制。意即当制度一旦稳定式样之后，即形成了制度路径，此后的制度变迁就往往会沿已有路径，仍按制度依赖的路径惯性往前，出现良性循环或恶性循环的延续。

中国的权力归于一元的传统，历经几千年不变，显示出超稳定的模式，并成为先民的核心价值。因此，中国近代以后，尽管也多有分权试验，但结果都为天下大乱。革命的先行者孙中山先生的思想即是从分权思想，走向了权力归于一元的思想。由此可见，在中国这个文化延绵数千年的国度，一元化权力观可谓根深蒂固。因此，中国的社会变革还是法治建设，必然要有一个坚强的领导核心。商鞅变法的成功，得益于秦孝公的君权全力支持；汉文景之治，有赖于皇帝守法的率先垂范；贞观盛世，则靠唐太宗奉法为天下之法。这都说明在君王体制之下，一元化权力的关键作用。特别是在中国这种传统的社会和政治结构中，一元化权力是推动法治的最重要力量。这也是中国法治文化留给我们的文化遗产。

中国近代以后，各种制度在中国都有不同程度的试验。清末的仿行宪政，特别是北洋军阀时期，其司法独立、法官的选拔、裁判等，已经相当西化。即使用现代的眼光审视当时法官的判词，亦是相当有深度的法学论文。国民党政权也仿西方法治，在孙中山建国三时期理论旗帜下的“行宪”，都不能救民于水火，却是民不聊生，屡受外侮。说明西方的法治文明并不能救中国。

历史的经验证明，只有共产党才能救中国。在中国法治之路上，共产党的领导是社会主义法治最根本的保证，是我国社会主义法治建设的一条基本经验。坚持党的领导，是社会主义法治的根本要求，党的领导和社会主义法治是一致的。我国宪法确立了中国共产党的领导地位。只有在党的领导下依法治国、厉行法治，人民当家作主才能充分实现，国家和社会生活法治化才能有序推进。这既是历史的选择，更契合了中国法治文化中权力一元化观。

从一元权力观在我国历史上的表现可知，文化的影响力是巨大的，具有决定性作用。任何的社会变革措施，只有契合传统法律文化，符合文化价值观，这种改革才会有文化的支撑，才会有内在的动力，变革才会成功。

世界由于环境的不同，历史发展的不同，促生了不同的文明类型。不同的文明类型催生出不同的法治文明。因文明类型的不同，文明处于不同的发展阶段，不同的法治文明有其不同的特点。这些法治文化都是维系文明类型的重要方式。就文明类型与法治文化的关系来讲，其只有彼此是否适应问题，而没有孰优孰劣问题。

当世界进入信息化时代，不同规则体系之间相互吸收，世界规则体系逐渐趋同，不同文明类型取长补短、相互学习。但不同文化的特质仍然以顽强的力量，影响着我们的每一历史进程。因而，在我国进行中国法治建设的过程中，既要充分学习和吸收世界一切优秀的法治文明成果，更要从我国实际出发，立足中国的法治文明，以中国法治文化为支撑，进行中国法治建设。唯有如此，中国法治建设才会有社会的内动力，受到全社会成员的认同，中国法治就能大成，将中国建成社会主义法治国家。

主要参考文献

（一）中文著作

[1]钱穆：《文化学大义》，台湾中正书局 1981 年版。

[2]夏勇：《法治的源流——东方与西方》，社会科学文献出版社 2004 年版。

[3]黄巽斋：《汉字文化丛谈》，岳麓书社 1998 版。

[4]梁治平：《"法"辨》，中国政法大学出版社 2003 年版。

[5]杨鸿烈：《中国法律思想史》，中国政法大学出版社 2004 年版。

[6]唐兰：《西周青铜器铭文分代史征》，中华书局 1986 年版。

[7]杨伯峻：《春秋左传注》，中华书局 1981 年版。

[8]韩国磐：《中国古代法制史研究》，人民出版社 1993 年版。

[9]许慎，徐铉校订：《说文解字》，中华书局 2014 年版。

[10]黄德宽、常森：《汉字阐释与文化传统》，中国科学技术大学出版社 1995 年版。

[11]瞿同祖：《中国法律与中国社会》，中华书局 1981 年版。

[12]裘锡圭：《说字小记》，中华书局 1992 年版。

[13]张晋藩：《中国法制史》，群众出版社 1982 版。

[14]何意志、李中华：《法治的东方经验》，北京大学出版社 2010 版。

[15]何琳仪：《战国文字通论》（订补），江苏教育出版社 2003 年版。

[16]梁治平：《法辨——中国法的过去、现在与未来》，贵州人民出版社 1992 年版。

[17]李圃主编：《古文字诂林》第三册，上海教育出版社 2001 年版。

[18]阎步克:《士大夫政治演生史稿》,北京大学出版社 1999 年版。
[19]金观涛、刘青峰:《兴盛与危机——论中国社会的超稳定结构》,香港中文大学出版社 1992 年版。
[20]戴炎辉:《中国法制史》,三民书局 1966 年版。
[21]张中秋:《原理及其意义——探索中国法律文化之道》,中国政法大学出版社 2010 年版。
[22]董必武:《论社会主义民主与法制》,人民出版社 1976 年版。
[23]程燎原:《从法制到法治》,法律出版社 1999 年版。
[24]何勤华:《法律名词的起源》(上),北京大学出版社 2009 年版。
[25]王勇飞主编:《法学基础理论参考资料》(上),北京大学出版社 1985 年版。
[26]袁坤祥:《法学绪论》,三民书局 1980 年版。
[27]何勤华著:《西方法学史》,中国政法大学出版社 1996 年版。
[28]刘星著:《西窗法雨》,法律出版社 2008 年版。
[29]中共中央马克思恩格斯列宁斯大林著作编译局编译:《马克思恩格斯全集》。
[30]周一良、吴于廑:《世界通史》(上古部分),人民出版社 1973 年版。
[31]陈晓枫、柳正权:《中国法制史》(上册),武汉大学出版社 2013 年版。
[32]陈晓枫:《中国宪法文化》,武汉大学出版社 2015 年版。
[33]高道蕴、贺卫方、高鸿钧:《美国学者论中国法律传统》,中国政法大学出版社 1994 年版。
[34]王哲:《西方政治法律学说史》,北京大学出版社 1988 年版。
[35]倪建民、公丕祥:《西方法律思想历程》,中国法制出版社 2013 年版。
[36]李龙:《法理学》,武汉大学出版社 2011 年版。
[37]李龙:《宪法基本理论》,武汉大学出版社 1999 年版。
[38]王人博:《宪政文化与近代中国》,法律出版社 1997 年版。

[39]汤志钧：《康有为政论集》上册，中华书局1981年版。
[40]冯天瑜、何晓明、周积明：《中华文化史》，上海人民出版社2010年版。
[41]丛日云：《西方政治文化传统》，吉林出版集团有限责任公司2007年版。
[42]陈寅恪：《隋唐制度渊源略论稿》，见《陈寅恪史学论文选集》，上海古籍出版社1992年版。
[43]张岱年、方克力主编：《中国文化概论》，北京师范大学出版社2004年版。
[44]张晋藩：《中国宪法史》，吉林人民出版社2004年版。
[45]王世杰、钱端升：《比较宪法》，商务印书馆2004年重印版。
[46]李贵连：《中国法律思想史》，北京大学出版社1999年版。
[47]沈家本：《历代刑法考附寄落文存》，中华书局1985年版。
[48]吴经熊、黄公党：《中国制宪史》，商务印书馆1936年版。
[49]赵剑英：《复兴中国——中共第三代对中国现代化的新追求》，社会科学文献出版社1999年版。
[50]赵震江：《中国法制四十年》，北京大学出版社1990年版。
[51]胡福明：《中国现代化的历史进程》，安徽人民出版社1994年版。

(二)中文译著

[1]伯尔曼著，梁治平译：《法律与宗教》，中国政法大学出版社2003年版。
[2]亚里士多德著，吴寿彭译：《政治学》，商务印书馆1965年版。
[3]戴维·M. 沃克著，北京社会与科技发展研究所组织编译：《牛津法律大辞典》(中译本)，光明日报出版社1988年版。
[4]德克·布迪克、拉伦斯·莫里斯著，朱勇译：《中华帝国的法律》，江苏人民出版社2008年版。
[5]滋贺秀三著，王亚新译：《明清时期的民事审判与民间契约》，法律出版社1998年版。
[6]钟威廉著，苏亦工译：《美国学者论中国法律传统》，清华大学

出版社 2004 年版。
[7]哈罗德·伯尔曼著，贺卫方等译:《法律与革命——西方法律传统的形成》(第一卷)，法律出版社 2008 年版。
[8]矶谷幸次郎著，王国维译:《法学通论》，中国政法大学出版社 2006 年版。
[9]博登海默著，邓正来译:《法理学—法律哲学与法律方法》，中国政法大学出版社 1999 年版。
[10]布雷恩·Z. 塔玛纳哈著，李桂林译:《论法治——历史、政治和理论》，武汉大学出版社 2010 年版。
[11]亚里士多德著，日知、力野译:《雅典政制》，商务印书馆 1959 年版。
[12]萨拜因著，盛葵阳等译:《政治学说史》(上册)，商务印书馆 1986 年版。
[13]罗素著，马元德译:《西方哲学史》(上册)，商务印书馆 1982 年版。
[14]梅因著，沈景一译:《古代法》，商务印书馆 1959 年版。
[15]格劳秀斯著，何勤华等译:《战争与和平法》，上海人民出版社 2005 年版。
[16]约瑟夫·拉兹著，朱峰译:《法律的权威——关于法律与道德论文集》，牛津大学出版社 1979 年版。
[17]哈耶克著，邓正来译:《自由秩序原理》(上)，三联书店 1997 年版。
[18]凯尔森著，沈宗灵译:《法与国家的一般理论》，中国大百科全书出版社 1996 年版。
[19]戴维·米勒、韦农·波格丹诺著，邓正来等译:《布莱克维尔政治百科全书》，中国政法大学出版社 1992 年版。
[20]爱德华·S. 考文，强世功译:《美国宪法的高级背景》，三联书店 1996 年版。
[21]汤因比著，曹末风译:《历史研究》，上海人民出版社 1997 年版。
[22]约翰·莫里斯·凯利著，王笑红译:《西方法律思想史》，法

律出版社 2010 年版。
[23]黑格尔著，王造时译：《历史哲学》，三联书店 1956 年版。

(三)学术论文

[1]张伯元：《“法”古文拾零》，载《政法论坛》2012 年第 1 期。
[2]李力：《寻找商代法律的遗迹——从传世文献到殷墟甲骨文》，载《兰州大学学报》(社会科学版)2010 年第 4 期。
[3]宁全红：《先秦“法”义之变迁》，载《厦门大学法律评论》2013 年 4 月版。
[4]裘锡圭：《从马王堆一号汉墓“遣册”谈关于古隶的一些问题》，载《考古》1974 年第 1 期。
[5]李任：《从灋到法——战国至西汉中期法字的形体演变及其原因》，载《河北法学》2010 年 10 月刊。
[6]蔡枢衡：《刑法名称的由来》，载《北京政法学院学报》1981 年第 3 期。
[7]祝总斌：《关于我国古代的“改法为律”问题》，载《北京大学学报》1992 年第 2 期。
[8]李步云、黎青：《从“法制”到“法治”二十年改一字》，载《法学》1999 年第 7 期。
[9]何华辉、马克昌等：《实行法治就要摈弃人治》，载《法学研究》1980 年 4 期。
[10]李步云、张志铭：《跨世纪的目标：依法治国，建设社会主义法治国家》，载《中国法学》1997 年第 6 期。
[11]李中原：《ius 和 right 的词义变迁——谈两大法系权利概念的历史演进》，载《中外法学》2008 年第 4 期。
[12]吕世伦：《当代西方法理学》，中国人民大学出版社 1997 年版。
[13]何勤华：《西语“法学”以此的起源及其流变》，载《法学》1996 年第 3 期。
[14]韩德培：《我们所需要的法治》，载《观察》1946 年第 1 卷第 10 期。

[15]张贤明、张喜红：《试论法治与民主的基本关系》，载《吉林大学社会科学学报》2002 年第 5 期。

[16]杨义银：《试论康有为的君主立宪思想及实施策略》，载《江西社会科学》1994 年第 8 期。

[17]蒋广学、曾沂：《论梁启超的政治与罚哲学思想》，载《南京大学法律评论》1966 年秋季版。

[18]吴春梅、方之光：《戊戌变法失败后梁启超政治思想的演变》，载《江苏社会科学》1994 年第 2 期。

[19]杨国桢：《中国海洋文明的时代划分》，载《海洋史研究》2013 年第 5 期。

[20]陈巴特尔：《试论蒙古民族传统文化的形成、变迁及其特点》，载《内蒙古大学学报》（人文社会科学版）2004 年第 3 期。

[21]武建敏：《百年中国法治探寻的类型学思考》，载《河北法学》2011 年第 9 期。

[22]顾乃忠：《地理环境与文化——兼论地理环境决定论研究的方法论》，载《浙江社会科学》2000 年第 3 期。

[23]张晋藩：《论礼——中国法文化的核心》，载《政法论坛（中国政法大学学报）》1995 年第 3 期。

[24]张伟仁：《中国法文化的起源、发展和特点（上）》，载《中外法学》2010 年第 6 期。

[25]郭学信：《试论两宋文化发展的历史特色》，载《江西社会科学》2003 年第 5 期。

[26]李贵连、俞江：《论沈家本的人格平等观》，载《环球评论》2003 年第 3 期。

[27]陈晓枫：《〈中华民国临时约法〉的文化透视》，载《武汉大学学报》（哲学社会科学版）1999 年第 6 期。

[28]李龙、刘连泰：《废除“六法全书”的回顾与反思》，载《河南省政法管理干部学院学报》2003 年第 5 期。

[29]张友渔：《关于法制史研究的几个问题》，载《法学研究》1981 年第 5 期。

[30]张文显：《继承·移植·改革：法律发展的必由之路》，载《社会科学战线》1995 年第 2 期。

[31]肖扬：《坚持依法执政　提高执政能力》，载《求是》2005 年第 1 期。